汉书

四

［东汉］班固 撰

中州古籍出版社
·郑州·

汉书卷八十二

王商史丹傅喜传第五十二

王商字子威，涿郡蠡吾人也，徙杜陵。商父武、武兄无故，皆以宣帝舅封。无故为平昌侯，武为乐昌侯。语在《外戚传》。

商少为太子中庶子，以肃敬敦厚称。父薨，商嗣为侯，推财以分异母诸弟，身无所受，居丧哀戚。于是大臣荐商行可以厉群臣，义足以厚风俗，宜备近臣。由是擢为诸曹、侍中、中郎将。元帝时，至右将军、光禄大夫。是时，定陶共王爱幸，几代太子。商为外戚重臣辅政，拥佑太子，颇有力焉。

元帝崩，成帝即位，甚敬重商，徙为左将军。而帝元舅大司马大将军王凤颛权，行多骄僭。商论议不能平凤，凤知之，亦疏商。建始三年秋，京师民无故相惊，言大水至，百姓奔走相蹂躏，老弱号呼，长安中大乱。天子亲御前殿，召公卿议。大将军凤以为太后与上及后宫可御船，令吏民上长安城以避水。群臣皆从凤议。左将军商独曰："自古无道之国，水犹不冒城郭。今政治和平，世无兵革，上下相安，何因当有大水一日暴至？此必讹言也，不宜令上城，重惊百姓。"上乃止。有顷，长安中稍定，问之，果讹言。上于是美壮商之固守，数称其议。而凤大惭，自恨失言。

明年，商代匡衡为丞相，益封千户，天子甚尊任之。为人多质有威重，长八尺余，身体鸿大，容貌甚过绝人。河平四年，单于来朝，引见白虎殿。丞相商坐未央廷中，单于前，拜谒商。商起，离席与言，单于仰视商貌，大畏之，迁延却退。天子闻而叹曰："此真汉相矣！"

初，大将军凤连昏杨肜为琅邪太守，其郡有灾害十四，已上。商部属按问，凤以晓商曰："灾异天事，非人力所为。肜素善吏，宜以为后。"商不听，竟奏免肜，奏果寝不下，凤重以是怨商，阴求其短，使人上书言商闺门内事。天子以为暗昧之过，不足以伤大臣，凤固争，下其事司隶。

先是，皇太后尝诏问商女，欲以备后宫。时女病，商意亦难之，以病对，不入。及商以闺门事见考，自知为凤所中，惶怖，更欲内女为援，乃因新幸李婕妤家白见其女。

会日有蚀之，太中大夫蜀郡张匡，其人佞巧，上书愿对近臣陈日蚀咎。下朝者左将军丹等问匡，对曰："窃见丞相商作威作福，从外制中，取必于上，性残贼不仁，遣票轻吏微求人罪，欲以立威，天下患苦之。前频阳耿定上书言商与父傅通，及女弟淫乱，奴杀其私夫，疑商教使。章下有司，商私怨怼。商子俊欲上书告商，俊妻左将军丹女，持其书以示丹，丹恶其父子乖迕，为女求去。商不尽忠纳善以辅至德，知圣主崇孝，远别不亲，后庭之事皆受命皇太后，太后前闻商有女，欲以备后宫，商言有固疾，后有耿定事，更诡道因李贵人家内女。执左道以乱政，诬罔悖大臣节，故应是而日蚀。《周书》曰：'以左道事君者诛。'《易》

曰：‘日中见昧，则折其右肱。’往者丞相周勃再建大功，及孝文时纤介怨恨，而日为之蚀，于是退勃使就国，卒无怵愁忧。今商无尺寸之功，而有三世之宠，身位三公，宗族为列侯、吏二千石、侍中诸曹，给事禁门内，连昏诸侯王，权宠至盛。审有内乱杀人怨怼之端，宜穷竟考问。臣闻秦丞相吕不韦见王无子，意欲有秦国，即求好女以为妻，阴知其有身而献之王，产始皇帝。及楚相春申君亦见王无子，心利楚国，即献有身妻而产怀王。自汉兴几遭吕、霍之患，今商有不仁之性，乃因怨以内女，其奸谋未可测度。前孝景世七国反，将军周亚夫以为即得雒阳剧孟，关东非汉之有。今商宗族权势，合赀巨万计，私奴以千数，非特剧孟匹夫之徒也。且失道之至，亲戚畔之，闺门内乱，父子相讦，而欲使之宣明圣化，调和海内，岂不谬哉！商视事五年，官职陵夷而大恶著于百姓，甚亏损盛德，有鼎折足之凶。臣愚以为圣主富于春秋，即位以来，未有惩奸之威，加以继嗣未立，大异并见，尤宜诛讨不忠，以遏未然。行之一人，则海内震动，百奸之路塞矣。”

于是左将军丹等奏：“商位三公，爵列侯，亲受诏策为天下师，不遵法度以翼国家，而回辟下媚以进其私，执左道以乱政，为臣不忠，罔上不道，《甫刑》之辟，皆为上戮，罪名明白。臣请诏谒者召商诣若卢诏狱。”上素重商，知匡言多险，制曰“勿治”。凤固争之，于是制诏御史：“盖丞相以德辅翼国家，典领百寮，协和万国，为职任莫重焉。今乐昌侯商为丞相，出入五年，未闻忠言嘉谋，而有不忠执左道之辜，陷于大辟。前商女弟内行不修，奴贼杀人，疑商教使，为商重臣，故抑而不穷。今或言商不以自悔而反怨怼，朕甚伤之。惟商与先帝有外亲，未忍致于理。

其赦商罪。使者收丞相印绶。”

商免相三日，发病呕血薨，谥曰戾侯。而商子弟亲属为驸马都尉、侍中、中常侍、诸曹大夫郎吏者，皆出补吏，莫得留给事宿卫者。有司奏商罪过未决，请除国邑。有诏长子安嗣爵为乐昌侯，至长乐卫尉、光禄勋。

商死后，连年日蚀、地震，直臣京兆尹王章上封事召见，讼商忠直无罪，言凤颛权蔽主。凤竟以法诛章，语在《元后传》。至元始中，王莽为安汉公，诛不附己者，乐昌侯安见被以罪，自杀，国除。

史丹字君仲，鲁国人也，徙杜陵。祖父恭有女弟，武帝时为卫太子良娣，产悼皇考。皇考者，孝宣帝父也。宣帝微时依倚史氏。语在《史良娣传》。及宣帝即尊位，恭已死，三子，高、曾、玄。曾、玄皆以外属旧恩封：曾为将陵侯，玄平台侯。高侍中贵幸，以发举反者大司马霍禹功封乐陵侯。宣帝疾病，拜高为大司马、车骑将军，领尚书事。帝崩，太子袭尊号，是为孝元帝。高辅政五年，乞骸骨，赐安车驷马、黄金，罢就第。薨，谥曰安侯。

自元帝为太子时，丹以父高任为中庶子，侍从十余年。元帝即位，为驸马都尉侍中，出常骖乘，甚有宠。上以丹旧臣，皇考外属，亲信之，诏丹护太子家。是时，傅昭仪子定陶共王有材艺，子母俱爱幸，而太子颇有酒色之失，母王皇后无宠。

建昭之间，元帝被疾，不亲政事，留好音乐。或置鼙鼓殿下，天子自临轩槛上，隤铜丸以擿鼓，声中严鼓之节。后宫及左右习知音者莫能为，而定陶王亦能之，上数称其材。丹进曰：“凡所谓材者，敏而好学，温故知新，皇太子是也。若乃器人于丝竹鼓鼙之间，则是陈惠、李微高于匡衡，可相国也。”于是上嘿然而笑。其后，中山哀王薨，太子前吊。哀王者，帝之少弟，与太子游学相长大。上望见太子，感念哀王，悲不能自止。太子既至前，不哀。上大恨曰：“安有人不慈仁而可奉宗庙为民父母者乎！”上以责谓丹。丹免冠谢上曰：“臣诚见陛下哀痛中山王，至以感损。向者太子当进见，臣窃戒属毋涕泣，感伤陛下。罪乃在臣，当死。”上以为然，意乃解。丹之辅相，皆此类也。

竟宁元年，上寝疾，傅昭仪及定陶王常在左右，而皇后、太子希得进见。上疾稍侵，意忽忽不平，数问尚书以景帝时立胶东王故事。是时，太子长舅阳平侯王凤为卫尉、侍中，与皇后、太子皆忧，不知所出。丹以亲密臣得侍视疾，候上间独寝时，丹直入卧内，顿首伏青蒲上，涕泣言曰：“皇太子以適长立，积十余年，名号系于百姓，天下莫不归心臣子。见定陶王雅素爱幸，今者道路流言，为国生意，以为太子有动摇之议。审若此，公卿以下必以死争，不奉诏。臣愿先赐死以示群臣！”天子素仁，不忍见丹涕泣，言又切至，上意大感，喟然太息曰：“吾日困劣，而太子、两王幼少，意中恋恋，亦何不念乎！然无有此议。且皇后谨慎，先帝又爱太子，吾岂可违指！驸马都尉安所受此语？”丹即却，顿首曰：“愚臣妄闻，罪当死！”上因纳，谓丹曰：“吾病寖加，恐不能自还。善辅道太子，毋违我意！”丹嘘唏而起。太子由是遂为嗣矣。

元帝竟崩，成帝初即位，擢丹为长乐卫尉，迁右将军，赐爵关内侯，食邑三百户，给事中，后徙左将军、光禄大夫。鸿嘉元年，上遂下诏曰：“夫褒有德，赏元功，古今通义也。左将军丹往时导朕以忠正，秉义醇壹，旧德茂焉。其封丹为武阳侯，国东海郯之武彊聚，户千一百。”

丹为人足知，恺弟爱人，貌若傥荡不备，然心甚谨密，故尤得信于上。丹兄嗣父爵为侯，让不受分。丹尽得父财，身又食大国邑，重以旧恩，数见褒赏。赏赐累千金，僮奴以百数，后房妻妾数十人，内奢淫，好饮酒，极滋味声色之乐。为将军前后十六年，永始中病乞骸骨，上赐策曰："左将军寝病不衰，愿归治疾，朕愍以官职之事久留将军，使躬不瘳。使光禄勋赐将军黄金五十斤，安车驷马，其上将军印绶。宜专精神，务近医药，以辅不衰。"

丹归第数月薨，谥曰顷侯。有子男女二十人，九男皆以丹任并为侍中、诸曹，亲近在左右。史氏凡四人侯，至卿、大夫、二千石者十余人，皆讫王莽乃绝，唯将陵侯曾无子，绝于身云。

傅喜字稚游，河内温人也，哀帝祖母定陶傅太后从父弟。少好学问，有志行。哀帝立为太子，成帝选喜为太子庶子。哀帝初即位，以喜为卫尉，迁右将军。是时，王莽为大司马，乞骸骨，避帝外家。上既听莽退，众庶归望于喜。喜从弟孔乡侯晏亲与喜等，而女为皇后，又帝舅阳安侯丁明，皆亲以外属封。喜执谦称疾。傅太后始与政事，喜数谏之，由是傅太后不欲令喜辅政。上于是用左将军师丹代王莽为大司马，赐喜黄金百斤、上将军印绶，以光禄大夫养病。

大司空何武、尚书令唐林皆上书言："喜行义修洁，忠诚忧国，内辅之臣也，今以寝病，一旦遣归，众庶失望，皆曰傅氏贤子，以论议不合于定陶太后故退，百寮莫不为国恨之。忠臣，社稷之卫，鲁以季友治乱，楚以子玉轻重，魏以无忌折冲，项以范增存亡。故楚跨有南土，带甲百万，邻国不以为难，子玉为将，则文公侧席而坐，及其死也，君臣相庆。百万之众，不如一贤，故秦行千金以间廉颇，汉散万金以疏亚父。喜立于朝，陛下之光辉，傅氏之废兴也。”上亦自重之。明年正月，乃徙师丹为大司空，而拜喜为大司马，封高武侯。

丁、傅骄奢，皆嫉喜之恭俭。又傅太后欲求称尊号，与成帝母齐尊，喜与丞相孔光、大司空师丹共执正议。傅太后大怒，上不得已，先免师丹以感动喜，喜终不顺。后数月，遂策免喜曰：“君辅政出入三年，未有昭然匡朕不逮。而本朝大臣遂其奸心，咎由君焉。其上大司马印绶，就第。”傅太后又自诏丞相、御史曰：“高武侯喜无功而封，内怀不忠，附下罔上，与故大司空丹同心背畔，放命圮族，亏损德化，罪恶虽在赦前，不宜奉朝请，其遣就国。”后又欲夺喜侯，上亦不听。

喜在国三岁余，哀帝崩，平帝即位，王莽用事，免傅氏官爵归故郡，晏将妻子徙合浦。莽白太后下诏曰：“高武侯喜姿性端悫，论议忠直，虽与故定陶太后有属，终不顺指从邪，介然守节，以故斥逐就国。传不云乎？‘岁寒然后知松柏之后凋也。’其还喜长安，以故高安侯莫府赐喜，位特进，奉朝请。”喜虽外见褒赏，孤立忧惧，后复遣就国，以寿终。莽赐谥曰贞侯。子嗣，莽败乃绝。

赞曰：自宣、元、成、哀外戚兴者，许、史、三王、丁、傅之家，皆重侯累将，穷贵极富，见其位矣，未见其人也。阳平之王多有材能，好事慕名，其势尤盛，旷贵最久。然至于莽，亦以覆国。王商有刚毅节，废黜以忧死，非其罪也。史丹父子相继，高以重厚，位至三公。丹之辅道副主，掩恶扬美，傅会善意，虽宿儒达士无以加焉。及其历房闼，入卧内，推至诚，犯颜色，动寤万乘，转移大谋，卒成太子，安母后之位。“无言不雠”，终获忠贞之报。傅喜守节不倾，亦蒙后凋之赏。哀、平际会，祸福速哉！

汉书卷八十三

薛宣朱博传第五十三

薛宣字赣君，东海郯人也。少为廷尉书佐、都船狱史。后以大司农斗食属察廉，补不其丞。琅邪太守赵贡行县，见宣，甚说其能。从宣历行属县，还至府，令妻子与相见，戒曰："赣君至丞相，我两子亦中丞相史。"察宣廉，迁乐浪都尉丞。幽州刺史举茂材，为宛句令。大将军王凤闻其能，荐宣为长安令，治果有名，以明习文法诏补御史中丞。

是时，成帝初即位，宣为中丞，执法殿中，外总部刺史，上疏曰："陛下至德仁厚，哀闵元元，躬有日仄之劳，而亡佚豫之乐，允执圣道，刑罚惟中，然而嘉气尚凝，阴阳不和，是臣下未称，而圣化独有不洽者也。臣窃伏思其一端，殆吏多苛政，政教烦碎，大率咎在部刺史，或不循守条职，举错各以其意，多与郡县事，至开私门，听谗佞，以求吏民过失，谴呵及细微，责义不量力。郡县相迫促，亦内相刻，流至众庶。是故乡党阙于嘉宾之欢，九族忘其亲亲之恩，饮食周急之厚弥衰，送往劳来之礼不行。夫人道不通，则阴阳否隔，和气不兴，未必不由此也。《诗》云：

‘民之失德，乾糇以愆。’鄙语曰：‘苛政不亲，烦苦伤恩。’方刺史奏事时，宜明申敕，使昭然知本朝之要务。臣愚不知治道，唯明主察焉。”上嘉纳之。

宣数言政事便宜，举奏部刺史郡国二千石，所贬退称进，白黑分明，由是知名。出为临淮太守，政教大行。会陈留郡有大贼废乱，上徙宣为陈留太守，盗贼禁止，吏民敬其威信。入守左冯翊，满岁称职为真。

始高陵令杨湛、栎阳令谢游皆贪猾不逊，持郡短长，前二千石数案不能竟。及宣视事，诣府谒，宣设酒饭与相对，接待甚备。已而阴求其罪臧，具得所受取。宣察湛有改节敬宣之效，乃手自牒书，条其奸臧，封与湛曰：“吏民条言君如牒，或议以为疑于主守盗。冯翊敬重令，又念十金法重，不忍相暴章。故密以手书相晓，欲君自图进退，可复伸眉于后。即无其事，复封还记，得为君分明之。”湛自知罪臧皆应记，而宣辞语温润，无伤害意。湛即时解印绶付吏，为记谢宣，终无怨言。而栎阳令游自以大儒有名，轻宣。宣独移书显，责之曰：“告栎阳令：吏民言令治行烦苛，適罚作使千人以上；贼取钱财数十万，给为非法；卖买听任富吏，贾数不可知。证验以明白，欲遣吏考案，恐负举者，耻辱儒士，故使掾平镌令。孔子曰：‘陈力就列，不能者止。’令详思之，方调守。”游得檄，亦解印绶去。

又频阳县北当上郡、西河，为数郡凑，多盗贼。其令平陵薛恭本县孝者，功次稍迁，未尝治民，职不办。而粟邑县小，辟在山中，民谨朴易治。令巨鹿尹赏久郡用事吏，为楼烦长，举茂材，迁在粟。宣即以令奏赏与恭换县。二人视事数月，而两县皆治。

宣因移书劳勉之曰："昔孟公绰优于赵魏而不宜滕薛，故或以德显，或以功举，'君子之道，焉可怃也！'属县各有贤君，冯翊垂拱蒙成。愿勉所职，卒功业。"

宣得郡中吏民罪名，辄召告其县长吏，使自行罚。晓曰："府所以不自发举者，不欲代县治，夺贤令长名也。"长吏莫不喜惧，免冠谢宣归恩受戒者。

宣为吏赏罚明，用法平而必行，所居皆有条教可纪，多仁恕爱利。池阳令举廉吏狱掾王立，府未及召，闻立受囚家钱。宣责让县，县案验狱掾，乃其妻独受系者钱万六千，受之再宿，狱掾实不知。掾惭恐自杀。宣闻之，移书池阳曰："县所举廉吏狱掾王立，家私受赇，而立不知，杀身以自明，立诚廉士，甚可闵惜！其以府决曹掾书立之柩，以显其魂。府掾史素与立相知者，皆予送葬。"

及日至休吏，贼曹掾张扶独不肯休，坐曹治事。宣出教曰："盖礼贵和，人道尚通。日至，吏以令休，所繇来久。曹虽有公职事，家亦望私恩意。掾宜从众，归对妻子，设酒肴，请邻里，一笑相乐，斯亦可矣！"扶惭愧。官属善之。

宣为人好威仪，进止雍容，甚可观也。性密静有思，思省吏职，求其便安。下至财用笔研，皆为设方略，利用而省费。吏民称之，郡中清静。迁为少府，共张职办。

月余，御史大夫于永卒，谷永上疏曰：

帝王之德莫大于知人，知人则百僚任职，开工不旷。故皋陶曰："知人则哲，能官人。"御史大夫内承本朝之风化，外佐丞相统理天下，任重职大，非庸材所能堪。今当选于群卿，以充其缺。

得其人则万姓欣喜，百僚说服；不得其人则大职堕斁，王功不兴。虞帝之明，在兹一举，可不致详！窃见少府宣，材茂行洁，达于从政，前为御史中丞，执宪毂下，不吐刚茹柔，举错时当；出守临淮、陈留，二郡称治；为左冯翊，崇教养善，威德并行，众职修理，奸轨绝息，辞讼者历年不至丞相府，赦后余盗贼什分三辅之一。功效卓尔，自左内史初置以来未尝有也。孔子曰："如有所誉，其有所试。"宣考绩功课，简在两府，不敢过称以奸欺诬之罪。臣闻贤材莫大于治人，宣已有效。其法律任廷尉有余，经术文雅足以谋王体，断国论；身兼数器，有"退食自公"之节。宣无私党游说之助，臣恐陛下忽于《羔羊》之诗，舍公实之臣，任华虚之誉，是用越职，陈宣行能，唯陛下留神考察。

上然之，遂以宣为御史大夫。

数月，代张禹为丞相，封高阳侯，食邑千户。宣除赵贡两子为史。贡者，赵广汉之兄子也，为吏亦有能名。宣为相，府辞讼例不满万钱不为移书，后皆遵用薛侯故事。然官属讥其烦碎无大体，不称贤也。时天子好儒雅，宣经术又浅，上亦轻焉。

久之，广汉郡盗贼群起，丞相、御史遣掾史逐捕不能克。上乃拜河东都尉赵护为广汉太守，以军法从事。数月，斩其渠帅郑躬，降者数千人，乃平。会邛成太后崩，丧事仓卒，吏赋敛以趋办。其后上闻之，以过丞相御史，遂册免宣曰："君为丞相，出入六年，忠孝之行，率先百僚，朕无闻焉。朕既不明，变异数见，岁比不登，仓禀空虚，百姓饥馑，流离道路，疾疫死者以万数，人至相食，盗贼并兴，群职旷废，是朕之不德而股肱不良也。乃者广汉群盗横恣，残贼吏民，朕恻然伤之，数以问君，君对辄不如其实。西州隔绝，几不为郡。三辅赋敛无度，酷吏并缘为奸，侵扰百姓，诏君案验，复无欲得事实之意。九卿以下，咸承风指，同时陷于谩欺之辜，咎由君焉！有司法君领职解嫚，开谩欺之路，伤薄风化，无以帅示四方。不忍致君于理，其上丞相、高阳侯印绶，罢归。”

初，宣为丞相，而翟方进为司直。宣知方进名儒，有宰相器，深结厚焉。后方进竟代为丞相，思宣旧恩，宣免后二岁，荐宣明习文法，练国制度，前所坐过薄，可复进用。上征宣，复爵高阳侯，加宠特进，位次师安昌侯，给事中，视尚书事。宣复尊重。任政数年，后坐善定陵侯淳于长罢就第。

初，宣有两弟，明、修，明至南阳太守；修历郡守、京兆尹、少府，善交接，得州里之称。后母常从修居官。宣为丞相时，修为临菑令，宣迎后母，修不遣。后母病死，修去官持服。宣谓修三年服少能行之者，兄弟相驳不可，修遂竟服，由是兄弟不和。

久之，哀帝初即位，博士申咸给事中，亦东海人也，毁宣不供养行丧服，薄于骨肉，前以不忠孝免，不宜复列封侯在朝省。宣子况为右曹侍郎，数闻其语，赇客杨明，欲令创咸面目，使不居位。会司隶缺，况恐咸为之。遂令明遮斫咸宫门外，断鼻唇，身八创。

事下有司，御史中丞众等奏：“况朝臣，父故宰相，再封列侯，不相敕丞化，而骨肉相疑，疑咸受修言以谤毁宣。咸所言皆宣行迹，众人所共见，公家所宜闻。况知咸给事中，恐为司隶举奏宣，而公令明等迫切宫阙，要遮创戮近臣于大道人众中，欲以隔塞聪明，杜绝论议之端。桀黠无所畏忌，万众讙哗，流闻四方，不与凡民忿怒争斗者同。臣闻敬近臣，为近主也。礼，下公门，式路马，君畜产且犹敬之。《春秋》之义，意恶功遂，不免于诛，上浸之源不可长也。况首为恶，明手伤，功意俱恶，皆大不敬。明当以重论，及况皆弃市。”廷尉直以为：“律曰‘斗以刃伤人，完为城旦，其贼加罪一等，与谋者同罪’。诏书无以诋欺成罪。传曰：‘遇人不以义而见疻者，与痏人之罪钧，恶不直也。’咸厚善修，而数称宣恶，流闻不谊，不可谓直。况以故伤咸，计谋已定，后闻置司隶，因前谋而趣明，非以恐咸为司隶故造谋也。本争私变，虽于掖门外伤咸道中，与凡民争斗无异。杀人者死，伤人者刑，古今之通道，三代所不易也。孔子曰：‘必也正名。’名不正，则至于刑罚不中；刑罚不中，而民无所错手足。今以况为首恶，明手伤为大不敬，公私无差。《春秋》之义，原心定罪。原况以父见谤发忿怒，无它大恶。加诋欺，辑小过成大辟，陷死刑，违明诏，恐非法意，不可施行。圣王不以怒增刑。明当以贼伤人不直，况与谋者皆爵减完为城旦。”上以问公卿议臣。丞相孔光、大司空师丹以中丞议是，自将军以下至博士、议郎皆是廷尉。况竟减罪一等，徙敦煌。宣坐免为庶人，归故郡，卒于家。

宣子惠亦至二千石。始惠为彭城令，宣从临淮迁至陈留，过其县，桥梁、邮亭不修。宣心知惠不能，留彭城数日，案行舍中，处置什器，观视园菜，终不问惠以吏事。惠自知治县不称宣意，遣门下掾送宣至陈留，令掾进见，自从其所问宣不教戒惠吏职之意。宣笑曰：“吏道以法令为师，可问而知。及能与不能，自有资材，何可学也？”众人传称，以宣言为然。

初，宣后封为侯时，妻死，而敬武长公主寡居，上令宣尚焉。

及宣免归故郡，公主留京师。后宣卒，主上书愿还宣葬延陵，奏可。况私从敦煌归长安，会赦，因留与主私乱。哀帝外家丁、傅贵，主附事之，而疏王氏。元始中，莽自尊为安汉公，主又出言非莽。而况与吕宽相善，及宽事觉时，莽并治况，发扬其罪，使使者以太皇太后诏赐主药。主怒曰："刘氏孤弱，王氏擅朝，排挤宗室，且嫂何与取妹披抉其闺门而杀之？"使者迫守主，遂饮药死。况枭首于市。白太后云主暴病薨。太后欲临其丧，莽固争，乃止。

朱博字子元，杜陵人也。家贫，少时给事县为亭长，好客少年，捕搏敢行。稍迁为功曹，伉侠好交，随从士大夫，不避风雨。是时，前将军望之子萧育、御史大夫万年子陈咸以公卿子著材知名，博皆友之矣。时诸陵县属太常，博以太常掾察廉，补安陵丞。后去官入京兆，历曹史列掾，出为督邮书掾，所部职办，郡中称之。

而陈咸为御史中丞，坐漏泄省中语下狱。博去吏，间步至廷尉中，候伺咸事。咸掠治困笃，博诈得为医入狱，得见咸，具知其所坐罪。博出狱，又变姓名，为咸验治数百，卒免咸死罪。咸得论出，而博以此显名，为郡功曹。

久之，成帝即位，大将军王凤秉政，奏请陈咸为长史。咸荐萧育、朱博除莫府属，凤甚奇之，举博栎阳令，徙云阳、平陵二县，以高弟入为长安令。京师治理，迁冀州刺史。

博本武吏，不更文法，及为刺史行部，吏民数百人遮道自言，官寺尽满。从事白请且留此县录见诸自言者，事毕乃发，欲以观试博。博心知之，告外趣驾。既白驾办，博出就车见自言者，使从事明敕告吏民："欲言县丞尉者，刺史不察黄绶，各自诣郡。欲言二千石墨绶长吏者，使者行部还，诣治所。其民为吏所冤，及言盗贼辞讼事，各使属其部从事。"博驻车决遣，四五百人皆罢去，如神。吏民大惊，不意博应事变乃至于此。后博徐问，果老从事教民聚会。博杀此吏，州郡畏博威严。徙为并州刺史、护漕都尉，迁琅邪太守。

齐郡舒缓养名，博新视事，右曹掾史皆移病卧。博问其故，对言："惶恐！故事二千石新到，辄遣吏存问致意，乃敢起就职。"博奋髯抵几曰："观齐儿欲以此为俗邪！"乃召见诸曹史书佐及县大吏，选视其可用者，出教置之。皆斥罢诸病吏，白巾走出府门。郡中大惊。顷之，门下掾赣遂耆老大儒，教授数百人，拜起舒迟。博出教主簿："赣老生不习吏礼，主簿且教拜起，闲习乃止。"又敕功曹："官属多褒衣大袑，不中节度，自今掾史衣皆令去地三寸。"博尤不爱诸生，所至郡辄罢去议曹，曰："岂可复置谋曹邪！"文学儒吏时有奏记称说云云，博见谓曰："如太守汉吏，奉三尺律令以从事耳，亡奈生所言圣人道何也！且持此道归，尧、舜君出，为陈说之。"其折逆人如此。视事数年，大改其俗，掾史礼节如楚、赵吏。

博治郡，常令属县各用其豪桀以为大吏，文武从宜。县有剧贼及它非常，博辄移书以诡责之。其尽力有效，必加厚赏；怀诈不称，诛罚辄行。以是豪强慹服。姑幕县有群辈八人报仇廷中，皆不得。长吏自系书言府，贼曹掾史自白请至姑幕。事留不出。功曹诸掾即皆自白，复不出。于是府丞诣阁，博乃见丞掾曰："以为县自有长吏，府未尝与也，丞掾谓府当与之邪？"阁下书佐入，博口占檄文曰："府告姑幕令丞：言贼发不得，有书。檄到，令丞就职，游徼王卿力有余，如律令！"王卿得敕惶怖，亲属失色，昼夜驰骛，十余日间捕得五人。博复移书曰："王卿忧公甚效！檄到，赍伐阅诣府。部掾以下亦可用，渐尽其余矣。"其操持下，皆此类也。

以高弟入守左冯翊，满岁为真。其治左冯翊，文理聪明殊不及薛宣，而多武谲，网络张设，少爱利，敢诛杀。然亦纵舍，时有大贷，下吏以此为尽力。

长陵大姓尚方禁少时尝盗人妻，见斫，创著其颊。府功曹受赂，白除禁调守尉。博闻知，以它事召见，视其面，果有瘢。博辟左右问禁："是何等创也？"禁自知情得，叩头服状。博笑曰："丈夫固时有是。冯翊欲洒卿耻，拔拭用禁，能自效不？"禁且喜且惧，对曰："必死！"博因敕禁："毋得泄语，有便宜，辄记言。"因亲信之以为耳目。禁晨夜发起部中盗贼及它伏奸，有功效。博擢禁连守县令。久之，召见功曹，闭阁数责以禁等事，与笔札使自记，"积受取一钱以上，无得有所匿。欺谩半言，断头矣！"功曹惶怖，具自疏奸臧，大小不敢隐。博知其对以实，乃令就席，受敕自改而已。投刀使削所记，遣出就职。功曹后常战栗，不敢蹉跌，博遂成就之。

迁为大司农。岁余，坐小法，左迁犍为太守。先是，南蛮若儿数为寇盗，博厚结其昆弟，使为反间，袭杀之，郡中清。

徙为山阳太守，病免官。复征为光禄大夫，迁廷尉，职典决疑，当谳平天下狱。博恐为官属所诬，视事，召见正监典法掾史，谓曰："廷尉本起于武吏，不通法律，幸有众贤，亦何忧！然廷尉治郡断狱以来且二十年，亦独耳剽日久，三尺律令，人事出其中。掾史试与正监共撰前世决事吏议难知者数十事，持以问廷尉，得为诸君覆意之。”正监以为博苟强，意未必能然，即共条白焉。博皆召掾史，并坐而问，为平处其轻重，十中八九。官属咸服博之疏略，材过人也。每迁徙易官，所到辄出奇谲如此，以明示下为不可欺者。

久之，迁后将军，与红阳侯立相善。立有罪就国，有司奏立党友，博坐免。后岁余，哀帝即位，以博名臣，召见，起家复为光禄大夫，迁为京兆尹，数月超为大司空。

初，汉兴袭秦官，置丞相、御史大夫、太尉。至武帝罢太尉，始置大司马以冠将军之号，非有印绶官属也。及成帝时，何武为九卿，建言：“古者民朴事约，国之辅佐必得贤圣，然犹则天三光，备三公官，各有分职。今末俗之弊，政事烦多，宰相之材不能及古，而丞相独兼三公之事，所以久废而不治也。宜建三公官，定卿大夫之任，分职授政，以考功效。”其后上以问师安昌侯张禹，禹以为然。时曲阳侯王根为大司马票骑将军，而何武为御史大夫。于是上赐曲阳侯根大司马印绶，置官属，罢票骑将军官，以御史大夫何武为大司空，封列侯，皆增奉如承相，以备三公官焉。议者多以为古今异制，汉自天子之号下至佐史皆不同于古，而独改三公，职事难分明，无益于治乱。是时，御史府吏舍百余区井水皆竭；又其府中列柏树，常有野乌数千栖宿其上，晨去暮来，号曰“朝夕乌”，乌去不来者数月，长老异之。后二岁余，朱博为大司空，奏言：“帝王之道不必相袭，各由时务。高皇帝以圣德受命，建立鸿业，置御史大夫，位次丞相，典正法度，以职相参，总领百官，上下相监临，历载二百年，天下安宁。今更为大司空，与丞相同位，未获嘉祐。故事，选郡国守相高第为中二千石，选中二千石为御史大夫，任职者为丞相，位次有序，所以尊圣德，重国相也。今中二千石未更御史大夫而为丞相，权轻，非所以重国政也。臣愚以为大司空官可罢，复置御史大夫，遵奉旧制。臣愿尽力，以御史大夫为百僚率。”哀帝从之，乃更拜博为御史大夫。会大司马喜免，以阳安侯丁明为大司马卫将军，置官属，大司马冠号如故事。后四岁，哀帝遂改丞相为大司徒，复置大司空、大司马焉。

初，何武为大司空，又与丞相方进共奏言：“古选诸侯贤者以为州伯，《书》曰‘咨十有二牧’，所以广聪明，烛幽隐也。今部刺史居牧伯之位，秉一州之统，选第大吏，所荐位高至九卿，所恶立退，任重职大。《春秋》之义，用贵治贱，不以卑临尊。刺史位下大夫，而临二千石，轻重不相准，失位次之序。臣请罢刺史，更置州牧，以应古制。”奏可。及博奏复御史大夫官，又奏言：“汉家至德溥大，宇内万里，立置郡县。部刺史奉使典州，督察郡国，吏民安宁。故事，居部九岁举为守相，其有异材功效著者辄登擢，秩卑而赏厚，咸劝功乐进。前丞相方进奏罢刺史，更置州牧，秩真二千石，位次九卿。九卿缺，以高第补，其中材则苟自守而已，恐功效陵夷，奸轨不禁。臣请罢州牧，置刺史如故。”奏可。

博为人廉俭，不好酒色游宴。自微贱至富贵，食不重味，案上不过三杯，夜寝早起，妻希见其面。有一女，无男。然好乐士大夫，为郡守九卿，宾客满门，欲仕宦者荐举之，欲报仇怨者解剑以带之。其趋事待士如是，博以此自立，然终用败。

初，哀帝祖母定陶太后欲求称尊号，太后从弟高武侯傅喜为大司马，与丞相孔光、大司空师丹共持正议。孔乡侯傅晏亦太后从弟，谄谀欲顺指，会博新征用为京兆尹，与交结，谋成尊号，以广孝道。由是师丹先免，博代为大司空，数燕见奏封事，言："丞相光志在自守，不能忧国；大司马喜至尊至亲，阿党大臣，无益政治。"上遂罢喜遣就国，免光为庶人，以博代光为丞相，封阳乡侯，食邑二千户。博上书让曰："故事封丞相不满千户，而独臣过制，诚惭惧，愿还千户。"上许焉。傅太后怨傅喜不已，使孔乡侯晏风丞相，令奏免喜侯。博受诏，与御史大夫赵玄议，玄言："事已前决，得无不宜？"博曰："已许孔乡侯有指。匹夫相要，尚相得死，何况至尊？博唯有死耳！"玄即许可。博恶独斥奏喜，以故大司空汜乡侯何武前亦坐过免就国，事与喜相似，即并奏："喜、武前在位，皆无益于治，虽已退免，爵土之封非所当得也。请皆免为庶人。"上知傅太后素常怨喜，疑博、玄承指，即召玄诣尚书问状。玄辞服，有诏左将军彭宣与中朝者杂问。宣等劾奏："博宰相，玄上卿，晏以外亲封位特进，股肱大臣，上所信任，不思竭诚奉公，务广恩化，为百寮先，皆知喜、武前已蒙恩诏决，事更三赦，博执左道，亏损上恩，以结信贵戚，背君乡臣，倾乱政治，奸人之雄，附下罔上，为臣不忠不道；玄知博所言非法，枉义附从，大不敬；晏与博议免喜，失礼不敬。臣请诏谒者召博、玄、晏诣廷尉诏狱。"

制曰："将军、中二千石、二千石、诸大夫、博士、议郎议。"右将军蟜望等四十四人以为："如宣等言，可许。"谏大夫龚胜等十四人以为："《春秋》之义，奸以事君，常刑不舍。鲁大夫叔孙侨如欲颛公室，谮其族兄季孙行父于晋，晋执囚行父以乱鲁国，《春秋》重而书之。今晏放命圮族，干乱朝政，要大臣以罔上，本造计谋，职为乱阶，宜与博、玄同罪，罪皆不道。"上减玄死罪三等，削晏户四分之一，假谒者节召丞相诣廷尉诏狱。博自杀，国除。

初，博以御史为丞相，封阳乡侯，玄以少府为御史大夫，并拜于前殿，延登受策，有音如钟声。语在《五行志》。

赞曰：薛宣、朱博皆起佐史，历位以登宰相。宣所在而治，为世吏师，及居大位，以苛察失名，器诚有极也。博驰骋进取，不思道德，已亡可言，又见孝成之世委任大臣，假借用权。世主已更，好恶异前，复附丁、傅，称顺孔乡。事发见诘，遂陷诬罔，辞穷情得，仰药饮鸩。孔子曰："久矣哉，由之行诈也！"博亦然哉！

汉书卷八十四

翟方进传第五十四

翟方进字子威，汝南上蔡人也。家世微贱，至方进父翟公，好学，为郡文学。方进年十二三，失父孤学，给事太守府为小史，号迟顿不及事，数为掾史所詈辱。方进自伤，乃从汝南蔡父相问己能所宜。蔡父大奇其形貌，谓曰："小史有封侯骨，当以经术进，努力为诸生学问。"方进既厌为小史，闻蔡父言，心喜，因病归家，辞其后母，欲西至京师受经。母怜其幼，随之长安，织屦以给。方进读经博士，受《春秋》。积十余年，经学明习，徒众日广，诸儒称之。以射策甲科为郎。二三岁，举明经，迁议郎。

是时，宿儒有清河胡常，与方进同经。常为先进，名誉出方进下，心害其能，论议不右方进。方进知之，候伺常大都授时，遣门下诸生至常所问大义疑难，因记其说。如是者久之，常知方进之宗让己，内不自得，其后居士大夫之间未尝不称述方进，遂相亲友。

河平中，方进转为博士。数年，迁朔方刺史，居官不烦苛，所察应条辄举，甚有威名。再三奏事，迁为丞相司直。从上甘泉，行驰道中，司隶校尉陈庆劾奏方进，没入车马。既至甘泉宫，会殿中，庆与廷尉范延寿语，时庆有章劾，自道："行事以赎论，今尚书持我事来，当于此决。前我为尚书时，尝有所奏事，忽忘之，留月余。"方进于是举劾庆曰："案庆奉使刺举大臣，故为尚书，知机事周密壹统，明主躬亲不解。庆有罪未伏诛，无恐惧心，豫自设不坐之比。又暴扬尚书事，言迟疾无所在，亏损圣德之聪明，奉诏不谨，皆不敬，臣谨以劾。"庆坐免官。

会北地浩商为义渠长所捕，亡，长取其母，与豭猪连系都亭下。商兄弟会宾客，自称司隶掾、长安县尉，杀义渠长妻子六人，亡。丞相、御史请遣掾史与司隶校尉、部刺史并力逐捕，察无状者，奏可。司隶校尉涓勋奏言："《春秋》之义，王人微者序乎诸侯之上，尊王命也。臣幸得奉使，以督察公卿以下为职，今丞相宣请遣掾史，以宰士督察天子奉使命大夫，甚悖逆顺之理。宣本不师受经术，因事以立奸威，案浩商所犯，一家之祸耳，而宣欲专权作威，乃害于国，不可之大者。愿下中朝特进列侯、将军以下，正国法度。"议者以为，丞相掾不宜移书督趣司隶。会浩商捕得伏诛，家属徙合浦。

故事，司隶校尉位在司直下，初除，谒两府，其有所会，居中二千石前，与司直并迎丞相、御史。初，方进新视事，而涓勋亦初拜为司隶，不肯谒丞相、御史大夫，后朝会相见，礼节又倨。方进阴察之，勋私过光禄勋辛庆忌，又出逢帝舅成都侯商道路，下车立，须过，乃就车。于是方进举奏其状，因曰："臣闻国家之兴，尊尊而敬长，爵位上下之礼，王道纲纪。《春秋》之义，尊上公谓之宰，海内无不统焉。丞相进见圣主，御坐为起，在舆为下。群臣宜皆承顺圣化，以视四方。勋吏二千石，幸得奉使，不遵礼仪，轻谩宰相，贱易上卿，而又诎节失度，邪谄无常，色厉内荏。堕国体，乱朝廷之序，不宜处位。臣请下丞相免勋。”

时，太中大夫平当给事中奏言：“方进国之司直，不自敕正以先群下，前亲犯令行驰道中，司隶庆平心举劾，方进不自责悔而内挟私恨，伺记庆之从容语言，以诋欺成罪。后丞相宣以一不道贼，请遣掾督趣司隶校尉，司隶校尉勋自奏暴于朝廷，今方进复举奏勋。议者以为方进不以道德辅正丞相，苟阿助大臣，欲必胜立威，宜抑绝其原。勋素行公直，奸人所恶，可少宽假，使遂其功名。”上以方进所举应科，不得用逆诈废正法，遂贬勋为昌陵令。方进旬岁间免两司隶，朝廷由是惮之。丞相宣甚器重焉，常诫掾史：“谨事司直，翟君必在相位，不久。”

是时，起昌陵，营作陵邑，贵戚近臣子弟宾客多辜榷为奸利者，方进部掾史覆案，发大奸赃数千万。上以为任公卿，欲试以治民，徙方进为京兆尹，搏击豪强，京师畏之。时，胡常为青州刺史，闻之，与方进书曰：“窃闻政令甚明，为京兆能，则恐有所不宜。”方进心知所谓，其后少弛威严。

居官三岁，永始二年迁御史大夫。数月，会丞相薛宣坐广汉盗贼群起及太皇太后丧时三辅吏并征发为奸，免为庶人。方进亦坐为京兆尹时奉丧事烦扰百姓，左迁执金吾。二十余日，丞相官缺，群臣多举方进，上亦器其能，遂擢方进为丞相，封高陵侯，食邑千户。身既富贵，而后母尚在，方进内行修饰，供养甚笃。及后母终，既葬三十六日，除服起视事，以为身备汉相，不敢逾国家之制。为相公洁，请托不行郡国。持法刻深，举奏牧守九卿，峻文深诋，中伤者尤多。如陈咸、朱博、萧育、逢信、孙闳之属，皆京师世家，以材能少历牧守列卿，知名当世，而方进特立后起，十余年间至宰相，据法以弹咸等，皆罢退之。

初，咸最先进，自元帝初为御史中丞显名朝廷矣。成帝初即位，擢为部刺史，历楚国、北海、东郡太守。阳朔中，京兆尹王章讥切大臣，而荐琅邪太守冯野王可代大将军王凤辅政，东郡太守陈咸可御史大夫。是时，方进甫从博士为刺史云。后方进为京兆尹，咸从南阳太守入为少府，与方进厚善。先是，逢信已从高第郡守历京兆、太仆为卫尉矣，官簿皆在方进之右。及御史大夫缺，三人皆名卿，俱在选中，而方进得之。会丞相宣有事与方进相连，上使五二千石杂问丞相、御史，咸诘责方进，冀得其处，方进心恨。初，大将军凤奏除陈汤为中郎，与从事。凤薨后，从弟车骑将军音代凤辅政，亦厚汤。逢信、陈咸皆与汤善，汤数称之于凤、音所。久之，音薨，凤弟成都侯商复为大司马卫将军，辅政。商素憎陈汤，白其罪过，下有司案验，遂免汤，徙敦煌。时，方进新为丞相，陈咸内惧不安，乃令小冠杜子夏往观其意，微自解说。子夏既过方进，揣知其指，不敢发言。居亡何，方进奏咸与逢信："邪枉贪污，营私多欲。皆知陈汤奸佞倾覆，利口不轨，而亲交赂遗，以求荐举。后为少府，数馈遗汤。信、咸幸得备九卿，不思尽忠正身，内自知行辟亡功效，而官媚邪臣，欲以徼幸，苟得亡耻。孔子曰：'鄙夫可与事君也与哉！'咸、信之谓也。过恶暴见，不宜处位，臣请免以示天下。"奏可。

后二岁余，诏举方正直言之士，红阳侯立举咸对策，拜为光禄大夫给事中。方进复奏："咸前为九卿，坐为贪邪免，自知罪恶暴陈，依托红阳侯立徼幸，有司莫敢举奏。冒浊苟容，不顾耻辱，不当蒙方正举，备内朝臣。”并劾红阳侯立选举故不以实。有诏免咸，勿劾立。

后数年，皇太后姊子侍中卫尉定陵侯淳于长有罪，上以太后故，免官勿治罪。有司奏请遣长就国，长以金钱与立，立上封事为长求留曰：“陛下既托文以皇太后故，诚不可更有它计。”后长阴事发，遂下狱。方进劾立：“怀奸邪，乱朝政，欲倾误要主上，狡猾不道，请下狱。”上曰：“红阳侯，朕之舅，不忍致法，遣就国。”于是方进复奏立党友曰：“立素行积为不善，众人所共知。邪臣自结，附托为党，庶几立与政事，欲获其利。今立斥逐就国，所交结尤著者，不宜备大臣，为郡守。案后将军朱博、钜鹿太守孙闳、故光禄大夫陈咸与立交通厚善，相与为腹心，有背公死党之信，欲相攀援，死而后已；皆内有不仁之性，而外有俊材，过绝人伦，勇猛果敢，处事不疑，所居皆尚残贼酷虐，苛刻惨毒以立威，而亡纤介爱利之风。天下所共知，愚者犹惑。孔子曰：‘人而不仁如礼何！人而不仁如乐何！’言不仁之人，亡所施用；不仁而多材，国之患也。此三人皆内怀奸猾，国之所患，而深相与结，信于贵戚奸臣，此国家大忧，大臣所宜没身而争也。昔季孙行父有言曰：‘见有善于君者爱之，若孝子之养父母也；见不善者诛之，若鹰鹯之逐鸟爵也。’翅翼虽伤，不避也。贵戚强党之众诚难犯，犯之，众敌并怨，善恶相冒。臣幸得备宰相，不敢不尽死。请免博、闳、咸归故郡，以销奸雄之党，绝群邪之望。”奏可。咸既废锢，复徙故郡，以忧发疾而死。

方进知能有余，兼通文法吏事，以儒雅缘饬法律，号为通明相，天子甚器重之，奏事亡不当意，内求人主微指以固其位。初，定陵侯淳于长虽外戚，然以能谋议为九卿，新用事，方进独与长交，称荐之。及长坐大逆诛，诸所厚善皆坐长免，上以方进大臣，又素重之，为隐讳。方进内惭，上疏谢罪乞骸骨。上报曰："定陵侯长已伏其辜，君虽交通，传不云乎？'朝过夕改，君子与之'，君何疑焉？其专心壹意毋怠，近医药以自持。"方进乃起视事，条奏长所厚善京兆尹孙宝、右扶风萧育，刺史二千石以上免二十余人，其见任如此。

方进虽受《穀梁》，然好《左氏传》、天文星历，其《左氏》则国师刘歆，星历则长安令田终术师也。厚李寻，以为议曹。为相九岁，绥和二年春荧惑守心，寻奏记言："应变之权，君侯所自明。往者数白，三光垂象，变动见端，山川水泉，反理视患，民人讹谣，斥事感名。三者既效，可为寒心。今提扬眉，矢贯中，狼奋角，弓且张，金历库，土逆度，辅湛没，火守舍，万岁之期，近慎朝暮。上无恻怛济世之功，下无推让避贤之效，欲当大位，为具臣以全身，难矣！大责日加，安得但保斥逐之戮？阖府三百余人，唯君侯择其中，与尽节转凶。"

方进忧之，不知所出。会郎贲丽善为星，言大臣宜当之。上乃召见方进。还归，未及引决，上遂赐册曰："皇帝问丞相：君有孔子之虑，孟贲之勇，朕嘉与君同心一意，庶几有成。惟君登位，于今十年，灾害并臻，民被饥饿，加以疾疫溺死，关门牡开，失国守备，盗贼党辈。吏民残贼，殴杀良民，断狱岁岁多前。上书言事，交错道路，怀奸朋党，相为隐蔽，皆亡忠虑，群下凶凶，更相嫉妒，其咎安在？观君之治，无欲辅朕富民便安元元之念。

间者郡国谷虽颇孰，百姓不足者尚众，前去城郭，未能尽还，夙夜未尝忘焉，朕惟往时之用，与今一也，百僚用度各有数。君不量多少，一听群下言，用度不足，奏请一切增赋，税城郭堧及园田，过更，算马牛羊，增益盐铁，变更无常。朕既不明，随奏许可。后议者以为不便，制诏下君，君云卖酒醪，后请止。未尽月，复奏议令卖酒醪。朕诚怪君，何持容容之计，无忠固意，将何以辅朕帅道群下？而欲久蒙显尊之位，岂不难哉！传曰：'高而不危，所以长守贵也。'欲退君位，尚未忍。君其孰念详计，塞绝奸原，忧国如家，务便百姓以辅朕。朕既已改，君其自思，强食慎职。使尚书令赐君上尊酒十石，养牛一，君审处焉。"

方进即日自杀。上秘之，遣九卿册赠以丞相、高陵侯印绶，赐乘舆秘器，少府供张，柱槛皆衣素。天子亲临吊者数至，礼赐异于它相故事。谥曰恭侯。长子宣嗣。

宣字太伯，亦明经笃行，君子人也。及方进在，为关都尉、南郡太守。

少子曰义。义字文仲，少以父任为郎，稍迁诸曹，年二十出为南阳都尉。宛令刘立与曲阳侯为婚，又素著名州郡，轻义年少。义行太守事，行县至宛，丞相史在传舍。立持酒肴谒丞相史，对饮未讫，会义亦往，外吏白都尉方至，立语言自若。须臾义至，内谒径入，立乃走下。义既还，大怒，阳以他事召立至，以主守盗十金，贼杀不辜，部掾夏恢等收缚立，传送邓狱。恢亦以宛大县，恐见篡夺，白义可因随后行县送邓。义曰："欲令都尉自送，则如勿收邪！"载环宛市乃送，吏民不敢动，威震南阳。

立家轻骑驰从武关入语曲阳侯，曲阳侯白成帝，帝以问丞相。

方进遣吏敕义出宛令。宛令已出，吏还白状。方进曰："小儿未知为吏也，其意以为入狱当辄死矣。"

后义坐法免，起家而为弘农太守，迁河内太守、青州牧。所居著名，有父风烈。徙为东郡太守。

数岁，平帝崩，王莽居摄，义心恶之，乃谓姊子上蔡陈丰曰："新都侯摄天子位，号令天下，故择宗室幼稚者以为孺子，依托周公辅成王之义，且以观望，必代汉家，其渐可见。方今宗室衰弱，外无强蕃，天下倾首服从，莫能亢捍国难。吾幸得备宰相子，身守大郡，父子受汉厚恩，义当为国讨贼，以安社稷。欲举兵西诛不当摄者，选宗室子孙辅而立之。设令时命不成，死国埋名，犹可以不惭于先帝。今欲发之，乃肯从我乎？"丰年十八，勇壮，许诺。

义遂与东郡都尉刘宇、严乡侯刘信、信弟武平侯刘璜结谋。及东郡王孙庆素有勇略，以明兵法，征在京师，义乃诈移书以重罪传逮庆。于是以九月都试日斩观令，因勒其车骑材官士，募郡中勇敢，部署将帅。严乡侯信者，东平王云子也。云诛死，信兄开明嗣为王，薨，无子，而信子匡复立为王，故义举兵并东平，立信为天子。义自号大司马柱天大将军，以东平王傅苏隆为丞相，中尉皋丹为御史大夫，移檄郡国，言莽鸩杀孝平皇帝，矫摄尊号，今天子已立，共行天罚。郡国皆震，比至山阳，众十余万。

莽闻之，大惧，乃拜其党亲轻车将军成武侯孙建为奋武将军，光禄勋成都侯王邑为虎牙将军，明义侯王骏为强弩将军，春王城门校尉王况为震威将军，宗伯忠孝侯刘宏为奋冲将军，中少府建威侯王昌为中坚将军，中郎将震羌侯窦兄为奋威将军，凡七人，自择除关西人为校尉军吏，将关东甲卒，发奔命以击义焉。复以太仆武让为积弩将军屯函谷关，将作大匠蒙乡侯逯并为横野将军屯武关，羲和红休侯刘歆为扬武将军屯宛，太保后丞丞阳侯甄邯为大将军屯霸上，常乡侯王恽为车骑将军屯平乐馆，骑都尉王晏为建威将军屯城北，城门校尉赵恢为城门将军，皆勒兵自备。

莽日抱孺子会群臣而称曰："昔成王幼，周公摄政，而管、蔡挟禄父以畔，今翟义亦挟刘信而作乱。自古大圣犹惧此，况臣莽之斗筲！"群臣皆曰："不遭此变，不章圣德。"莽于是依《周书》作《大诰》，曰：

惟居摄二年十月甲子，摄皇帝若曰：大诰道诸侯王、三公、列侯于汝卿、大夫、元士御事。不吊，天降丧于赵、傅、丁、董。洪惟我幼冲孺子，当承继嗣无疆大历服事，予未遭其明悊能道民于安，况其能往知天命！熙！我念孺子，若涉渊水，予惟往求朕所济度，奔走以傅近奉承高皇帝所受命，予岂敢自比于前人乎！天降威明，用宁帝室，遗我居摄宝龟。太皇太后以丹石之符，乃绍天明意，诏予即命居摄践祚，如周公故事。

反虏故东郡太守翟义擅兴师动众，曰"有大难于西土，西土人亦不靖"。于是动严乡侯信，诞敢犯祖乱宗之序。天降威遗我宝龟，固知我国有呰灾，使民不安，是天反复右我汉国也。粤其闻日，宗室之儁有四百人，民献仪九万夫，予敬以终于此谋继嗣图功。我有大事，休，予卜并吉，故我出大将告郡太守、诸侯相、令、长曰："予得吉卜，予惟以汝于伐东郡严乡逋播臣。"尔国君或者无不反曰："难大，民亦不静，亦惟在帝宫诸侯宗室，于小子族父，敬不可征。"帝不违卜，故予为冲人长思厥难曰："呜呼！

义、信所犯，诚动鳏寡，哀哉！”予遭天役遗，大解难于予身，以为孺子，不身自恤。

予义彼国君泉陵侯上书曰：“成王幼弱，周公践天子位以治天下，六年，朝诸侯于明堂，制礼乐，班度量，而天下大服。太皇太后承顺天心，成居摄之义。皇太子为孝平皇帝子，年在襁褓，宜且为子，知为人子道，令皇太后得加慈母恩。畜养成就，加元服，然后复子明辟。”

熙！为我孺子之故，予惟赵、傅、丁、董之乱，遏绝继嗣，变剥適、庶，危乱汉朝，以成三厄，队极厥命。乌虖！害其可不旅力同心戒之哉！予不敢僭上帝命。天休于安帝室，兴我汉国，惟卜用克绥受兹命。今天其相民，况亦惟卜用！

太皇太后肇有元城沙鹿之右，阴精女主圣明之祥，配元生成，以兴我天下之符，遂获西王母之应，神灵之征，以佑我帝室，以安我大宗，以绍我后嗣，以继我汉功。厥害適统不宗元绪者，辟不违亲，辜不避戚。夫岂不爱？亦唯帝室。是以广立王侯，并建曾玄，俾屏我京师，绥抚宇内；博征儒生，讲道于廷，论序乖缪，制礼作乐，同律度量，混壹风俗；正天地之位，昭郊宗之礼，定五畤庙祧，咸秩亡文；建灵台，立明堂，设辟雍，张太学，尊中宗、高宗之号。昔我高宗崇德建武，克绥西域，以受白虎威胜之瑞，天地判合，乾、坤序德。太皇太后临政，有龟、龙、麟、凤之应，五德嘉符，相因而备。河图、洛书远自昆仑，出于重野。古谶著言，肆今享实。此乃皇天上帝所以安我帝室，俾我成就洪烈也。乌虖！天明威辅汉始而大大矣。尔有惟旧人泉陵侯之言，尔不克远省，尔岂知太皇太后若此勤哉！

天毖劳我成功所，予不敢不极卒安皇帝之所图事。肆予告我诸侯王公、列侯、卿、大夫、元士御事：天辅诚辞，天其累我以民，予害敢不于祖宗安人图功所终？天亦惟劳我民，若有疾，予害敢不于祖宗所受休辅？予闻孝子善继人之意，忠臣善成人之事。予思若考作室，厥子堂而构之；厥父菑，厥子播而获之。予害敢不于身抚祖宗之所受大命？若祖宗乃有效汤、武伐厥子，民长其劝弗救。乌虖肆哉！诸侯王公、列侯、卿、大夫、元士御事，其勉助国道明！亦惟宗室之俊，民之表仪，迪知上帝命。粤天辅诚，尔不得易定！况今天降定于汉国，惟大𧸖人翟义、刘信大逆，欲相伐于厥室，岂亦知命之不易乎？予永念曰天惟丧翟义、刘信，若啬夫，予害敢不终予亩？天亦惟休于祖宗，予害其极卜，害敢不于从？率宁人有旨疆土，况今卜并吉！故予大以尔东征，命不僭差，卜陈惟若此。

乃遣大夫桓谭等班行谕告当反位孺子之意。还，封谭为明告里附城。

诸将东至陈留菑，与义会战，破之，斩刘璜首。莽大喜，复下诏曰：

太皇太后遭家不造，国统三绝，绝辄复续，恩莫厚焉，信莫立焉。孝平皇帝短命蚤崩，幼嗣孺冲，诏予居摄。予承明诏，奉社稷之任，持大宗之重，养六尺之托，受天下之寄，战战兢兢，不敢安息。伏念太皇太后惟经艺分析，王道离散，汉家制作之业独未成就，故博征儒士，大兴典制，备物致用，立功成器，以为天下利。王道粲然，基业既著，千载之废，百世之遗，于今乃成，道德庶几于唐、虞，功烈比齐于殷、周。今翟义、刘信等谋反大逆，流言惑众，欲以篡位，贼害我孺子，罪深于管、蔡，恶甚于禽兽。信父故东平王云，不孝不谨，亲毒杀其父思王，名曰巨鼠，后云竟坐大逆诛死。义父故丞相方进，险诐阴贼，兄宣静言令色，外巧内嫉，所杀乡邑汝南者数十人。今积恶二家，迷惑相得，此时命当殄，天所灭也。义始发兵，上书言宇、信等与东平相辅谋反，执捕械系，欲以威民，先自相被以反逆大恶，转相捕械，此其破殄之明证也。已捕斩断信二子谷乡侯章、德广侯鲔，义母练、兄宣、亲属二十四人皆磔暴于长安都市四通之衢。当其斩时，观者重叠，天气和清，可谓当矣。命遣大将军共行皇天之罚，讨海内之雠，功效著焉，予甚嘉之。《司马法》不云乎？“赏不逾时。”欲民速睹为善之利也。今先封车骑都尉孙贤等五十五人皆为列侯，户邑之数别下。遣使者持黄金印、赤韨縌、朱轮车，即军中拜授。

因大赦天下。

于是吏士精锐遂攻围义于圉城，破之，义与刘信弃军庸亡。至固始界中捕得义，尸磔陈都市。卒不得信。

初，三辅闻翟义起，自茂陵以西至汧二十三县盗贼并发，赵明、霍鸿等自称将军，攻烧官寺，杀右辅都尉及斄令，劫略吏民，众十余万，火见未央宫前殿。莽昼夜抱孺子祷宗庙。复拜卫尉王级为虎贲将军，大鸿胪望乡侯阎迁为折冲将军，与甄邯、王晏西击赵明等。正月，虎牙将军王邑等自关东还，便引兵西。强弩将军王骏以无功免，扬武将军刘歆归故官。复以邑弟侍中王奇为扬武将军，城门将军赵恢为强弩将军，中郎将李棽为厌难将军，复将兵西。二月，明等殄灭，诸县悉平，还师振旅。莽乃置酒白虎殿，劳飨将帅，大封拜。先是，益州蛮夷及金城塞外羌反畔，时州郡击破之。莽乃并录，以小大为差，封侯、伯、子、男凡三百九十五人，曰“皆以奋怒，东指西击，羌寇蛮盗，反虏逆贼，不得旋踵，应时殄灭，天下咸服”之功封云。莽于是自谓大得天人之助，至其年十二月，遂即真矣。

初，义所收宛令刘立闻义举兵，上书愿备军吏为国讨贼，内报私怨。莽擢立为陈留太守，封明德侯。

始，义兄宣居长安，先义未发，家数有怪，夜闻哭声，听之不知所在。宣教授诸生满堂，有狗从外入，啮其中庭群雁数十，比惊救之，已皆断头。狗走出门，求不知处。宣大恶之，谓后母曰：“东郡太守文仲素俶傥，今数有恶怪，恐有妄为而大祸至也。大夫人可归，为弃去宣家者以避害。”母不肯去，后数月败。

莽尽坏义第宅，污池之。发父方进及先祖冢在汝南者，烧其棺柩，夷灭三族，诛及种嗣，至皆同坑，以棘五毒并葬之。而下诏曰：“盖闻古者伐不敬，取其鲸鲵筑武军，封以为大戮，于是乎有京观以惩淫慝。乃者反虏刘信、翟义悖逆作乱于东，而芒竹群盗赵明、霍鸿造逆西土，遣武将征讨，咸伏其辜。惟信、义等始发自濮阳，结奸无盐，殄灭于圉。赵明依阻槐里环堤，霍鸿负倚盩厔芒竹，咸用破碎，亡有余类。其取反虏逆贼之鲸鲵，聚之通路之旁，濮阳、无盐、圉、槐里、盩厔凡五所，各方六丈，高六尺，筑为武军，封以为大戮，荐树之棘。建表木，高丈六尺。书曰‘反虏逆贼鲸鲵’，在所长吏常以秋循行，勿令坏败，以惩淫慝焉。”

初，汝南旧有鸿隙大陂，郡以为饶，成帝时，关东数水，陂溢为害。方进为相，与御史大夫孔光共遣掾行视，以为决去陂水，其地肥美，省堤防费而无水忧，遂奏罢之。及翟氏灭，乡里归恶，言方进请陂下良田不得而奏罢陂云。王莽时常枯旱，郡中追怨方进，童谣曰："坏陂谁？翟子威。饭我豆食羹芋魁。反乎覆，陂当复，谁云者？两黄鹄。"

司徒掾班彪曰："丞相方进以孤童携老母，羁旅入京师，身为儒宗，致位宰相，盛矣。当莽之起，盖乘天威，虽有贲、育，奚益于敌？义不量力，怀忠愤发，以陨其宗，悲夫！"

汉书卷八十五

谷永杜邺传第五十五

谷永字子云，长安人也。父吉，为卫司马，使送郅支单于侍子，为郅支所杀，语在《陈汤传》。永少为长安小史，后博学经书。建昭中，御史大夫繁延寿闻其有茂材，除补属，举为太常丞，数上疏言得失。

建始三年冬，日食、地震同日俱发，诏举方正直言极谏之士，太常阳城侯刘庆忌举永待诏公车。对曰：

陛下秉至圣之纯德，惧天地之戒异，饬身修政，纳问公卿，又下明诏，帅举直言，燕见紬绎，以求咎愆，使臣等得造明朝，承圣问。臣材朽学浅，不通政事。窃闻明王即位，正五事，建大中，以承天心，则庶征序于下，日月理于上；如人君淫溺后宫，般乐游田，五事失于躬，大中之道不立，则咎征降而六极至。凡灾异之发，各象过失，以类告人。乃十二月朔戊申，日食婺女之分，地震萧墙之内，二者同日俱发，以丁宁陛下，厥咎不远，宜厚求诸身。意岂陛下志在闺门，未恤政事，不慎举错，娄失中与？内宠大盛，女不遵道，嫉妒专上，妨继嗣与？古之王者废五事之中，失夫妇之纪，妻妾得意，谒行于内，势行于外，至覆倾国家，或乱阴阳。昔褒姒用国，宗周以丧；阎妻骄扇，日以不臧。此其效也。经曰："皇极，皇建其有极。"传曰："皇之不极，是谓不建，时则有日月乱行。"

陛下践至尊之祚为天下主，奉帝王之职以统群生，方内之治乱，在陛下所执。诚留意于正身，勉强于力行，损燕私之闲以劳天下，放去淫溺之乐，罢归倡优之笑，绝却不享之义，慎节游田之虞，起居有常，循礼而动，躬亲政事，致行无倦，安服若性。经曰："继自今嗣王，其毋淫于酒，毋逸于游田，惟正之共。"未有身治正而臣下邪者也。

夫妻之际，王事纲纪，安危之机，圣王所致慎也。昔舜饬正二女，以崇至德；楚庄忍绝丹姬，以成伯功；幽王惑于褒姒，周德降亡；鲁桓胁于齐女，社稷以倾。诚修后宫之政，明尊卑之序，贵者不得嫉妒专宠，以绝骄嫚之端，抑褒、阎之乱，贱者咸得秩进，各得厥职，以广继嗣之统，息《白华》之怨，后宫亲属，饶之以财，勿与政事，以远皇父之类，损妻党之权，未有闺门治而天下乱者也。

治远自近始，习善在左右。昔龙管纳言，而帝命惟允；四辅既备，成王靡有过事。诚敕正左右齐栗之臣，戴金貂之饰、执常伯之职者，皆使学先王之道，知君臣之义，济济谨孚，无敖戏骄恣之过，则左右肃艾，群僚仰法，化流四方。经曰："亦惟先正克左右。"未有左右正而百官枉者也。

治天下者尊贤考功则治，简贤违功则乱。诚审思治人之术，欢乐得贤之福，论材选士，必试于职，明度量以程能，考功实以定德，无用比周之虚誉，毋听寖润之谮诉，则拖功修职之吏无蔽伤之忧，比周邪伪之徒不得即工，小人日销，俊艾日隆。经曰："三载考绩，三考黜陟幽明。"又曰："九德咸事，俊艾在官。"未有功赏得于前众贤布于官而不治者也。

尧遭洪水之灾，天下分绝为十二州，制远之道微而无乖畔之难者，德厚恩深，无怨于下也。秦居平土，一夫大呼而海内崩析者，刑罚深酷，吏行残贼也。夫违天害德，为上取怨于下，莫甚乎残贼之吏。诚放退残贼酷暴之吏锢废勿用，益选温良上德之士以亲万姓，平刑释冤以理民命，务省徭役，毋夺民时，薄收赋税，毋殚民财，使天下黎元咸安家乐业，不苦逾时之役，不患苛暴之政，不疾酷烈之吏，虽有唐尧之大灾，民无离上之心。经曰："怀保小人，惠于鳏寡。"未有德厚吏良而民畔者也。

臣闻灾异，皇天所以谴告人君过失，犹严父之明诫。畏惧敬改，则祸销福降；忽然简易，则咎罚不除。经曰："飨用五福，畏用六极。"传曰："六沴作见，若不共御，六罚既侵，六极其下。"今三年之间，灾异锋起，小大毕具，所行不享上帝，上帝不豫，炳然甚著。不求之身，无所改正，疏举广谋，又不用其言，是循不享之迹，无谢过之实也，天责愈深。此五者，王事之纲纪，南面之急务，唯陛下留神。

对奏，天子异焉，特召见永。

其夏，皆令诸方正对策，语在《杜钦传》。永对毕，因曰："臣前幸得条对灾异之效，祸乱所极，言关于圣聪。书陈于前，陛下委弃不纳，而更使方正对策，背可惧之大异，问不急之常论，废承天之至言，角无用之虚文，欲末杀灾异，满谰诬天，是故皇天勃然发怒，甲己之间暴风三溱，拔树折木，此天至明不可欺之效也。”上特复问永，永对曰：“日食、地震，皇后、贵妾专宠所致。”语在《五行志》。

是时，上初即位，谦让委政元舅大将军王凤，议者多归咎焉。永知凤方见柄用，阴欲自托，乃复曰：

方今四夷宾服，皆为臣妾，北无薰粥冒顿之患，南无赵佗、吕嘉之难，三垂晏然，靡有兵革之警。诸侯大者乃食数县，汉吏制其权柄，不得有为，亡吴、楚、燕、梁之势。百官盘互，亲疏相错，骨肉大臣有申伯之忠，洞洞属属，小心畏忌，无重合、安阳、博陆之乱。三者无毛发之辜，不可归咎诸舅。此欲以政事过差丞相父子、中尚书宦官，槛塞大异，皆瞽说欺天者也。窃恐陛下舍昭昭之白过，忽天地之明戒，听暗昧之瞽说，归咎乎无辜，倚异乎政事，重失天心，不可之大者也。

陛下即位，委任遵旧，未有过政。元年正月，白气较然起乎东方，至其四月，黄浊四塞，覆冒京师，申以大水，著以震蚀。各有占应，相为表里，百官庶事无所归倚，陛下独不怪与？白气起东方，贱人将兴之表也；黄浊冒京师，王道微绝之应也。夫贱人当起而京师道微，二者已丑。陛下诚深察愚臣之言，致惧天地之异，长思宗庙之计，改往反过，抗湛溺之意，解偏驳之爱，奋乾刚之威，平天覆之施，使列妾得人人更进，犹尚未足也，急复益纳宜子妇人，毋择好丑，毋避尝字，毋论年齿。推法言之，陛下得继嗣于微贱之间，乃反为福。得继嗣而已，母非有贱也。后宫女史使令有直意者，广求于微贱之间，以遇天所开右，慰释皇太后之忧愠，解谢上帝之谴怒，则继嗣蕃滋，灾异讫息。陛下则不深察愚臣之言，忽于天地之戒，咎根不除，水雨之灾，山石之异，将发不久；发则灾异已极，天变成形，臣虽欲捐身关策，不及事已。

疏贱之臣，至敢直陈天意，斥讥帷幄之私，欲间离贵后、盛妾，自知忤心逆耳，必不免于汤镬之诛。此天保右汉家，使臣敢直言也。三上封事，然后得召；待诏一旬，然后得见。夫由疏贱纳至忠，甚苦；由至尊闻天意，甚难。语不可露，愿具书所言，因侍中奏陛下，以示腹心大臣。腹心大臣以为非天意，臣当伏妄言之诛；即以为诚天意也，奈何忘国家大本，背天意而从欲！唯陛下省察孰念，厚为宗庙计。

时，对者数十人，永与杜钦为上第焉。上皆以其书示后宫。后上尝赐许皇后书，采永言以责之，语在《外戚传》。

永既阴为大将军凤说矣，能实最高，由是擢为光禄大夫。永奏书谢凤曰："永斗筲之材，质薄学朽，无一日之雅，左右之介，将军说其狂言，擢之皂衣之吏，厕之争臣之末，不听浸润之谮，不食肤受之诉，虽齐桓、晋文用士笃密，察父悊兄覆育子弟，诚无以加！昔豫子吞炭坏形以奉见异，齐客陨首公门以报恩施，知氏、孟尝犹有死士，何况将军之门！"凤遂厚之。

数年，出为安定太守。时，上诸舅皆修经书，任政事。平阿侯谭年次当继大将军凤辅政，尤与永善。阳朔中，凤薨。凤病困，荐从弟御史大夫音以自代。上从之，以音为大司马车骑将军，领尚书事，而平阿侯谭位特进，领城门兵。永闻之，与谭书曰："君侯躬周、召之德，执管、晏之操，敬贤下士，乐善不倦，宜在上将久矣，以大将军在，故抑郁于家，不得舒愤。今大将军不幸蚤薨，累亲疏，序材能，宜在君侯。拜吏之日，京师士大夫怅然失望。此皆永等愚劣，不能褒扬万分。属闻以特进领城门兵，是则车骑将军秉政雍容于内，而至戚贤舅执管籥于外也。愚窃不为君侯喜。宜深辞职，自陈浅薄不足以固城门之守，收太伯之让，保谦谦之路，阖门高枕，为知者首。愿君侯与博览者参之，小子为君侯安此。”谭得其书大感，遂辞让不受领城门职。由是谭、音相与不平。

永远为郡吏，恐为音所危，病满三月免。音奏请永补营军司马，永数谢罪自陈，得转为长史。

音用从舅越亲辅政，威权损于凤时。永复说音曰：“将军履上将之位，食膏腴之都，任周、召之职，拥天下之枢，可谓富贵之极，人臣无二，天下之责四面至矣，将何以居之？宜夙夜孳孳，执伊尹之强德，以守职匡上，诛恶不避亲爱，举善不避仇雠，以章至公，立信四方。笃行三者，乃可以长堪重任，久享盛宠。太白出西方六十日，法当参天，今已过期，尚在桑榆之间，质弱而行迟，形小而光微。荧惑角怒明大，逆行守尾。其逆，常也；守尾，变也。意岂将军忘湛渐之义，委曲从顺，所执不强，不广用士，尚有好恶之忌，荡荡之德未纯，方与将相大臣乖离之萌也？何故始袭司马之号，俄而金火并有此变？上天至明，不虚见异，唯将军畏之慎之，深思其故，改求其路，以享天意。”音犹不平，荐永为护菀使者。

音薨，成都侯商代为大司马卫将军，永乃迁为凉州刺史。奏事京师讫，当之部，时有黑龙见东莱，上使尚书问永，受所欲言。永对曰：

臣闻王天下有国家者，患在上有危亡之事，而危亡之言不得上闻；如使危亡之言辄上闻，则商、周不易姓而迭兴，三正不变改而更用。夏、商之将亡也，行道之人皆知之，晏然自以若天有日莫能危，是故恶日广而不自知，大命倾而不寤。《易》曰："危者有其安者也，亡者保其存者也。"陛下诚垂宽明之听，无忌讳之诛，使刍荛之臣得尽所闻于前，不惧于后患，直言之路开，则四方众贤不远千里，辐凑陈忠，群臣之上愿，社稷之长福也。

汉家行夏正，夏正色黑，黑龙，同姓之象也。龙阳德，由小之大，故为王者瑞应。未知同姓有见本朝无继嗣之庆，多危殆之隙，欲因扰乱举兵而起者邪？将动心冀为后者，残贼不仁，若广陵、昌邑之类？臣愚不能处也。元年九月黑龙见，其晦，日有食之。今年二月己未夜星陨，乙酉，日有食之。六月之间，大异四发，二而同月，三代之末，春秋之乱，未尝有也。臣闻三代所以陨社稷丧宗庙者，皆由妇人与群恶沉湎于酒。《书》曰："乃用妇人之言，自绝于天。""四方之逋逃多罪，是宗是长，是信是使。"《诗》云："燎之方阳，宁或灭之？赫赫宗周，褒姒灭之！"《易》曰："濡其首，有孚失是。"秦所以二世十六年而亡者，养生泰奢，奉终泰厚也。二者陛下兼而有之，臣请略陈其效。

《易》曰"在中馈，无攸遂"，言妇人不得与事也。《诗》曰"懿厥哲妇，为枭为鸱"；"匪降自天，生自妇人"。建始、河平之际，许、班之贵，顷动前朝，熏灼四方，赏赐无量，空虚内臧，女宠至极，不可上矣；今之后起，天所不飨，什倍于前。废先帝法度，听用其言，官秩不当，纵释王诛，骄其亲属，假之威权，从横乱政，刺举之吏，莫敢奉宪。又以掖庭狱大为乱阱，榜箠瘠于炮格，绝灭人命，主为赵、李报德复怨，反除白罪，建治正吏，多系无辜，掠立迫恐，至为人起责，分利受谢。生入死出者，不可胜数。是以日食再既，以昭其辜。

王者必先自绝，然后天绝之。陛下弃万乘之至贵，乐家人之贱事，厌高美之尊号，好匹夫之卑字，崇聚僄轻无义小人以为私客，数离深宫之固，挺身晨夜，与群小相随，乌集杂会，饮醉吏民之家，乱服共坐，流湎媟嫚，溷淆无别，闵免遁乐，昼夜在路。典门户奉宿卫之臣执干戈而守空宫，公卿百僚不知陛下所在，积数年矣。

王者以民为基，民以财为本，财竭则下畔，下畔则上亡。是以明王爱养基本，不敢穷极，使民如承大祭。今陛下轻夺民财，不爱民力，听邪臣之计，去高敞初陵，损十年功绪，改作昌陵。反天地之性，因下为高，积土为山，发徒起邑，并治宫馆，大兴徭役，重增赋敛，征发如雨，役百乾谿，费疑骊山，靡敝天下，五年不成而后反故。又广盱营表，发人冢墓，断截骸骨，暴扬尸柩。百姓财竭力尽，愁恨感天，灾异屡降，饥馑仍臻。流散冗食，馁死于道，以百万数。公家无一年之畜，百姓无旬日之储，上下俱匮，无以相救。《诗》云："殷监不远，在夏后之世。"愿陛下追观夏、商、周、秦所以失之，以镜考己行。有不合者，臣当伏妄言之诛。

汉兴九世，百九十余载，继体之主七，皆承天顺道，遵先祖法度，或以中兴，或以治安。至于陛下，独违道纵欲，轻身妄行，当盛壮之隆，无继嗣之福，有危亡之忧，积失君道，不合天意，亦已多矣。为人后嗣，守人功业，如此，岂不负哉！方今社稷宗庙祸福安危之机在于陛下，陛下诚肯发明圣之德，昭然远寤，畏此上天之威怒，深惧危亡之征兆，荡涤邪辟之恶志，厉精致政，专心反道，绝群小之私客，免不正之诏除，悉罢北宫私奴车马惰出之具，克己复礼，毋贰微行出饮之过，以防迫切之祸，深惟日食再既之意，抑损椒房玉堂之盛宠，毋听后宫之请谒，除掖庭之乱狱，出炮格之陷阱，诛戮邪佞之臣及左右执左道以事上者，以塞天下之望，且寝初陵之作，止诸缮治宫室，阙更减赋，尽休力役，存恤振救困乏之人，以弭远方，厉崇忠直，放退残贼，无使素餐之吏久尸厚禄，以次贯行，固执无违，夙夜孳孳，屡省无怠，旧愆毕改，新德既章，纤介之邪不复载心，则赫赫大异庶几可销，天命去就庶几可复，社稷宗庙庶几可保。唯陛下留神反覆，孰省臣言。臣幸得备边部之吏，不知本朝失得，瞽言触忌讳，罪当万死。

成帝性宽而好文辞，又久无继嗣，数为微行，多近幸小臣，赵、李从微贱专宠，皆皇太后与诸舅夙夜所常忧。至亲难数言，故推永等使因天变而切谏，劝上纳用之。永自知有内应，展意无所依违，每言事辄见答礼。至上此对，上大怒。卫将军商密擿永令发去。上使侍御史收永，敕过交道厩者勿追。御史不及永，还，上意亦解，自悔。明年，征永为太中大夫，迁光禄大夫给事中。

元延元年，为北地太守。时，灾异尤数，永当之官，上使卫尉淳于长受永所欲言。永对曰：

臣永幸得以愚朽之材为太中大夫，备拾遗之臣，从朝者之后，进不能尽思纳忠辅宣圣德，退无被坚执锐讨不义之功，猥蒙厚恩，仍迁至北地太守。绝命陨首，身膏野草，不足以报塞万分。陛下圣德宽仁，不遗易忘之臣，垂周文之听，下及刍荛之愚，有诏使卫尉受臣永所欲言。臣闻事君之义，有言责者尽其忠，有官守者修其职。臣永幸得免于言责之辜，有官守之任，当毕力遵职，养绥百姓而已，不宜复关得失之辞。忠臣之于上，志在过厚，是故远不违君，死不忘国。昔史鱼既没，余忠未讫，委柩后寝，以尸达诚；汲黯身外思内，发愤舒忧，遗言李息。经曰："虽尔身在外，乃心无不在王室。"臣永幸得给事中出入三年，虽执干戈守边垂，思慕之心常存于省闼，是以敢越郡吏之职，陈累年之忧。

臣闻天生蒸民，不能相治，为立王者以统理之，方制海内非为天子，列土封疆非为诸侯，皆以为民也。垂三统，列三正，去无道，开有德，不私一姓，明天下乃天下之天下，非一人之天下也。王者躬行道德，承顺天地，博爱仁恕，恩及行苇，籍税取民不过常法，宫室车服不逾制度，事节财足，黎庶和睦，则卦气理效，五征时序，百姓寿考，庶草蕃滋，符瑞并降，以昭保右。失道妄行，逆天暴物，穷奢极欲，湛湎荒淫，妇言是从，诛逐仁贤，离逖骨肉，群小用事，峻刑重赋，百姓愁怨，则卦气悖乱，咎征著邮，上天震怒，灾异屡降，日月薄食，五星失行，山崩川溃，水泉踊出，妖孽并见，茀星耀光，饥馑荐臻，百姓短折，万物夭伤。终不改寤，恶洽变备，不复谴告，更命有德。《诗》云："乃眷西顾，此惟予宅。"

夫去恶夺弱，迁命贤圣，天地之常经，百王之所同也。加以功德有厚薄，期质有修短，时世有中季，天道有盛衰。陛下承八世之功业，当阳数之标季，涉三七之节纪，遭《无妄》之卦运，直百六之灾厄。三难异科，杂焉同会。建始元年以来二十载间，群灾大异，交错锋起，多于《春秋》所书。八世著记，久不塞除，重以今年正月己亥朔日有食之，三朝之会，四月丁酉四方众星白昼流陨，七月辛未彗星横天。乘三难之际会，畜众多之灾异，因之以饥馑，接之以不赡。彗星，极异也，土精所生，流陨之应出于饥变之后，兵乱作矣，厥期不久，隆德积善，惧不克济。内则为深宫后庭将有骄臣悍妾醉酒狂悖卒起之败，北宫苑囿街巷之中臣妾之家幽闲之处徵舒、崔杼之乱；外则为诸夏下土将有樊並、苏令、陈胜、项梁奋臂之祸。内乱朝暮，日戒诸夏，举兵以火角为期。安危之分界，宗庙之至忧，臣永所以破胆寒心，豫言之累年。下有其萌，然后变见于上，可不致慎！

祸起细微，奸生所易。愿陛下正君臣之义，无复与群小媟黩燕饮；中黄门后庭素骄慢不谨尝以醉酒失臣礼者，悉出勿留。勤三纲之严，修后宫之政，抑远骄妒之宠，崇近婉顺之行，加惠失志之人，怀柔怨恨之心。保至尊之重，秉帝王之威，朝覲法出而后驾，陈兵清道而后行，无复轻身独出，饮食臣妾之家。三者既除，内乱之路塞矣。

诸夏举兵，萌在民饥馑而吏不恤，兴于百姓困而赋敛重，发于下怨离而上不知。《易》曰："屯其膏，小贞吉，大贞凶。"传曰："饥而不损兹谓泰，厥灾水，厥咎亡。"《讹辞》曰："关动牡飞，辟为无道，臣为非，厥咎乱臣谋篡。"王者遭衰难之世，有饥馑之灾，不损用而大自润，故凶；百姓困贫无以共求，愁悲怨恨，故水；城关守国之固，固将去焉，故牡飞。往年郡国二十一伤于水灾，禾黍不入。今年蚕麦咸恶。百川沸腾，江河溢决，大水泛滥郡国十五有余。比年丧稼，时过无宿麦。百姓失业流散，群辈守关。大异较炳如彼，水灾浩浩，黎庶穷困如此，宜损常税小自润之时，而有司奏请加赋，甚缪经义，逆于民心，布怨趋祸之道也。牡飞之状，殆为此发。古者谷不登亏膳，灾屡至损服，凶年不塈涂，明王之制也。《诗》云：“凡民有丧，扶服救之。”《论语》曰：“百姓不足，君孰予足？”臣愿陛下勿许加赋之奏，益减大官、导官、中御府、均官、掌畜、廪牺用度，止尚方、织室、京师郡国工服官发输造作，以助大司农。流恩广施，振赡困乏，开关梁，内流民，恣所欲之，以救其急。立春，遣使者循行风俗，宣布圣德，存恤孤寡，问民所苦，劳二千石，敕劝耕桑，毋夺农时，以慰绥元元之心，防塞大奸之隙。诸夏之乱，庶几可息。

臣闻上主可与为善而不可与为恶，下主可与为恶而不可与为善。陛下天然之性，疏通聪敏，上主之姿也。少省愚臣之言，感寤三难，深畏大异，定心为善，捐忘邪志，毋贰旧愆，厉精致政，至诚应天，则积异塞于上，祸乱伏于下，何忧患之有？窃恐陛下公志未专，私好颇存，尚爱群小，不肯为耳！

对奏，天子甚感其言。

永于经书，泛为疏达，与杜钦、杜邺略等，不能洽浃如刘向父子及扬雄也。其于天官、《京氏易》最密，故善言灾异，前后所上四十余事，略相反复，专攻上身与后宫而已。党于王氏，上亦知之，不甚亲信也。

永所居任职，为北地太守岁余，卫将军商薨，曲阳侯根为票骑将军，荐永，征入为大司农。岁余，永病，三月，有司奏请免。故事，公卿病，辄赐告，至永独即时免。数月，卒于家。本保并，以尉氏樊并反，更名永云。

杜邺字子夏，本魏郡繁阳人也。祖父及父积功劳皆至郡守，武帝时徙茂陵。邺少孤，其母张敞女。邺壮，从敞子吉学问，得其家书。以孝廉为郎。

与车骑将军王音善。平阿侯谭不受城门职，后薨，上闵悔之，乃复令谭弟成都侯商位特进，领城门兵，得举吏如将军府。邺见音前与平阿有隙，即说音曰："邺闻人情，恩深者其养谨，爱至者其求详。夫戚而不见殊，孰能无怨？此《棠棣》、《角弓》之诗所为作也。昔秦伯有千乘之国，而不能容其母弟，《春秋》亦书而讥焉。周、召则不然，忠以相辅，义以相匡，同己之亲，等己之尊，不以圣德独兼国宠，又不为长专受荣任，分职于陕，并为弼疑。故内无感恨之隙，外无侵侮之羞，俱享天祐，两荷高名者，盖以此也。窃见成都侯以特进领城门兵，复有诏得举吏如五府，此明诏所欲宠也。将军宜承顺圣意，加异往时，每事凡议，必与及之，指为诚发，出于将军，则孰敢不说谕？昔文侯寤大雁之献而父子益亲，陈平共壹饭之馔而将相加欢，所接虽在楹阶俎豆之间，其于为国折冲厌难，岂不远哉！窃慕仓唐、陆子之义，所白奥内，唯深察焉。"音甚嘉其言，由是与成都侯商亲密，二人皆重邺。后以病去郎。商为大司马卫将军，除邺主簿，以为腹心，举侍御史。哀帝即位，迁为凉州刺史。邺居职宽舒，少威严，数年以病免。

是时，帝祖母定陶傅太后称皇太太后，帝母丁姬称帝太后，而皇后即傅太后从弟子也。傅氏侯者三人，丁氏侯者二人。又封傅太后同母弟子郑业为阳信侯。傅太后尤与政专权。元寿元年正月朔，上以皇后父孔乡侯傅晏为大司马卫将军，而帝舅阳安侯丁明为大司马票骑将军。临拜，日食，诏举方正直言。扶阳侯韦育举邺方正，邺对曰：

臣闻禽息忧国，碎首不恨；卞和献宝，刖足愿之。臣幸得奉直言之诏，无二者之危，敢不极陈！臣闻阳尊阴卑，卑者随尊，尊者兼卑，天之道也。是以男虽贱，各为其家阳；女虽贵，犹为其国阴。故礼明三从之义，虽有文母之德，必系于子。《春秋》不书纪侯之母，阴义杀也。昔郑伯随姜氏之欲，终有叔段篡国之祸；周襄王内迫惠后之难，而遭居郑之危。汉兴，吕太后权私亲属，又以外孙为孝惠后，是时继嗣不明，凡事多暗，昼昏冬雷之变，不可胜载。窃见陛下行不偏之政，每事约俭，非礼不动，诚欲正身与天下更始也。然嘉瑞未应，而日食、地震，民讹言行筹，传相惊恐。案《春秋》灾异，以指象为言语，故在于得一类而达之也。日食，明阳为阴所临，《坤卦》乘《离》，《明夷》之象也。《坤》以法地，为土为母，以安静为德。震，不阴之效也。占象甚明，臣敢不直言其事！

昔曾子问从令之义，孔子曰："是何言与！"善闵子骞守礼不苟，从亲所行，无非理者，故无可间也。前大司马新都侯莽退伏弟家，以诏策决，复遣就国。高昌侯宏去蕃自绝，犹受封土。制书侍中、驸马都尉迁不忠巧佞，免归故郡，间未旬月，则有诏还，大臣奏正其罚，卒不得遣，而反兼官奉使，显宠过故。及阳信侯业，皆缘私君国，非功义所止。诸外家昆弟无贤不肖，并侍帷幄，布在列位，或典兵卫，或将军屯，宠意并于一家，积贵之势，世所稀见所稀闻也。至乃并置大司马、将军之官。皇甫虽盛，三桓虽隆，鲁为作三军，无以甚此。当拜之日，晻然日食。不在前后，临事而发者，明陛下谦逊无专，承指非一，所言辄听，所欲辄随，有罪恶者不坐辜罚，无功能者毕受官爵，流渐积猥，正尤在是，欲令昭昭以觉圣朝。昔诗人所刺，《春秋》所讥，指象如此，殆不在它。由后视前，忿邑非之，逮身所行，不自镜见，则以为可，计之过者。疏贱独偏见，疑内亦有此类。天变不空，保右世主如此之至，奈何不应！

臣闻野鸡著怪，高宗深动；大风暴过，成王怛然。愿陛下加致精诚，思承始初，事稽诸古，以厌下心，则黎庶群生无不说喜，上帝百神收还威怒，祯祥福禄何嫌不报！

邺未拜，病卒。邺言民讹言行筹，及谷永言王者买私田，彗星陨石牡飞之占，语在《五行志》。

初，邺从张吉学，吉子竦又幼孤，从邺学问，亦著于世，尤长小学。邺子林，清静好古，亦有雅材，建武中历位列卿，至大司空。其正文字过于邺、竦，故世言小学者由杜公。

赞曰：孝成之世，委政外家，诸舅持权，重于丁、傅在孝哀时。故杜邺敢讥丁、傅，而钦、永不敢言王氏，其势然也。及钦欲挹损凤权，而邺附会音、商。永陈三七之戒，斯为忠焉，至其引申伯以阿凤，隙平阿于车骑，指金、火以求合，可谓谅不足而谈有余者。孔子称“友多闻”，三人近之矣。

汉书卷八十六

何武王嘉师丹传第五十六

何武字君公，蜀郡郫县人也。宣帝时，天下和平，四夷宾服，神爵、五凤之间屡蒙瑞应。而益州刺史王襄使辩士王褒颂汉德，作《中和》、《乐职》、《宣布》诗三篇。武年十四五，与成都杨覆众等共习歌之。是时，宣帝循武帝故事，求通达茂异士，召见武等于宣室。上曰："此盛德之事，吾何足以当之哉！"以褒为待诏，武等赐帛罢。

武诣博士受业，治《易》。以射策甲科为郎，与翟方进交志相友。光禄勋举四行，迁为鄠令，坐法免归。

武兄弟五人，皆为郡吏，郡县敬惮之。武弟显家有市籍，租常不入，县数负其课。市啬夫求商捕辱显家，显怒，欲以吏事中商。武曰："以吾家租赋徭役不为众先，奉公吏不亦宜乎！"武卒白太守，召商为卒吏，州里闻之皆服焉。

久之，太仆王音举武贤良方正，征对策，拜为谏大夫，迁扬州刺史。所举奏二千石长吏必先露章，服罪者为亏除，免之而已；不服，极法奏之，抵罪或至死。

九江太守戴圣，《礼经》号小戴者也，行治多不法，前刺史以其大儒，优容之。及武为刺史，行部录囚徒，有所举以属郡。圣曰："后进生何知，乃欲乱人治！"皆无所决。武使从事廉得其罪，圣惧，自免。后为博士，毁武于朝廷。武闻之，终不扬其恶。而圣子宾客为群盗，得，系庐江，圣自以子必死。武平心决之，卒得不死。自是后，圣惭服。武每奏事至京师，圣未尝不造门谢恩。

武为刺史，二千石有罪，应时举奏，其余贤与不肖敬之如一，是以郡国各重其守相，州中清平。行部必先即学官见诸生，试其诵论，问以得失，然后入传舍，出记问垦田顷亩、五谷美恶，已乃见二千石，以为常。

初，武为郡吏时，事太守何寿。寿知武有宰相器，以其同姓故厚之。后寿为大司农，其兄子为庐江长史。时，武奏事在邸，寿兄子适在长安，寿为具召武弟显及故人杨覆众等，酒酣，见其兄子，曰："此子扬州长史，材能驽下，未尝省见。"显等甚惭，退以谓武，武曰："刺史古之方伯，上所委任，一州表率也，职在进善退恶。吏治行有茂异，民有隐逸，乃当召见，不可有所私问。"显、覆众强之，不得已召见，赐卮酒。岁中，庐江太守举之。其守法见惮如此。

为刺史五岁，入为丞相司直，丞相薛宣敬重之。出为清河太守，数岁，坐郡中被灾害什四以上免。久之，大司马曲阳侯王根荐武，征为谏大夫。迁兖州刺史，入为司隶校尉，徙京兆尹。二岁，坐举方正所举者召见槃辟雅拜，有司以为诡众虚伪。武坐左迁楚内史，迁沛郡太守，复入为廷尉。绥和元年，御史大夫孔光左迁廷尉，武为御史大夫。成帝欲修辟雍，通三公官，即改御史大夫为大司空。武更为大司空，封氾乡侯，食邑千户。氾乡在琅邪不其，哀帝初即位，褒赏大臣，更以南阳犨之博望乡为氾乡侯国，增邑千户。

武为人仁厚，好进士，奖称人之善。为楚内史厚两龚，在沛郡厚两唐，及为公卿，荐之朝廷。此人显于世者，何侯力也，世以此多焉。然疾朋党，问文吏必于儒者，问儒者必于文吏，以相参检。欲除吏，先为科例以防请托。其所居亦无赫赫名，去后常见思。

及为御史大夫司空，与丞相方进共奏言："往者诸侯王断狱治政，内史典狱事，相总纲纪辅王，中尉备盗贼。今王不断狱与政，中尉官罢，职并内史，郡国守相委任，所以壹统信，安百姓也。今内史位卑而权重，威职相逾，不统尊者，难以为治。臣请相如太守，内史如都尉，以顺尊卑之序，平轻重之权。"制曰："可。"以内史为中尉。初，武为九卿时，奏言宜置三公官，又与方进共奏罢刺史，更置州牧，后皆复复故，语在《朱博传》。唯内史事施行。

多所举奏，号为烦碎，不称贤公。功名略比薛宣，其材不及也，而经术正直过之。武后母在郡，遣吏归迎。会成帝崩，吏恐道路有盗贼，后母留止，左右或讥武事亲不笃，哀帝亦欲改易大臣，遂策免武曰："君举错烦苛，不合众心，孝声不闻，恶名流行，无以率示四方。其上大司空印绶，罢归就国。"后五岁，谏大夫鲍宣数称冤之，天子感丞相王嘉之对，而高安侯董贤亦荐武，武由是复征为御史大夫。月余，徙为前将军。

先是，新都侯王莽就国，数年，上以太皇太后故征莽还京师。莽从弟成都侯王邑为侍中，矫称太皇太后指白哀帝，为莽求特进给事中。哀帝复请之，事发觉。太后为谢，上以太后故不忍诛之，左迁邑为西河属国都尉，削千户。后有诏举大常，莽私从武求举，武不敢举。后数月，哀帝崩，太后即日引莽入，收大司马董贤印绶，诏有司举可大司马者。莽故大司马，辞位辟丁、傅，众庶称以为贤，又太后近亲，自大司徒孔光以下举朝皆举莽。武为前将军，素与左将军公孙禄相善，二人独谋，以为往时孝惠、孝昭少主之世，外戚吕、霍、上官持权，几危社稷，今孝成、孝哀比世无嗣，方当选立亲近辅幼主，不宜令异姓大臣持权，亲疏相错，为国计便。于是武举公孙禄可大司马，而禄亦举武。太后竟自用莽为大司马。莽风有司劾奏武、公孙禄互相称举，皆免。

武就国后，莽寖盛，为宰衡，阴诛不附己者。元始三年，吕宽等事起。时，大司空甄丰承莽风指，遣使者乘传案治党与，连引诸所欲诛，上党鲍宣，南阳彭伟、杜公子，郡国豪桀坐死者数百人。武在见诬中，大理正槛车征武，武自杀。众人多冤武者，莽欲厌众意，令武子况嗣为侯，谥武曰剌侯。莽篡位，免况为庶人。

王嘉字公仲，平陵人也。以明经射策甲科为郎，坐户殿门失阑免。光禄勋于永除为掾，察廉为南陵丞，复察廉为长陵尉。鸿嘉中，举敦朴能直言，召见宣室，对政事得失，超迁太中大夫。出为九江、河南太守，治甚有声。征入为大鸿胪，徙京兆尹，迁御史大夫。建平三年代平当为丞相，封新甫侯，加食邑千一百户。

嘉为人刚直严毅有威重，上甚敬之。哀帝初立，欲匡成帝之政，多所变动，嘉上疏曰：

臣闻圣王之功在于得人。孔子曰："材难，不其然与！""故继世立诸侯，象贤也。"虽不能尽贤，天子为择臣，立命卿以辅之。居是国也，累世尊重，然后士民之众附焉，是以教化行而治功立。今之郡守重于古诸侯，往者致选贤材，贤材难得，拔擢可用者，或起于囚徒。昔魏尚坐事系，文帝感冯唐之言，遣使持节赦其罪，拜为云中太守，匈奴忌之。武帝擢韩安国于徒中，拜为梁内史，骨肉以安。张敞为京兆尹，有罪当免，黠吏知而犯敞，敞收杀之，其家自冤，使者覆狱，劾敞贼杀人，上逮捕不下，会免，亡命数十日，宣帝征敞拜为冀州刺史，卒获其用。前世非私此三人，贪其材器有益于公家也。

孝文时，吏居官者或长子孙，以官为氏，仓氏、库氏则仓库吏之后也。其二千石长吏亦安官乐职，然后上下相望，莫有苟且之意。其后稍稍变易，公卿以下传相促急，又数改更政事，司隶、部刺史察过悉劾，发扬阴私，吏或居官数月而退，送故迎新，交错道路。中材苟容求全，下材怀危内顾，壹切营私者多。二千石益轻贱，吏民慢易之。或持其微过，增加成罪，言于刺史、司隶，或至上书章下；众庶知其易危，小失意则有离畔之心。前山阳亡徒苏令等从横，吏士临难，莫肯伏节死义，以守相威权素夺也。孝成皇帝悔之，下诏书，二千石不为纵，遣使者赐金，尉厚其意，诚以为国家有急，取办于二千石，二千石尊重难危，乃能使下。

孝宣皇帝爱其良民吏，有章劾，事留中，会赦一解。故事，尚书希下章，为烦扰百姓，证验系治，或死狱中，章文必有"敢告之"字乃下。唯陛下留神于择贤，记善忘过，容忍臣子，勿责以备，二千石、部刺史、三辅县令有材任职者，人情不能不有过差，宜可阔略，令尽力者有所劝。此方今急务，国家之利也。前苏令发，欲遣大夫使逐问状，时见大夫无可使者，召盩厔令尹逢拜为谏大夫遣之。今诸大夫有材能者甚少，宜豫畜养可成就者，则士赴难不爱其死；临事仓卒乃求，非所以明朝廷也。

嘉因荐儒者公孙光、满昌及能吏萧咸、薛修等，皆故二千石有名称。天子纳而用之。

会息夫躬、孙宠等因中常侍宋弘上书告东平王云祝诅，又与后舅伍宏谋弑上为逆，云等伏诛，躬、宠擢为吏二千石。是时，侍中董贤爱幸于上，上欲侯之而未有所缘，傅嘉劝上因东平事以封贤。上于是定躬、宠告东平本章，掇去宋弘，更言因董贤以闻，欲以其功侯之，皆先赐爵关内侯。顷之，欲封贤等，上心惮嘉，乃先使皇后父孔乡侯傅晏持诏书视丞相御史。于是嘉与御史大夫贾延上封事言："窃见董贤等三人始赐爵，众庶匈匈，咸曰贤贵，其余并蒙恩，至今流言未解。陛下仁恩于贤等不已，宜暴贤等本奏语言，延问公卿、大夫、博士、议郎，考合古今，明正其义，然后乃加爵土；不然，恐大失众心，海内引领而议。暴平其事，必有言当封者，在陛下所从；天下虽不说，咎有所分，不独在陛下。前定陵侯淳于长初封，其事亦议。大司农谷永以长当封，众人归咎于永，先帝不独蒙其讥。臣嘉、臣延材驽不称，死有余责。知顺指不迕，可得容身须臾，所以不敢者，思报厚恩也。"上感其言，止，数月，遂下诏封贤等，因以切责公卿曰："朕居位以来，寝疾未瘳，反逆之谋相连不绝，贼乱之臣，近侍帷幄。前东平王云与后谒祝诅朕，使侍医伍宏等内侍案脉，几危社稷，殆莫甚焉！

昔楚有子玉得臣，晋文为之侧席而坐；近事，汲黯折淮南之谋。今云等至有图弑天子逆乱之谋者，是公卿股肱莫能悉心务聪明以销厌未萌之故。赖宗庙之灵，侍中、驸马都尉贤等发觉以闻，咸伏厥辜。《书》不云乎？'用德章厥善。'其封贤为高安侯、南阳太守宠为方阳侯、左曹光禄大夫躬为宜陵侯。"

后数月，日食，举直言，嘉复奏封事曰：

臣闻咎繇戒帝舜曰："亡敖佚欲有国，兢兢业业，一日二日万机。"箕子戒武王曰："臣无有作威作福，亡有玉食；臣之有作威作福玉食，害于而家，凶于而国，人用侧颇辟，民用僭慝。"言如此则逆尊卑之序，乱阴阳之统，而害及王者，其国极危。国人倾仄不正，民用僭差不壹，此君不由法度，上下失序之败也。武王躬履此道，隆至成、康。自是以后，纵心恣欲，法度陵迟，至于臣弑君，子弑父。父子至亲，失礼患生，何况异姓之臣？孔子曰："道千乘之国，敬事而信，节用而爱人，使民以时。"孝文皇帝备行此道，海内蒙恩，为汉太宗。孝宣皇帝赏罚信明，施与有节，记人之功，忽于小过，以致治平。孝元皇帝奉承大业，温恭少欲，都内钱四十万万，水衡钱二十五万万，少府钱十八万万。尝幸上林，后宫冯贵人从临兽圈，猛兽惊出，贵人前当之，元帝嘉美其义，赐钱五万。掖庭见亲，有加赏赐，属其人勿众谢。示平恶偏，重失人心，赏赐节约。是时，外戚赀千万者少耳，故少府水衡见钱多也。虽遭初元、永光凶年饥馑，加有西羌之变，外奉师旅，内振贫民，终无倾危之忧，以府臧内充实也。孝成皇帝时，谏臣多言燕出之害，及女宠专爱，耽于酒色，损德伤年，其言甚切，然终不怨怒也。宠臣淳于长、张放、史育：育数贬退，家资不满千万；放斥逐就国；长榜死于狱。不以私爱害公义，故虽多内讥，朝廷安平，传业陛下。

陛下在国之时，好《诗》、《书》，上俭节，征来所过道上称诵德美，此天下所以回心也。初即位，易帷帐，去锦绣，乘舆席缘绨缯而已。共皇寝庙比比当作，忧闵元元，惟用度不足，以义割恩，辄且止息，今始作治。而驸马都尉董贤亦起官寺上林中，又为贤治大第，开门乡北阙，引王渠灌园池，使者护作，赏赐吏卒，甚于治宗庙。贤母病，长安厨给祠具，道中过者皆饮食。为贤治器，器成，奏御乃行，或物好，特赐其工，自贡献宗庙三宫，犹不至此。贤家有宾婚及见亲，诸官并共，赐及仓头奴婢，人十万钱。使者护视，发取市物，百贾震动，道路讙哗，群臣惶惑。诏书罢菀，而以赐贤二千余顷，均田之制从此堕坏。奢僭放纵，变乱阴阳，灾异众多，百姓讹言，持筹相惊，被发徒跣而走，乘马者驰，天惑其意，不能自止。或以为筹者策失之戒也。陛下素仁智慎事，今而有此大讥。

孔子曰："危而不持，颠而不扶，则将安用彼相矣！"臣嘉幸得备位，窃内悲伤不能通愚忠之信；身死有益于国，不敢自惜。唯陛下慎己之所独乡，察众人之所共疑。往者宠臣邓通、韩嫣骄贵失度，逸豫无厌，小人不胜情欲，卒陷罪辜。乱国亡躯，不终其禄，所谓爱之适足以害之者也。宜深览前世，以节贤宠，全安其命。

于是上寖不说，而愈爱贤，不能自胜。

会祖母傅太后薨，上因托傅太后遗诏，令成帝母王太后下丞相、御史，益封贤二千户，及赐孔乡侯、汝昌侯、阳新侯国。嘉封还诏书，因奏封事谏上及太后曰："臣闻爵禄土地，天之有也。《书》云：'天命有德，五服五章哉！'王者代天爵人，尤宜慎之。裂地而封，不得其宜，则众庶不服，感动阴阳，其害疾自深。今圣体久不平，此臣嘉所内惧也。高安侯贤，佞幸之臣，陛下倾爵位以贵之，单货财以富之，损至尊以宠之，主威已黜，府藏已竭，唯恐不足。财皆民力所为，孝文皇帝欲起露台，重百金之费，克己不作。今贤散公赋以施私惠，一家至受千金，往古以来贵臣未尝有此，流闻四方，皆同怨之。里谚曰：'千人所指，无病而死。'臣常为之寒心。今太皇太后以永信太后遗诏，诏丞相、御史益贤户，赐三侯国，臣嘉窃惑。山崩地动，日食于三朝，皆阴侵阳之戒也。前贤已再封，晏、商再易邑，业缘私横求，恩已过厚，求索自恣，不知厌足，甚伤尊尊之义，不可以示天下，为害痛矣！臣骄侵罔，阴阳失节，气感相动，害及身体。陛下寝疾久不平，继嗣未立，宜思正万事，顺天人之心，以求福祐，奈何轻身肆意，不念高祖之勤苦垂立制度欲传之于无穷哉！《孝经》曰：'天子有争臣七人，虽无道，不失其天下。'臣谨封上诏书，不敢露见，非爱死而不自法，恐天下闻之，故不敢自劾。愚戆数犯忌讳，唯陛下省察。"

初，廷尉梁相与丞相长史、御史中丞及五二千石杂治东平王云狱，时冬月未尽二旬，而相心疑云冤，狱有饰辞，奏欲传之长安，更下公卿复治。尚书令鞫谭、仆射宗伯凤以为可许。天子以相等皆见上体不平，外内顾望，操持两心，幸云逾冬，无讨贼疾恶主雠之意，制诏免相等皆为庶人。后数月大赦，嘉奏封事荐相等明习治狱，"相计谋深沉，谭颇知雅文，凤经明行修，圣王有计功除过，臣窃为朝廷惜此三人”。书奏，上不能平。后二十余日，嘉封还益董贤户事，上乃发怒，召嘉诣尚书，责问以：“相等前坐在位不尽忠诚，外附诸侯，操持两心，背人臣之义，今所称相等材美，足以相计除罪。君以道德，位在三公，以总方略一统万类分明善恶为职，知相等罪恶陈列，著闻天下，时辄以自劾，今又称誉相等，云为朝廷惜之。大臣举错，恣心自在，迷国罔上，近由君始，将谓远者何！对状。”嘉免冠谢罪。

事下将军中朝者。光禄大夫孔光、左将军公孙禄、右将军王安、光禄勋马宫、光禄大夫龚胜劾嘉迷国罔上不道，请与廷尉杂治。胜独以为嘉备宰相，诸事并废，咎由嘉生；嘉坐荐相等，微薄，以应迷国罔上不道，恐不可以示天下。遂可光等奏。

光等请谒者召嘉诣廷尉诏狱，制曰：“票骑将军、御史大夫、中二千石、二千石、诸大夫、博士、议郎议。”卫尉云等五十人以为：“如光等言可许。”议郎龚等以为：“嘉言事前后相违，无所执守，不任宰相之职，宜夺爵土，免为庶人。”永信少府猛等十人以为：“圣王断狱，必先原心定罪，探意立情，故死者不抱恨而入地，生者不衔怨而受罪。明主躬圣德，重大臣刑辟，广延有司议，欲使海内咸服。嘉罪名虽应法，圣王之于大臣，在舆为下，御坐则起，疾病视之无数，死则临吊之，废宗庙之祭，进之以礼，退之以义，诔之以行。案嘉本以相等为罪，罪恶虽著，大臣括发关械、裸躬就笞，非所以重国褒宗庙也。今春月寒气错缪，霜露数降，宜示天下以宽和。臣等不知大义，唯陛下察焉。”有诏假谒者节，召丞相诣廷尉诏狱。

使者既到府，掾史涕泣，共和药进嘉，嘉不肯服。主簿曰：

"将相不对理陈冤，相踵以为故事，君侯宜引决。"使者危坐府门上。主簿复前进药，嘉引药杯以击地，谓官属曰："丞相幸得备位三公，奉职负国，当伏刑都市以示万众。丞相岂儿女子邪，何谓咀药而死！"嘉遂装出，见使者再拜受诏，乘吏小车，去盖不冠，随使者诣廷尉。廷尉收嘉丞相、新甫侯印绶，缚嘉载致都船诏狱。

上闻嘉生自诣吏，大怒，使将军以下与五二千石杂治。吏诘问嘉，嘉对曰："案事者思得实。窃见相等前治东平王狱，不以云为不当死，欲关公卿示重慎；置驿马传囚，势不得逾冬月，诚不见其外内顾望阿附为云验。复幸得蒙大赦，相等皆良善吏，臣窃为国惜贤，不私此三人。"狱吏曰："苟如此，则君何以为罪犹当？有以负国，不空入狱矣。"吏稍侵辱嘉，嘉喟然卬天叹曰："幸得充备宰相，不能进贤、退不肖，以是负国，死有余责。"吏问贤、不肖主名，嘉曰："贤，故丞相孔光、故大司空何武，不能进；恶，高安侯董贤父子，佞邪乱朝，而不能退。罪当死，死无所恨。"嘉系狱二十余日，不食，欧血而死。帝舅大司马票骑将军丁明素重嘉而怜之，上遂免明，以董贤代之，语在《贤传》。

嘉为相三年诛，国除。死后上览其对而思嘉言，复以孔光代嘉为丞相，征用何武为御史大夫。元始四年，诏书追录忠臣，封嘉子崇为新甫侯，追谥嘉为忠侯。

师丹字仲公，琅邪东武人也。治《诗》，事匡衡。举孝廉为郎。元帝末，为博士，免。建始中，州举茂才，复补博士，出为东平王太傅。丞相方进、御史大夫孔光举丹论议深博、廉正守道，征入为光禄大夫、丞相司直。数月，复以光禄大夫给事中，由是为少府、光禄勋、侍中，甚见尊重。成帝末年，立定陶王为皇太子，以丹为太子太傅。哀帝即位，为左将军，赐爵关内侯，食邑，领尚书事，遂代王莽为大司马，封高乐侯。月余，徙为大司空。

上少在国，见成帝委政外家，王氏僭盛，常内邑邑。即位，多欲有所匡正。封拜丁、傅，夺王氏权。丹自以师傅居三公位，得信于上，上书言："古者谅暗不言，听于冢宰，三年无改于父之道。前大行尸柩在堂，而官爵臣等以及亲属，赫然皆贵宠。封舅为阳安侯，皇后尊号未定，豫封父为孔乡侯。出侍中王邑、射声校尉王邯等。诏书比下，变动政事，卒暴无渐。臣纵不能明陈大义，复曾不能牢让爵位，相随空受封侯，增益陛下之过。间者郡国多地动，水出流杀人民，日月不明，五星失行，此皆举错失中，号令不定，法度失理，阴阳溷浊之应也。臣伏惟人情无子，年虽六七十，犹博取而广求。孝成皇帝深见天命，烛知至德，以壮年克己，立陛下为嗣。先帝暴弃天下而陛下继体，四海安宁，百姓不惧，此先帝圣德当合天人之功也。臣闻天威不违颜咫尺，愿陛下深思先帝所以建立陛下之意。且克己躬行以观群下之从化。天下者，陛下之家也，肺附何患不富贵，不宜仓卒。先帝不量臣愚，以为太傅，陛下以臣托师傅，故亡功德而备鼎足，封大国，加赐黄金，位为三公，职在左右，不能尽忠补过，而令庶人窃议，灾异数见，此臣之大罪也。臣不敢言乞骸骨归于海滨，恐嫌于伪。诚惭负重责，义不得不尽死。"书数十上，多切直之言。

初，哀帝即位，成帝母称太皇太后，成帝赵皇后称皇太后，而上祖母傅太后与母丁后皆在国邸，自以定陶共王为称。高昌侯董宏上书言："秦庄襄王母本夏氏，而为华阳夫人所子，及即位后，俱称太后。宜立定陶共王后为皇太后。"事下有司，时丹以左将军与大司马王莽共劾奏宏："知皇太后至尊之号，天下一统，而称引亡秦以为比喻，诖误圣朝，非所宜言，大不道。"上新立，谦让，纳用莽、丹言，免宏为庶人。傅太后大怒，要上欲必称尊号，上于是追尊定陶共王为共皇，尊傅太后为共皇太后，丁后为共皇后。郎中令泠褒、黄门郎段犹等复奏言："定陶共皇太后、共皇后皆不宜复引定陶蕃国之名以冠大号，车马衣服宜皆称皇之意，置吏二千石以下各供厥职，又宜为共皇立庙京师。"上复下其议，有司皆以为宜如褒、犹言。丹议独曰："圣王制礼取法于天地，故尊卑之礼明则人伦之序正，人伦之序正则乾坤得其位而阴阳顺其节，人主与万民俱蒙祐福。尊卑者，所以正天地之位，不可乱也。今定陶共皇太后、共皇后以定陶共为号者，母从子、妻从夫之义也。欲立官置吏，车服与太皇太后并，非所以明尊卑亡二上之义也。定陶共皇号谥已前定，义不得复改。《礼》：'父为士，子为天子，祭以天子，其尸服以士服。'子亡爵父之义，尊父母也。为人后者为之子，故为所后服斩衰三年，而降其父母期，明尊本祖而重正统也。孝成皇帝圣恩深远，故为共王立后，奉承祭祀，今共皇长为一国太祖，万世不毁，恩义已备。陛下既继体先帝，持重大宗，承宗庙天地社稷之祀，义不得复奉定陶共皇祭入其庙。今欲立庙于京师，而使臣下祭之，是无主也。又亲尽当毁，空去一国太祖不堕之祀，而就无主当毁不正之礼，非所以尊厚共皇也。"丹由是浸不合上意。

会有上书言古者以龟贝为货，今以钱易之，民以故贫，宜可改币。上以问丹，丹对言可改。章下有司议，皆以为行钱以来久，难卒变易。丹老人，忘其前语，后从公卿议。又丹使吏书奏，吏私写其草，丁、傅子弟闻之，使人上书告丹上封事行道人遍持其书。上以问将军中朝臣，皆对曰："忠臣不显谏，大臣奏事不宜漏泄，令吏民传写流闻四方。'臣不密则失身'，宜下廷尉治。"事下廷尉，廷尉劾丹大不敬。事未决，给事中博士申咸、炔钦上书，言"丹经行无比，自近世大臣能若丹者少。发愤懑，奏封事，不及深思远虑，使主簿书，漏泄之过不在丹。以此贬黜，恐不厌众心"。尚书劾咸、钦："幸得以儒官选擢备腹心，上所折中定疑，知丹社稷重臣，议罪处罚，国之所慎，咸、钦初傅经义以为当治，事以暴列，乃复上书妄称誉丹，前后相违，不敬。"上贬咸、钦秩各二等。遂策免丹曰："夫三公者，朕之腹心也，辅善相过，匡率百僚，和合天下者也。朕既不明，委政于公，间者阴阳不调，寒暑失常，变异屡臻，山崩地震，河决泉涌，流杀人民，百姓流连，无所归心，司空之职尤废焉。君在位出入三年，未闻忠言嘉谋，而反有朋党相进不公之名。乃者以挺力田议改币章示君，君内为朕建可改不疑；以君之言博考朝臣，君乃希众雷同，外以为不便，令观听者归非于朕。朕隐忍不宣，为君受愆。朕疾夫比周之徒虚伪坏化，寖以成俗，故屡以书饬君；几君省过求己，而反不受，退有后言。及君奏封事，传于道路，布闻朝市，言事者以为大臣不忠，辜陷重辟，获虚采名，谤讥匈匈，流于四方。腹心如此，谓疏者何？殆谬于二人同心之利焉，将何以率示群下，附亲远方？朕惟君位尊任重，虑不周密，怀谖迷国，进退违命，反复异言，甚为君耻之，非所以共承天地，永保国家之意。以君尝托傅位，未忍考于理，已诏有司赦君勿治。其上大司空高乐侯印绶，罢归。"

尚书令唐林上疏曰："窃见免大司空丹策书，泰深痛切，君子作文，为贤者讳。丹经为世儒宗，德为国黄耇，亲傅圣躬，位在三公，所坐者微，海内未见其大过，事既已往，免爵大重，京师识者咸以为宜复丹邑爵，使奉朝请，四方所瞻仰也。惟陛下财览众心，有以尉复师傅之臣。"上从林言，下诏赐丹爵关内侯，食邑三百户。

丹既免数月，上用朱博议，尊傅太后为皇太太后，丁后为帝太后，与太皇太后及皇太后同尊，又为共皇立庙京师，仪如孝元皇帝。博迁为丞相，复与御史大夫赵玄奏言："前高昌侯宏首建尊号之议，而为丹所劾奏，免为庶人。时天下衰粗，委政于丹。丹不深惟褒广尊亲之义而妄称说，抑贬尊号，亏损孝道，不忠莫大焉。陛下圣仁，昭然定尊号，宏以忠孝复封高昌侯。丹恶逆暴著，虽蒙赦令，不宜有爵邑，请免为庶人。"奏可。丹于是废归乡里者数年。

平帝即位，新都侯王莽白太皇太后发掘傅太后、丁太后冢，夺其玺绶，更以民葬之，定陶隳废共皇庙。诸造议泠褒、段犹等皆徙合浦，复免高昌侯宏为庶人。征丹诣公车，赐爵关内侯，食故邑。数月，太皇太后诏大司徒、大司空曰："夫褒有德，赏元功，先圣之制，百王不易之道也。故定陶太后造称僭号，甚悖义理。关内侯师丹端诚于国，不顾患难，执忠节，据圣法，分明尊卑之制，确然有柱石之固，临大节而不可夺，可谓社稷之臣矣。有司条奏邪臣建定称号者已放退，而丹功赏未加，殆缪乎先赏后罚之义，非所以章有德报厥功也。其以厚丘之中乡户二千一百封丹为义阳侯。"月余薨，谥曰节侯。子业嗣，王莽败乃绝。

赞曰：何武之举，王嘉之争，师丹之议，考其祸福，乃效于后。当王莽之作，外内咸服，董贤之爱，疑于亲戚，武、嘉区区，以一蒉障江河，用没其身。丹与董宏更受赏罚，哀哉！故曰“依世则废道，违俗则危殆”，此古人所以难受爵位者也。

汉书卷八十七上

扬雄传第五十七上

扬雄字子云，蜀郡成都人也。其先出自有周伯侨者，以支庶初食采于晋之扬，因氏焉，不知伯侨周何别也。扬在河、汾之间，周衰而扬氏或称侯，号曰扬侯。会晋六卿争权，韩、魏、赵兴而范中行、知伯弊。当是时，逼扬侯，扬侯逃于楚巫山，因家焉。楚汉之兴也，扬氏溯江上，处巴江州。而扬季官至庐江太守。汉元鼎间避仇复溯江上，处岷山之阳曰郫，有田一壥，有宅一区，世世以农桑为业。自季至雄，五世而传一子，故雄亡它扬于蜀。

雄少而好学，不为章句，训诂通而已，博览无所不见。为人简易佚荡，口吃不能剧谈，默而好深湛之思，清静亡为，少耆欲，不汲汲于富贵，不戚戚于贫贱，不修廉隅以徼名当世。家产不过十金，乏无儋石之储，晏如也。自有大度：非圣哲之书不好也；非其意，虽富贵不事也。顾尝好辞赋。

先是时，蜀有司马相如，作赋甚弘丽温雅，雄心壮之，每作赋，常拟之以为式。又怪屈原文过相如，至不容，作《离骚》，自投江而死，悲其文，读之未尝不流涕也。以为君子得时则大行，不得时则龙蛇，遇不遇命也，何必湛身哉！乃作书，往往摭《离骚》文而反之，自岷山投诸江流以吊屈原，名曰《反离骚》；又旁《离骚》作重一篇，名曰《广骚》；又旁《惜诵》以下至《怀沙》一卷，名曰《畔牢愁》。《畔牢愁》、《广骚》文多不载，独载《反离骚》，其辞曰：

有周氏之蝉嫣兮，或鼻祖于汾隅，灵宗初谍伯侨兮，流于末之扬侯。淑周楚之丰烈兮，超既离乎皇波，因江潭而溈记兮，钦吊楚之湘累。

惟天轨之不辟兮，何纯洁而离纷！纷累以其淟涊兮，暗累以其缤纷。

汉十世之阳朔兮，招摇纪于周正，正皇天之清则兮，度后土之方贞。图累承彼洪族兮，又览累之昌辞，带钩矩而佩衡兮，履欃枪以为綦。素初贮厥丽服兮，何文肆而质䋎！资娵、娃之珍髢兮，鬻九戎而索赖。

凤皇翔于蓬陼兮，岂驾鹅之能捷！骋骅骝以曲艰兮，驴骡连蹇而齐足。枳棘之榛榛兮，猿貁拟而不敢下，灵修既信椒、兰之唼佞兮，吾累忽焉而不蚤睹？

衿芰茄之绿衣兮，被夫容之朱裳，芳酷烈而莫闻兮，不如襞而幽之离房。闺中容竞淖约兮，相态以丽佳，知众嫭之嫉妒兮，何必扬累之蛾眉？

懿神龙之渊潜，俟庆云而将举，亡春风之被离兮，孰焉知龙之所处？愍吾累之众芬兮，扬烨烨之芳苓，遭季夏之凝霜兮，庆夭悴而丧荣。

横江、湘以南溈兮，云走乎彼苍吾，驰江潭之泛溢兮，将折衷虖重华。舒中情之烦或兮，恐重华之不累与，陵阳侯之素波兮，岂吾累之独见许？

精琼靡与秋菊兮，将以延夫天年；临汨罗而自陨兮，恐日薄于西山。解扶桑之总辔兮，纵令之遂奔驰，鸾皇腾而不属兮，岂独飞廉与云师！

卷薜芷与若蕙兮，临湘渊而投之；棍申椒与菌桂兮，赴江湖而沤之。费椒稰以要神兮，又勤索彼琼茅，违灵氛而不从兮，反湛身于江皋！

累既攀夫傅说兮，奚不信而遂行？徒恐鹈鴂之将鸣兮，顾先百草为不芳！

初累弃彼虙妃兮，更思瑶台之逸女，抨雄鸩以作媒兮，何百离而曾不一耦！乘云蜺之旖柅兮，望昆仑以樛流，览四荒而顾怀兮，奚必云女彼高丘？

既亡鸾车之幽蔼兮，驾八龙之委蛇？临江濒而掩涕兮，何有《九招》与《九歌》？夫圣哲之遭兮，固时命之所有；虽增欷以于邑兮，吾恐灵修之不累改。昔仲尼之去鲁兮，斐斐迟迟而周迈，终回复于旧都兮，何必湘渊与涛濑！溷渔父之餔歠兮，洁沐浴之振衣，弃由、聃之所珍兮，蹠彭咸之所遗！

孝成帝时，客有荐雄文似相如者，上方郊祠甘泉泰畤、汾阴后土，以求继嗣，召雄待诏承明之庭。正月，从上甘泉，还奏《甘泉赋》以风。其辞曰：

惟汉十世，将郊上玄，定泰畤，雍神休，尊明号，同符三皇，录功五帝，恤胤锡羡，拓迹开统。于是乃命群僚，历吉日，协灵辰，星陈而天行。诏招摇与泰阴兮，伏钩陈使当兵，属堪舆以壁垒兮，梢夔、魖而抶獝狂。八神奔而警跸兮，振殷辚而军装；蚩尤之伦带干将而秉玉戚兮，飞蒙茸而走陆梁。齐总总撙撙，其相胶葛兮，猋骇云讯，奋以方攘；骈罗列布，鳞以杂沓兮，柴虒参差，鱼颉而鸟䀛；翕赫曶霍，雾集蒙合兮，半散照烂，粲以成章。

于是乘舆乃登夫凤皇兮翳华芝，驷苍螭兮六素虬，蠖略蕤绥，漓乎幓纚。帅尔阴闭，霅然阳开，腾清霄而轶浮景兮，夫何旟旐郅偈之旖柅也！流星旄以电烛兮，咸翠盖而鸾旗。敦万骑于中营兮，方玉车之千乘。声駍隐以陆离兮，轻先疾雷而馺遗风。陵高衍之嵱嵷兮，超纡谲之清澄。登椽栾而狃天门兮，驰阊阖而入凌兢。

是时未轃夫甘泉也，乃望通天之绎绎。下阴潜以惨廪兮，上洪纷而相错；直峣峣以造天兮，厥高庆而不可乎疆度。平原唐其坛曼兮，列新雉于林薄；攒并闾与茇苦兮，纷被丽其亡鄂。崇丘陵之駊騀兮，深沟嵚岩而为谷；往往离宫般以相烛兮，封峦石关施靡乎延属。

于是大夏云谲波诡，摧嶵而成观，仰挢首以高视兮，目冥眴而亡见。正浏滥以弘惝兮，指东西之漫漫，徒回回以徨徨兮，魂固眇眇而昏乱。据軨轩而周流兮，忽軮轧而亡垠。翠玉树之青葱兮，壁马犀之瞵瑞。金人仡仡其承钟虡兮，嵌岩岩其龙鳞，扬光曜之燎烛兮，乘景炎之炘炘，配帝居之县圃兮，象泰壹之威神。洪台掘其独出兮，𢯷北极之嶟嶟，列宿乃施于上荣兮，日月才经于柍桭，雷郁律而岩突兮，电倏忽于墙藩。鬼魅不能自还兮，半长途而下颠。历倒景而绝飞梁兮，浮蔑蠓而撇天。

左欃枪右玄冥兮，前熛阙后应门；阴西海与幽都兮，涌醴汩以生川。蛟龙连蜷于东厓兮，白虎敦圉乎昆仑。览樛流于高光兮，溶方皇于西清。前殿崔巍兮，和氏珑玲，炕浮柱之飞榱兮，神莫莫而扶倾，闶阆阆其寥廓兮，似紫宫之峥嵘。骈交错而曼衍兮，嵏𡾰隗虖其相婴。乘云阁而上下兮，纷蒙笼以掍成。曳红采之流离兮，飏翠气之冤延。袭琁室与倾宫兮，若登高妙远，肃虖临渊。

回猋肆其砀骇兮，翍桂椒，郁栘杨。香芬茀以穷隆兮，击薄栌而将荣。芗呹肸以掍根兮，声骈隐而历钟，排玉户而飏金铺兮，发兰惠与穹穷。惟弸彋其拂汩兮，稍暗暗而靓深。阴阳清浊穆羽相和兮，若夔、牙之调琴。般、倕弃其剞劂兮，王尔投其钩绳。虽方征侨与偓佺兮，犹仿佛其若梦。

于是事变物化，目骇耳回，盖天子穆然珍台闲馆琁题玉英蜵蜎蠖濩之中，惟夫所以澄心清魂，储精垂思，感动天地，逆釐三神者。乃搜逑索耦皋、伊之徒，冠伦魁能，函甘棠之惠，挟东征之意，相与齐虖阳灵之宫。靡薜荔而为席兮，折琼枝以为芳，噏清云之流瑕兮，饮若木之露英，集虖礼神之囿，登虖颂祇之堂。建光耀之长旓兮，昭华覆之威威，攀琁玑而下视兮，行游目虖三危，陈众车于东坑兮，肆玉钛而下驰，漂龙渊而还九垠兮，窥地底而上回。风傱傱而扶辖兮，鸾凤纷其御蕤，梁弱水之濎濙兮，蹑不周之逶蛇，想西王母欣然而上寿兮，屏玉女而却虙妃。玉女无所眺其清庐兮，虙妃曾不得施其蛾眉。方揽道德之精刚兮，侔神明与之为资。

于是钦柴宗祈。燎熏皇天，招繇泰壹。举洪颐，树灵旗。樵蒸焜上，配藜四施，东烛仓海，西耀流沙，北爌幽都，南炀丹厓。玄瓚觩䚐，秬鬯泔淡，肸向丰融，懿懿芬芬。炎感黄龙兮，熛讹硕麟，选巫咸兮叫帝阍，开天庭兮延群神。傧暗蔼兮降清坛，瑞穰穰兮委如山。

于是事毕功弘，回车而归，度三峦兮偈棠梨。天阃决兮地垠开，八荒协兮万国谐。登长平兮雷鼓磕，天声起兮勇士厉，云飞扬兮雨滂沛，于胥德兮丽万世。

乱曰：崇崇圜丘，隆隐天兮，登降峛崺，单埢垣兮。增宫嵾差，骈嵯峨兮，岭巆嶙峋，洞亡厓兮。上天之縡，杳旭卉兮，圣皇穆穆，信厥对兮。俫祇郊禋，神所依兮，徘徊招摇，灵迟迡兮。辉光眩耀，隆厥福兮，子子孙孙，长亡极兮。

甘泉本因秦离宫，既奢泰，而武帝复增通天、高光、迎风。宫外近则洪厓、旁皇、储胥、弩陆，远则石关、封峦、枝鹊、露寒、棠梨、师得，游观屈奇瑰玮，非木摩而不雕，墙涂而不画，周宣所考，般庚所迁，夏卑宫室，唐、虞棌椽三等之制也。且为其已久矣，非成帝所造，欲谏则非时，欲默则不能已，故遂推而隆之，乃上比于帝室紫宫，若曰此非人力之所为，党鬼神可也。又是时赵昭仪方大幸，每上甘泉，常法从，在属车间豹尾中。故雄聊盛言车骑之众，参丽之驾，非所以感动天地，逆釐三神。又言“屏玉女，却虙妃”，以微戒齐肃之事。赋成，奏之，天子异焉。

其三月，将祭后土，上乃帅群臣横大河，凑汾阴。既祭，行游介山，回安邑，顾龙门，览盐池，登历观，陟西岳以望八荒，迹殷、周之虚，眇然以思唐、虞之风。雄以为，临川羡鱼不如归而结网，还，上《河东赋》以劝，其辞曰：

伊年暮春，将瘗后土，礼灵祇，谒汾阴于东郊，因兹以勒崇垂鸿，发祥隤祉，钦若神明者，盛哉铄乎，越不可载已！于是命群臣，齐法服，整灵舆，乃抚翠凤之驾，六先景之乘，掉奔星之流旃，彏天狼之威弧。张耀日之玄旄，扬左纛，被云梢。奋电鞭，骖雷辎，鸣洪钟，建五旗。羲和司日，颜伦奉舆，风发飙拂，神腾鬼趡；千乘霆乱，万骑屈桥，嘻嘻旭旭，天地稠嶅。簸丘跳峦，涌渭跃泾。秦神下讋，跖魂负沴；河灵矍踢，掌华蹈衰。遂臻阴宫，穆穆肃肃，蹲蹲如也。

灵祇既乡，五位时叙，细缊玄黄，将绍厥后。于是灵舆安步，周流容与，以览虖介山。嗟文公而愍推兮，勤大禹于龙门，洒沈灾于豁渎兮，播九河于东濒。登历观而遥望兮，聊浮游以经营。乐往昔之遗风兮，喜虞氏之所耕。瞰帝唐之嵩高兮，眽隆周之大宁。汩低回而不能去兮，行睨陔下与彭城。涉南巢之坎坷兮，易豳岐之夷平。乘翠龙而超河兮，陟西岳之峣崝。云霏霏而来迎兮，泽渗漓而下降，郁萧条其幽蔼兮，滃泛沛以丰隆。叱风伯于南北兮，呵雨师于西东，参天地而独立兮，廓荡荡其亡双。

遵逝虖归来，以函夏之大汉兮，彼曾何足与比功？建《乾》、《坤》之贞兆兮，将悉总之以群龙。丽钩芒与骖蓐收兮，服玄冥及祝融。敦众神使式道兮，奋《六经》以摅颂。隃於穆之缉熙兮，过《清庙》之雍雍；轶五帝之遐迹兮，蹑三皇之高踪。既发轫于平盈兮，谁谓路远而不能从？

其十二月羽猎，雄从。以为昔在二帝、三王，宫馆、台榭、沼池、苑囿、林麓、薮泽，财足以奉郊庙、御宾客、弃庖厨而已，不夺百姓膏腴谷土桑柘之地。女有余布，男有余粟，国家殷富，上下交足，故甘露零其庭。醴泉流其唐，凤皇巢其树，黄龙游其沼，麒麟臻其囿，神爵栖其林。昔者禹任益虞而上下和，草木茂；成汤好田而天下用足；文王囿百里，民以为尚小；齐宣王囿四十里，民以为大：裕民之与夺民也。武帝广开上林，南至宜春、鼎胡、御宿、昆吾，旁南山而西，至长杨、五柞，北绕黄山，濒渭而东，周袤数百里，穿昆明池象滇河，营建章、凤阙、神明、馺娑、渐台、泰液象海水，周流方丈、瀛洲、蓬莱。游观侈靡，穷妙极丽。虽颇割其三垂以赡齐民，然至羽猎、田车、戎马、器械、诸偫、禁御所营，尚泰奢丽夸诩，非尧、舜、成汤、文王三驱之意也。又恐后世复修前好，不折中以泉台，故聊因《校猎赋》以风，其辞曰：

或称戏、农，岂或帝王之弥文哉？论者云否，各亦并时而得宜，奚必同条而共贯？则泰山之封，乌得七十而有二仪？是以创业垂统者俱不见其爽，遐迩五三孰知其是非？遂作颂曰：丽哉神圣，处于玄宫，富既与地虖侔訾，贵正与天虖比崇。齐桓曾不足使扶毂，楚严未足以为骖乘；狭三王之阸薜，峤高举而大兴；历五帝之寥廓，涉三皇之登闳；建道德以为师，友仁义与为朋。

于是玄冬季月，天地隆烈，万物权舆于内，徂落于外，帝将惟田于灵之囿，开北垠，受不周之制，以终始颛顼、玄冥之统。乃诏虞人典泽，东延昆邻，西驰闛阖。储积共偫，戍卒夹道，斩丛棘，夷野草，御自汧、渭，经营酆、镐，章皇周流，出入日月，天与地沓。尔乃虎路三嵏以为司马，围经百里而为殿门。外则正南极海，邪界虞渊，鸿濛沆茫，碣以崇山。营合围会，然后先置虖白杨之南，昆明灵沼之东。贲、育之伦，蒙盾负羽，杖镆邪而罗者以万计，其余荷垂天之毕，张竟野之罘，靡日月之朱竿，曳彗星之飞旗。青云为纷，红蜺为缳，属之乎昆仑之虚，涣若天星之罗，浩如涛水之波，淫淫与与，前后要遮。欃枪为闉，明月为候，荧惑司命，天弧发射，鲜扁陆离，骈衍佖路。徽车轻武，鸿絧緁猎，殷殷轸轸，被陵缘阪，穷冥极远者，相与迾虖高原之上；羽骑营营，昈分殊事，缤纷往来，轠轳不绝，若光若灭者，布虖青林之下。

于是天子乃以阳晁始出虖玄宫，撞鸿钟，建九旒，六白虎，载灵舆，蚩尤并毂，蒙公先驱。立历天之旂，曳捎星之旃，辟历列缺，吐火施鞭。萃傱允溶，淋离廓落，戏八镇而开关；飞廉、云师，吸嗅潚率，鳞罗布列，攒以龙翰。秋秋跄跄，入西园，切神光；望平乐，径竹林，蹂蕙圃，践兰唐。举烽烈火，辔者施披，方驰千驷，校骑万师。虓虎之陈，从横胶輵，猋泣雷厉，骈骈轸磕，汹汹旭旭，天动地岋。羡漫半散，萧条数千万里外。

若夫壮士忼慨，殊乡别趣，东西南北，骋耆奔欲。拖苍豨，跋犀犛，蹶浮麋。斫巨狿，搏玄猿，腾空虚，距连卷。踔夭跻，娭涧门，莫莫纷纷，山谷为之风猋，林丛为之生尘。及至获夷之徒，蹶松柏，掌疾梨；猎蒙茏，辚轻飞；履般首，带修蛇；钩赤豹，摼象犀；跇峦坑，超唐陂。车骑云会，登降暗蔼，泰华为旒，熊耳为缀。木仆山还，漫若天外，储与虖大溥，聊浪虖宇内。

于是天清日晏，逢蒙列眦，羿氏控弦，皇车幽輵，光纯天地，望舒弥辔，翼虖徐至于上兰。移围徙陈，浸淫蹴部，曲队坚重，各按行伍。壁垒天旋，神抶电击，逢之则碎，近之则破，鸟不及飞，兽不得过，军惊师骇，刮野扫地。及至罕车飞扬，武骑聿皇；蹈飞豹，绢嘄阳；追天宝，出一方；应駍声，击流光。野尽山穷，囊括其雌雄，沈沈容容，遥噱虖纮中。三军芒然，穷尤阏与，亶观夫票禽之绁隃，犀兕之抵触，熊罴之挐攫，虎豹之凌遽，徒角抢题注，蹙竦詟怖，魂亡魄失，触辐关脰。妄发期中，进退履获，创淫轮夷，丘累陵聚。

于是禽殚中衰，相与集于靖冥之馆，以临珍池。灌以岐梁，溢以江河，东瞰目尽，西畅亡厓，随珠和氏，焯烁其陂。玉石嶜崟，眩耀青荧，汉女水潜，怪物暗冥，不可殚形。玄鸾孔雀，翡翠垂荣，王雎关关，鸿雁嘤嘤，群娭虖其中，噍噍昆鸣；凫鹥振鹭，上下砰磕，声若雷霆。乃使文身之技，水格鳞虫，凌坚冰，犯严渊，探岩排碕，薄索蛟螭，蹈獱獭，据鼋鼍，抾灵蠵。入洞穴，出苍梧，乘巨鳞，骑京鱼。浮彭蠡，目有虞，方椎夜光之流离，剖明月之珠胎，鞭洛水之虙妃，饷屈原与彭胥。

于兹虖鸿生巨儒，俄轩冕，杂衣裳，修唐典，匡《雅》、《颂》，揖让于前。昭光振耀，蠁曶如神，仁声惠于北狄，武义动于南邻。是以旃裘之王，胡貉之长，移珍来享，抗手称臣。前入围口，后陈卢山。群公常伯杨朱、墨翟之徒喟然称曰："崇哉乎德，虽有唐、虞、大夏、成周之隆，何以侈兹！太古之觐东岳，禅梁基，舍此世也，其谁与哉？"

上犹谦让而未俞也，方将上猎三灵之流，下决醴泉之滋，发黄龙之穴，窥凤皇之巢，临麒麟之囿，幸神雀之林；奢云梦，侈孟诸，非章华，是灵台，罕徂离宫而辍观游，土事不饰，木功不雕，承民乎农桑，劝之以弗迨，侪男女使莫违；恐贫穷者不遍被洋溢之饶，开禁苑，散公储，创道德之囿，弘仁惠之虞，驰弋乎神明之囿，览观乎群臣之有亡；放雉菟，收置罘，麋鹿刍荛与百姓共之，盖所以臻兹也。于是醇洪鬯之德，丰茂世之规，加劳三皇，勖勤五帝，不亦至乎！乃祗庄雍穆之徒，立君臣之节，崇贤圣之业，未皇苑囿之丽，游猎之靡也，因回轸还衡，背阿房，反未央。

汉书卷八十七下

扬雄传第五十七下

明年，上将大夸胡人以多禽兽，秋，命右扶风发民入南山，西自褒斜，东至弘农，南驱汉中，张罗罔罝罘，捕熊罴、豪猪、虎豹、狖玃、狐菟、麋鹿，载以槛车，输长杨射熊馆。以罔为周阹，纵禽兽其中，令胡人手搏之，自取其获，上亲临观焉。是时，农民不得收敛。雄从至射熊馆，还，上《长杨赋》，聊因笔墨之成文章，故借翰林以为主人，子墨为客卿以风。其辞曰：

子墨客卿问于翰林主人曰："盖闻圣主之养民也，仁沾而恩洽，动不为身。今年猎长杨，先命右扶风，左太华而右褒斜，椓巀嶭而为弋，纡南山以为罝，罗千乘于林莽，列万骑于山隅，帅军踤阹，锡戎获胡。扼熊罴，拖豪猪，木雍枪累，以为储胥，此天下之穷览极观也。虽然，亦颇扰于农民。三旬有余，其廑至矣，而功不图，恐不识者，外之则以为娱乐之游，内之则不以为干豆之事，岂为民乎哉！且人君以玄默为神，淡泊为德，今乐远出以露威灵，数摇动以罢车甲，本非人主之急务也，蒙窃或焉。"

翰林主人曰："吁，谓之兹邪！若客，所谓知其一未睹其二，见其外不识其内者也。仆尝倦谈，不能一二其详，请略举凡，而客自览其切焉。”

客曰：“唯，唯。”

主人曰：“昔有强秦，封豕其士，窫窳其民，凿齿之徒相与摩牙而争之，豪俊麋沸云扰，群黎为之不康。于是上帝眷顾高祖，高祖奉命，顺斗极，运天关，横巨海，票昆仑，提剑而叱之，所麾城摲邑，下将降旗，一日之战，不可殚记。当此之勤，头蓬不暇疏，饥不及餐，鞮鍪生虮虱，介胄被沾汗，以为万姓请命虖皇天。乃展民之所诎，振民之所乏，规亿载，恢帝业，七年之间而天下密如也。

“逮至圣文，随风乘流，方垂意于至宁，躬服节俭，绨衣不敝，革鞜不穿，大夏不居，木器无文。于是后宫贱玳瑁而疏珠玑，却翡翠之饰，除雕瑑之巧，恶丽靡而不近，斥芬芳而不御，抑止丝竹晏衍之乐，憎闻郑、卫幼眇之声，是以玉衡正而太阶平也。

“其后熏鬻作虐，东夷横畔，羌戎睚眦，闽越相乱，遐萌为之不安，中国蒙被其难。于是圣武勃怒，爰整其旅，乃命票、卫，汾沄沸渭，云合电发，猋腾波流，机骇蜂轶，疾如奔星，击如震霆，砰轒辒，破穹庐，脑沙幕，髓余吾。遂猎乎王延。驱橐它，烧熐蠡，分梨单于，磔裂属国，夷坑谷，拔卤莽，刊山石。蹂尸舆厮，系累老弱，兖鋋瘢耆、金镞淫夷者数十万人，皆稽颡树颔，扶服蛾伏，二十余年矣，尚不敢惕息。夫天兵四临，幽都先加，回戈邪指，南越相夷，靡节西征，羌僰东驰。是以遐方疏俗殊邻绝党之域，自上仁所不化，茂德所不绥，莫不跷足抗手，请献厥珍，使海内淡然，永亡边城之灾，金革之患。

“今朝廷纯仁，遵道显义，并包书林，圣风云靡；英华沉浮，洋溢八区，晋天所覆，莫不沾濡；士有不谈王道者则樵夫笑之。故意者以为事罔隆而不杀，物靡盛而不亏，故平不肆险，安不忘危。乃时以有年出兵，整舆竦戎，振师五莋，习马长杨，简力狡兽，校武票禽。乃萃然登南山，瞰乌弋，西厌月䪿，东震日域。又恐后世迷于一时之事，常以此取国家之大务，淫荒田猎，陵夷而不御也，是以车不安轫，日未靡旃，从者仿佛，骫属而还；亦所以奉太宗之烈，遵文、武之度，复三王之田，反五帝之虞；使农不辍耰，工不下机，婚姻以时，男女莫违；出恺弟，行简易，矜劬劳，休力役；见百年，存孤弱，帅与之，同苦乐。然后陈钟鼓之乐，鸣鞀磬之和，建碣磍之虡，拮隔鸣球，掉八列之舞；酌允铄，肴乐胥，听庙中之雍雍，受神人之福祜；歌投颂，吹合雅。其勤若此，故真神之所劳也。方将俟元符，以禅梁甫之基，增泰山之高，延光于将来，比荣乎往号，岂徒欲淫览浮观，驰骋粳稻之地，周流梨栗之林，蹂践刍荛，夸诩众庶，盛狖玃之收，多麋鹿之获哉！且盲不见咫尺，而离娄烛千里之隅；客徒爱胡人之获我禽兽，曾不知我亦已获其王侯。”

言未卒，墨客降席再拜稽首曰：“大哉体乎！允非小子之所能及也。乃今日发矇，廓然已昭矣！”

哀帝时，丁、傅、董贤用事，诸附离之者或起家至二千石。时，雄方草《太玄》，有以自守，泊如也。或嘲雄以玄尚白，而雄解之，号曰《解嘲》。其辞曰：

客嘲扬子曰：“吾闻上世之士，人纲人纪，不生则已，生则上尊人君，下荣父母。析人之圭，儋人之爵，怀人之符，分人之禄，纡青拖紫，朱丹其毂。今子幸得遭明盛之世，处不讳之朝，与群贤同行，历金门上玉堂有日矣，曾不能画一奇，出一策，上说人主，下谈公卿。目如耀星，舌如电光，壹从壹衡，论者莫当，顾而作《太玄》五千文，支叶扶疏，独说十余万言，深者入黄泉，高者出苍天，大者含元气，纤者入无伦，然而位不过侍郎，擢才给事黄门。意者玄得毋尚白乎？何为官之拓落也？”

扬子笑而应之曰：“客徒欲朱丹吾毂，不知一跌将赤吾之族也！往者周罔解结，群鹿争逸，离为十二，合为六七，四分五剖，并为战国。士无常君，国亡定臣，得士者富，失士者贫，矫翼厉翮，恣意所存，故士或自盛以橐，或凿坏以遁。是故驺衍以颉亢而取世资，孟轲虽连蹇，犹为万乘师。

“今大汉左东海，右渠搜，前番禺，后陶涂。东南一尉，西北一候。徽以纠墨，制以质𫓧，散以礼乐，风以《诗》、《书》，旷以岁月，结以倚庐。天下之士，雷动云合，鱼鳞杂袭，咸营于八区，家家自以为稷、契，人人自以为咎繇，戴縰垂缨而谈者皆拟于阿衡，五尺童子羞比晏婴与夷吾，当涂者入青云，失路者委沟渠，旦握权则为卿相，夕失势则为匹夫；譬若江湖之雀，勃解之鸟，乘雁集不为之多，双凫飞不为之少。昔三仁去而殷虚，二老归而周炽，子胥死而吴亡，种、蠡存而粤伯，五羖入而秦喜，乐毅出而燕惧，范雎以折摺而危穰侯，蔡泽虽噤吟而笑唐举。故当其有事也，非萧、曹、子房、平、勃、樊、霍则不能安；当其亡事也，章句之徒相与坐而守之，亦亡所患。故世乱，则圣哲驰骛而不足；世治，则庸夫高枕而有余。

“夫上世之士，或解缚而相，或释褐而傅；或倚夷门而笑，或横江潭而渔；或七十说而不遇，或立谈间而封侯；或枉千乘于陋巷，或拥帚彗而先驱。是以士颇得信其舌而奋其笔，窒隙蹈瑕而无所诎也。当今县令不请士，郡守不迎师，群卿不揖客，将相不俯眉；言奇者见疑，行殊者得辟，是以欲谈者宛舌而固声，欲行者拟足而投迹。乡使上世之士处虖今，策非甲科，行非孝廉，举非方正，独可抗疏，时道是非，高得待诏，下触闻罢，又安得青紫？

"且吾闻之，炎炎者灭，隆隆者绝；观雷观火，为盈为实，天收其声，地藏其热。高明之家，鬼瞰其室。攫挐者亡，默默者存；位极者宗危，自守者身全。是故知玄知默，守道之极；爰清爰静，游神之廷；惟寂惟寞，守德之宅。世异事变，人道不殊，彼我易时，未知何知。今子乃以鸱枭而笑凤皇，执蝘蜓而嘲龟龙，不亦病乎！子徒笑我玄之尚白，吾亦笑子之病甚，不遭臾跗、扁鹊，悲夫！"

客曰："然则靡《玄》无所成名乎？范、蔡以下何必《玄》哉？"

扬子曰："范雎，魏之亡命也。折胁拉髂，免于徽索，翕肩蹈背，扶服入橐，激卬万乘之主，界泾阳抵穰侯而代之，当也。蔡泽，山东之匹夫也，顉颐折頞，涕涶流沫，西揖强秦之相，搤其咽，炕其气，附其背而夺其位，时也。天下已定，金革已平，都于雒阳，娄敬委辂脱挽，掉三寸之舌，建不拔之策，举中国徙之长安，适也。五帝垂典，三王传礼，百世不易，叔孙通起于枹鼓之间，解甲投戈，遂作君臣之仪，得也。《甫刑》靡敝，秦法酷烈，圣汉权制，而萧何造律，宜也。故有造萧何律于唐、虞之世，则悖矣；有作叔孙通仪于夏、殷之时，则惑矣；有建娄敬之策于成周之世，则缪矣；有谈范、蔡之说于金、张、许、史之间，则狂矣。夫萧规曹随，留侯画策，陈平出奇，功若泰山，向若阺隤，唯其人之赡知哉，亦会其时之可为也。故为可为于可为之时，则从；为不可为于不可为之时，则凶。夫蔺先生收功于章台，四皓采荣于南山，公孙创业于金马，票骑发迹于祁连，司马长卿窃訾于卓氏，东方朔割炙于细君。仆诚不能与此数公者并，故默然独守吾《太玄》。"

雄以为赋者，将以风也，必推类而言，极丽靡之辞，闳侈巨衍，竞于使人不能加也，既乃归之于正，然览者已过矣。往时武帝好神仙，相如上《大人赋》，欲以风，帝反缥缥有陵云之志。由是言之，赋劝而不止，明矣。又颇似俳优淳于髡、优孟之徒，非法度所存，贤人君子诗赋之正也，于是辍不复为。而大潭思浑天，参摹而四分之，极于八十一。旁则三摹九据，极之七百二十九赞，亦自然之道也。故观《易》者，见其卦而名之；观《玄》者，数其画而定之。《玄》首四重者，非卦也，数也。其用自天元推一昼一夜阴阳数度律历之纪，九九大运，与天终始。故《玄》三方、九州、二十七部、八十一家、二百四十三表、七百二十九赞，分为三卷，曰一二三，与《泰初历》相应，亦有颛顼之历焉。揲之以三策，关之以休咎，絣之以象类，播之以人事，文之以五行，拟之以道德仁义礼知。无主无名，要合《五经》，苟非其事，文不虚生。为其泰曼漶而不可知，故有《首》、《冲》、《错》、《测》、《摛》、《莹》、《数》、《文》、《掜》、《图》、《告》十一篇，皆以解剥《玄》体，离散其文，章句尚不存焉。《玄》

文多，故不著；观之者难知，学之者难成。客有难《玄》大深，众人之不好也，雄解之，号曰《解难》。其辞曰：

客难扬子曰："凡著书者，为众人之所好也，美味期乎合口，工声调于比耳。今吾子乃抗辞幽说，闳意眇指，独驰骋于有亡之际，而陶冶大炉，旁薄群生，历览者兹年矣，而殊不寤。亶费精神于此，而烦学者于彼，譬画者画于无形，弦者放于无声，殆不可乎？"

扬子曰："俞。若夫闳言崇议，幽微之涂，盖难与览者同也。昔人有观象于天，视度于地，察法于人者，天丽且弥，地普而深，昔人之辞，乃玉乃金。彼岂好为艰难哉？势不得已也。独不见夫翠虬绛螭之将登虖天，必耸身于仓梧之渊；不阶浮云，翼疾风，虚举而上升，则不能撠胶葛，腾九闳。日月之经不千里，则不能烛六合，耀八纮；泰山之高不嶕峣，则不能浡滃云而散歊烝。是以宓牺氏之作《易》也，绵络天地，经以八卦，文王附六爻，孔子错其象而彖其辞，然后发天地之臧，定万物之基。《典》、《谟》之篇，《雅》、《颂》之声，不温纯深润，则不足以扬鸿烈而章缉熙。盖胥靡为宰，寂寞为尸；大味必淡，大音必希；大语叫叫，大道低回。是以声之眇者不可同于众人之耳，形之美者不可棍于世俗之目，辞之衍者不可齐于庸人之听。今夫弦者，高张急徽，追趋逐耆，则坐者不期而附矣；试为之施《咸池》，揄《六茎》，发《箫韶》，咏《九成》，则莫有和也。是故钟期死，伯牙绝弦破琴而不肯与众鼓；獿人亡，则匠石辍斤而不敢妄斫。师旷之调钟，俟知音者之在后也；孔子作《春秋》，几君子之前睹也。老聃有遗言，贵知我者希，此非其操与！"

雄见诸子各以其知舛驰，大氐诋訾圣人，即为怪迂。析辩诡辞，以挠世事，虽小辩，终破大道而或众，使溺于所闻而不自知其非也。及太史公记六国，历楚、汉，讫麟止，不与圣人同，是非颇谬于经。故人时有问雄者，常用法应之，撰以为十三卷，象《论语》，号曰《法言》。《法言》文多不著，独著其目：

天降生民，倥侗颛蒙，恣于情性，聪明不开，训诸理。撰《学行》第一。降周迄孔，成于王道，终后诞章乖离，诸子图微。撰《吾子》第二。

事有本真，陈施于亿，动不克咸，本诸身。撰《修身》第三。

芒芒天道，在昔圣考，过则失中，不及则不至，不可奸罔。撰《问道》第四。

神心曶恍，经纬万方，事系诸道德仁谊礼。撰《问神》第五。

明哲煌煌，旁烛亡疆，逊于不虞，以保天命。撰《问明》第六。

假言周于天地，赞于神明，幽弘横广，绝于迩言。撰《寡见》第七。

圣人聪明渊懿，继天测灵，冠于群伦，经诸范。撰《五百》第八。

立政鼓众，动化天下，莫上于中和，中和之发，在于哲民情。撰《先知》第九。

仲尼以来，国君、将相、卿士、名臣参差不齐，壹概诸圣。撰《重黎》第十。

仲尼之后，讫于汉道，德行颜、闵，股肱萧、曹，爰及名将尊卑之条，称述品藻。撰《渊骞》第十一。

君子纯终领闻，蠢迪检押，旁开圣则。撰《君子》第十二。

孝莫大于宁亲，宁亲莫大于宁神，宁神莫大于四表之欢心。撰《孝至》第十三。

赞曰：雄之自序云尔。初，雄年四十余，自蜀来至游京师，大司马车骑将军王音奇其文雅，召以为门下史，荐雄待诏，岁余，奏《羽猎赋》，除为郎，给事黄门，与王莽、刘歆并。哀帝之初，又与董贤同官。当成、哀、平间，莽、贤皆为三公，权倾人主，所荐莫不拔擢，而雄三世不徙官。及莽篡位，谈说之士用符命称功德获封爵者甚众，雄复不侯，以耆老久次转为大夫，恬于势利乃如是。实好古而乐道，其意欲求文章成名于后世，以为经莫大于《易》，故作《太玄》；传莫大于《论语》，作《法言》；史篇莫善于《仓颉》，作《训纂》；箴莫善于《虞箴》，作《州箴》；赋莫深于《离骚》，反而广之；辞莫丽于相如，作四赋：皆斟酌其本，相与放依而驰骋云。用心于内，不求于外，于时人皆曶之；唯刘歆及范逡敬焉，而桓谭以为绝伦。

王莽时，刘歆、甄丰皆为上公，莽既以符命自立，即位之后，欲绝其原以神前事，而丰子寻、歆子棻复献之。莽诛丰父子，投棻四裔，辞所连及，便收不请。时，雄校书天禄阁上，治狱使者来，欲收雄，雄恐不能自免，乃从阁上自投下，几死。莽闻之曰："雄素不与事，何故在此？"间请问其故，乃刘棻尝从雄学作奇字，雄不知情。有诏勿问。然京师为之语曰："惟寂寞，自投阁；爰清静，作符命。"

雄以病免，复召为大夫。家素贫，耆酒，人希至其门。时有好事者载酒肴从游学，而钜鹿侯芭常从雄居，受其《太玄》、《法言》焉。刘歆亦尝观之，谓雄曰："空自苦！今学者有禄利，然尚不能明《易》，又如《玄》何？吾恐后人用覆酱瓿也。"雄笑而不应。年七十一，天凤五年卒，侯芭为起坟，丧之三年。

时，大司空王邑、纳言严尤闻雄死，谓桓谭曰："子尝称扬雄书，岂能传于后世乎？"谭曰："必传。顾君与谭不及见也。凡人贱近而贵远，亲见扬子云禄位容貌不能动人，故轻其书。昔老聃著虚无之言两篇，薄仁义，非礼学，然后世好之者尚以为过于《五经》，自汉文、景之君及司马迁皆有是言。今扬子之书文义至深，而论不诡于圣人，若使遭遇时君，更阅贤知，为所称善，则必度越诸子矣。"诸儒或讥以为雄非圣人而作经，犹春秋吴楚之君僭号称王，盖诛绝之罪也。自雄之没至今四十余年，其《法言》大行，而《玄》终不显，然篇籍具存。

汉书卷八十八

儒林传第五十八

古之儒者，博学乎《六艺》之文。《六艺》者，王教之典籍，先圣所以明天道，正人伦，致至治之成法也。周道既衰，坏于幽、厉，礼乐征伐自诸侯出，陵夷二百余年而孔子兴，以圣德遭季世，知言之不用而道不行，乃叹曰："凤鸟不至，河不出图，吾已矣夫！""文王既没，文不在兹乎？"于是应聘诸侯，以答礼行谊。西入周，南至楚，畏匡厄陈，奸七十余君。适齐闻《韶》，三月不知肉味；自卫反鲁，然后乐正，《雅》、《颂》各得其所。究观古今之篇籍，乃称曰："大哉，尧之为君也！唯天为大，唯尧则之。巍巍乎其有成功也，焕乎其有文章！"又曰："周监于二代，郁郁乎文哉！吾从周。"于是叙《书》则断《尧典》，称乐则法《韶舞》，论《诗》则首《周南》。缀周之礼，因鲁《春秋》，举十二公行事，绳之以文、武之道，成一王法，至获麟而止。盖晚而好《易》，读之韦编三绝，而为之传。皆因近圣之事，以立先王之教，故曰："述而不作，信而好古。""下学而上达，知我者其天乎！"

仲尼既没，七十子之徒散游诸侯，大者为卿相师傅，小者友教士大夫，或隐而不见。故子张居陈，澹台子羽居楚，子夏居西河，子贡终于齐。如田子方、段干木、吴起、禽滑氂之属，皆受业于子夏之伦，为王者师。是时，独魏文侯好学。天下并争于战国，儒术既黜焉，然齐鲁之间学者犹弗废，至于威、宣之际，孟子、孙卿之列咸遵夫子之业而润色之，以学显于当世。

及至秦始皇兼天下，燔《诗》、《书》，杀术士，六学从此缺矣。陈涉之王也，鲁诸儒持孔氏礼器往归之，于是孔甲为涉博士，卒与俱死。陈涉起匹夫，驱适戍以立号，不满岁而灭亡，其事至微浅，然而搢绅先生负礼器往委质为臣者何也？以秦禁其业，积怨而发愤于陈王也。

及高皇帝诛项籍，引兵围鲁，鲁中诸儒尚讲诵习礼，弦歌之音不绝，岂非圣人遗化好学之国哉？于是诸儒始得修其经学，讲习大射乡饮之礼。叔孙通作汉礼仪，因为奉常，诸弟子共定者，咸为选首，然后喟然兴于学。然尚有干戈，平定四海，亦未皇庠序之事也。孝惠、高后时，公卿皆武力功臣。孝文时颇登用，然孝文本好刑名之言。及至孝景，不任儒，窦太后又好黄、老术，故诸博士具官待问，未有进者。

汉兴，言《易》自淄川田生；言《书》自济南伏生；言《诗》，于鲁则申培公，于齐则辕固生，燕则韩太傅；言《礼》，则鲁高堂生；言《春秋》，于齐则胡毋生，于赵则董仲舒。及窦太后崩，武安君田蚡为丞相，黜黄老、刑名百家之言，延文学儒者以百数，而公孙弘以治《春秋》为丞相，封侯，天下学士靡然乡风矣。

弘为学官，悼道之郁滞，乃请曰："丞相、御史言：制曰'盖闻导民以礼，风之以乐。婚姻者，居室之大伦也。今礼废乐崩，朕甚愍焉，故详延天下方闻之士，咸登诸朝。其令礼官劝学，讲议洽闻，举遗兴礼，以为天下先。太常议，予博士弟子，崇乡里之化，以厉贤材焉'。谨与太常臧、博士平等议，曰：闻三代之道，乡里有教，夏曰校，殷曰庠，周曰序。其劝善也，显之朝廷；其惩恶也，加之刑罚。故教化之行也，建首善自京师始，繇内及外。今陛下昭至德，开大明，配天地，本人伦，劝学兴礼，崇化厉贤，以风四方，太平之原也。古者政教未洽，不备其礼，请因旧官而兴焉。为博士官置弟子五十人，复其身。太常择民年十八以上、仪状端正者，补博士弟子。郡国县官有好文学、敬长上、肃政教、顺乡里，出入不悖，所闻，令、相、长、丞上属所二千石。二千石谨察可者，常与计偕，诣太常，得受业如弟子。一岁皆辄课，能通一艺以上，补文学掌故缺；其高第可以为郎中，太常籍奏。即有秀才异等，辄以名闻。其不事学若下材，及不能通一艺，辄罢之，而请诸能称者。臣谨案诏书律令下者，明天人分际，通古今之谊，文章尔雅，训辞深厚，恩施甚美。小吏浅闻，弗能究宣，亡以明布谕下。以治礼掌故以文学礼义为官，迁留滞。请选择其秩比二百石以上及吏百石通一艺以上补左右内史、大行卒史，比百石以下补郡太守卒史，皆各二人，边郡一人。先用诵多者，不足，择掌故以补中二千石属，文学掌故补郡属，备员。请著功令。它如律令。"

制曰："可。"自此以来，公卿大夫士吏彬彬多文学之士矣。

昭帝时举贤良文学，增博士弟子员满百人，宣帝末增倍之。

元帝好儒，能通一经者皆复。数年，以用度不足，更为设员千人，郡国置《五经》百石卒史。成帝末，或言孔子布衣养徒三千人，今天子太学弟子少，于是增弟子员三千人。岁余，复如故。平帝时王莽秉政，增元士之子得受业如弟子，勿以为员，岁课甲科四十人为郎中，乙科二十人为太子舍人，丙科四十人补文学掌故云。

自鲁商瞿子木受《易》孔子，以授鲁桥庇子庸。子庸授江东馯臂子弓。子弓授燕周丑子家。子家授东武孙虞子乘。子乘授齐田何子装。及秦禁学，《易》为筮卜之书，独不禁，故传受者不绝也。汉兴，田何以齐田徙杜陵，号杜田生，授东武王同子中、雒阳周王孙、丁宽、齐服生，皆著《易传》数篇。同授淄川杨何，字叔元，元光中征为太中大夫。齐即墨成，至城阳相。广川孟但，为太子门大夫。鲁周霸、莒衡胡、临淄主父偃，皆以《易》至大官。要言《易》者本之田何。

丁宽字子襄，梁人也。初，梁项生从田何受《易》，时宽为项生从者，读《易》精敏，材过项生，遂事何。学成，何谢宽。宽东归，何谓门人曰："《易》以东矣。"宽至雒阳，复从周王孙受古义，号《周氏传》。景帝时，宽为梁孝王将军距吴、楚，号丁将军，作《易说》三万言，训故举大谊而已，今《小章句》是也。宽授同郡砀田王孙。王孙授施雠、孟喜、梁丘贺。由是《易》有施、孟、梁丘之学。

施雠字长卿，沛人也。沛与砀相近，雠为童子，从田王孙受《易》。后雠徙长陵，田王孙为博士，复从卒业，与孟喜、梁丘贺并为门人。谦让，常称学废，不教授。及梁丘贺为少府，事多，乃遣子临分将门人张禹等从雠问。雠自匿不肯见，贺固请，不得已乃授临等。于是贺荐雠："结发事师数十年，贺不能及。"诏拜雠为博士。甘露中与《五经》诸儒杂论同异于石渠阁。雠授张禹、琅邪鲁伯。伯为会稽太守，禹至丞相。禹授淮阳彭宣、沛戴崇子平。崇为九卿，宣大司空。禹、宣皆有传。鲁伯授太山毛莫如少路、琅邪邴丹曼容，著清名。莫如至常山太守。此其知名者也。繇是施家有张、彭之学。

孟喜字长卿，东海兰陵人也。父号孟卿，善为《礼》、《春秋》，授后苍、疏广。世所传《后氏礼》、《疏氏春秋》，皆出孟卿。孟卿以《礼经》多，《春秋》烦杂，乃使喜从田王孙受《易》。喜好自称誉，得《易》家候阴阳灾变书，诈言师田生且死时枕喜䣛，独传喜，诸儒以此耀之。同门梁丘贺疏通证明之。曰："田生绝于施雠手中，时喜归东海，安得此事？"又蜀人赵宾好小数书，后为《易》，饰《易》文，以为"箕子明夷，阴阳气亡箕子；箕子者，万物方荄兹也"。宾持论巧慧，《易》家不能难，皆曰："非古法也。"云受孟喜，喜为名之。后宾死，莫能持其说。喜因不肯仞，以此不见信。喜举孝廉为郎，曲台署长，病免，为丞相掾。博士缺，众人荐喜。上闻喜改师法，遂不用喜。喜授同郡白光少子、沛翟牧子兄，皆为博士。繇是有翟、孟、白之学。

梁丘贺字长翁，琅邪诸人也。以能心计，为武骑。从太中大夫京房受《易》。房者，淄川杨何弟子也。房出为齐郡太守，贺更事田王孙。宣帝时，闻京房为《易》明，求其门人，得贺。贺时为都司空令，坐事，论免为庶人。待诏黄门数入说教侍中，以召贺。贺入说，上善之，以贺为郎。会八月饮酎，行祠孝昭庙，先驱旄头剑挺堕地，首垂泥中，刃乡乘舆车，马惊。于是召贺筮之，有兵谋，不吉。上还，使有司侍祠。是时，霍氏外孙代郡太守任宣坐谋反诛，宣子章为公车丞，亡在渭城界中，夜玄服入庙，居郎间，执戟立庙门，待上至，欲为逆。发觉，伏诛。故事，上常夜入庙，其后待明而入，自此始也。贺以筮有应，繇是近幸，为太中大夫，给事中，至少府。为人小心周密，上信重之。年老终官。传子临，亦入说，为黄门郎。甘露中，奉使问诸儒于石渠。临学精孰，专行京房法。琅邪王吉通《五经》，闻临说，善之。时，宣帝选高材郎十人从临讲，吉乃使其子郎中骏上疏从临受《易》。临代五鹿充宗君孟为少府，骏御史大夫，自有传。充宗授平陵士孙张仲方、沛邓彭祖子夏、齐衡咸长宾。张为博士，至扬州牧，光禄大夫给事中，家世传业。彭祖，真定太傅。咸，王莽讲学大夫。繇是梁丘有士孙、邓、衡之学。

京房受《易》梁人焦延寿。延寿云尝从孟喜问《易》。会喜死，房以为延寿《易》即孟氏学。翟牧、白生不肯，皆曰非也。至成帝时，刘向校书，考《易》说，以为诸《易》家说皆祖田何、杨叔元、丁将军，大谊略同，唯京氏为异，党焦延寿独得隐士之说，托之孟氏，不相与同。房以明灾异得幸，为石显所谮诛，自有传。房授东海殷嘉、河东姚平、河南乘弘，皆为郎、博士。繇是《易》有京氏之学。

费直字长翁，东莱人也。治《易》为郎，至单父令。长于卦筮，亡章句，徒以《彖》、《象》、《系辞》十篇文言解说上下经。琅邪王璜平中能传之。璜又传古文《尚书》。

高相，沛人也。治《易》与费公同时，其学亦亡章句，专说阴阳灾异，自言出于丁将军。传至相，相授子康及兰陵毋将永。

康以明《易》为郎，永至豫章都尉。及王莽居摄，东郡太守翟谊谋举兵诛莽，事未发，康候知东郡有兵，私语门人，门人上书言之。后数月，翟谊兵起，莽召问，对“受师高康”。莽恶之，以为惑众，斩康。繇是《易》有高氏学。高、费皆未尝立于学官。

伏生，济南人也，故为秦博士。孝文时，求能治《尚书》者，天下亡有，闻伏生治之，欲召。时伏生年九十余，老不能行，于是诏太常，使掌故朝错往受之。秦时禁《书》，伏生壁藏之，其后大兵起，流亡。汉定，伏生求其《书》，亡数十篇，独得二十九篇，即以教于齐、鲁之间。齐学者由此颇能言《尚书》，山东大师亡不涉《尚书》以教。伏生教济南张生及欧阳生。张生为博士，而伏生孙以治《尚书》征，弗能明定。是后鲁周霸、雒阳贾嘉颇能言《尚书》云。

欧阳生字和伯，千乘人也。事伏生，授倪宽。宽又受业孔安国，至御史大夫，自有传。宽有俊材，初见武帝，语经学。上曰：“吾始以《尚书》为朴学，弗好，及闻宽说，可观。”乃从宽问一篇。欧阳、大小夏侯氏学皆出于宽。宽授欧阳生子，世世相传，至曾孙高子阳，为博士。高孙地馀长宾以太子中庶子授太子，后为博士，论石渠。元帝即位，地馀侍中，贵幸，至少府。戒其子曰：“我死，官属即送汝财物，慎毋受。汝九卿儒者子孙，以廉洁著，可以自成。”及地馀死，少府官属共送数百万，其子不受。天子闻而嘉之，赐钱百万。地馀少子政为王莽讲学大夫。由是《尚书》世有欧阳氏学。

林尊字长宾，济南人也。事欧阳高，为博士，论石渠。后至少府、太子太傅，授平陵平当、梁陈翁生。当至丞相，自有传。

翁生信都太傅，家世传业。由是欧阳有平、陈之学。翁生授琅邪殷崇、楚国龚胜。崇为博士，胜右扶风，自有传。而平当授九江朱普公文、上党鲍宣。普为博士，宣司隶校尉，自有传。徒众尤盛，知名者也。

夏侯胜，其先夏侯都尉，从济南张生受《尚书》，以传族子始昌。始昌传胜，胜又事同郡蔺卿。蔺卿者，倪宽门人。胜传从兄子建，建又事欧阳高。胜至长信少府，建太子太傅，自有传。由是《尚书》有大小夏侯之学。

周堪字少卿，齐人也。与孔霸俱事大夏侯胜。霸为博士。堪译官令，论于石渠，经为最高，后为太子少傅，而孔霸以太中大夫授太子。及元帝即位，堪为光禄大夫，与萧望之并领尚书事，为石显等所谮，皆免官。望之自杀，上愍之，乃擢堪为光禄勋，语在《刘向传》。堪授牟卿及长安许商长伯。牟卿为博士。霸以帝师赐爵号褒成君，传子光，亦事牟卿，至丞相，自有传。由是大夏侯有孔、许之学。商善为算，著《五行论历》，四至九卿，号其门人沛唐林子高为德行，平陵吴章伟君为言语，重泉王吉少音为政事，齐炔钦幼卿为文学。王莽时，林、吉为九卿，自表上师冢，大夫、博士、郎吏为许氏学者，各从门人，会车数百辆，儒者荣之。钦、章皆为博士，徒众尤盛。章为王莽所诛。

张山拊字长宾，平陵人也。事小夏侯建，为博士，论石渠，至少府。授同县李寻、郑宽中少君、山阳张无故子儒，信都秦恭延君、陈留假仓子骄。无故善修章句，为广陵太傅，守小夏侯说文。恭增师法至百万言，为城阳内史。仓以谒者论石渠，至胶东相。寻善说灾异，为骑都尉，自有传。宽中有俊材，以博士授太子，成帝即位，赐爵关内侯，食邑八百户，迁光禄大夫，领尚书事，甚尊重。会疾卒，谷永上疏曰："臣闻圣王尊师傅，褒贤俊，显有功，生则致其爵禄，死则异其礼谥。昔周公薨，成王葬以变礼，而当天心。公叔文子卒，卫侯加以美谥，著为后法。近事，大司空朱邑、右扶风翁归德茂夭年，孝宣皇帝愍册厚赐，赞命之臣靡不激扬。关内侯郑宽中有颜子之美质，包商、偃之文学，严然总《五经》之眇论，立师傅之显位，入则乡唐、虞之阏道，王法纳乎圣听，出则参冢宰之重职，功列施乎政事，退食自公，私门不开，散赐九族，田亩不益，德配周、召，忠合《羔羊》，未得登司徒，有家臣，卒然早终，尤可悼痛！臣愚以为宜加其葬礼，赐之令谥，以章尊师褒贤显功之德。"上吊赠宽中甚厚。由是小夏侯有郑、张、秦、假、李氏之学。宽中授东郡赵玄，无故授沛唐尊，恭授鲁冯宾。宾为博士，尊王莽太傅，玄哀帝御史大夫，至大官，知名者也。

孔氏有古文《尚书》，孔安国以今文字读之，因以起其家逸《书》，得十余篇，盖《尚书》兹多于是矣。遭巫蛊，未立于学官。安国为谏大夫，授都尉朝，而司马迁亦从安国问故。迁书载《尧典》、《禹贡》、《洪范》、《微子》、《金縢》诸篇，多古文说。都尉朝授胶东庸生。庸生授清河胡常少子，以明《穀梁春秋》为博士、部刺史，又传《左氏》。常授虢徐敖。敖为右扶风掾，又传《毛诗》，授王璜、平陵涂恽子真。子真授河南桑钦君长。王莽时，诸学皆立。刘歆为国师，璜、恽等皆贵显。世所传《百两篇》者，出东莱张霸，分析合二十九篇以为数十，又采《左氏传》、《书叙》为作首尾，凡百二篇。篇或数简，文意浅陋。成帝时求其古文者，霸以能为《百两》征，以中书校之，非是。霸辞受父，父有弟子尉氏樊并。时，太中大夫平当、侍御史周敞劝上存之。后樊并谋反，乃黜其书。

申公，鲁人也。少与楚元王交俱事齐人浮丘伯受《诗》。汉兴，高祖过鲁，申公以弟子从师入见于鲁南宫。吕太后时，浮丘伯在长安，楚元王遣子郢与申公俱卒学。元王薨，郢嗣立为楚王，令申公傅太子戊。戊不好学，病申公。及戊立为王，胥靡申公。申公愧之，归鲁退居家教，终身不出门。复谢宾客，独王命召之乃往。弟子自远方至受业者千余人，申公独以《诗经》为训故以教，亡传，疑者则阙弗传。兰陵王臧既从受《诗》，已通，事景帝为太子少傅，免去。武帝初即位，臧乃上书宿卫，累迁，一岁至郎中令。及代赵绾亦尝受《诗》申公，为御史大夫。绾、臧请立明堂以朝诸侯，不能就其事，乃言师申公。于是上使使束帛加璧，安车以蒲裹轮，驾驷迎申公，弟子二人乘轺传从。至，见上，上问治乱之事。申公时已八十余，老，对曰："为治者不在多言，顾力行何如耳。"是时，上方好文辞，见申公对，默然。然已招致，即以为太中大夫，舍鲁邸，议明堂事。太皇窦太后喜《老子》言，不说儒术，得绾、臧之过，以让上曰："此欲复为新垣平也!"上因废明堂事，下绾、臧吏，皆自杀。申公亦病免归，数年卒。弟子为博士十余人，孔安国至临淮太守，周霸胶西内史，夏宽城阳内史，砀鲁赐东海太守，兰陵缪生长沙内史，徐偃胶西中尉，邹人阙门庆忌胶东内史，其治官民皆有廉节称。其学官弟子行虽不备，而至于大夫、郎、掌故以百数。申公卒以《诗》、《春秋》授，而瑕丘江公尽能传之，徒众最盛。及鲁许生、免中徐公，皆守学教授。韦贤治《诗》，事大江公及许生，又治《礼》，至丞相。传子玄成，以淮阳中尉论石渠，后亦至丞相。玄成及兄子赏以《诗》授哀帝，至大司马车骑将军，自有传。由是《鲁诗》有韦氏学。

王式字翁思，东平新桃人也。事免中徐公及许生。式为昌邑王师。昭帝崩，昌邑王嗣立，以行淫乱废，昌邑群臣皆下狱诛，唯中尉王吉、郎中令龚遂以数谏减死论。式系狱当死，治事使者责问曰："师何以亡谏书？"式对曰："臣以《诗》三百五篇朝夕授王，至于忠臣孝子之篇，未尝不为王反复诵之也；至于危亡失道之君，未尝不流涕为王深陈之也。臣以三百五篇谏，是以亡谏书。"使者以闻，亦得减死论，归家不教授。山阳张长安幼君先事式，后东平唐长宾、沛褚少孙亦来事式，问经数篇，式谢曰："闻之于师具是矣，自润色之。"不肯复授。唐生、褚生应博士弟子选，诣博士，抠衣登堂，颂礼甚严，试诵说，有法，疑者丘盖不言。诸博士惊问："何师？"对曰："事式。"皆素闻其贤，共荐式。诏除下为博士。式征来，衣博士衣而不冠，曰："刑余之人，何宜复充礼官？"既至，止舍中，会诸大夫、博士，共持酒肉劳式，皆注意高仰之。博士江公世为《鲁诗》宗，至江公著《孝经说》，心嫉式，谓歌吹诸生曰："歌《骊驹》。"式曰："闻之于师：客歌《骊驹》，主人歌《客毋庸归》。今日诸君为主人，日尚早，未可也。"江翁曰："经何以言之？"式曰："在《曲礼》。"江翁曰："何狗曲也！"式耻之，阳醉逿地。式客罢，让诸生曰："我本不欲来，诸生强劝我，竟为竖子所辱！"遂谢病免归，终于家。张生、唐生、褚生皆为博士。张生论石渠，至淮阳中尉。唐生楚太傅。由是《鲁诗》有张、唐、褚氏之学。张生兄子游卿为谏大夫，以《诗》授元帝。其门人琅邪王扶为泗水中尉，陈留许晏为博士。由是张家有许氏学。初，薛广德亦事王式，以博士论石渠，授龚舍。广德至御史大夫，舍泰山太守，皆有传。

辕固，齐人也。以治《诗》孝景时为博士，与黄生争论于上前。黄生曰："汤、武非受命，乃杀也。"固曰："不然。夫桀、纣荒乱，天下之心皆归汤、武，汤、武因天下之心而诛桀、纣，桀、纣之民弗为使而归汤、武，汤、武不得已而立，非受命为何？"黄生曰："'冠虽敝必加于首，履虽新必贯于足。'何者？上下之分也。今桀、纣虽失道，然君上也；汤、武虽圣，臣下也。夫主有失行，臣不正言匡过以尊天子，反因过而诛之，代立南面，非杀而何？"固曰："必若云，是高皇帝代秦即天子之位，非邪？"于是上曰："食肉毋食马肝，未为不知味也；言学者毋言汤、武受命，不为愚。"遂罢。窦太后好《老子》书，召问固。固曰："此家人言耳。"太后怒曰："安得司空城旦书乎！"乃使固入圈击彘。上知太后怒，而固直言无罪，乃假固利兵。下，固刺彘正中其心，彘应手而倒。太后默然，亡以复罪。后上以固廉直，拜为清河太傅，疾免。武帝初即位，复以贤良征。诸儒多嫉毁曰固老，罢归之。时，固已九十余矣。公孙弘亦征，仄目而事固。固曰："公孙子，务正学以言，无曲学以阿世！"诸齐以《诗》显贵，皆固之弟子也。昌邑太傅夏侯始昌最明，自有传。

后苍字近君，东海郯人也。事夏侯始昌。始昌通《五经》，苍亦通《诗》、《礼》，为博士，至少府，授翼奉、萧望之、匡衡。奉为谏大夫，望之前将军，衡丞相，皆有传。衡授琅邪师丹、伏理斿君、颍川满昌君都。君都为詹事，理高密太傅，家世传业。丹大司空，自有传。由是《齐诗》有翼、匡、师、伏之学。满昌授九江张邯、琅邪皮容，皆至大官，徒众尤盛。

韩婴，燕人也。孝文时为博士，景帝时至常山太傅。婴推诗人之意，而作内、外《传》数万言，其语颇与齐、鲁间殊，然归一也。淮南贲生受之。燕、赵间言《诗》者由韩生。韩生亦以《易》授人，推《易》意而为之传。燕、赵间好《诗》，故其《易》微，唯韩氏自传之。武帝时，婴尝与董仲舒论于上前，其人精悍，处事分明，仲舒不能难也。后其孙商为博士。孝宣时，涿郡韩生其后也，以《易》征，待诏殿中，曰："所受《易》即先太傅所传也。尝受《韩诗》，不如韩氏《易》深，太傅故专传之。"司隶校尉盖宽饶本受《易》于孟喜，见涿韩生说《易》而好之，即更从受焉。

赵子，河内人也。事燕韩生，授同郡蔡谊。谊至丞相，自有传。谊授同郡食子公与王吉。吉为昌邑王中尉，自有传。食生为博士，授泰山栗丰。吉授淄川长孙顺。顺为博士，丰部刺史。由是《韩诗》有王、食、长孙之学。丰授山阳张就，顺授东海发福，皆至大官，徒众尤盛。

毛公，赵人也。治《诗》，为河间献王博士，授同国贯长卿。长卿授解延年。延年为阿武令，授徐敖。敖授九江陈侠，为王莽讲学大夫。由是言《毛诗》者，本之徐敖。

汉兴，鲁高堂生传《士礼》十七篇，而鲁徐生善为颂。孝文时，徐生以颂为礼官大夫，传子至孙延、襄。襄，其资性善为颂，不能通经；延颇能，未善也。襄亦以颂为大夫，至广陵内史。延及徐氏弟子公户满意、桓生、单次皆为礼官大夫。而瑕丘萧奋以《礼》至淮阳太守。诸言《礼》为颂者由徐氏。

孟卿，东海人也。事萧奋，以授后仓、鲁闾丘卿。仓说《礼》数万言，号曰《后氏曲台记》，授沛闻人通汉子方、梁戴德延君、戴圣次君、沛庆普孝公。孝公为东平太傅。德号大戴，为信都太傅；圣号小戴，以博士论石渠，至九江太守。由是《礼》有大戴、小戴、庆氏之学。通汉以太子舍人论石渠，至中山中尉。普授鲁夏侯敬，又传族子咸，为豫章太守。大戴授琅邪徐良斿卿，为博士、州牧、郡守，家世传业。小戴授梁人桥仁季卿、杨荣子孙。仁为大鸿胪，家世传业，荣琅邪太守。由是大戴有徐氏，小戴有桥、杨氏之学。

胡毋生字子都，齐人也。治《公羊春秋》，为景帝博士。与董仲舒同业，仲舒著书称其德。年老，归教于齐，齐之言《春秋》者宗事之，公孙弘亦颇受焉。而董生为江都相，自有传。弟子遂之者，兰陵褚大、东平嬴公、广川段仲、温吕步舒。大至梁相，步舒丞相长史，唯嬴公守学不失师法，为昭帝谏大夫，授东海孟卿、鲁眭孟。孟为符节令，坐说灾异诛，自有传。

严彭祖字公子，东海下邳人也。与颜安乐俱事眭孟。孟弟子百余人，唯彭祖、安乐为明，质问疑谊，各持所见。孟曰："《春秋》之意，在二子矣！"孟死，彭祖、安乐各颛门教授。由是《公羊春秋》有颜、严之学。彭祖为宣帝博士，至河南、东郡太守。以高第入为左冯翊，迁太子太傅，廉直不事权贵。或说曰："天时不胜人事，君以不修小礼曲意，亡贵人左右之助，经谊虽高，不至宰相。愿少自勉强！"彭祖曰："凡通经术，固当修行先王之道。何可委曲从俗，苟求富贵乎！”彭祖竟以太傅官终。授琅邪王中，为元帝少府，家世传业。中授同郡公孙文、东门云。云为荆州刺史，文东平太傅，徒众尤盛。云坐为江贼拜辱命，下狱诛。

颜安乐字公孙，鲁国薛人，眭孟姊子也。家贫，为学精力，官至齐郡太守丞，后为仇家所杀。安乐授淮阳泠丰次君、淄川任公。公为少府，丰淄川太守。由是颜家有泠、任之学。始贡禹事嬴公，成于眭孟，至御史大夫，疏广事孟卿，至太子太傅，皆自有传。广授琅邪管路，路为御史中丞。禹授颍川堂溪惠，惠授泰山冥都，都为丞相史。都与路又事颜安乐，故颜氏复有管、冥之学。路授孙宝，为大司农，自有传。丰授马宫、琅邪左咸。咸为郡守九卿，徒众尤盛。宫至大司徒，自有传。

瑕丘江公，受《穀梁春秋》及《诗》于鲁申公，传子至孙为博士。武帝时，江公与董仲舒并。仲舒通《五经》，能持论，善属文。江公呐于口，上使与仲舒议，不如仲舒。而丞相公孙弘本为《公羊》学，比辑其议，卒用董生。于是上因尊《公羊》家，诏太子受《公羊春秋》，由是《公羊》大兴。太子既通，复私问《穀梁》而善之。其后浸微，唯鲁荣广王孙、皓星公二人受焉。广尽能传其《诗》、《春秋》，高材捷敏，与《公羊》大师眭孟等论，数困之，故好学者颇复受《穀梁》。沛蔡千秋少君、梁周庆幼君、丁姓子孙皆从广受。千秋又事皓星公，为学最笃。宣帝即位，闻卫太子好《穀梁春秋》，以问丞相韦贤、长信少府夏侯胜及侍中乐陵侯史高，皆鲁人也，言穀梁子本鲁学，公羊氏乃齐学也，宜兴《穀梁》。时千秋为郎，召见，与《公羊》家并说，上善《穀梁》说，擢千秋为谏大夫给事中，后有过，左迁平陵令。复求能为《穀梁》者，莫及千秋。上愍其学且绝，乃以千秋为郎中户将，选郎十人从受。汝南尹更始翁君本自事千秋，能说矣，会千秋病死，征江公孙为博士。刘向以故谏大夫通达待诏，受《穀梁》，欲令助之。江博士复死，乃征周庆、丁姓待诏保宫，使卒授十人。自元康中始讲，至甘露元年，积十余岁，皆明习。乃召《五经》名儒太子太傅萧望之等大议殿中，平《公羊》、《穀梁》同异，各以经处是非。时，《公羊》博士严彭祖、侍郎申輓、伊推、宋显，《穀梁》议郎尹更始、待诏刘向、周庆、丁姓并论。《公羊》家多不见从，愿请内侍郎许广，使者亦并内《穀梁》家中郎王亥，各五人，议三十余事。望之等十一人各以经谊对，多从《穀梁》。由是《穀梁》之学大盛。庆、姓皆为博士。姓至中山太傅，授楚申章昌曼君，为博士，至长沙太傅，徒众尤盛。尹更始为谏大夫、长乐户将，又受《左氏传》，取其变理合者以为章句，传子咸及翟方进、琅邪房凤。咸至大司农，方进丞相，自有传。

房凤字子元，不其人也。以射策乙科为太史掌故。太常举方正，为县令都尉，失官。大司马票骑将军王根奏除补长史，荐凤明经通达，擢为光禄大夫，迁五官中郎将。时，光禄勋王龚以外属内卿，与奉车都尉刘歆共校书，三人皆侍中。歆白《左氏春秋》可立，哀帝纳之，以问诸儒，皆不对。歆于是数见丞相孔光，为言《左氏》以求助，光卒不肯。唯凤、龚许歆，遂共移书责让太常博士，语在《歆传》。大司空师丹奏歆非毁先帝所立，上于是出龚等补吏：龚为弘农；歆河内；凤九江太守，至青州牧。始，江博士授胡常，常授梁萧秉君房，王莽时为讲学大夫。由是《穀梁春秋》有尹、胡、申章、房氏之学。

汉兴，北平侯张苍及梁太傅贾谊、京兆尹张敞、太中大夫刘公子皆修《春秋左氏传》。谊为《左氏传》训故，授赵人贯公，为河间献王博士，子长卿为荡阴令，授清河张禹长子。禹与萧望之同时为御史，数为望之言《左氏》，望之善之，上书数以称说。后望之为太子太傅，荐禹于宣帝，征禹待诏，未及问，会疾死。授尹更始，更始传子咸及翟方进、胡常。常授黎阳贾护季君，哀帝时待诏为郎，授苍梧陈钦子佚，以《左氏》授王莽，至将军。而刘歆从尹咸及翟方进受。由是言《左氏》者本之贾护、刘歆。

赞曰：自武帝立《五经》博士，开弟子员，设科射策，劝以官禄，讫于元始，百有余年，传业者寖盛，支叶蕃滋，一经说至百余万言，大师众至千余人，盖禄利之路然也。初，《书》唯有欧阳，《礼》后，《易》杨，《春秋》公羊而已。至孝宣世，复立大小夏侯《尚书》，大小戴《礼》，施、孟、梁丘《易》，《穀梁春秋》。至元帝世，复立京氏《易》，平帝时，又立《左氏春秋》、《毛诗》、《逸礼》、古文《尚书》，所以罔罗遗失，兼而存之，是在其中矣。

汉书卷八十九

循吏传第五十九

汉兴之初，反秦之敝，与民休息，凡事简易，禁罔疏阔，而相国萧、曹以宽厚清静为天下帅，民作“画一”之歌。孝惠垂拱，高后女主，不出房闼，而天下晏然，民务稼穑，衣食滋殖。至于文、景，遂移风易俗。是时，循吏如河南守吴公、蜀守文翁之属，皆谨身帅先，居以廉平，不至于严，而民从化。

孝武之世，外攘四夷，内改法度，民用凋敝，奸轨不禁。时少能以化治称者，惟江都相董仲舒、内史公孙弘、兒宽，居官可纪。三人皆儒者，通于世务，明习文法，以经术润饰吏事，天子器之。仲舒数谢病去，弘、宽至三公。

孝昭幼冲，霍光秉政，承奢侈师旅之后，海内虚耗，光因循守职，无所改作。至于始元、元凤之间，匈奴乡化，百姓益富，举贤良文学，问民所疾苦，于是罢酒榷而议盐铁矣。

及至孝宣，繇仄陋而登至尊，兴于闾阎，知民事之艰难。自霍光薨后始躬万机，厉精为治，五日一听事，自丞相已下各奉职而进。及拜刺史守相，辄亲见问，观其所繇，退而考察所行以质其言，有名实不相应，必知其所以然。常称曰："庶民所以安其田里而亡叹息愁恨之心者，政平讼理也。与我共此者，其唯良二千石乎！"以为太守，吏民之本也。数变易则下不安。民知其将久，不可欺罔，乃服从其教化。故二千石有治理效，辄以玺书勉厉，增秩赐金，或爵至关内侯，公卿缺则选诸所表以次用之。是故汉世良吏，于是为盛，称中兴焉。若赵广汉、韩延寿、尹翁归、严延年、张敞之属，皆称其位，然任刑罚，或抵罪诛。王成、黄霸、朱邑、龚遂、郑弘、召信臣等，所居民富，所去见思，生有荣号，死见奉祀，此廪廪庶几德让君子之遗风矣。

文翁，庐江舒人也。少好学，通《春秋》，以郡县吏察举。景帝末，为蜀郡守，仁爱好教化。见蜀地辟陋有蛮夷风，文翁欲诱进之，乃选郡县小吏开敏有材者张叔等十余人亲自饬厉，遣诣京师，受业博士，或学律令。减省少府用度，买刀布蜀物，赍计吏以遗博士。数岁，蜀生皆成就还归，文翁以为右职，用次察举，官有至郡守刺史者。

又修起学官于成都市中，招下县子弟以为学官弟子，为除更繇，高者以补郡县吏，次为孝弟力田。常选学官僮子，使在便坐受事。每出行县，益从学官诸生明经饬行者与俱，使传教令，出入闺阁。县邑吏民见而荣之，数年，争欲为学官弟子，富人至出钱以求之。繇是大化，蜀地学于京师者比齐鲁焉。至武帝时，乃令天下郡国皆立学校官，自文翁为之始云。

文翁终于蜀，吏民为立祠堂，岁时祭祀不绝。至今巴蜀好文雅，文翁之化也。

王成，不知何郡人也。为胶东相，治甚有声。宣帝最先褒之，地节三年下诏曰："盖闻有功不赏，有罪不诛，虽唐、虞不能以化天下。今胶东相成，劳来不怠，流民自占八万余口，治有异等之效。其赐成爵关内侯，秩中二千石。"未及征用，会病卒官。后诏使丞相、御史问郡国上计长吏守丞以政令得失，或对言前胶东相成伪自增加，以蒙显赏，是后俗吏多为虚名云。

黄霸字次公，淮阳阳夏人也，以豪桀役使徙云陵。霸少学律令，喜为吏，武帝末以待诏入钱赏官，补侍郎谒者，坐同产有罪劾免。后复入谷沈黎郡，补左冯翊二百石卒史。冯翊以霸入财为官，不署右职，使领郡钱谷计。簿书正，以廉称，察补河东均输长，复察廉为河南太守丞。霸为人明察内敏，又习文法，然温良有让，足知，善御众。为丞，处议当于法，合人心，太守甚任之，吏民爱敬焉。

自武帝末，用法深。昭帝立，幼，大将军霍光秉政，大臣争权，上官桀等与燕王谋作乱，光既诛之，遂遵武帝法度，以刑罚痛绳群下，繇是俗吏上严酷以为能，而霸独用宽和为名。

会宣帝即位，在民间时知百姓苦吏急也，闻霸持法平，召以为廷尉正，数决疑狱，庭中称平。守丞相长史，坐公卿大议廷中知长信少府夏侯胜非议诏书大不敬，霸阿从不举劾，皆下廷尉，系狱当死。霸因从胜受《尚书》狱中，再踰冬，积三岁乃出，语在《胜传》。胜出，复为谏大夫，令左冯翊宋畸举霸贤良。胜又口荐霸于上，上擢霸为扬州刺史。三岁，宣帝下诏曰："制诏御史：其以贤良高第扬州刺史霸为颍川太守，秩比二千石。居官赐车盖，特高一丈，别驾主簿车。缇油屏泥于轼前，以章有德。"

时，上垂意于治，数下恩泽诏书，吏不奉宣。太守霸为选择良吏，分部宣布诏令，令民咸知上意，使邮亭乡官皆畜鸡豚，以赡鳏寡贫穷者。然后为条教，置父老师帅伍长，班行之于民间，劝以为善防奸之意，及务耕桑，节用殖财，种树畜养，去食谷马。米盐靡密，初若烦碎，然霸精力能推行之。吏民见者，语次寻绎，问它阴伏，以相参考。尝欲有所司察，择长年廉吏遣行，属令周密。吏出，不敢舍邮亭，食于道旁，乌攫其肉。民有欲诣府口言事者适见之，霸与语，道此。后日吏还谒霸，霸见迎劳之，曰："甚苦！食于道旁乃为乌所盗肉。"吏大惊，以霸具知其起居，所问豪氂不敢有所隐。鳏寡孤独有死无以葬者，乡部书言，霸具为区处，某所大木可以为棺，某亭猪子可以祭，吏往皆如言。其识事聪明如此，吏民不知所出，咸称神明。奸人去入它郡，盗贼日少。

霸力行教化而后诛罚，务在成就全安长吏。许丞老，病聋，督邮白欲逐之，霸曰："许丞廉吏，虽老，尚能拜起送迎，正颇重听，何伤？且善助之，毋失贤者意。"或问其故，霸曰："数易长吏，送故迎新之费及奸吏缘绝簿书盗财物，公私费耗甚多，皆当出于民，所易新吏又未必贤，或不如其故，徒相益为乱。凡治道，去其泰甚者耳。"

霸以外宽内明得吏民心，户口岁增，治为天下第一。征守京兆尹，秩二千石。坐发民治驰道不先以闻，又发骑士诣北军马不适士，劾乏军兴，连贬秩。有诏归颍川太守官，以八百石居治如其前。前后八年，郡中愈治。是时，凤皇神爵数集郡国，颍川尤多。天子以霸治行终长者，下诏称扬曰："颍川太守霸，宣布诏令，百姓乡化，孝子弟弟贞妇顺孙日以众多，田者让畔，道不拾遗，养视鳏寡，赡助贫穷，狱或八年亡重罪囚，吏民向于教化，兴于行谊，可谓贤人君子矣。《书》不云乎？‘股肱良哉！’其赐爵关内侯，黄金百斤，秩中二千石。”而颍川孝弟、有行义民、三老、力田，皆以差赐爵及帛。后数月，征霸为太子太傅，迁御史大夫。

五凤三年，代丙吉为丞相，封建成侯，食邑六百户。霸材长于治民，及为丞相，总纲纪号令，风采不及丙、魏、于定国，功名损于治郡。时，京兆尹张敞舍鹖雀飞集丞相府，霸以为神雀，议欲以闻。敞奏霸曰：“窃见丞相请与中二千石博士杂问郡国上计长吏、守丞，为民兴利除害、成大化、条其对，有耕者让畔，男女异路，道不拾遗，及举孝子弟弟贞妇者为一辈，先上殿，举而不知其人数者次之，不为条教者在后叩头谢。丞相虽口不言，而心欲其为之也。长吏、守丞对时，臣敞舍有鹖雀飞止丞相府屋上，丞相以下见者数百人。边吏多知鹖雀者，问之，皆阳不知。丞相图议上奏曰：‘臣问上计长吏、守丞以兴化条，皇天报下神雀。’后知从臣敞舍来，乃止。郡国吏窃笑丞相仁厚有知略，微信奇怪也。昔汲黯为淮阳守，辞去之官，谓大行李息曰：‘御史大夫张汤怀诈阿意，以倾朝廷，公不早白，与俱受戮矣。’息畏汤，终不敢言。后汤诛败，上闻黯与息语，乃抵息罪而秩黯诸侯相，取其思竭忠也。臣敞非敢毁丞相也，诚恐群臣莫白，而长吏、守丞畏丞相指，归舍法令，各为私教，务相增加，浇淳散朴，并行伪貌，有名亡实，倾摇解怠，甚者为妖。假令京师先行让畔异路，道不拾遗，其实亡益廉贪贞淫之行，而以伪先天下，固未可也；即诸侯先行之，伪声轶于京师，非细事也。汉家承敝通变，造起律令，所以劝善禁奸，条贯详备，不可复加。宜令贵臣明饬长吏、守丞，归告二千石，举三老、孝弟、力田、孝廉、廉吏务得其人，郡事皆以义法令捡式，毋得擅为条教；敢挟诈伪以奸名誉者，必先受戮，以正明好恶。”天子嘉纳敞言，召上计吏，使侍中临饬如敞指意。霸甚惭。

又乐陵侯史高以外属旧恩侍中贵重，霸荐高可太尉。天子使尚书召问霸：“太尉官罢久矣，丞相兼之，所以偃武兴文也。如国家不虞，边境有事，左右之臣皆将率也。夫宣明教化，通达幽隐，使狱无冤刑，邑无盗贼，君之职也。将相之官，朕之任焉。侍中乐陵侯高帷幄近臣，朕之所自亲，君何越职而举之?”尚书令受丞相对，霸免冠谢罪，数日乃决。自是后不敢复有所请。然自汉兴，言治民吏，以霸为首。

为丞相五岁，甘露三年薨，谥曰定侯。霸死后，乐陵侯高竟为大司马，霸子思侯赏嗣，为关都尉。薨，子忠侯辅嗣，至卫尉九卿。薨，子忠嗣侯，讫王莽乃绝。子孙为吏二千石者五六人。

始，霸少为阳夏游徼，与善相人者共载出，见一妇人，相者言：“此妇人当富贵，不然，相书不可用也。”霸推问之，乃其乡里巫家女也。霸即娶为妻，与之终身。为丞相后徙杜陵。

朱邑字仲卿，庐江舒人也。少时为舒桐乡啬夫，廉平不苛，以爱利为行，未尝笞辱人，存问耆老孤寡，遇之有恩，所部吏民爱敬焉。迁补太守卒史，举贤良为大司农丞，迁北海太守，以治行第一入为大司农。为人淳厚，笃于故旧，然性公正，不可交以私。天子器之，朝廷敬焉。

是时，张敞为胶东相，与邑书曰：“明主游心太古，广延茂士，此诚忠臣谒思之时也。直敞远守剧郡，驭于绳墨，匈臆约结，固亡奇也。虽有，亦安所施？足下以清明之德，掌周稷之业，犹饥者甘糟糠，穰岁余粱肉。何则？有亡之势异也。昔陈平虽贤，须魏倩而后进；韩信虽奇，赖萧公而后信。故事各达其时之英俊，若必伊尹、吕望而后荐之，则此人不因足下而进矣。”邑感敞言，贡荐贤士大夫，多得其助者。身为列卿，居处俭节，禄赐以共九族乡党，家亡余财。

神爵元年卒。天子闵惜，下诏称扬曰：“大司农邑，廉洁守节，退食自公，亡强外之交，束修之馈，可谓淑人君子，遭离凶灾，朕甚闵之。其赐邑子黄金百斤，以奉其祭祀。”

初，邑病且死，属其子曰：“我故为桐乡吏，其民爱我，必葬我桐乡。后世子孙奉尝我，不如桐乡民。”及死，其子葬之桐乡西郭外，民果共为邑起冢立祠，岁时祠祭，至今不绝。

龚遂字少卿，山阳南平阳人也。以明经为官，至昌邑郎中令，事王贺。贺动作多不正，遂为人忠厚，刚毅有大节，内谏争于王，外责傅相，引经义，陈祸福，至于涕泣，蹇蹇亡已。面刺王过，王至掩耳起走，曰：“郎中令善愧人。”及国中皆畏惮焉。王尝久与驺奴宰人游戏饮食，赏赐亡度。遂入见王，涕泣膝行，左右侍御皆出涕。王曰：“郎中令何为哭？”遂曰：“臣痛社稷危也！愿赐清闲竭愚。”王辟左右，遂曰：“大王知胶西王所以为无道亡乎？”王曰：“不知也。”曰：“臣闻胶西王有谀臣侯得，王所为拟于桀、纣也，得以为尧、舜也。王说其谄谀，尝与寝处，唯得所言，以至于是。今大王亲近群小，渐渍邪恶所习，存亡之机，不可不慎也。臣请选郎通经术有行义者与王起居，坐则诵《诗》、

《书》，立则习礼容，宜有益。”王许之。遂乃选郎中张安等十人侍王。居数日，王皆逐去安等。久之，宫中数有妖怪，王以问遂，遂以为有大忧，宫室将空，语在《昌邑王传》。会昭帝崩，亡子，昌邑王贺嗣立，官属皆征入。王相安乐迁长乐卫尉，遂见安乐，流涕谓曰：“王立为天子，日益骄溢，谏之不复听，今哀痛未尽，日与近臣饮食作乐，斗虎豹，召皮轩，车九流，驱驰东西，所为悖道。古制宽，大臣有隐退，今去不得，阳狂恐知，身死为世戮，奈何？君，陛下故相，宜极谏争。”王即位二十七日，卒以淫乱废。昌邑群臣坐陷王于恶不道，皆诛，死者二百余人，唯遂与中尉王阳以数谏争得减死，髡为城旦。

宣帝即位，久之，渤海左右郡岁饥，盗贼并起，二千石不能禽制。上选能治者，丞相、御史举遂可用，上以为渤海太守。时，遂年七十余，召见，形貌短小，宣帝望见，不副所闻，心内轻焉，谓遂曰：“渤海废乱，朕甚忧之。君欲何以息其盗贼，以称朕意？”遂对曰：“海濒遐远，不沾圣化，其民困于饥寒而吏不恤，故使陛下赤子盗弄陛下之兵于潢池中耳。今欲使臣胜之邪，将安之也？”上闻遂对，甚说，答曰：“选用贤良，固欲安之也。”遂曰：“臣闻治乱民犹治乱绳，不可急也；唯缓之，然后可治。臣愿丞相、御史且无拘臣以文法，得一切便宜从事。”上许焉，加赐黄金，赠遣乘传。至渤海界，郡闻新太守至，发兵以迎，遂皆遣还，移书敕属县悉罢逐捕盗贼吏。诸持锄钩田器者皆为良民，吏无得问，持兵者乃为盗贼。遂单车独行至府，郡中翕然，盗贼亦皆罢。渤海又多劫略相随，闻遂教令，即时解散，弃其兵弩而持钩锄。盗贼于是悉平，民安土乐业。遂乃开仓廪假贫民，选用良吏，尉安牧养焉。

遂见齐俗奢侈，好末技，不田作，乃躬率以俭约，劝民务农桑，令口种一树榆、百本䪥、五十本葱、一畦韭，家二母彘、五鸡。民有带持刀剑者，使卖剑买牛，卖刀买犊，曰："何为带牛佩犊！"春夏不得不趋田亩，秋冬课收敛，益蓄果实菱芡。劳来循行，郡中皆有蓄积，吏民皆富实。狱讼止息。

数年，上遣使者征遂，议曹王生愿从。功曹以为王生素耆酒，亡节度，不可使。遂不忍逆，从至京师。王生日饮酒，不视太守。会遂引入宫，王生醉，从后呼，曰："明府且止，愿有所白。"遂还问其故，王生曰："天子即问君何以治渤海，君不可有所陈对，宜曰'皆圣主之德，非小臣之力也'。"遂受其言。既至前，上果问以治状，遂对如王生言。天子说其有让，笑曰："君安得长者之言而称之？"遂因前曰："臣非知此，乃臣议曹教戒臣也。"上以遂年老不任公卿，拜为水衡都尉，议曹王生为水衡丞，以褒显遂云。水衡典上林禁苑，共张宫馆，为宗庙取牲，官职亲近，上甚重之，以官寿卒。

召信臣字翁卿，九江寿春人也。以明经甲科为郎，出补穀阳长。举高第，迁上蔡长。其治视民如子，所居见称述。超为零陵太守，病归。复征为谏大夫，迁南阳太守，其治如上蔡。

信臣为人勤力有方略，好为民兴利，务在富之。躬劝耕农，出入阡陌，止舍离乡亭，稀有安居时。行视郡中水泉，开通沟渎，起水门提阏凡数十处，以广溉灌，岁岁增加，多至三万顷。民得其利，蓄积有余。信臣为民作均水约束，刻石立于田畔，以防分争。禁止嫁娶送终奢靡，务出于俭约。府县吏家子弟好游敖，不以田作为事，辄斥罢之，甚者案其不法，以视好恶。其化大行，郡中莫不耕稼力田，百姓归之，户口增倍，盗贼狱讼衰止。吏民亲爱信臣，号之曰召父。荆州刺史奏信臣为百姓兴利，郡以殷富，赐黄金四十斤。迁河南太守，治行常为第一，复数增秩赐金。

竟宁中，征为少府，列于九卿，奏请上林诸离远宫馆稀幸御者，勿复缮治共张，又奏省乐府黄门倡优诸戏，及宫馆兵弩什器减过泰半。太官园种冬生葱韭菜茹，覆以屋庑，昼夜燃蕴火，待温气乃生。信臣以为此皆不时之物，有伤于人，不宜以奉供养，及它非法食物，悉奏罢，省费岁数千万。信臣年老以官卒。

元始四年，诏书祀百辟卿士有益于民者，蜀郡以文翁，九江以召父应诏书。岁时郡二千石率官属行礼，奉祠信臣冢，而南阳亦为立祠。

汉书卷九十

酷吏传第六十

孔子曰："导之以政，齐之以刑，民免而无耻；导之以德，齐之以礼，有耻且格。"老氏称："上德不德，是以有德；下德不失德，是以无德。法令滋章，盗贼多有。"信哉是言也！法令者，治之具，而非制治清浊之原也。昔天下之罔尝密矣，然奸轨愈起，其极也，上下相遁，至于不振。当是之时，吏治若救火扬沸，非武健严酷，恶能胜其任而愉快乎？言道德者，溺于职矣。故曰："听讼吾犹人也，必也使无讼乎！" "下士闻道大笑之。"非虚言也。

汉兴，破觚而为圜，斫雕而为朴，号为罔漏吞舟之鱼。而吏治蒸蒸，不至于奸，黎民艾安。由是观之，在彼不在此。高后时，酷吏独有侯封，刻轹宗室，侵辱功臣。吕氏已败，遂夷侯封之家。孝景时，晁错以刻深颇用术辅其资，而七国之乱发怒于错，错卒被戮。其后有郅都、甯成之伦。

郅都，河东大阳人也。以郎事文帝。景帝时为中郎将，敢直谏，面折大臣于朝。尝从入上林，贾姬在厕，野彘入厕，上目都，都不行。上欲自持兵救贾姬，都伏上前曰：“亡一姬复一姬进，天下所少宁姬等邪？陛下纵自轻，奈宗庙太后何？”上还，彘亦不伤贾姬。太后闻之，赐都金百斤，上亦赐金百斤，由此重都。

济南瞯氏宗人三百余家，豪猾，二千石莫能制，于是景帝拜都为济南守。至则诛瞯氏首恶，余皆股栗。居岁余，郡中不拾遗，旁十余郡守畏都如大府。

都为人，勇有气，公廉，不发私书，问遗无所受，请寄无所听。常称曰：“已背亲而出，身固当奉职死节官下，终不顾妻子矣。”

都迁为中尉，丞相条侯至贵居也，而都揖丞相。是时，民朴，畏罪自重，而都独先严酷，致行法不避贵戚，列侯宗室见都侧目而视，号曰“苍鹰”。

临江王征诣中尉府对簿，临江王欲得刀笔为书谢上，而都禁吏弗与。魏其侯使人间予临江王。临江王既得，为书谢上，因自杀。窦太后闻之，怒，以危法中都，都免归家。景帝乃使使即拜都为雁门太守，便道之官，得以便宜从事。匈奴素闻郅都节，举边为引兵去，竟都死不近雁门。匈奴至为偶人象都，令骑驰射，莫能中，其见惮如此。匈奴患之。乃中都以汉法。景帝曰：“都忠臣。”欲释之。窦太后曰：“临江王独非忠臣乎？”于是斩都也。

甯成，南阳穰人也。以郎谒者事景帝。好气，为小吏，必陵其长吏；为人上，操下急如束湿。猾贼任威。稍迁至济南都尉，而郅都为守。始前数都尉步入府，因吏谒守如县令，其畏都如此。及成往，直凌都出其上。都素闻其声，善遇，与结欢。久之，都死，后长安左右宗室多犯法，上召成为中尉。其治效郅都，其廉弗如，然宗室豪桀人皆惴恐。

武帝即位，徙为内史。外戚多毁成之短，抵罪髡钳。是时九卿死即死，少被刑，而成刑极，自以为不复收，乃解脱，诈刻传出关归家。称曰：“仕不至二千石，贾不至千万，安可比人乎！”乃贳贰陂田千余顷，假贫民，役使数千家。数年，会赦，致产数千万，为任侠，持吏长短，出从数十骑。其使民，威重于郡守。

周阳由，其父赵兼以淮南王舅侯周阳，故因氏焉。由以宗家任为郎，事文帝。景帝时，由为郡守。武帝即位，吏治尚修谨，然由居二千石中最为暴酷骄恣。所爱者，挠法活之；所憎者，曲法灭之。所居郡，必夷其豪。为守，视都尉如令；为都尉，陵太守，夺之治。汲黯为忮，司马安之文恶，俱在二千石列，同车未尝敢均茵冯。后由为河东都尉，与其守胜屠公争权，相告言，胜屠公当抵罪，义不受刑，自杀，而由弃市。

自甯成、周阳由之后，事益多，民巧法，大抵吏治类多成、由等矣。

赵禹，斄人也。以佐史补中都官，用廉为令史，事太尉周亚夫。亚夫为丞相，禹为丞相史，府中皆称其廉平。然亚夫弗任，曰：“极知禹无害，然文深，不可以居大府。”武帝时，禹以刀笔吏积劳，迁为御史。上以为能，至中大夫。与张汤论定律令，作见知，吏传相监司以法，尽自此始。

禹为人廉裾，为吏以来，舍无食客。公卿相造请，禹终不行报谢，务在绝知友宾客之请，孤立行一意而已。见法辄取，亦不覆案求官属阴罪。尝中废，已为廷尉。始条侯以禹贼深，及禹为少府九卿，酷急。至晚节，事益多。吏务为严峻，而禹治加缓，名为平。王温舒等后起，治峻禹。禹以老，徙为燕相。数岁，悖乱有罪，免归。后十余年，以寿卒于家。

义纵，河东人也。少年时尝为张次公俱攻剽，为群盗。纵有姊，以医幸王太后。太后问："有子、兄弟为官者乎？"姊曰："有弟无行，不可。"太后乃告上，上拜义姁弟纵为中郎，补上党郡中令。治敢往，少温籍，县无逋事，举第一。迁为长陵及长安令，直法行治，不避贵戚。以捕按太后外孙脩成子中，上以为能，迁为河内都尉。至则族灭其豪穰氏之属，河内道不拾遗。而张次公亦为郎，以勇悍从军，敢深入，有功，封为岸头侯。

甯成家居，上欲以为郡守，御史大夫弘曰："臣居山东为小吏时，甯成为济南都尉，其治如狼牧羊，成不可令治民。"上乃拜成为关都尉。岁余，关吏税肄郡国出入关者，号曰："宁见乳虎，无直甯成之怒。"其暴如此。义纵自河内迁为南阳太守，闻甯成家居南阳，及至关，甯成侧行送迎，然纵气盛，弗为礼。至郡，遂按甯氏，破碎其家。成坐有罪，及孔、暴之属皆奔亡，南阳吏民重足一迹。而平氏朱强、杜衍杜周为纵爪牙之吏，任用，迁为廷尉史。

军数出定襄，定襄吏民乱败，于是徙纵为定襄太守。纵至，掩定襄狱中重罪二百余人，及宾客昆弟私入相视者亦二百余人。纵壹切捕鞠，曰："为死罪解脱。"是日皆报杀四百余人。郡中不寒而栗，猾民佐吏为治。

是时，赵禹、张汤为九卿矣，然其治尚宽，辅法而行，纵以鹰击毛挚为治。后会更五铢钱白金起，民为奸，京师尤甚，乃以纵为右内史，王温舒为中尉。温舒至恶，所为弗先言纵，纵必以气陵之，败坏其功。其治，所诛杀甚多，然取为小治，奸益不胜，直指始出矣。吏之治以斩杀缚束为务，阎奉以恶用矣。纵廉，其治效郅都。上幸鼎湖，病久，已而卒起幸甘泉，道不治。上怒曰："纵以我为不行此道乎？"衔之。至冬，杨可方受告缗，纵以为此乱民，部吏捕其为可使者。天子闻，使杜式治，以为废格沮事，弃纵市。后一岁，张汤亦死。

王温舒，阳陵人也。少时椎埋为奸。已而试县亭长，数废。数为吏，以治狱至廷尉史。事张汤，迁为御史，督盗贼，杀伤甚多。稍迁至广平都尉，择郡中豪敢往吏十余人为爪牙，皆把其阴重罪，而纵使督盗贼，快其意所欲得。此人虽有百罪，弗法；即有避回，夷之，亦灭宗。以故齐赵之郊盗不敢近广平，广平声为道不拾遗。上闻，迁为河内太守。

素居广平时，皆知河内豪奸之家。及往，以九月至，令郡具私马五十匹，为驿自河内至长安，部吏如居广平时方略，捕郡中豪猾，相连坐千余家。上书请，大者至族，小者乃死，家尽没入偿臧。奏行不过二日，得可，事论报，至流血十余里。河内皆怪其奏，以为神速。尽十二月，郡中无犬吠之盗。其颇不得，失之旁郡，追求，会春，温舒顿足叹曰："嗟乎，令冬月益展一月，卒吾事矣！"其好杀行威不爱人如此。

上闻之，以为能，迁为中尉。其治复放河内，徒请召猜祸吏与从事，河内则杨皆、麻戊，关中扬赣、成信等。义纵为内史，惮之，未敢恣治。及纵死，张汤败后，徙为廷尉。而尹齐为中尉坐法抵罪，温舒复为中尉。为人少文，居它惽惽不辩，至于中尉则心开。素习关中俗，知豪恶吏，豪恶吏尽复为用。吏苛察淫恶少年，投缿购告言奸，置伯落长以收司奸。温舒多谄，善事有势者；即无势，视之如奴。有势家，虽有奸如山，弗犯；无势，虽贵戚，必侵辱。舞文巧，请下户之猾，以动大豪。其治中尉如此。奸猾穷治，大氐尽靡烂狱中，行论无出者。其爪牙吏虎而冠。于是中尉部中中猾以下皆伏，有势者为游声誉，称治。数岁，其吏多以权贵富。

温舒击东越还，议有不中意，坐以法免。是时，上方欲作通天台而未有人，温舒请复中尉脱卒，得数万人作。上说，拜为少府。徙右内史，治如其故，奸邪少禁。坐法失官，复为右辅，行中尉，如故操。

岁余，会宛军发，诏征豪吏。温舒匿其吏华成，及人有变告温舒受员骑钱，它奸利事，罪至族，自杀。其时，两弟及两婚家亦各自坐它罪而族。光禄勋徐自为曰："悲夫！夫古有三族，而王温舒罪至同时而五族乎！"温舒死，家累千金。

尹齐，东郡茌平人也。以刀笔吏稍迁至御史。事张汤，汤数称以为廉。武帝使督盗贼，斩伐不避贵势。迁关都尉，声甚于甯成。上以为能，拜为中尉。吏民益凋敝，轻齐木强少文，豪恶吏伏匿而善吏不能为治，以故事多废，抵罪。后复为淮阳都尉。王温舒败后数年，病死，家直不满五十金。所诛灭淮阳甚多，及死，仇家欲烧其尸，妻亡去，归葬。

杨仆，宜阳人也。以千夫为吏。河南守举为御史，使督盗贼关东，治放尹齐，以敢击行。稍迁至主爵都尉，上以为能。南越反，拜为楼船将军，有功，封将梁侯。东越反，上欲复使将，为其伐前劳，以书敕责之曰："将军之功，独有先破石门、寻狭，非有斩将搴旗之实也，乌足以骄人哉！前破番禺，捕降者以为虏，掘死人以为获，是一过也。建德、吕嘉逆罪不容于天下，将军拥精兵不穷追，超然以东越为援，是二过也。士卒暴露连岁，为朝会不置酒，将军不念其勤劳，而造佞巧，请乘传行塞，因用归家，怀银黄，垂三组，夸乡里，是三过也。失期内顾，以道恶为解，失尊尊之序，是四过也。欲请蜀刀，问君贾几何，对曰率数百，武库日出兵而阳不知，挟伪干君，是五过也。受诏不至兰池宫，明日又不对。假令将军之吏问之不对，令之不从，其罪何如？推此心以在外，江海之间可得信乎！今东越深入，将军能率众以掩过不？”仆惶恐，对曰：“愿尽死赎罪！”与王温舒俱破东越。后复与左将军荀彘俱击朝鲜，为彘所缚，语在《朝鲜传》。还，免为庶人，病死。

咸宣，杨人也。以佐史给事河东守。卫将军青使买马河东，见宣无害，言上，征为厩丞。官事办，稍迁至御史及中丞，使治主父偃及淮南反狱，所以微文深诋杀者甚众，称为敢决疑。数废数起，为御史及中丞者几二十岁。王温舒为中尉，而宣为左内史。其治米盐，事小大皆关其手，自部署县名曹宝物，官吏令丞弗得擅摇，痛以重法绳之。居官数年，一切为小治辩，然独宣以小至大，能自行之，难以为经。中废为右扶风，坐怒其吏成信，信亡藏上林中，宣使郿令将吏卒，阑入上林中蚕室门攻亭格杀信，射中苑门，宣下吏，为大逆当族，自杀。而杜周任用。

是时，郡守尉、诸侯相、二千石欲为治者，大抵尽效王温舒等，而吏民益轻犯法，盗贼滋起。南阳有梅免、百政，楚有段中、杜少，齐有徐勃，燕、赵之间有坚卢、范主之属。大群至数千人，擅自号，攻城邑，取库兵，释死罪，缚辱郡守、都尉，杀二千石，为檄告县趋具食；小群以百数，掠卤乡里者不可称数。于是上始使御史中丞、丞相长史使督之，犹弗能禁，乃使光禄大夫范昆、诸部都尉及故九卿张德等衣绣衣，持节、虎符，发兵以兴击，斩首大部或至万余级。及以法诛通行饮食，坐相连郡，甚者数千人。数岁，乃颇得其渠率。散卒失亡，复聚党阻山川，往往而群，无可奈何。于是作沈命法，曰："群盗起不发觉，发觉而弗捕满品者，二千石以下至小吏主者皆死。"其后小吏畏诛，虽有盗弗敢发，恐不能得，坐课累府，府亦使不言。故盗贼寖多，上下相为匿，以避文法焉。

田广明字子公，郑人也。以郎为天水司马。功次迁河南都尉，以杀伐为治。郡国盗贼并起，迁广明为淮阳太守。岁余，故城父令公孙勇与客胡倩等谋反，倩诈称光禄大夫，从车骑数十，言使督盗贼，止陈留传舍，太守谒见，欲收取之。广明觉知，发兵皆捕斩焉。而公孙勇衣绣衣，乘驷马车至圉，圉使小史侍之，亦知其非是，守尉魏不害与厩啬夫江德、尉史苏昌共收捕之。上封不害为当涂侯，德轑阳侯，昌蒲侯。初，四人俱拜于前，小史窃言。武帝问："言何？"对曰："为侯者得东归不？"上曰："女欲不？贵矣。女乡名为何？"对曰："名遗乡。"上曰："用遗汝矣。"于是赐小史爵关内侯，食遗乡六百户。上以广明连禽大奸，征入为大鸿胪，擢广明兄云中代为淮阳太守。昭帝时，广明将兵击益州，还，赐爵关内侯，徙卫尉。后出为左冯翊，治有能名。宣帝初立，代蔡义为御史大夫，以前为冯翊与议定策，封昌水侯。岁余，以祁连将军将兵击匈奴，出塞至受降城。受降都尉前死，丧柩在堂，广明召其寡妻与奸。既出不至质，引军空还。下太守杜延年簿责，广明自杀阙下，国除。兄云中为淮阳守，亦敢诛杀，吏民守阙告之，竟坐弃市。

田延年字子宾，先齐诸田也，徙阳陵。延年以材略给事大将军莫府，霍光重之，迁为长史。出为河东太守，选拔尹翁归等以为爪牙，诛锄豪强，奸邪不敢发。以选入大司农。会昭帝崩，昌邑王嗣立，淫乱，霍将军忧惧，与公卿议废之，莫敢发言。延年按剑，廷叱群臣，即日议决，语在《光传》。宣帝即位，延年以决疑定策封阳成侯。

先是，茂陵富人焦氏、贾氏以数千万阴积贮炭苇诸下里物。昭帝大行时，方上事暴起，用度未办，延年奏言："商贾或豫收方上不祥器物，冀其疾用，欲以求利，非民臣所当为。请没入县官。"奏可。富人亡财者皆怨，出钱求延年罪。初，大司农取民牛车三万两为僦，载沙便桥下，送致方上，车直千钱，延年上簿诈增僦直车二千，凡六千万，盗取其半。焦、贾两家告其事，下丞相府。丞相议奏延年"主守盗三千万，不道"。霍将军召问延年，欲为道地，延年抵曰："本出将军之门，蒙此爵位，无有是事。"光曰："即无事，当穷竟。"御史大夫田广明谓太仆杜延年："《春秋》之义，以功覆过。当废昌邑王时，非田子宾之言大事不成。今县官出三千万自乞之何哉？愿以愚言白大将军。"延年言之大将军，大将军曰："诚然，实勇士也！当发大议时，震动朝廷。"光因举手自抚心曰："使我至今病悸！谢田大夫晓大司农，通往就狱，得公议之。"田大夫使人语延年，延年曰："幸县官宽我耳，何面目入牢狱，使众人指笑我，卒徒唾吾背乎！"即闭阁独居齐舍，偏袒持刀东西步。数日，使者召延年诣廷尉。闻鼓声，自刎死，国除。

严延年字次卿，东海下邳人也。其父为丞相掾，延年少学法律丞相府，归为郡吏。以选除补御史掾，举侍御史。是时，大将军霍光废昌邑王，尊立宣帝。宣帝初即位，延年劾奏光“擅废立，无人臣礼，不道”。奏虽寝，然朝廷肃焉敬惮。延年后复劾大司农田延年持兵干属车，大司农自讼不干属车。事下御史中丞，谴责延年何以不移书宫殿门禁止大司农，而令得出入宫。于是覆劾延年阑内罪人，法至死。延年亡命。会赦出，丞相、御史府征书同日到，延年以御史书先至，诣御史府，复为掾。宣帝识之，拜为平陵令，坐杀不辜，去官。后为丞相掾，复擢好畤令。神爵中，西羌反，强弩将军许延寿请延年为长史，从军败西羌，还为涿郡太守。

时，郡比得不能太守，涿人毕野白等由是废乱。大姓西高氏、东高氏，自郡吏以下皆畏避之，莫敢与牾，咸曰：“宁负二千石，无负豪大家。”宾客放为盗贼，发，辄入高氏，吏不敢追。浸浸日多，道路张弓拔刃，然后敢行，其乱如此。延年至，遣掾蠡吾赵绣按高氏得其死罪。绣见延年新将，心内惧，即为两劾，欲先白其轻者，观延年意怒，乃出其重劾。延年已知其如此矣。赵掾至，果白其轻者，延年索怀中，得重劾，即收送狱。夜入，晨将至市论杀之，先所按者死，吏皆股弁。更遣吏分考两高，穷竟其奸，诛杀各数十人。郡中震恐，道不拾遗。

三岁，迁河南太守，赐黄金二十斤。豪强胁息，野无行盗，威震旁郡。其治务在摧折豪强，扶助贫弱。贫弱虽陷法，曲文以出之；其豪桀侵小民者，以文内之。众人所谓当死者，一朝出之；

所谓当生者，诡杀之。吏民莫能测其意深浅，战栗不敢犯禁。按其狱，皆文致不可得反。

延年为人短小精悍，敏捷于事，虽子贡、冉有通艺于政事，不能绝也。吏忠尽节者，厚遇之如骨肉，皆亲乡之，出身不顾，以是治下无隐情。然疾恶泰甚，中伤者多，尤巧为狱文，善史书，所欲诛杀，奏成于手，中主簿亲近史不得闻知。奏可论死，奄忽如神。冬月，传属县囚，会论府上，流血数里，河南号曰“屠伯”。令行禁止，郡中正清。

是时，张敞为京兆尹，素与延年善。敞治虽严，然尚颇有纵舍，闻延年用刑刻急，乃以书谕之曰：“昔韩卢之取菟也，上观下获，不甚多杀。愿次卿少缓诛罚，思行此术。”延年报曰：“河南天下喉咽，二周余毙，莠盛苗秽，何可不锄也？”自矜伐其能，终不衰止。时，黄霸在颍川以宽恕为治，郡中亦平，屡蒙丰年，凤皇下，上贤焉，下诏称扬其行，加金爵之赏。延年素轻霸为人，及比郡为守，褒赏反在己前，心内不服。河南界中又有蝗虫，府丞义出行蝗，还见延年，延年曰：“此蝗岂凤皇食邪？”义又道司农中丞耿寿昌为常平仓，利百姓，延年曰：“丞相御史不知为也，当避位去。寿昌安得权此？”后左冯翊缺，上欲征延年，符已发，为其名酷复止。延年疑少府梁丘贺毁之，心恨。会琅邪太守以视事久病，满三月免，延年自知见废，谓丞曰：“此人尚能去官，我反不能去邪？”又延年察狱史廉，有臧不入身，延年坐选举不实贬秩，笑曰：“后敢复有举人者矣！”丞义年老颇悖，素畏延年，恐见中伤。延年本尝与义俱为丞相史，实亲厚之，无意毁伤也，馈遗之甚厚。义愈益恐，自筮得死卦，忽忽不乐，取告至长安，上书言延年罪名十事。已拜奏，因饮药自杀，以明不欺。事下御史丞按验，有此数事，以结延年，坐怨望非谤政治不道弃市。

初，延年母从东海来，欲从延年腊，到雒阳，适见报囚。母大惊，便止都亭，不肯入府。延年出至都亭谒母，母闭阁不见。延年免冠顿首阁下，良久，母乃见之，因数责延年："幸得备郡守，专治千里，不闻仁爱教化，有以全安愚民，顾乘刑罚多刑杀人，欲以立威，岂为民父母意哉！"延年服罪，重顿首谢，因自为母御，归府舍。母毕正腊，谓延年："天道神明，人不可独杀。我不意当老见壮子被刑戮也！行矣！去女东归，埽除墓地耳。"遂去。归郡，见昆弟宗人，复为言之。后岁余，果败。东海莫不贤知其母。延年兄弟五人皆有吏材，至大官，东海号曰"万石严妪"。次弟彭祖，至太子太傅，在《儒林传》。

尹赏字子心，钜鹿杨氏人也。以郡吏察廉为楼烦长。举茂材、粟邑令。左冯翊薛宣奏赏能治剧，徙为频阳令，坐残贼免。后以御史举为郑令。

永始、元延间，上怠于政，贵戚骄恣，红阳长仲兄弟交通轻侠，臧匿亡命。而北地大豪浩商等报怨，杀义渠长妻子六人，往来长安中。丞相、御史遣掾求逐党与，诏书召捕，久之乃得。长安中奸猾浸多，闾里少年群辈杀吏，受赇报仇，相与探丸为弹，得赤丸者斫武吏，得黑丸者斫文吏，白者主治丧；城中薄暮尘起，剽劫行者，死伤横道，枹鼓不绝。赏以三辅高第选守长安令，得壹切便宜从事。赏至，修治长安狱，穿地方深各数丈，致令辟为郭，以大石覆其口，名为"虎穴"。乃部户曹掾史，与乡吏、亭长、里正、父老、伍人，杂举长安中轻薄少年恶子，无市籍商贩作务，而鲜衣凶服被铠扞持刀兵者，悉籍记之，得数百人。赏一朝会长安吏，车数百辆，分行收捕，皆劾以为通行饮食群盗。赏亲阅，见十置一，其余尽以次内虎穴中，百人为辈，覆以大石。数日一发视，皆相枕藉死，便舆出，瘗寺门桓东。楬著其姓名，百日后，乃令死者家各自发取其尸。亲属号哭，道路皆歔欷。长安中歌之曰："安所求子死？桓东少年场。生时谅不谨，枯骨后何葬？"赏所置皆其魁宿，或故吏善家子失计随轻黠愿自改者，财数十百人，皆贳其罪，诡令立功以自赎。尽力有效者，因亲用之为爪牙，追捕甚精，甘耆奸恶，甚于凡吏。赏视事数月，盗贼止，郡国亡命散走，各归其处，不敢窥长安。

江湖中多盗贼，以赏为江夏太守，捕格江贼及所诛吏民甚多，坐残贼免。南山群盗起，以赏为右辅都尉，迁执金吾，督大奸猾。三辅吏民甚畏之。

数年卒官。疾病且死，戒其诸子曰："丈夫为吏，正坐残贼免，追思其功效，则复进用矣。一坐软弱不胜任免，终身废弃无有赦时，其羞辱甚于贪污坐臧。慎毋然！"赏四子皆至郡守，长子立为京兆尹，皆尚威严，有治办名。

赞曰：自郅都以下皆以酷烈为声，然都抗直，引是非，争大体。张汤以知阿邑人主，与俱上下，时辩当否，国家赖其便。赵禹据法守正。杜周从谀，以少言为重。张汤死后，罔密事丛，以寖耗废，九卿奉职，救过不给，何暇论绳墨之外乎！自是以至哀、平，酷吏众多，然莫足数，此其知名见纪者也。其廉者足以为仪表，其污者方略教道，一切禁奸，亦质有文武焉。虽酷，称其位矣。汤、周子孙贵盛，故别传。

汉书卷九十一

货殖传第六十一

昔先王之制，自天子、公、侯、卿、大夫、士至于皂隶、抱关、击檄者，其爵禄、奉养、宫室、车服、棺椁、祭祀、死生之制各有差品，小不得僭大，贱不得逾贵。夫然，故上下序而民志定。于是辩其土地、川泽、丘陵、衍沃、原隰之宜，教民种树畜养；五谷六畜及至鱼鳖、鸟兽、雚蒲、材干、器械之资，所以养生送终之具，靡不皆育。育之以时，而用之有节。草木未落，斧斤不入于山林；豺獭未祭，罝网不布于野泽；鹰隼未击，矰弋不施于徯隧。既顺时而取物，然犹山不槎蘖，泽不伐夭，蝝鱼麛卵，咸有常禁。所以顺时宣气，蕃阜庶物，蓄足功用，如此之备也。然后四民因其土宜，各任智力，夙兴夜寐，以治其业，相与通功易事，交利而俱赡，非有征发期会，而远近咸足。故《易》曰："后以财成辅相天地之宜，以左右民"，"备物致用，立成器以为天下利，莫大乎圣人"，此之谓也。《管子》云古之四民不得杂处。士相与言仁谊于闲宴，工相与议技巧于官府，商相与语财利于市井，农相与谋稼穑于田野，朝夕从事，不见异物而迁焉。故其父兄之教不肃而成，子弟之学不劳而能，各安其居而乐其业，甘其食而美其服，虽见奇丽纷华，非其所习，辟犹戎翟之与于越，不相入矣。是以欲寡而事节，财足而不争。于是在民上者，道之以德，齐之以礼，故民有耻而且敬，贵谊而贱利。此三代之所以直道而行，不严而治之大略也。

及周室衰，礼法堕，诸侯刻桷丹楹，大夫山节藻棁，八佾舞于庭，《雍》彻于堂。其流至乎士庶人，莫不离制而弃本，稼穑之民少，商旅之民多，谷不足而货有余。

陵夷至乎桓、文之后，礼谊大坏，上下相冒，国异政，家殊俗，耆欲不制，僭差亡极。于是商通难得之货，工作亡用之器，士设反道之行，以追时好而取世资。伪民背实而要名，奸夫犯害而求利，篡弑取国者为王公，圉夺成家者为雄桀。礼谊不足以拘君子，刑戮不足以威小人。富者木土被文锦，犬马余肉粟，而贫者裋褐不完，含菽饮水。其为编户齐民，同列而以财力相君，虽为仆虏，犹亡愠色。故夫饰变诈为奸轨者，自足乎一世之间；守道循理者，不免于饥寒之患。其教自上兴，繇法度之无限也。故列其行事，以传世变云。

昔粤王句践困于会稽之上，乃用范蠡、计然。计然曰："知斗则修备，时用则知物，二者形则万货之情可得见矣。故旱则资舟，水则资车，物之理也。"推此类而修之，十年国富，厚赂战士，遂报强吴，刷会稽之耻。范蠡叹曰："计然之策，十用其五而得意。既以施国，吾欲施之家。"乃乘扁舟，浮江湖，变名姓，适齐为鸱夷子皮，之陶为朱公。以为陶天下之中，诸侯四通，货物所交易也，乃治产积居，与时逐而不责于人。故善治产者，能择人而任时。十九年之间三致千金，再散分与贫友昆弟。后年衰老，听子孙修业而息之，遂至巨万。故言富者称陶朱。

子赣既学于仲尼，退而仕卫，发贮鬻财曹、鲁之间。七十子之徒，赐最为饶，而颜渊箪食瓢饮，在于陋巷。子赣结驷连骑，束帛之币聘享诸侯，所至，国君无不分庭与之抗礼。然孔子贤颜渊而讥子赣，曰："回也其庶乎，屡空。赐不受命，而货殖焉，意则屡中。"

白圭，周人也。当魏文侯时，李克务尽地力，而白圭乐观时变，故人弃我取，人取我予。能薄饮食，忍嗜欲，节衣服，与用事僮仆同苦乐，趋时若猛兽挚鸟之发。故曰："吾治生犹伊尹、吕尚之谋，孙、吴用兵，商鞅行法是也。故智不足与权变，勇不足以决断，仁不能以取予，强不能以有守，虽欲学吾术，终不告也。"盖天下言治生者祖白圭。

猗顿用盬盐起，邯郸郭纵以铸冶成业，与王者埒富。

乌氏嬴畜牧，及众，斥卖，求奇缯物，间献戎王。戎王十倍其偿，予畜，畜至用谷量牛马。秦始皇令嬴比封君，以时与列臣朝请。

巴寡妇清，其先得丹穴，而擅其利数世，家亦不訾。清寡妇能守其业，用财自卫，人不敢犯。始皇以为贞妇而客之，为筑女怀清台。

秦汉之制，列侯封君食租税，岁率户二百。千户之君则二十万，朝觐聘享出其中。庶民农工商贾，率亦岁万息二千，百万之家即二十万，而更繇租赋出其中，衣食好美矣。故曰陆地牧马二百蹄，牛千蹄角，千足羊，泽中千足彘，水居千石鱼波，山居千章之萩。安邑千树枣；燕、秦千树栗；蜀、汉、江陵千树橘；淮北荥南河济之间千树萩；陈、夏千亩桼；齐、鲁千亩桑麻；渭川千亩竹；及名国万家之城，带郭千亩亩钟之田，若千亩卮茜，千畦姜韭：此其人皆与千户侯等。

谚曰："以贫求富，农不如工，工不如商，刺绣文不如倚市门。"此言末业，贫者之资也。通邑大都酤一岁千酿，醯酱千瓨，浆千儋，屠牛、羊、彘千皮，谷籴千钟，薪槀千车，船长千丈，木千章，竹竿万个，轺车百乘，牛车千两；木器桼者千枚，铜器千钧，素木铁器若卮茜千石，马蹄噭千，牛千足，羊、彘千双，童手指千，筋角丹沙千斤，其帛絮细布千钧，文采千匹，荅布皮革千石，桼千大斗，糵曲盐豉千合，鲐鮆千斤，鲰鲍千钧，枣栗千石者三之，狐貂裘千皮，羔羊裘千石，旃席千具，它果采千种，子贷金钱千贯，节驵侩，贪贾三之，廉贾五之，亦比千乘之家，此其大率也。

蜀卓氏之先，赵人也，用铁冶富。秦破赵，迁卓氏之蜀，夫妻推辇行。诸迁虏少有余财，争与吏，求近处，处葭萌。唯卓氏曰："此地狭薄。吾闻㟭山之下沃野，下有踆鸱，至死不饥。民工作布，易贾。"乃求远迁。致之临邛，大憙，即铁山鼓铸，运筹算，贾滇、蜀民，富至童八百人，田池射猎之乐拟于人君。

程郑，山东迁虏也，亦冶铸，贾魋结民，富埒卓氏。

程、卓既衰，至成、哀间，成都罗裒訾至巨万。初，裒贾京师，随身数十百万，为平陵石氏持钱。其人强力。石氏訾次如、苴，亲信，厚资遣之，令往来巴、蜀，数年间致千余万。裒举其半赂遗曲阳、定陵侯，依其权力，赊贷郡国，人莫敢负。擅盐井之利，期年所得自倍，遂殖其货。

宛孔氏之先，梁人也，用铁冶为业。秦灭魏，迁孔氏南阳，大鼓铸，规陂田，连骑游诸侯，因通商贾之利，有游闲公子之名。然其赢得过当，愈于孅啬，家致数千金，故南阳行贾尽法孔氏之雍容。

鲁人俗俭啬，而丙氏尤甚，以铁冶起，富至巨万。然家自父兄子弟约，俯有拾，仰有取，贳贷行贾遍郡国。邹、鲁以其故，多去文学而趋利。

齐俗贱奴虏，而刀閒独爱贵之。桀黠奴，人之所患，唯刀閒收取，使之逐鱼盐商贾之利，或连车骑交守相，然愈益任之，终得其力，起数千万。故曰"宁爵无刀"，言能使豪奴自饶，而尽其力也。刀閒既衰，至成、哀间，临淄姓伟訾五千万。

周人既孅，而师史尤甚，转毂百数，贾郡国，无所不至。雒阳街居在齐、秦、楚、赵之中，富家相矜以久贾，过邑不入门。设用此等，故师史能致十千万。

师史既衰，至成、哀、王莽时，雒阳张长叔、薛子仲訾亦十千万。莽皆以为纳言士，欲法武帝，然不能得其利。

宣曲任氏，其先为督道仓吏。秦之败也，豪桀争取金玉，任氏独窖仓粟。楚、汉相距荥阳，民不得耕种，米石至万，而豪桀金玉尽归任氏，任氏以此起富。富人奢侈，而任氏折节为力田畜。人争取贱贾，任氏独取贵善，富者数世。然任公家约，非田畜所生不衣食，公事不毕则不得饮酒食肉。以此为闾里率，故富而主上重之。

塞之斥也，唯桥桃以致马千匹，牛倍之，羊万，粟以万钟计。

吴、楚兵之起，长安中列侯封君行从军旅，赍贷子钱家，子钱家以为关东成败未决，莫肯予。唯毋盐氏出捐千金贷，其息十之。三月，吴、楚平。一岁之中，则毋盐氏息十倍，用此富关中。

关中富商大贾，大氐尽诸田，田墙、田兰。韦家栗氏、安陵杜氏亦巨万。前富者既衰，自元、成讫王莽，京师富人杜陵樊嘉，茂陵挚网，平陵如氏、苴氏，长安丹王君房，豉樊少翁、王孙大卿，为天下高訾。樊嘉五千万，其余皆巨万矣。王孙卿以财养士，与雄桀交，王莽以为京司市师，汉司东市令也。

此其章章尤著者也。其余郡国富民兼业颛利，以货赂自行，取重于乡里者，不可胜数。故秦杨以田农而甲一州，翁伯以贩脂而倾县邑，张氏以卖酱而隃侈，质氏以洒削而鼎食，浊氏以胃脯而连骑，张里以马医而击钟，皆越法矣。然常循守事业，积累赢利，渐有所起。至于蜀卓，宛孔，齐之刀閒，公擅山川铜铁鱼盐市井之入，运其筹策，上争王者之利，下锢齐民之业，皆陷不轨奢僭之恶。又况掘冢搏掩，犯奸成富，曲叔、稽发、雍乐成之徒，犹复齿列，伤化败俗，大乱之道也。

汉书卷九十二

游侠传第六十二

古者天子建国，诸侯立家，自卿、大夫以至于庶人，各有等差，是以民服事其上，而下无觊觎。孔子曰："天下有道，政不在大夫。"百官有司奉法承令，以修所职，失职有诛，侵官有罚。夫然，故上下相顺，而庶事理焉。

周室既微，礼乐征伐自诸侯出。桓、文之后，大夫世权，陪臣执命。陵夷至于战国，合从连衡，力政争强。繇是列国公子，魏有信陵、赵有平原、齐有孟尝、楚有春申，皆藉王公之势，竞为游侠，鸡鸣狗盗，无不宾礼。而赵相虞卿弃国捐君，以周穷交魏齐之厄；信陵无忌窃符矫命，戮将专师，以赴平原之急：皆以取重诸侯，显名天下。扼腕而游谈者，以四豪为称首。于是背公死党之议成，守职奉上之义废矣。

及至汉兴，禁网疏阔，未之匡改也。是故代相陈豨从车千乘，而吴濞、淮南皆招宾客以千数。外戚大臣魏其、武安之属竞逐于京师，布衣游侠剧孟、郭解之徒驰骛于闾阎，权行州域，力折公侯。众庶荣其名迹，觊而慕之。虽其陷于刑辟，自与杀身成名，若季路、仇牧，死而不悔也。故曾子曰："上失其道，民散久矣。"非明王在上，视之以好恶，齐之以礼法，民曷繇知禁而反正乎！

古之正法：五伯，三王之罪人也；而六国，五伯之罪人也。夫四豪者，又六国之罪人也。况于郭解之伦，以匹夫之细，窃杀生之权，其罪已不容于诛矣。观其温良泛爱，振穷周急，谦退不伐，亦皆有绝异之姿。惜乎不入于道德，苟放纵于末流，杀身亡宗，非不幸也。

自魏其、武安、淮南之后，天子切齿，卫、霍改节。然郡国豪桀处处各有，京师亲戚冠盖相望，亦古今常道，莫足言者。唯成帝时，外家王氏宾客为盛，而楼护为帅。及王莽时，诸公之间陈遵为雄，闾里之侠原涉为魁。

朱家，鲁人，高祖同时也。鲁人皆以儒教，而朱家用侠闻。所臧活豪士以百数，其余庸人不可胜言。然终不伐其能，饮其德，诸所尝施，唯恐见之。振人不赡，先从贫贱始。家亡余财，衣不兼采，食不重味，乘不过軥牛。专趋人之急，甚于己私。既阴脱季布之厄，及布尊贵，终身不见。自关以东，莫不延颈愿交。

楚田仲以侠闻，父事朱家，自以为行弗及也。田仲死后，有剧孟。

剧孟者，洛阳人也。周人以商贾为资，剧孟以侠显。吴、楚反时，条侯为太尉，乘传东，将至河南，得剧孟，喜曰："吴、楚举大事而不求剧孟，吾知其无能为已。"天下骚动，大将军得之若一敌国云。剧孟行大类朱家，而好博，多少年之戏。然孟母死，自远方送丧盖千乘。及孟死，家无十金之财。而符离王孟，亦以侠称江、淮之间。是时，济南瞯氏、陈周肤亦以豪闻。景帝闻之，使使尽诛此属。其后，代诸白、梁韩毋辟、阳翟薛况、陕寒孺，纷纷复出焉。

郭解，河内轵人也，温善相人许负外孙也。解父任侠，孝文时诛死。解为人静悍，不饮酒。少时阴贼感概，不快意，所杀甚众。以躯借友报仇，臧命作奸剽攻，休乃铸钱掘冢，不可胜数。适有天幸，窘急常得脱，若遇赦。

及解年长，更折节为俭，以德报怨，厚施而薄望。然其自喜为侠益甚。既已振人之命，不矜其功，其阴贼著于心本发于睚眦如故云。而少年慕其行，亦辄为报仇，不使知也。

解姊子负解之势，与人饮，使之釂，非其任，强灌之。人怒，刺杀解姊子，亡去。解姊怒曰："以翁伯时人杀吾子，贼不得！"弃其尸道旁，弗葬，欲以辱解。解使人微知贼处。贼窘自归，具以实告解。解曰："公杀之当，吾儿不直。"遂去其贼，罪其姊子，收而葬之。诸公闻之，皆多解之义，益附焉。

解出，人皆避，有一人独箕踞视之。解问其姓名，客欲杀之。解曰："居邑屋不见敬，是吾德不修也，彼何罪！"乃阴请尉史曰："是人吾所重，至践更时脱之。"每至直更，数过，吏弗求。怪之，问其故，解使脱之。箕踞者乃肉袒谢罪。少年闻之，愈益慕解之行。

洛阳人有相仇者，邑中贤豪居间以十数，终不听。客乃见解。解夜见仇家，仇家曲听。解谓仇家："吾闻洛阳诸公在间，多不听。今子幸而听解，解奈何从它县夺人邑贤大夫权乎！"乃夜去，不使人知，曰："且毋庸，待我去，令洛阳豪居间乃听。"

解为人短小，恭俭，出未尝有骑，不敢乘车入其县庭。之旁郡国，为人请求事，事可出，出之；不可者，各令厌其意，然后乃敢尝酒食。诸公以此严重之，争为用。邑中少年及旁近县豪夜半过门，常十余车，请得解客舍养之。

及徙豪茂陵也，解贫，不中訾。吏恐，不敢不徙。卫将军为言："郭解家贫，不中徙。"上曰："解布衣，权至使将军，此其家不贫！"解徙，诸公送者出千余万。轵人杨季主子为县掾，鬲之，解兄子断杨掾头。解入关，关中贤豪知与不知，闻声争交欢。邑人又杀杨季主，季主家上书人又杀阙下。上闻，乃下吏捕解。解亡，置其母家室夏阳，身至临晋。临晋籍少翁素不知解，因出关。籍少翁已出解，解传太原，所过辄告主人处。吏逐迹至籍少翁，少翁自杀，口绝。久之得解，穷治所犯为，而解所杀，皆在赦前。

轵有儒生侍使者坐，客誉郭解，生曰："解专以奸犯公法，何谓贤？"解客闻之，杀此生，断舌。吏以责解，解实不知杀者，杀者亦竟莫知为谁。吏奏解无罪。御史大夫公孙弘议曰："解布衣为任侠行权，以睚眦杀人，解不知，此罪甚于解知杀之。当大逆无道。"遂族解。

自是之后，侠者极众，而无足数者。然关中长安樊中子，槐里赵王孙，长陵高公子，西河郭翁中，太原鲁翁孺，临淮兒长卿，东阳陈君孺，虽为侠而恂恂有退让君子之风。至若北道姚氏，西道诸杜，南道仇景，东道赵佗羽公子，南阳赵调之徒，盗跖而居民间者耳，曷足道哉！此乃乡者朱家所羞也。

万章字子夏，长安人也。长安炽盛，街闾各有豪侠，章在城西柳市，号曰“城西万子夏”。为京兆尹门下督，从至殿中，侍中诸侯贵人争欲揖章，莫与京兆尹言者。章逡循甚惧。其后京兆不复从也。

与中书令石显相善，亦得显权力，门车常接毂。至成帝初，石显坐专权擅势免官，徙归故郡。显资巨万，当去，留床席器物数百万直，欲以与章，章不受。宾客或问其故，章叹曰：“吾以布衣见哀于石君，石君家破，不能有以安也，而受其财物，此为石氏之祸，万氏反当以为福邪！”诸公以是服而称之。

河平中，王尊为京兆尹，捕击豪侠，杀章及箭张回、酒市赵君都、贾子光，皆长安名豪，报仇怨养刺客者也。

楼护字君卿，齐人。父世医也，护少随父为医长安，出入贵戚家。护诵医经、本草、方术数十万言，长者咸爱重之，共谓曰：“以君卿之材，何不宦学乎？”繇是辞其父，学经传，为京兆吏数年，甚得名誉。

是时，王氏方盛，宾客满门，五侯兄弟争名，其客各有所厚，不得左右，唯护尽入其门，咸得其欢心。结士大夫，无所不倾，其交长者，尤见亲而敬，众以是服。为人短小精辩，论议常依名节，听之者皆竦。与谷永俱为五侯上客，长安号曰“谷子云笔札，楼君卿唇舌”，言其见信用也。母死，送葬者致车二三千两，闾里歌之曰：“五侯治丧楼君卿。”

久之，平阿侯举护方正，为谏大夫，使郡国。护假贷，多持币帛，过齐，上书求上先人冢，因会宗族故人，各以亲疏与束帛，一日散百金之费。使还，奏事称意，擢为天水太守。数岁免，家长安中。时成都侯商为大司马卫将军，罢朝，欲候护，其主簿谏：“将军至尊，不宜入闾巷。”商不听，遂往至护家。家狭小，官属立车下，久住移时，天欲雨，主簿谓西曹诸掾曰：“不肯强谏，反雨立闾巷！”商还，或白主簿语，商恨，以他职事去主簿，终身废锢。

后护复以荐为广汉太守。元始中，王莽为安汉公，专政，莽长子宇与妻兄吕宽谋以血涂莽第门，欲惧莽令归政。发觉，莽大怒，杀宇，而吕宽亡。宽父素与护相知，宽至广汉过护，不以事实语也。到数日，名捕宽诏书至，护执宽。莽大喜，征护入为前辉光，封息乡侯，列于九卿。

莽居摄，槐里大贼赵朋、霍鸿等群起，延入前辉光界，护坐免为庶人。其居位，爵禄赂遗所得亦缘手尽。既退居里巷，时五侯皆已死，年老失势，宾客益衰。至王莽篡位，以旧恩召见护，封为楼旧里附城。而成都侯商子邑为大司空，贵重，商故人皆敬事邑，唯护自安如旧节，邑亦父事之，不敢有阙。时请召宾客，邑居樽下，称“贱子上寿”。坐者百数，皆离席伏，护独东乡正坐，字谓邑曰：“公子贵如何！”

初，护有故人吕公，无子，归护。护身与吕公、妻与吕妪同食。及护家居，妻子颇厌吕公。护闻之，流涕责其妻子曰：“吕公以故旧穷老托身于我，义所当奉。”遂养吕公终身。护卒，子嗣其爵。

陈遵字孟公，杜陵人也。祖父遂，字长子，宣帝微时与有故，相随博弈，数负进。及宣帝即位，用遂，稍迁至太原太守，乃赐遂玺书曰：“制诏太原太守：官尊禄厚，可以偿博进矣。妻君宁时在旁，知状。”遂于是辞谢，因曰：“事在元平元年赦令前。”其见厚如此。元帝时，征遂为京兆尹，至廷尉。

遵少孤，与张竦伯松俱为京兆史。竦博学通达，以廉俭自守，而遵放纵不拘，操行虽异，然相亲友，哀帝之末俱著名字，为后进冠。并入公府，公府掾史率皆羸车小马，不上鲜明，而遵独极舆马衣服之好，门外车骑交错。又日出醉归，曹事数废。西曹以故事适之，侍曹辄诣寺舍白遵曰：“陈卿今日以某事适。”遵曰：“满百乃相闻。”故事，有百適者斥，满百，西曹白请斥。大司徒马宫大儒优士，又重遵，谓西曹：“此人大度士，奈何以小文责之？”乃举遵能治三辅剧县，补郁夷令。久之，与扶风相失，自免去。

槐里大贼赵朋、霍鸿等起，遵为校尉，击朋、鸿有功，封嘉威侯。居长安中，列侯近臣贵戚皆贵重之。牧守当之官，及郡国豪桀至京师者，莫不相因到遵门。

遵嗜酒，每大饮，宾客满堂，辄关门，取客车辖投井中，虽有急，终不得去。尝有部刺史奏事，过遵，值其方饮，刺史大穷，候遵沾醉时，突入见遵母，叩头自白当对尚书有期会状，母乃令从后阁出去。遵大率常醉，然事亦不废。

长八尺余，长头大鼻，容貌甚伟。略涉传记，赡于文辞。性善书，与人尺牍，主皆藏去以为荣。请求不敢逆，所到，衣冠怀之，唯恐在后。时列侯有与遵同姓字者，每至人门，曰陈孟公，坐中莫不震动，既至而非，因号其人曰陈惊坐云。

王莽素奇遵材，在位多称誉者，繇是起为河南太守。既至官，当遣从史西，召善书吏十人于前，治私书谢京师故人。遵冯几，口占书吏，且省官事，书数百封，亲疏各有意，河南大惊。数月免。

初，遵为河南太守，而弟级为荆州牧，当之官，俱过长安富人故淮阳王外家左氏饮食作乐。后司直陈崇闻之，劾奏："遵兄弟幸得蒙恩超等历位，遵爵列侯，备郡守，级州牧奉使，皆以举直察枉宣扬圣化为职，不正身自慎。始遵初除，乘藩车入闾巷，过寡妇左阿君置酒歌讴，遵起舞跳梁，顿仆坐上，暮因留宿，为侍婢扶卧。遵知饮酒饫宴有节，礼不入寡妇之门，而湛酒溷肴，乱男女之别，轻辱爵位，羞污印韨，恶不可忍闻。臣请皆免。"遵既免，归长安，宾客愈盛，饮食自若。

久之，复为九江及河内都尉，凡三为二千石。而张竦亦至丹阳太守，封淑德侯。后俱免官，以列侯归长安。竦居贫，无宾客，时时好事者从之质疑问事，论道经书而已。而遵昼夜呼号，车骑满门，酒肉相属。

先是，黄门郎扬雄作《酒箴》以讽谏成帝，其文为酒客难法度士，譬之于物，曰："子犹瓶矣。观瓶之居，居井之眉，处高临深，动常近危。酒醪不入口，臧水满怀，不得左右，牵于纆徽。一旦叀碍，为瓽所轠，身提黄泉，骨肉为泥。自用如此，不如鸱夷。鸱夷滑稽，腹如大壶，尽日盛酒，人复借酤。常为国器，托于属车，出入两宫，经营公家。繇是言之，酒何过乎！"遵大喜之，常谓张竦："吾与尔犹是矣。足下讽诵经书，苦身自约，不敢差跌，而我放意自恣，浮湛俗间，官爵功名，不减于子，而差独乐，顾不优邪！"竦曰："人各有性，长短自裁。子欲为我亦不能，吾而效子亦败矣。虽然，学我者易持，效子者难将，吾常道也。"

及王莽败，二人俱客于池阳，竦为贼兵所杀。更始至长安，大臣荐遵为大司马护军，与归德侯刘飒俱使匈奴。单于欲胁诎遵，遵陈利害，为言曲直，单于大奇之，遣还。会更始败，遵留朔方，为贼所败，时醉见杀。

原涉字巨先。祖父武帝时以豪桀自阳翟徙茂陵。涉父哀帝时为南阳太守。天下殷富，大郡二千石死官，赋敛送葬皆千万以上，妻子通共受之，以定产业。时又少行三年丧者。及涉父死，让还南阳赙送，行丧冢庐三年，繇是显名京师。礼毕，扶风谒请为议曹，衣冠慕之辐辏。为大司徒史丹举能治剧，为谷口令，时年二十余。谷口闻其名，不言而治。

先是，涉季父为茂陵秦氏所杀，涉居谷口半岁所，自劾去官，欲报仇。谷口豪桀为杀秦氏，亡命岁余，逢赦出。郡国诸豪及长安、五陵诸为气节者皆归慕之。涉遂倾身与相待，人无贤不肖阗门，在所闾里尽满客。或讥涉曰："子本吏二千石之世，结发自修，以行丧推财礼让为名，正复雠取仇，犹不失仁义，何故遂自放纵，为轻侠之徒乎？"涉应曰："子独不见家人寡妇邪？始自约敕之时，意乃慕宋伯姬及陈孝妇，不幸一为盗贼所污，遂行淫失，知其非礼，然不能自还。吾犹此矣！"

涉自以为前让南阳赙送，身得其名，而令先人坟墓俭约，非孝也。乃大治起冢舍，周阁重门。初，武帝时，京兆尹曹氏葬茂陵，民谓其道为京兆仟。涉慕之，乃买地开道，立表署曰南阳仟，人不肯从，谓之原氏仟。费用皆仰富人长者，然身衣服车马才具，妻子内困。专以振施贫穷赴人之急为务。人尝置酒请涉，涉入里门，客有道涉所知母病避疾在里宅者。涉即往候，叩门。家哭，涉因入吊，问以丧事。家无所有，涉曰："但洁埽除沐浴，待涉。"还至主人，对宾客叹息曰："人亲卧地不收，涉何心乡此！愿撤去酒食。"宾客争问所当得，涉乃侧席而坐，削牍为疏，具记衣被棺木，下至饭含之物，分付诸客。诸客奔走市买，至日昳皆会。涉亲阅视已，谓主人："愿受赐矣。"既共饮食，涉独不饱，乃载棺物，从宾客往至丧家，为棺敛劳徕毕葬。其周急待人如此。后人有毁涉者曰"奸人之雄也"，丧家子即时刺杀言者。

宾客多犯法，罪过数上闻。王莽数收系欲杀，辄复赦出之。涉惧，求为卿府掾史，欲以避客。文母太后丧时，守复土校尉。已为中郎，后免官。涉欲上冢，不欲会宾客，密独与故人期会。涉单车驱上茂陵，投暮，入其里宅，因自匿不见人。遣奴至市买肉，奴乘涉气与屠争言，斫伤屠者，亡。是时，茂陵守令尹公新视事，涉未谒也，闻之大怒。知涉名豪，欲以示众厉俗，遣两吏胁守涉。至日中，奴不出，吏欲便杀涉去。涉迫窘不知所为。会涉所与期上冢者车数十乘到，皆诸豪也，共说尹公。尹公不听，诸豪则曰："原巨先奴犯法不得，使肉袒自缚，箭贯耳，诣廷门谢罪，于君威亦足矣。"尹公许之。涉如言谢，复服遣去。

初，涉与新丰富人祁太伯为友，太伯同母弟王游公素嫉涉，时为县门下掾，说尹公曰："君以守令辱原涉如是，一旦真令至，君复单车归为府吏，涉刺客如云，杀人皆不知主名，可为寒心。涉治冢舍，奢僭逾制，罪恶暴著，主上知之。今为君计，莫若堕坏涉冢舍，条奏其旧恶，君必得真令。如此，涉亦不敢怨矣。"尹公如其计，莽果以为真令。涉由此怨王游公，选宾客，遣长子初从车二十乘劫王游公家。游公母即祁太伯母也，诸客见之皆拜，传曰"无惊祁夫人"。遂杀游公父及子，断两头去。

涉性略似郭解，外温仁谦逊，而内隐好杀。睚眦于尘中，触死者甚多。王莽末，东方兵起，诸王子弟多荐涉能得士死，可用。莽乃召见，责以罪恶，赦贳，拜镇戎大尹。涉至官无几，长安败，郡县诸假号起兵攻杀二千石长吏以应汉。诸假号素闻涉名，争问原尹何在，拜谒之。时莽州牧使者依附涉者皆得活。传送致涉长安，更始西屏将军申徒建请涉与相见，大重之。故茂陵令尹公坏涉冢舍者为建主簿，涉本不怨也。涉从建所出，尹公故遮拜涉，谓曰："易世矣，宜勿复相怨！"涉曰："尹君，何壹鱼肉涉也！"涉用是怒，使客刺杀主簿。

涉欲亡去，申徒建内恨耻之，阳言："吾欲与原巨先共镇三辅，岂以一吏易之哉！"宾客通言，令涉自系狱谢，建许之。宾客车数十乘共送涉至狱。建遣兵道徼取涉於车上，送车分散驰，遂斩涉，悬之长安市。

自哀、平间，郡国处处有豪桀，然莫足数。其名闻州郡者，霸陵杜君敖、池阳韩幼孺、马领绣君宾、西河漕中叔，皆有谦退之风。王莽居摄，诛锄豪侠，名捕漕中叔，不能得。素善强弩将军孙建，莽疑建藏匿，泛以问建。建曰："臣名善之，诛臣足以塞责。"莽性果贼，无所容忍，然重建，不竟问，遂不得也。中叔子少游，复以侠闻於世云。

汉书卷九十三

佞幸传第六十三

汉兴，佞幸宠臣，高祖时则有籍孺，孝惠有闳孺。此两人非有材能，但以婉媚贵幸，与上卧起，公卿皆因关说。故孝惠时，郎侍中皆冠鵔鸃，贝带，傅脂粉，化闳、籍之属也。两人徙家安陵。其后宠臣，孝文时士人则邓通，宦者则赵谈、北宫伯子；孝武时士人则韩嫣，宦者则李延年；孝元时宦者则弘恭、石显；孝成时士人则张放、淳于长；孝哀时则有董贤。孝景、昭、宣时皆无宠臣。景帝唯有郎中令周仁。昭帝时，驸马都尉秺侯金赏嗣父车骑将军日磾爵为侯，二人之宠取过庸，不笃。宣帝时，侍中中郎将张彭祖少与帝微时同席研书，及帝即尊位，彭祖以旧恩封阳都侯，出常参乘，号为爱幸。其人谨敕，无所亏损，为其小妻所毒薨，国除。

邓通，蜀郡南安人也，以濯船为黄头郎。文帝尝梦欲上天，不能，有一黄头郎推上天，顾见其衣尻带后穿。觉而之渐台，以梦中阴目求推者郎，见邓通，其衣后穿，梦中所见也。召问其名姓，姓邓，名通。邓犹登也，文帝甚说，尊幸之，日日异。通亦愿谨，不好外交，虽赐洗沐，不欲出。于是文帝赏赐通巨万以十数，官至上大夫。

文帝时间如通家游戏，然通无他技能，不能有所荐达，独自谨身以媚上而已。上使善相人者相通，曰："当贫饿死。"上曰："能富通者在我，何说贫？"于是赐通蜀严道铜山，得自铸钱。邓氏钱布天下，其富如此。

文帝尝病痈，邓通常为上嗽吮之。上不乐，从容问曰："天下谁最爱我者乎？"通曰："宜莫若太子。"太子入问疾，上使太子齰痈。太子齰痈而色难之。已而闻通尝为上齰之，太子惭，由是心恨通。

及文帝崩，景帝立，邓通免，家居。居无何，人有告通盗出徼外铸钱，下吏验问，颇有，遂竟案，尽没入之，通家尚负责数巨万。长公主赐邓通，吏辄随没入之，一簪不得著身。于是长公主乃令假衣食。竟不得名一钱，寄死人家。

赵谈者，以星气幸，北宫伯子长者爱人，故亲近，然皆不比邓通。

韩嫣字王孙，弓高侯颓当之孙也。武帝为胶东王时，嫣与上学书相爱。及上为太子，愈益亲嫣。嫣善骑射，聪慧。上即位，欲事伐胡，而嫣先习兵，以故益尊贵，官至上大夫，赏赐拟邓通。

始时，嫣常与上共卧起。江都王入朝，从上猎上林中。天子车驾跸道未行，先使嫣乘副车，从数十百骑驰视兽。江都王望见，以为天子，辟从者，伏谒道旁。嫣驱不见。既过，江都王怒，为皇太后泣，请得归国入宿卫，比韩嫣。太后繇此衔嫣。

嫣侍，出入永巷不禁，以奸闻皇太后。太后怒，使使赐嫣死。

上为谢，终不能得，嫣遂死。

嫣弟说，亦爱幸，以军功封案道侯，巫蛊时为戾太子所杀。子增封龙雒侯、大司马、车骑将军，自有传。

李延年，中山人，身及父母兄弟皆故倡也。延年坐法腐刑，给事狗监中。女弟得幸于上，号李夫人，列《外戚传》。延年善歌，为新变声。是时，上方兴天地诸祠，欲造乐，令司马相如等作诗颂。延年辄承意弦歌所造诗，为之新声曲。而李夫人产昌邑王，延年繇是贵为协律都尉，佩二千石印绶，而与上卧起，其爱幸埒韩嫣。久之，延年弟季与中人乱，出入骄恣。及李夫人卒后，其爱弛，上遂诛延年兄弟宗族。

是后，宠臣大氐外戚之家也。卫青、霍去病皆爱幸，然亦以功能自进。

石显字君房，济南人；弘恭，沛人也。皆少坐法腐刑，为中黄门，以选为中尚书。宣帝时任中书官，恭明习法令故事，善为请奏，能称其职。恭为令，显为仆射。元帝即位数年，恭死，显代为中书令。

是时，元帝被疾，不亲政事，方隆好于音乐，以显久典事，中人无外党，精专可信任，遂委以政。事无大小，因显白决，贵幸倾朝，百僚皆敬事显。显为人巧慧习事，能探得人主微指，内深贼，持诡辩以中伤人，忤恨睚眦，辄被以危法。初元中，前将军萧望之及光禄大夫周堪、宗正刘更生皆给事中。望之领尚书事，知显专权邪辟，建白以为："尚书百官之本，国家枢机，宜以通明公正处之。武帝游宴后庭，故用宦者，非古制也。宜罢中书宦官，应古不近刑人。"元帝不听，繇是大与显忤。后皆害焉，望之自杀，堪、更生废锢，不得复进用，语在《望之传》。后太中大夫张猛、魏郡太守京房、御史中丞陈咸、待诏贾捐之皆尝奏封事，或召见，言显短。显求索其罪，房、捐之弃市，猛自杀于公车，咸抵罪，髡为城旦。及郑令苏建得显私书奏之，后以它事论死。自是公卿以下畏显，重足一迹。

显与中书仆射牢梁、少府五鹿充宗结为党友，诸附倚者皆得宠位。民歌之曰："牢邪石邪，五鹿客邪！印何累累，绶若若邪！"言其兼官据势也。

显见左将军冯奉世父子为公卿著名，女又为昭仪在内，显心欲附之，荐言昭仪兄谒者逡修敕宜侍帷幄。天子召见，欲以为侍中，逡请间言事。上闻逡言显颛权，天子大怒，罢逡归郎官。其后御史大夫缺，群臣皆举逡兄大鸿胪野王行能第一，天子以问显，显曰："九卿无出野王者。然野王亲昭仪兄，臣恐后世必以陛下度越众贤，私后宫亲以为三公。"上曰："善，吾不见是。"乃下诏嘉美野王，废而不用，语在《野王传》。

显内自知擅权事柄在掌握，恐天子一旦纳用左右耳目，有以间己，乃时归诚，取一信以为验。显尝使至诸官有所征发，显先自白，恐后漏尽宫门闭，请使诏吏开门。上许之。显故投夜还，称诏开门入。后果有上书告显颛命矫诏开宫门，天子闻之，笑以其书示显。显因泣曰："陛下过私小臣，属任以事，群下无不嫉妒欲陷害臣者，事类如此非一，唯独明主知之。愚臣微贱，诚不能以一躯称快万众，任天下之怨，臣愿归枢机职，受后宫扫除之役，死无所恨。唯陛下哀怜财幸，以此全活小臣。"天子以为然而怜之，数劳勉显，加厚赏赐，赏赐及赂遗訾一万万。

初，显闻众人匈匈，言己杀前将军萧望之。望之当世名儒，显恐天下学士姗己，病之。是时，明经著节士琅邪贡禹为谏大夫，显使人致意，深自结纳。显因荐禹天子，历位九卿，至御史大夫，礼事之甚备。议者于是称显，以为不妒谮望之矣。显之设变诈以自解免取信人主者，皆此类也。

元帝晚节寝疾，定陶恭王爱幸，显拥祐太子颇有力。元帝崩，成帝初即位，迁显为长信中太仆，秩中二千石。显失倚，离权数月，丞相御史条奏显旧恶，及其党牢梁、陈顺皆免官。显与妻子徙归故郡，忧满不食，道病死。诸所交结，以显为官，皆废罢。少府五鹿充宗左迁玄菟太守，御史中丞伊嘉为雁门都尉。长安谣曰："伊徙雁，鹿徙菟，去牢与陈实无贾。"

淳于长字子鸿，魏郡元城人也。少以太后姊子为黄门郎，未进幸。会大将军王凤病，长侍病，晨夜扶丞左右，甚有甥舅之恩。凤且终，以长属托太后及帝。帝嘉长义，拜为列校尉诸曹，迁水衡都尉侍中，至卫尉九卿。

久之，赵飞燕贵幸，上欲立以为皇后，太后以其所出微，难之。长主往来通语东宫。岁余，赵皇后得立，上甚德之，乃追显长前功，下诏曰："前将作大匠解万年奏请营作昌陵，罢弊海内，侍中卫尉长数白宜止徙家反故处，朕以长言下公卿，议者皆合长计。首建至策，民以康宁。其赐长爵关内侯。"后遂封为定陵侯，大见信用，贵倾公卿。外交诸侯牧守，赂遗赏赐亦累巨万。多畜妻妾，淫于声色，不奉法度。

初，许皇后坐执左道废处长定宫，而后姊嬺为龙额思侯夫人，寡居。长与嬺私通，因取为小妻。许后因嬺赂遗长，欲求复为倢伃。长受许后金钱乘舆服御物前后千余万，诈许为白上，立以为左皇后。孊每入长定宫，辄与孊书，戏侮许后，嫚易无不言。交通书记，赂遗连年。是时，帝舅曲阳侯王根为大司马票骑将军，辅政数岁，久病，数乞骸骨。长以外亲居九卿位，次第当代根。根兄子新都侯王莽心害长宠，私闻长取许孊，受长定宫赂遗。莽侍曲阳侯疾，因言："长见将军久病，意喜，自以当代辅政，至对衣冠议语署置。"具言其罪过。根怒曰："即如是，何不白也？"莽曰："未知将军意，故未敢言。"根曰："趣白东宫。"莽求见太后，具言长骄佚，欲代曲阳侯，对莽母上车，私与长定贵人姊通，受取其衣物。太后亦怒曰："儿至如此！往白之帝！"莽白上，上乃免长官，遣就国。

初，长为侍中，奉两宫使，亲密。红阳侯立独不得为大司马辅政，立自疑为长毁谮，常怨毒长。上知之。及长当就国也，立嗣子融从长请车骑，长以珍宝因融重遗立，立因为长言。于是天子疑焉，下有司案验。吏捕融，立令融自杀以灭口，上愈疑其有大奸，遂逮长系洛阳诏狱穷治。长具服戏侮长定宫，谋立左皇后，罪至大逆，死狱中。妻子当坐者徙合浦，母若归故郡。红阳侯立就国。将军、卿、大夫、郡守坐长免罢者数十人。莽遂代根为大司马。久之，还长母及子酺于长安。后酺有罪，莽复杀之，徙其家属归故郡。

始，长以外亲亲近，其爱幸不及富平侯张放。放常与上卧起，俱为微行出入。

董贤字圣卿，云阳人也。父恭，为御史，任贤为太子舍人。哀帝立，贤随太子官为郎。二岁余，贤传漏在殿下，为人美丽自喜，哀帝望见，说其仪貌，识而问之，曰："是舍人董贤邪？"因引上与语，拜为黄门郎，由是始幸。问及其父为云中侯，即日征为霸陵令，迁光禄大夫。贤宠爱日甚，为驸马都尉侍中，出则参乘，入御左右，旬月间赏赐累巨万，贵震朝廷。当与上卧起。尝昼寝，偏藉上袖，上欲起，贤未觉，不欲动贤，乃断袖而起。其恩爱至此。贤亦性柔和便辟，善为媚以自固。每赐洗沐，不肯出，常留中视医药。上以贤难归，诏令贤妻得通引籍殿中，止贤庐，若吏妻子居官寺舍。又召贤女弟以为昭仪，位次皇后，更名其舍为椒风，以配椒房云。昭仪及贤与妻旦夕上下，并侍左右。赏赐昭仪及贤妻亦各千万数。迁贤父为少府，赐爵关内侯，食邑，复徙为卫尉。又以贤妻父为将作大匠，弟为执金吾。诏将作大匠为贤起大第北阙下，重殿洞门，木土之功穷极技巧，柱槛衣以绨锦。下至贤家僮仆皆受上赐，及武库禁兵，上方珍宝。其选物上弟尽在董氏，而乘舆所服乃其副也。及至东园秘器，珠襦玉柙，豫以赐贤，无不备具。又令将作为贤起冢茔义陵旁，内为便房，刚柏题凑，外为徼道，周垣数里，门阙罘罳甚盛。

上欲侯贤而未有缘。会待诏孙宠、息夫躬等告东平王云后谒祠祀祝诅，下有司治，皆伏其辜。上于是令躬、宠为因贤告东平事者，乃以其功下诏封贤为高安侯，躬宜陵侯，宠方阳侯，食邑各千户。顷之，复益封贤二千户。丞相王嘉内疑东平事冤，甚恶躬等，数谏争，以贤为乱国制度，嘉竟坐言事下狱死。

上初即位，祖母傅太后、母丁太后皆在，两家先贵。傅太后从弟喜先为大司马辅政，数谏，失太后指，免官。上舅丁明代为大司马，亦任职，颇害贤宠，及丞相王嘉死，明甚怜之。上寖重贤，欲极其位，而恨明如此，遂册免明曰："前东平王云贪欲上位，祠祭祝诅，云后舅伍宏以医待诏，与校秘书郎杨闳结谋反逆，祸甚迫切。赖宗庙神灵，董贤等以闻，咸伏其辜。将军从弟侍中奉车都尉吴、族父左曹屯骑校尉宣皆知宏及栩丹诸侯王后亲，而宣除用丹为御属，吴与宏交通厚善，数称荐宏。宏以附吴得兴其恶心，因医技进，几危社稷，朕以恭皇后故，不忍有云。将军位尊任重，既不能明威立义，折消未萌，又不深疾云、宏之恶，而怀非君上，阿为宣、吴，反痛恨云等扬言为群下所冤，又亲见言伍宏善医，死可惜也，贤等获封极幸。嫉妒忠良，非毁有功，於戏伤哉！盖'君亲无将，将而诛之'。是以季友鸩叔牙，《春秋》贤之；赵盾不讨贼，谓之弑君。朕闵将军陷于重刑，故以书饬。将军遂非不改，复与丞相嘉相比，令嘉有依，得以罔上。有司致法将军请狱治，朕惟噬肤之恩未忍，其上票骑将军印绶，罢归就第。"遂以贤代明为大司马卫将军。册曰："朕承天序，惟稽古建尔于公，以为汉辅。往悉尔心，统辟元戎，折冲绥远，匡正庶事，允执其中。天下之众，受制于朕，以将为命，以兵为威，可不慎与！"

是时，贤年二十二，虽为三公，常给事中，领尚书，百官因贤奏事。以父恭不宜在卿位，徙为光禄大夫，秩中二千石。弟宽信代贤为驸马都尉。董氏亲属皆侍中诸曹奉朝请，宠在丁、傅之右矣。

明年，匈奴单于来朝，宴见，群臣在前。单于怪贤年少，以问译，上令译报曰："大司马年少，以大贤居位。"单于乃起拜，贺汉得贤臣。

初，丞相孔光为御史大夫，时贤父恭为御史，事光。及贤为大司马，与光并为三公，上故令贤私过光。光雅恭谨，知上欲尊宠贤，及闻贤当来也，光警戒衣冠出门待，望见贤车乃却入。贤至中门，光入阁，既下车，乃出拜谒，送迎甚谨，不敢以宾客均敌之礼。贤归，上闻之喜，立拜光两兄子为谏大夫、常侍。贤繇是权与人主侔矣。

是时，成帝外家王氏衰废，唯平阿侯谭子去疾，哀帝为太子时为庶子得幸，及即位，为侍中、骑都尉。上以王氏亡在位者，遂用旧恩亲近去疾，复进其弟闳为中常侍。闳妻父萧咸，前将军望之子也，久为郡守，病免，为中郎将。兄弟并列，贤父恭慕之，欲与结婚姻。闳为贤弟驸马都尉宽信求咸女为妇，咸惶恐不敢当，私谓闳曰："董公为大司马，册文言'允执其中'，此乃尧禅舜之文，非三公故事，长老见者，莫不心惧。此岂家人子所能堪邪!"闳性有知略，闻咸言，心亦悟，乃还报恭，深达咸自谦薄之意。恭叹曰："我家何用负天下，而为人所畏如是!"意不说。后上置酒麒麟殿，贤父子亲属宴饮，王闳兄弟侍中、中常侍皆在侧。上有酒所，从容视贤笑，曰："吾欲法尧禅舜，何如?"闳进曰："天下乃高皇帝天下，非陛下之有也。陛下承宗庙，当传子孙于亡穷。统业至重，天子亡戏言!"上默然不说，左右皆恐。于是遣闳出，后不得复侍宴。

贤第新成，功坚，其外大门无故自坏，贤心恶之。后数月，哀帝崩。太皇太后召大司马贤，引见东厢，问以丧事调度。贤内忧，不能对，免冠谢。太后曰："新都侯莽前以大司马奉送先帝大行，晓习故事，吾令莽佐君。"贤顿首幸甚。太后遣使者召莽。既至，以太后指使尚书劾贤帝病不亲医药，禁止贤不得入出宫殿司马中。贤不知所为，诣阙免冠徒跣谢。莽使谒者以太后诏即阙下册贤曰："间者以来，阴阳不调，灾害并臻，元元蒙辜。夫三公，鼎足之辅也，高安侯贤未更事理，为大司马不合众心，非所以折冲绥远也。其收大司马印绶，罢归第。"即日贤与妻皆自杀，家惶恐夜葬。莽疑其诈死，有司奏请发贤棺，至狱诊视。莽复风大司徒光奏："贤质性巧佞，翼奸以获封侯，父子专朝，兄弟并宠，多受赏赐，治第宅，造冢圹，放效无极，不异王制，费以万万计，国家为空虚。父子骄蹇，至不为使者礼，受赐不拜，罪恶暴著。贤自杀伏辜，死后父恭等不悔过，乃复以沙画棺四时之色，左苍龙，右白虎，上著金银日月，玉衣珠璧以棺，至尊无以加。恭等幸得免于诛，不宜在中土。臣请收没入财物县官。诸以贤为官者皆免。"父恭、弟宽信与家属徙合浦，母别归故郡钜鹿。长安中小民讙哗，乡其第哭，几获盗之。县官斥卖董氏财凡四十三万万。贤既见发，裸诊其尸，因埋狱中。

贤所厚吏沛朱诩自劾去大司马府，买棺衣收贤尸葬之。王莽闻之而大怒，以它罪击杀诩。诩子浮建武中贵显，至大司马、司空，封侯。而王闳王莽时为牧守，所居见纪，莽败乃去官。世祖下诏曰："武王克殷，表商容之间，闳修善谨敕，兵起，吏民独不争其头首。今以闳子补吏。"至墨绶卒官，萧咸外孙云。

赞曰：柔曼之倾意，非独女德，盖亦有男色焉。观籍、闳、邓、韩之徒非一，而董贤之宠尤盛，父子并为公卿，可谓贵重人臣无二矣。然进不繇道，位过其任，莫能有终，所谓爱之适足以害之者也。汉世衰于元、成，坏于哀、平。哀、平之际，国多衅矣。主疾无嗣，弄臣为辅，鼎足不强，栋干微挠。一朝帝崩，奸臣擅命，董贤缢死，丁、傅流放，辜及母后，夺位幽废，咎在亲便嬖，所任非仁贤。故仲尼著“损者三友”，王者不私人以官，殆为此也。

汉书卷九十四上

匈奴传第六十四上

匈奴，其先夏后氏之苗裔，曰淳维。唐、虞以上有山戎、猃允、薰粥，居于北边，随草畜牧而转移。其畜之所多则马、牛、羊，其奇畜则橐佗、驴、骡、駃騠、騊駼、驒奚。逐水草迁徙，无城郭常居耕田之业，然亦各有分地。无文书，以言语为约束。儿能骑羊，引弓射鸟鼠，少长则射狐菟，肉食。士力能弯弓，尽为甲骑。其俗，宽则随畜田猎禽兽为生业，急则人习战攻以侵伐，其天性也。其长兵则弓矢，短兵则刀鋋。利则进，不利则退，不羞遁走。苟利所在，不知礼义。自君王以下咸食畜肉，衣其皮革，被旃裘。壮者食肥美，老者饮食其余。贵壮健，贱老弱。父死，妻其后母；兄弟死，皆取其妻妻之。其俗有名不讳而无字。

夏道衰，而公刘失其稷官，变于西戎，邑于豳。其后三百有余岁，戎狄攻太王亶父，亶父亡走于岐下，豳人悉从亶父而邑焉，作周。其后百有余岁，周西伯昌伐畎夷。后十有余年，武王伐纣而营雒邑，复居于酆镐，放逐戎夷泾、洛之北，以时入贡，名曰荒服。其后二百有余年，周道衰，而周穆王伐畎戎，得四白狼、四白鹿以归。自是之后，荒服不至。于是作《吕刑》之辟。至穆王之孙懿王时，王室遂衰，戎狄交侵，暴虐中国。中国被其苦，诗人始作，疾而歌之，曰："靡室靡家，猃允之故"；"岂不日戒，猃允孔棘"。至懿王曾孙宣王，兴师命将以征伐之，诗人美大其功，曰："薄伐猃狁，至于太原"；"出车彭彭"，"城彼朔方"。是时四夷宾服，称为中兴。

至于幽王，用宠姬褒姒之故，与申侯有隙。申侯怒而与畎戎共攻杀幽王于丽山之下，遂取周之地，卤获而居于泾、渭之间，侵暴中国。秦襄公救周，于是周平王去酆镐而东徙于雒邑。当时秦襄公伐戎至郊，始列为诸侯。后六十有五年，而山戎越燕而伐齐，齐釐公与战于齐郊。后四十四年，而山戎伐燕。燕告急齐，齐桓公北伐山戎，山戎走。后二十余年，而戎翟至雒邑，伐周襄王，襄王出奔于郑之氾邑。初，襄王欲伐郑，故取翟女为后，与翟共伐郑。已而黜翟后，翟后怨，而襄王继母曰惠后，有子带，欲立之，于是惠后与翟后、子带为内应，开戎翟，戎翟以故得入，破逐襄王，而立子带为王。于是戎翟或居于陆浑，东至于卫，侵盗尤甚。周襄王既居外四年，乃使使告急于晋。晋文公初立，欲修霸业，乃兴师伐戎翟，诛子带，迎内襄王于雒邑。

当是时，秦晋为强国。晋文公攘戎翟，居于西河圁、洛之间，号曰赤翟、白翟。而秦穆公得由余，西戎八国服于秦。故陇以西有绵诸、畎戎、狄獂之戎，在岐、梁、泾、漆之北有义渠、大荔、乌氏、朐衍之戎，而晋北有林胡、楼烦之戎，燕北有东胡、山戎。各分散溪谷，自有君长，往往而聚者百有余戎，然莫能相壹。

自是之后百有余年，晋悼公使魏绛和戎翟，戎翟朝晋。后百有余年，赵襄子逾句注而破之，并代以临胡貉。后与韩、魏共灭知伯，分晋地而有之，则赵有代、句注以北，而魏有西河、上郡，以与戎界边。其后，义渠之戎筑城郭以自守，而秦稍蚕食之，至于惠王，遂拔义渠二十五城。惠王伐魏，魏尽入西河及上郡于秦。秦昭王时，义渠戎王与宣太后乱，有二子。宣太后诈而杀义渠戎王于甘泉，遂起兵伐灭义渠。于是秦有陇西、北地、上郡，筑长城以距胡。而赵武灵王亦变俗胡服，习骑射，北破林胡、楼烦，自代并阴山下至高阙为塞，而置云中、雁门、代郡。其后燕有贤将秦开，为质于胡，胡甚信之。归而袭破东胡，东胡却千余里。与荆轲刺秦王秦舞阳者，开之孙也。燕亦筑长城，自造阳至襄平，置上谷、渔阳、右北平、辽西、辽东郡以距胡。当是时，冠带战国七，而三国边于匈奴。其后赵将李牧时，匈奴不敢入赵边。后秦灭六国，而始皇帝使蒙恬将数十万之众北击胡，悉收河南地，因河为塞，筑四十四县城临河，徙适戍以充之。而通直道，自九原至云阳，因边山险，堑溪谷，可缮者缮之，起临洮至辽东万余里。又度河据阳山北假中。

当是时，东胡强而月氏盛。匈奴单于曰头曼，头曼不胜秦，北徙。十有余年而蒙恬死，诸侯畔秦，中国扰乱，诸秦所徙適边者皆复去，于是匈奴得宽，复稍度河南与中国界于故塞。

单于有太子，名曰冒顿。后有爱阏氏，生少子，头曼欲废冒顿而立少子，乃使冒顿质于月氏。冒顿既质而头曼急击月氏。月氏欲杀冒顿，冒顿盗其善马，骑亡归。头曼以为壮，令将万骑。冒顿乃作鸣镝，习勒其骑射，令曰：“鸣镝所射而不悉射者斩。”行猎兽，有不射鸣镝所射辄斩之。已而，冒顿以鸣镝自射善马，左右或莫敢射，冒顿立斩之。居顷之，复以鸣镝自射其爱妻，左右或颇恐，不敢射，复斩之。顷之，冒顿出猎，以鸣镝射单于善马，左右皆射之。于是冒顿知其左右可用，从其父单于头曼猎，以鸣镝射头曼，其左右皆随鸣镝而射杀头曼，尽诛其后母与弟及大臣不听从者。于是冒顿自立为单于。

冒顿既立，时东胡强，闻冒顿杀父自立，乃使使谓冒顿曰："欲得头曼时号千里马。"冒顿问群臣，群臣皆曰："此匈奴宝马也，勿予。"冒顿曰："奈何与人邻国爱一马乎？"遂与之。顷之，东胡以为冒顿畏之，使使谓冒顿曰："欲得单于一阏氏。"冒顿复问左右，左右皆怒曰："东胡无道，乃求阏氏！请击之。"冒顿曰："奈何与人邻国爱一女子乎？"遂取所爱阏氏予东胡。东胡王愈骄，西侵。与匈奴中间有弃地莫居千余里，各居其边为瓯脱。东胡使使谓冒顿曰："匈奴所与我界瓯脱外弃地，匈奴不能至也，吾欲有之。"冒顿问群臣，或曰："此弃地。予之。"于是冒顿大怒，曰："地者，国之本也，奈何予人！"诸言与者，皆斩之。冒顿上马，令国中有后者斩，遂东袭击东胡。东胡初轻冒顿，不为备。及冒顿以兵至，大破灭东胡王，虏其民众、畜产。既归，西击走月氏，南并楼烦、白羊河南王，悉复收秦所使蒙恬所夺匈奴地者，与汉关故河南塞，至朝那、肤施，遂侵燕、代。是时，汉方与项羽相距，中国罢于兵革，以故冒顿得自强，控弦之士三十余万。

自淳维以至头曼千有余岁，时大时小，别散分离，尚矣，其世传不可得而次。然至冒顿，而匈奴最强大，尽服从北夷，而南与诸夏为敌国，其世姓官号可得而记云。

单于姓挛鞮氏，其国称之曰“撑犁孤涂单于”。匈奴谓天为“撑犁”，谓子为“孤涂”，单于者，广大之貌也，言其象天单于然也。置左右贤王、左右谷蠡、左右大将、左右大都尉、左右大当户、左右骨都侯。匈奴谓贤曰“屠耆”，故尝以太子为左屠耆王。自左右贤王以下至当户，大者万余骑，小者数千，凡二十四长，立号曰“万骑”。其大臣皆世官。呼衍氏、兰氏，其后有须卜氏，此三姓，其贵种也。诸左王将居东方，直上谷以东，接秽貉、朝鲜；右王将居西方，直上郡以西，接氐、羌；而单于庭直代、云中。各有分地，逐水草移徙。而左右贤王、左右谷蠡最大国，左右骨都侯辅政。诸二十四长，亦各自置千长、百长、什长、裨小王、相、都尉、当户、且渠之属。

岁正月，诸长小会单于庭，祠。五月，大会龙城，祭其先、天地、鬼神。秋，马肥，大会蹛林，课校人畜计。其法，拔刃尺者死，坐盗者没入其家；有罪，小者轧，大者死。狱久者不满十日，一国之囚不过数人。而单于朝出营，拜日之始生，夕拜月。其坐，长左而北向。日上戊己。其送死，有棺椁、金银、衣裳，而无封树丧服；近幸臣妾从死者，多至数十百人。举事常随月，盛壮以攻战，月亏则退兵。其攻战，斩首虏赐一卮酒，而所得卤获因以予之，得人以为奴婢。故其战，人人自为趋利，善为诱兵以包敌。故其逐利，如鸟之集；其困败，瓦解云散矣。战而扶轝死者，尽得死者家财。

后北服浑窳、屈射、丁零、隔昆、新𪏆之国。于是匈奴贵人大臣皆服，以冒顿为贤。

是时，汉初定，徙韩王信于代，都马邑。匈奴大攻围马邑，韩信降匈奴。匈奴得信，因引兵南逾句注，攻太原，至晋阳下。高帝自将兵往击之。会冬大寒雨雪，卒之堕指者十二三，于是冒顿阳败走，诱汉兵。汉兵逐击冒顿，冒顿匿其精兵，见其羸弱，于是汉悉兵，多步兵，三十二万，北逐之。高帝先至平城，步兵未尽到，冒顿纵精兵三十余万骑围高帝于白登，七日，汉兵中外不得相救饷。匈奴骑，其西方尽白，东方尽駹，北方尽骊，南方尽骍马。高帝乃使使间厚遗阏氏，阏氏乃谓冒顿曰："两主不相困。今得汉地，单于终非能居之。且汉主有神，单于察之。"冒顿与韩信将王黄、赵利期，而兵久不来，疑其与汉有谋，亦取阏氏之言，乃开围一角。于是高皇帝令士皆持满傅矢外乡，从解角直出，得与大军合，而冒顿遂引兵去。汉亦引兵罢，使刘敬结和亲之约。

是后，韩信为匈奴将，及赵利、王黄等数背约，侵盗代、雁门、云中。居无几何，陈豨反，与韩信合谋击代。汉使樊哙往击之，复收代、雁门、云中郡县，不出塞。是时，匈奴以汉将数率众往降，故冒顿常往来侵盗代地。于是高祖患之，乃使刘敬奉宗室女翁主为单于阏氏，岁奉匈奴絮缯酒食物各有数，约为兄弟以和亲，冒顿乃少止。后燕王卢绾复反，率其党且万人降匈奴，往来苦上谷以东，终高祖世。

孝惠、高后时，冒顿寖骄，乃为书，使使遗高后曰："孤偾之君，生于沮泽之中，长于平野牛马之域，数至边境，愿游中国。陛下独立，孤偾独居。两主不乐，无以自虞，愿以所有，易其所无。"高后大怒，召丞相平及樊哙、季布等，议斩其使者，发兵而击之。樊哙曰："臣愿得十万众，横行匈奴中。"问季布，布曰：

“哙可斩也！前陈豨反于代，汉兵三十二万，哙为上将军，时匈奴围高帝于平城，哙不能解围。天下歌之曰：‘平城之下亦诚苦，七日不食，不能彀弩。’今歌吟之声未绝，伤痍者甫起，而哙欲摇动天下，妄言以十万众横行，是面谩也。且夷狄譬如禽兽，得其善言不足喜，恶言不足怒也。”高后曰：“善。”令大谒者张泽报书曰：“单于不忘弊邑，赐之以书，弊邑恐惧。退而自图，年老气衰，发齿堕落，行步失度，单于过听，不足以自污。弊邑无罪，宜在见赦。窃有御车二乘，马二驷，以奉常驾。”冒顿得书，复使来谢曰：“未尝闻中国礼义，陛下幸而赦之。”因献马，遂和亲。

至孝文即位，复修和亲。其三年夏，匈奴右贤王入居河南地为寇，于是文帝下诏曰：“汉与匈奴约为昆弟，无侵害边境，所以输遗匈奴甚厚。今右贤王离其国，将众居河南地，非常故。往来入塞，捕杀吏卒，驱侵上郡保塞蛮夷，令不得居其故。陵轹边吏，入盗，甚骜无道，非约也。其发边吏车骑八万诣高奴，遣丞相灌婴将击右贤王。”右贤王走出塞，文帝幸太原。是时，济北王反，文帝归，罢丞相击胡之兵。

其明年，单于遗汉书曰：“天所立匈奴大单于敬问皇帝无恙。前时皇帝言和亲事，称书意合欢。汉边吏侵侮右贤王，右贤王不请，听后义卢侯难支等计，与汉吏相恨，绝二主之约，离昆弟之亲。皇帝让书再至，发使以书报，不来，汉使不至。汉以其故不和。邻国不附。今以少吏之败约，故罚右贤王，使至西方求月氏击之。以天之福，吏卒良，马力强，以灭夷月氏，尽斩杀降下定之。楼兰、乌孙、呼揭及其旁二十六国皆已为匈奴。诸引弓之民并为一家，北州以定。愿寝兵休士养马，除前事，复故约，以安边民，以应古始，使少者得成其长，老者得安其处，世世平乐。未得皇帝之志，故使郎中系虖浅奉书请，献橐佗一，骑马二，驾二驷。皇帝即不欲匈奴近塞，则且诏吏民远舍。使者至，即遣之。”六月中，来至新望之地。书至，汉议击与和亲孰便，公卿皆曰：“单于新破月氏，乘胜，不可击也。且得匈奴地，泽卤非可居也，和亲甚便。”汉许之。

孝文前六年，遗匈奴书曰：“皇帝敬问匈奴大单于无恙。使系虖浅遗朕书，云‘愿寝兵休士，除前事，复故约，以安边民，世世平乐’，朕甚嘉之。此古圣王之志也。汉与匈奴约为兄弟，所以遗单于甚厚。背约离兄弟之亲者，常在匈奴。然右贤王事已在赦前，勿深诛。单于若称书意，明告诸吏，使无负约，有信，敬如单于书。使者言单于自将并国有功，甚苦兵事。服绣袷绮衣、长襦、锦袍各一，比疏一，黄金饬具带一，黄金犀毗一，绣十匹，锦二十匹，赤绨、绿缯各四十匹，使中大夫意、谒者令肩遗单于。”

后顷之，冒顿死，子稽粥立，号曰老上单于。

老上稽粥单于初立，文帝复遣宗人女翁主为单于阏氏，使宦者燕人中行说傅翁主。说不欲行，汉强使之。说曰：“必我也，为汉患者。”中行说既至，因降单于，单于爱幸之。

初，单于好汉缯絮食物，中行说曰：“匈奴人众不能当汉之一郡，然所以强之者，以衣食异，无仰于汉。今单于变俗好汉物，汉物不过什二，则匈奴尽归于汉矣。其得汉絮缯，以驰草棘中，衣袴皆裂弊，以视不如旃裘坚善也；得汉食物皆去之，以视不如重酪之便美也。”于是说教单于左右疏记，以计识其人众畜牧。

汉遗单于书，以尺一牍，辞曰“皇帝敬问匈奴大单于无恙”，所以遗物及言语云云。中行说令单于以尺二寸牍，及印封皆令广长大，倨骜其辞曰“天地所生、日月所置匈奴大单于，敬问汉皇帝恙”，所以遗物言语亦云云。

汉使或言匈奴俗贱老，中行说穷汉使曰：“而汉俗屯戍从军当发者，其亲岂不自夺温厚肥美赍送饮食行者乎？”汉使曰：“然。”说曰：“匈奴明以攻战为事，老弱不能斗，故以其肥美饮食壮健以自卫，如此父子各得相保，何以言匈奴轻老也？”汉使曰：“匈奴父子同穹庐卧。父死，妻其后母；兄弟死，尽妻其妻。无冠带之节、阙庭之礼。”中行说曰：“匈奴之俗，食畜肉，饮其汁，衣其皮；畜食草饮水，随时转移。故其急则人习骑射，宽则人乐无事。约束径，易行；君臣简，可久。一国之政犹一体也。父兄死，则妻其妻，恶种姓之失也。故匈奴虽乱，必立宗种。今中国虽阳不取其父兄之妻，亲属益疏则相杀，至到易姓，皆从此类也。且礼义之敝，上下交怨，而室屋之极，生力屈焉。夫力耕桑以求衣食，筑城郭以自备，故其民急则不习战攻，缓则罢于作业。嗟土室之人，顾无喋喋占占，冠固何当！”自是之后，汉使欲辩论者，中行说辄曰：“汉使毋多言，顾汉所输匈奴缯絮米蘖，令其量中，必善美而已，何以言为乎？且所给备善则已，不备善而苦恶，则候秋孰，以骑驰蹂乃稼穑也。”日夜教单于候利害处。

孝文十四年，匈奴单于十四万骑入朝那萧关，杀北地都尉印，虏人民畜产甚多，遂至彭阳。使骑兵入烧回中宫，候骑至雍甘泉。于是文帝以中尉周舍、郎中令张武为将军，发车千乘，十万骑，军长安旁以备胡寇。而拜昌侯卢卿为上郡将军，甯侯魏遬为北地将军，隆虑侯周灶为陇西将军，东阳侯张相如为大将军，成侯董赤为将军，大发车骑往击胡。单于留塞内月余，汉逐出塞即还，不能有所杀。匈奴日以骄，岁入边，杀略人民甚众，云中、辽东最甚，郡万余人。汉甚患之。乃使使遗匈奴书，单于亦使当户报谢，复言和亲事。

孝文后二年，使使遗匈奴书曰："皇帝敬问匈奴大单于无恙。使当户且渠雕渠难、郎中韩辽遗朕马二匹，已至，敬受。先帝制，长城以北引弓之国受令单于，长城以内冠带之室朕亦制之，使万民耕织，射猎衣食，父子毋离，臣主相安，俱无暴虐。今闻渫恶民贪降其趋，背义绝约，忘万民之命，离两主之欢，然其事已在前矣。书云'二国已和亲，两主欢说，寝兵休卒养马，世世昌乐，翕然更始'，朕甚嘉之。圣者日新，改作更始，使老者得息，幼者得长，各保其首领，而终其天年。朕与单于俱由此道，顺天恤民，世世相传，施之无穷，天下莫不咸嘉。汉与匈奴邻敌之国，匈奴处北地，寒，杀气早降，故诏吏遗单于秫蘖金帛绵絮它物岁有数。今天下大安，万民熙熙，独朕与单于为之父母。朕追念前事，薄物细故，谋臣计失，皆不以足离昆弟之欢。朕闻天不颇覆，地不偏载。朕与单于皆捐细故，俱蹈大道，堕坏前恶，以图长久，使两国之民若一家子。元元万民，下及鱼鳖，上及飞鸟，跂行喙息蠕动之类，莫不就安利，避危殆。故来者不止，天之道也。俱去前事，朕释逃虏民，单于毋言章尼等。朕闻古之帝王，约分明而不食言。单于留志，天下大安，和亲之后，汉过不先。单于其察之。"

单于既约和亲，于是制诏御史："匈奴大单于遗朕书，和亲已定，亡人不足以益众广地，匈奴无入塞，汉无出塞，犯今约者杀之，可以久亲，后无咎，俱便。朕已许。其布告天下，使明知之。"

后四年，老上单于死，子军臣单于立，而中行说复事之。汉复与匈奴和亲。

军臣单于立岁余，匈奴复绝和亲，大入上郡、云中各三万骑，所杀略甚众。于是汉使三将军军屯北地，代屯句注，赵屯飞狐口，缘边亦各坚守以备胡寇。又置三将军，军长安西细柳、渭北棘门、霸上以备胡。胡骑入代句注边，烽火通于甘泉、长安。数月，汉兵至边，匈奴亦远塞，汉兵亦罢。后岁余，文帝崩，景帝立，而赵王遂乃阴使于匈奴。吴、楚反，欲与赵合谋入边。汉围破赵，匈奴亦止。自是后，景帝复与匈奴和亲，通关市，给遗单于，遣翁主如故约。终景帝世，时时小入盗边，无大寇。

武帝即位，明和亲约束，厚遇关市，饶给之。匈奴自单于以下皆亲汉，往来长城下。

汉使马邑人聂翁壹间阑出物与匈奴交易，阳为卖马邑城以诱单于。单于信之，而贪马邑财物，乃以十万骑入武州塞。汉伏兵三十余万马邑旁，御史大夫韩安国为护军将军，护四将军以伏单于。单于既入汉塞，未至马邑百余里，见畜布野而无人牧者，怪之，乃攻亭。时雁门尉史行徼，见寇，保此亭，单于得，欲刺之。尉史知汉谋，乃下，具告单于。单于大惊，曰："吾固疑之。"乃引兵还。出曰："吾得尉史，天也。"以尉史为天王。汉兵约单于入马邑而纵，单于不至，以故无所得。将军王恢部出代击胡辎重，闻单于还，兵多，不敢出。汉以恢本建造兵谋而不进，诛恢。自是后，匈奴绝和亲，攻当路塞，往往入盗于边，不可胜数。然匈奴贪，尚乐关市，耆汉财物，汉亦通关市不绝以中之。

自马邑军后五岁之秋，汉使四将各万骑击胡关市下。将军卫青出上谷，至龙城，得胡首虏七百人。公孙贺出云中，无所得。公孙敖出代郡，为胡所败七千。李广出雁门，为胡所败，匈奴生得广，广道亡归。汉囚敖、广，敖、广赎为庶人。其冬，匈奴数千人盗边，渔阳尤甚。汉使将军韩安国屯渔阳备胡。其明年秋，匈奴二万骑入汉，杀辽西太守，略二千余人。又败渔阳太守军千余人，围将军安国。安国时千余骑亦且尽，会燕救之，至，匈奴乃去，又入雁门杀略千余人。于是汉使将军卫青将三万骑出雁门，李息出代郡，击胡，得首虏数千。其明年，卫青复出云中以西至陇西，击胡之楼烦、白羊王于河南，得胡首虏数千，羊百余万。于是汉遂取河南地，筑朔方，复缮故秦时蒙恬所为塞，因河而为固。汉亦弃上谷之斗辟县造阳地以予胡。是岁，元朔二年也。

其后冬，军臣单于死，其弟左谷蠡王伊稚斜自立为单于，攻败军臣单于太子於单。於单亡降汉，汉封於单为陟安侯，数月死。

伊稚斜单于既立，其夏，匈奴数万骑入代郡，杀太守共友，略千余人。秋，又入雁门，杀略千余人。其明年，又入代郡、定襄、上郡，各三万骑，杀略数千人。匈奴右贤王怨汉夺之河南地而筑朔方，数寇盗边，及入河南，侵扰朔方，杀略吏民甚众。

其明年春，汉遣卫青将六将军十余万人出朔方高阙。右贤王以为汉兵不能至，饮酒醉。汉兵出塞六七百里，夜围右贤王。右贤王大惊，脱身逃走，精骑往往随后去。汉将军得右贤王人众男女万五千人，裨小王十余人。其秋，匈奴万骑入代郡，杀都尉朱央，略千余人。

其明年春，汉复遣大将军卫青将六将军，十余万骑，仍再出定襄数百里击匈奴，得首虏前后万九千余级，而汉亦亡两将军，三千余骑。右将军建得以身脱，而前将军翕侯赵信兵不利，降匈奴。赵信者，故胡小王，降汉，汉封为翕侯，以前将军与右将军并军，介独遇单于兵，故尽没。单于既得翕侯，以为自次王，用其姊妻之，与谋汉。信教单于益北绝幕，以诱罢汉兵，徼极而取之，毋近塞。单于从之。其明年，胡数万骑入上谷，杀数百人。

明年春，汉使票骑将军去病将万骑出陇西，过焉耆山千余里，得胡首虏八千余级，得休屠王祭天金人。其夏，票骑将军复与合骑侯数万骑出陇西、北地二千里，过居延，攻祁连山，得胡首虏三万余级，裨小王以下十余人。是时，匈奴亦来入代郡、雁门，杀略数百人。汉使博望侯及李将军广出右北平，击匈奴左贤王。左贤王围李广，广军四千人死者过半，杀虏亦过当。会博望侯军救至，李将军得脱，尽亡其军。合骑侯后票骑将军期，及博望侯皆当死，赎为庶人。

其秋，单于怒昆邪王、休屠王居西方为汉所杀虏数万人，欲召诛之。昆邪、休屠王恐，谋降汉，汉使票骑将军迎之。昆邪王杀休屠王，并将其众降汉，凡四万余人，号十万。于是汉已得昆邪，则陇西、北地、河西益少胡寇，徙关东贫民处所夺匈奴河南地新秦中以实之，而减北地以西戍卒半。明年春，匈奴入右北平、定襄各数万骑，杀略千余人。

其明年春，汉谋以为“翕侯信为单于计，居幕北，以为汉兵不能至”。乃粟马，发十万骑，私负从马凡十四万匹，粮重不与焉。令大将军青、票骑将军去病中分军，大将军出定襄，票骑将军出代，咸约绝幕击匈奴。单于闻之，远其辎重，以精兵待于幕北。与汉大将军接战一日，会暮，大风起，汉兵纵左右翼围单于。单于自度战不能与汉兵，遂独与壮骑数百溃汉围西北遁走。汉兵夜追之不得，行捕斩首虏凡万九千级，北至窴颜山赵信城而还。

单于之走，其兵往往与汉军相乱而随单于。单于久不与其大众相得，右谷蠡王以为单于死，乃自立为单于。真单于复得其众。右谷蠡乃去号，复其故位。

票骑之出代二千余里，与左王接战，汉兵得胡首虏凡七万余人，左王将皆遁走。票骑封于狼居胥山，禅姑衍，临翰海而还。

是后，匈奴远遁，而幕南无王庭。汉度河自朔方以西至令居，往往通渠置田官，吏卒五六万人，稍蚕食，地接匈奴以北。

初，汉两将大出围单于，所杀虏八九万，而汉士物故者亦万数，汉马死者十余万匹。匈奴虽病，远去，而汉马亦少，无以复往。单于用赵信计，遣使好辞请和亲。天子下其议，或言和亲，或言遂臣之。丞相长史任敞曰：“匈奴新困，宜使为外臣，朝请于边。”汉使敞使于单于。单于闻敞计，大怒，留之不遣。先是汉亦有所降匈奴使者，单于亦辄留汉使相当。汉方复收士马，会票骑将军去病死，于是汉久不北击胡。

数岁，伊稚斜单于立十三年死，子乌维立为单于。是岁，元鼎三年也。乌维单于立，而汉武帝始出巡狩郡县。其后汉方南诛两越，不击匈奴，匈奴亦不入边。

乌维立三年，汉已灭两越，遣故太仆公孙贺将万五千骑出九原二千余里，至浮苴井，从票侯赵破奴万余骑出令居数千里，至匈奴河水，皆不见匈奴一人而还。

是时，天子巡边，亲至朔方，勒兵十八万骑以见武节，而使郭吉风告单于。既至匈奴，匈奴主客问所使，郭吉卑体好言曰：“吾见单于而口言。”单于见吉，吉曰：“南越王头已县于汉北阙下。今单于即能前与汉战，天子自将兵待边；即不能，亟南面而臣于汉。何但远走，亡匿于幕北寒苦无水草之地为？”语卒，单于大怒，立斩主客见者，而留郭吉不归，迁辱之北海上。而单于终不肯为寇于汉边，休养士马，习射猎，数使使好辞甘言求和亲。

汉使王乌等窥匈奴。匈奴法，汉使不去节，不以墨黥其面，不得入穹庐。王乌，北地人，习胡俗，去其节，黥面入庐。单于爱之，阳许曰：“吾为遣其太子入质于汉，以求和亲。”

汉使杨信使于匈奴。是时，汉东拔涉貉、朝鲜以为郡，而西置酒泉郡以隔绝胡与羌通之路。又西通月氏、大夏，以翁主妻乌孙王，以分匈奴西方之援国。又北益广田至眩雷为塞，而匈奴终不敢以为言。是岁，翕侯信死，汉用事者以匈奴已弱，可臣从也。杨信为人刚直屈强，素非贵臣也，单于不亲。欲召入，不肯去节，乃坐穹庐外见杨信。杨信说单于曰：“即欲和亲，以单于太子为质于汉。”单于曰：“非故约。故约，汉常遣翁主，给缯絮、食物有品，以和亲，而匈奴亦不复扰边。今乃欲反古，令吾太子为质，无几矣。”匈奴俗，见汉使非中贵人，其儒生，以为欲说，折其辞辩；少年，以为欲刺，折其气。每汉兵入匈奴，匈奴辄报偿。汉留匈奴使，匈奴亦留汉使，必得当乃止。

杨信既归，汉使王乌等如匈奴。匈奴复谄以甘言，欲多得汉财物，给王乌曰："吾欲入汉见天子，面相结为兄弟。"王乌归报汉，汉为单于筑邸于长安。匈奴曰："非得汉贵人使，吾不与诚语。"匈奴使其贵人至汉，病，服药欲愈之，不幸而死。汉使路充国佩二千石印绶，使送其丧，厚币直数千金。单于以为汉杀吾贵使者，乃留路充国不归。诸所言者，单于特空绐王乌，殊无意入汉、遣太子来质。于是匈奴数使奇兵侵犯汉边，汉乃拜郭昌为拔胡将军，及浞野侯屯朔方以东，备胡。

乌维单于立十岁死，子詹师庐立，年少，号为儿单于。是岁，元封六年也。自是后，单于益西北，左方兵直云中，右方兵直酒泉、敦煌。

儿单于立，汉使两使，一人吊单于，一人吊右贤王，欲以乖其国。使者入匈奴，匈奴悉将致单于。单于怒而悉留汉使。汉使留匈奴者前后十余辈，而匈奴使来汉，亦辄留之相当。

是岁，汉使贰师将军西伐大宛，而令因杅将军筑受降城。其冬，匈奴大雨雪，畜多饥寒死，而单于年少，好杀伐，国中多不安。左大都尉欲杀单于，使人间告汉曰："我欲杀单于降汉，汉远，汉即来兵近我，我即发。"初汉闻此言，故筑受降城，犹以为远。

其明年春，汉使浞野侯破奴将二万骑出朔方北二千余里，期至浚稽山而还。浞野侯既至期，左大都尉欲发而觉，单于诛之，发兵击浞野侯。浞野侯行捕首虏数千人。还，未至受降城四百里，匈奴八万骑围之。浞野侯夜出自求水，匈奴生得浞野侯，因急击其军。军吏畏亡将而诛，莫相劝而归，军遂没于匈奴。单于大喜，遂遣兵攻受降城，不能下，乃侵入边而去。明年，单于欲自攻受降城，未到，病死。

儿单于立三岁而死。子少，匈奴乃立其季父乌维单于弟右贤王句黎湖为单于。是岁，太初三年也。

句黎湖单于立，汉使光禄徐自为出五原塞数百里，远者千里，筑城障列亭至卢朐，而使游击将军韩说、长平侯卫伉屯其旁，使强弩都尉路博德筑居延泽上。

其秋，匈奴大入云中、定襄、五原、朔方，杀略数千人，败数二千石而去，行坏光禄所筑亭障。又使右贤王入酒泉、张掖，略数千人。会任文击救，尽复失其所得而去。闻贰师将军破大宛，斩其王还，单于欲遮之，不敢，其冬病死。

句黎湖单于立一岁死，其弟左大都尉且鞮侯立为单于。

汉既诛大宛，威震外国，天子意欲遂困胡，乃下诏曰："高皇帝遗朕平城之忧，高后时单于书绝悖逆。昔齐襄公复九世之雠，《春秋》大之。"是岁，太初四年也。

且鞮侯单于初立，恐汉袭之，尽归汉使之不降者路充国等于汉。单于乃自谓："我儿子，安敢望汉天子！汉天子，我丈人行。"汉遣中郎将苏武厚币赂遗单于，单于益骄，礼甚倨，非汉所望也。明年，浞野侯破奴得亡归汉。

其明年，汉使贰师将军将三万骑出酒泉，击右贤王于天山，得首虏万余级而还。匈奴大围贰师，几不得脱。汉兵物故什六七。汉又使因杅将军出西河，与强弩都尉会涿邪山，亡所得。使骑都尉李陵将步兵五千人出居延北千余里，与单于会，合战，陵所杀伤万余人，兵食尽，欲归，单于围陵，陵降匈奴，其兵得脱归汉者四百人。单于乃贵陵。以其女妻之。

后二岁，汉使贰师将军六万骑、步兵七万，出朔方；强弩都尉路博德将万余人，与贰师会；游击将军说步兵三万人，出五原；因杅将军敖将骑万，步兵三万人，出雁门。匈奴闻，悉远其累重于余吾水北，而单于以十万待水南，与贰师接战。贰师解而引归，与单于连斗十余日，游击亡所得。因杅与左贤王战，不利，引归。

明年，且鞮侯单于死，立五年，长子左贤王立为狐鹿姑单于。是岁，太始元年也。

初，且鞮侯两子，长为左贤王，次为左大将，病且死，言立左贤王。左贤王未至，贵人以为有病，更立左大将为单于。左贤王闻之，不敢进。左大将使人召左贤王而让位焉。左贤王辞以病，左大将不听，谓曰："即不幸死，传之于我。"左贤王许之，遂立为狐鹿姑单于。

狐鹿姑单于立，以左大将为左贤王，数年病死，其子先贤掸不得代，更以为日逐王。日逐王者，贱于左贤王。单于自以其子为左贤王。单于既立六年，而匈奴入上谷、五原，杀略吏民。其年，匈奴复入五原、酒泉，杀两部都尉。于是汉遣贰师将军七万人出五原，御史大夫商丘成将三万余人出西河，重合侯莽通将四万骑出酒泉千余里。单于闻汉兵大出，悉遣其辎重，徙赵信城北邸郅居水。左贤王驱其人民度余吾水六七百里，居兜衔山。单于自将精兵左安侯度姑且水。

御史大夫军至追邪径，无所见，还。匈奴使大将与李陵将三万余骑追汉军，至浚稽山合，转战九日，汉兵陷陈却敌，杀伤虏甚众。至浦奴水，虏不利，还去。

重合侯军至天山，匈奴使大将偃渠与左右呼知王将二万余骑要汉兵，见汉兵强，引去。重合侯无所得失。是时，汉恐车师兵遮重合侯，乃遣闿陵侯将兵别围车师，尽得其王民众而还。

贰师将军将出塞，匈奴使右大都尉与卫律将五千骑要击汉军于夫羊句山狭。贰师遣属国胡骑二千与战，虏兵坏散，死伤者数百人。汉军乘胜追北，至范夫人城，匈奴奔走，莫敢距敌。会贰师妻子坐巫蛊收，闻之忧惧。其掾胡亚夫亦避罪从军，说贰师曰："夫人室家皆在吏，若还不称意，适与狱会，郅居以北可复得见乎?"贰师由是狐疑，欲深入要功，遂北至郅居水上。虏已去，贰师遣护军将二万骑度郅居之水。一日，逢左贤王左大将，将二万骑与汉军合战一日，汉军杀左大将，虏死伤甚众。军长史与决眭都尉辉渠侯谋曰："将军怀异心，欲危众求功，恐必败。"谋共执贰师。贰师闻之，斩长史，引兵还至速邪乌燕然山。单于知汉军劳倦，自将五万骑遮击贰师，相杀伤甚众。夜堑汉军前，深数尺，从后急击之，军大乱败，贰师降。单于素知其汉大将贵臣，以女妻之，尊宠在卫律上。

其明年，单于遣使遗汉书云："南有大汉，北有强胡。胡者，天之骄子也，不为小礼以自烦。今欲与汉闿大关，取汉女为妻，岁给遗我蘖酒万石，稷米五千斛，杂缯万匹，它如故约，则边不相盗矣。"汉遣使者报送其使，单于使左右难汉使者，曰："汉，礼义国也。贰师道前太子发兵反，何也?"使者曰："然。乃丞相私与太子争斗，太子发兵欲诛丞相，丞相诬之，故诛丞相。此子弄父兵，罪当笞，小过耳。孰与冒顿单于身杀其父代立，常妻后母，禽兽行也!"单于留使者，三岁乃得还。

贰师在匈奴岁余，卫律害其宠，会母阏氏病，律饬胡巫言先单于怒，曰："胡故时祠兵，常言得贰师以社，今何故不用?" 于是收贰师，贰师骂曰："我死必灭匈奴!" 遂屠贰师以祠。会连雨雪数月，畜产死，人民疫病，谷稼不熟，单于恐，为贰师立祠室。

自贰师没后，汉新失大将军士卒数万人，不复出兵。三岁，武帝崩。前此者，汉兵深入穷追二十余年，匈奴孕重惰殰，罢极苦之。自单于以下常有欲和亲计。

后三年，单于欲求和亲，会病死。初，单于有异母弟为左大都尉，贤，国人乡之，母阏氏恐单于不立子而立左大都尉也，乃私使杀之。左大都尉同母兄怨，遂不肯复会单于庭。又单于病且死，谓诸贵人："我子少，不能治国，立弟右谷蠡王。" 及单于死，卫律等与颛渠阏氏谋，匿单于死，诈挢单于令，与贵人饮盟，更立子左谷蠡王为壶衍鞮单于。是岁，始元二年也。

壶衍鞮单于既立，风谓汉使者，言欲和亲。左贤王、右谷蠡王以不得立怨望，率其众欲南归汉。恐不能自致，即胁卢屠王，欲与西降乌孙，谋击匈奴。卢屠王告之，单于使人验问，右谷蠡王不服，反以其罪罪卢屠王，国人皆冤之。于是二王去居其所，未尝肯会龙城。

后二年秋，匈奴入代，杀都尉。单于年少初立，母阏氏不正，国内乖离，常恐汉兵袭之。于是卫律为单于谋："穿井筑城，治楼以藏谷，与秦人守之。汉兵至，无奈我何。" 即穿井数百，伐材数千。或曰胡人不能守城，是遗汉粮也，卫律于是止，乃更谋归汉使不降者苏武、马宏等。马宏者，前副光禄大夫王忠使西国，为匈奴所遮，忠战死，马宏生得，亦不肯降。故匈奴归此二人，欲以通善意。是时，单于立三岁矣。

明年，匈奴发左右部二万骑，为四队，并入边为寇。汉兵追之，斩首获虏九千人，生得瓯脱王，汉无所失亡。匈奴见瓯脱王在汉，恐以为道击之，即西北远去，不敢南逐水草，发人民屯瓯脱。明年，复遣九千骑屯受降城以备汉，北桥余吾，令可度，以备奔走。是时，卫律已死。卫律在时，常言和亲之利，匈奴不信，及死后，兵数困，国益贫。单于弟左谷蠡王思卫律言，欲和亲而恐汉不听，故不肯先言，常使左右风汉使者。然其侵盗益希，遇汉使愈厚，欲以渐致和亲，汉亦羁縻之。其后，左谷蠡王死。明年，单于使犁污王窥边，言酒泉、张掖兵益弱，出兵试击，冀可复得其地。时汉先得降者，闻其计，天子诏边警备。后无几，右贤王、犁污王四千骑分三队，入日勒、屋兰、番和。张掖太守、属国都尉发兵击，大破之，得脱者数百人。属国千长义渠王骑士射杀犁污王，赐黄金二百斤，马二百匹，因封为犁汙王。属国都尉郭忠封成安侯。自是后，匈奴不敢入张掖。

其明年，匈奴三千余骑入五原，略杀数千人，后数万骑南旁塞猎，行攻塞外亭障，略取吏民去。是时，汉边郡烽火候望精明，匈奴为边寇者少利，希复犯塞。汉复得匈奴降者，言乌桓尝发先单于冢，匈奴怨之，方发二万骑击乌桓。大将军霍光欲发兵邀击之，以问护军都尉赵充国。充国以为：“乌桓间数犯塞，今匈奴击之，于汉便。又匈奴希寇盗，北边幸无事。蛮夷自相攻击，而发兵要之，招寇生事，非计也。”光更问中郎将范明友，明友言可击。于是拜明友为度辽将军，将二万骑出辽东。匈奴闻汉兵至，引去。初，光诫明友：“兵不空出，即后匈奴，遂击乌桓。”乌桓时新中匈奴兵，明友既后匈奴，因乘乌桓敝，击之，斩首六千余级，获三王首，还，封为平陵侯。

匈奴繇是恐，不能出兵。即使使之乌孙，求欲得汉公主。击乌孙，取车延、恶师地。乌孙公主上书，下公卿议救，未决。昭帝崩，宣帝即位，乌孙昆弥复上书言："连为匈奴所侵削，昆弥愿发国半精兵人马五万匹，尽力击匈奴，唯天子出兵，哀救公主！"本始二年，汉大发关东轻锐士，选郡国吏三百石伉健习骑射者，皆从军。遣御史大夫田广明为祁连将军，四万余骑，出西河；度辽将军范明友三万余骑，出张掖；前将军韩增三万余骑，出云中；后将军赵充国为蒲类将军，三万余骑，出酒泉；云中太守田顺为虎牙将军，三万余骑，出五原：凡五将军，兵十余万骑，出塞各二千余里。及校尉常惠使护发兵乌孙西域，昆弥自将翕侯以下五万余骑从西方入，与五将军兵凡二十余万众。匈奴闻汉兵大出，老弱奔走，驱畜产远遁逃，是以五将少所得。

度辽将军出塞千二百余里，至蒲离候水，斩首捕虏七百余级，卤获马、牛、羊万余。前将军出塞千二百余里，至乌员，斩首捕虏，至候山百余级，卤马、牛、羊二千余。蒲类将军兵当与乌孙合击匈奴蒲类泽，乌孙先期至而去，汉兵不与相及。蒲类将军出塞千八百余里，西去候山，斩首捕虏，得单于使者蒲阴王以下三百余级，卤马、牛、羊七千余。闻虏已引去，皆不至期还。天子薄其过，宽而不罪。祁连将军出塞千六百里，至鸡秩山，斩首捕虏十九级，获牛、马、羊百余。逢汉使匈奴还者冉弘等，言鸡秩山西有虏众，祁连即戒弘，使言无虏，欲还兵。御史属公孙益寿谏，以为不可，祁连不听，遂引兵还。虎牙将军出塞八百余里，至丹余吾水上，即止兵不进，斩首捕虏千九百余级，卤马、牛、羊七万余，引兵还。上以虎牙将军不至期，诈增卤获，而祁连知虏在前，逗留不进，皆下吏自杀。擢公孙益寿为侍御史。校尉常惠与乌孙兵至右谷蠡庭，获单于父行及嫂、居次、名王、犁污都尉、千长、将以下三万九千余级，虏马、牛、羊、驴、骡、橐驼七十余万。汉封惠为长罗侯。然匈奴民众死伤而去者，及畜产远移死亡不可胜数。于是匈奴遂衰耗，怨乌孙。

其冬，单于自将万骑击乌孙，颇得老弱，欲还。会天大雨雪，一日深丈余，人民畜产冻死，还者不能什一。于是丁令乘弱攻其北，乌桓入其东，乌孙击其西。凡三国所杀数万级，马数万匹，牛、羊甚众。又重以饿死，人民死者什三，畜产什五，匈奴大虚弱，诸国羁属者皆瓦解，攻盗不能理。其后汉出三千余骑，为三道，并入匈奴，捕虏得数千人还。匈奴终不敢取当，兹欲乡和亲，而边境少事矣。

壶衍鞮单于立十七年死，弟左贤王立，为虚闾权渠单于。是岁，地节二年也。

虚闾权渠单于立，以右大将女为大阏氏，而黜前单于所幸颛渠阏氏。颛渠阏氏父左大且渠怨望。是时，匈奴不能为边寇，于是汉罢外城，以休百姓。单于闻之喜，召贵人谋，欲与汉和亲。左大且渠心害其事，曰："前汉使来，兵随其后，今亦效汉发兵，先使使者入。"乃自请与呼卢訾王各将万骑南旁塞猎，相逢俱入。行未到，会三骑亡降汉，言匈奴欲为寇。于是天子诏发边骑屯要害处，使大将军军监治众等四人将五千骑，分三队，出塞各数百里，捕得虏各数十人而还。时匈奴亡其三骑，不敢入，即引去。是岁也，匈奴饥，人民畜产死十六七。又发两屯各万骑以备汉。

其秋，匈奴前所得西嗕居左地者，其君长以下数千人皆驱畜产行，与瓯脱战，所战杀伤甚众，遂南降汉。

其明年，西域城郭共击匈奴，取车师国，得其王及人众而去。单于复以车师王昆弟兜莫为车师王，收其余民东徙，不敢居故地。而汉益遣屯士分田车师地以实之。其明年，匈奴怒诸国共击车师，遣左右大将各万余骑屯田右地，欲以侵迫乌孙西域。后二岁，匈奴遣左右奥鞬各六千骑，与左大将再击汉之田车师城者，不能下。其明年，丁令比三岁入盗匈奴，杀略人民数千，驱马畜去。匈奴遣万余骑往击之，无所得。其明年，单于将十万余骑旁塞猎，欲入边寇。未至，会其民题除渠堂亡降汉言状，汉以为言兵鹿奚卢侯，而遣后将军赵充国将兵四万余骑屯缘边九郡备虏。月余，单于病欧血，因不敢入，还去，即罢兵。乃使题王都犁胡次等入汉，请和亲，未报，会单于死。是岁，神爵二年也。

虚闾权渠单于立九年死。自始立而黜颛渠阏氏，颛渠阏氏即与右贤王私通。右贤王会龙城而去，颛渠阏氏语以单于病甚，且勿远。后数日，单于死。郝宿王刑未央使人召诸王。未至，颛渠阏氏与其弟左大且渠都隆奇谋，立右贤王屠耆堂为握衍朐鞮单于。握衍朐鞮单于者，代父为右贤王，乌维单于耳孙也。

握衍朐鞮单于立，复修和亲，遣弟伊酋若王胜之入汉献见。单于初立，凶恶，尽杀虚闾权渠时用事贵人刑未央等，而任用颛渠阏氏弟都隆奇，又尽免虚闾权渠子弟近亲，而自以其子弟代之。虚闾权渠单于子稽侯狦既不得立，亡归妻父乌禅幕。乌禅幕者，本乌孙、康居间小国，数见侵暴，率其众数千人降匈奴，狐鹿姑单于以其弟子日逐王姊妻之，使长其众，居右地。日逐王先贤掸，其父左贤王当为单于，让狐鹿姑单于，狐鹿姑单于许立之。国人以故颇言日逐王当为单于。日逐王素与握衍朐鞮单于有隙，即率其众数万骑归汉。汉封日逐王为归德侯。单于更立其从兄薄胥堂为日逐王。

明年，单于又杀先贤掸两弟。乌禅幕请之，不听，心恚。其后左奥鞬王死，单于自立其小子为奥鞬王，留庭。奥鞬贵人共立故奥鞬王子为王，与俱东徙。单于遣右丞相将万骑往击之，失亡数千人，不胜。时单于已立二岁，暴虐杀伐，国中不附。及太子、左贤王数谗左地贵人，左地贵人皆怨。其明年，乌桓击匈奴东边姑夕王，颇得人民，单于怒。姑夕王恐，即与乌禅幕及左地贵人共立稽侯狦为呼韩邪单于，发左地兵四五万人，西击握衍朐鞮单于，至姑且水北。未战，握衍朐鞮单于兵败走，使人报其弟右贤王曰："匈奴共攻我，若肯发兵助我乎？"右贤王曰："若不爱人，杀昆弟诸贵人。各自死若处，无来污我。"握衍朐鞮单于恚，自杀。左大且渠都隆奇亡之右贤王所，其民众尽降呼韩邪单于。是岁，神爵四年也。握衍朐鞮单于立三年而败。

汉书卷九十四下

匈奴传第六十四下

呼韩邪单于归庭数月，罢兵使各归故地，乃收其兄呼屠吾斯在民间者立为左谷蠡王，使人告右贤贵人，欲令杀右贤王。其冬，都隆奇与右贤王共立日逐王薄胥堂为屠耆单于，发兵数万人东袭呼韩邪单于。呼韩邪单于兵败走，屠耆单于还，以其长子都涂吾西为左谷蠡王，少子姑瞀楼头为右谷蠡王，留居单于庭。

明年秋，屠耆单于使日逐王先贤掸兄右奥鞬王为乌藉都尉各二万骑，屯东方以备呼韩邪单于。是时，西方呼揭王来与唯犁当户谋，共谗右贤王，言欲自立为乌藉单于。屠耆单于杀右贤王父子，后知其冤，复杀唯犁当户。于是呼揭王恐，遂畔去，自立为呼揭单于。右奥鞬王闻之，即自立为车犁单于。乌藉都尉亦自立为乌藉单于。凡五单于。屠耆单于自将兵东击车犁单于，使都隆奇击乌藉。乌藉、车犁皆败，西北走，与呼揭单于兵合为四万人。乌藉、呼揭皆去单于号，共并力尊辅车犁单于。屠耆单于闻之，使左大将、都尉将四万骑分屯东方，以备呼韩邪单于，自将四万骑西击车犁单于。车犁单于败，西北走，屠耆单于即引西南，留阘敦地。

其明年，呼韩邪单于遣其弟右谷蠡王等西袭屠耆单于屯兵，杀略万余人。屠耆单于闻之，即自将六万骑击呼韩邪单于，行千里，未至嗕姑地，逢呼韩邪单于兵可四万人，合战。屠耆单于兵败，自杀。都隆奇乃与屠耆少子右谷蠡王姑瞀楼头亡归汉，车犁单于东降呼韩邪单于。呼韩邪单于左大将乌厉屈与父呼速累乌厉温敦皆见匈奴乱，率其众数万人南降汉。封乌厉屈为新城侯，乌厉温敦为义阳侯。是时，李陵子复立乌藉都尉为单于，呼韩邪单于捕斩之，遂复都单于庭，然众裁数万人。屠耆单于从弟休旬王将所主五六百骑，击杀左大且渠，并其兵，至右地，自立为闰振单于，在西边。其后，呼韩邪单于兄左贤王呼屠吾斯亦自立为郅支骨都侯单于，在东边。其后二年，闰振单于率其众东击郅支单于。郅支单于与战，杀之，并其兵，遂进攻呼韩邪。呼韩邪破，其兵走，郅支都单于庭。

呼韩邪之败也，左伊秩訾王为呼韩邪计，劝令称臣入朝事汉，从汉求助，如此匈奴乃定。呼韩邪议问诸大臣，皆曰："不可。匈奴之俗，本上气力而下服役，以马上战斗为国，故有威名于百蛮。战死，壮士所有也。今兄弟争国，不在兄则在弟，虽死犹有威名，子孙常长诸国。汉虽强，犹不能兼并匈奴，奈何乱先古之制，臣事于汉，卑辱先单于，为诸国所笑！虽如是而安，何以复长百蛮！"左伊秩訾曰："不然。强弱有时，今汉方盛，乌孙城郭诸国皆为臣妾。自且鞮侯单于以来，匈奴日削，不能取复，虽屈强于此，未尝一日安也。今事汉则安存，不事则危亡，计何以过此！"诸大人相难久之。呼韩邪从其计，引众南近塞，遣子右贤王铢娄渠堂入侍。郅支单于亦遣子右大将驹于利受入侍。是岁，甘露元年也。

明年，呼韩邪单于款五原塞，愿朝三年正月。汉遣车骑都尉韩昌迎，发过所七郡郡二千骑，为陈道上。单于正月朝天子于甘泉宫，汉宠以殊礼，位在诸侯王上，赞谒称臣而不名。赐以冠带衣裳、黄金玺戾绶、玉具剑、佩刀、弓一张、矢四发、棨戟十、安车一乘、鞍勒一具、马十五匹、黄金二十斤、钱二十万、衣被七十七袭、锦绣绮縠杂帛八千匹、絮六千斤。礼毕，使使者道单于先行，宿长平。上自甘泉宿池阳宫。上登长平，诏单于毋谒，其左右当户之群臣皆得列观，及诸蛮夷君长王侯数万，咸迎于渭桥下，夹道陈。上登渭桥，咸称万岁。单于就邸，留月余，遣归国。单于自请愿留居光禄塞下，有急保汉受降城。汉遣长乐卫尉高昌侯董忠、车骑都尉韩昌将骑万六千，又发边郡士马以千数，送单于出朔方鸡鹿塞。诏忠等留卫单于，助诛不服，又转边谷米糒。前后三万四千斛，给赡其食。是岁，郅支单于亦遣使奉献，汉遇之甚厚。

明年，两单于俱遣使朝献，汉待呼韩邪使有加。明年，呼韩邪单于复入朝，礼赐如初，加衣百一十袭，锦帛九千匹，絮八千斤。以有屯兵，故不复发骑为送。

始，郅支单于以为呼韩邪降汉，兵弱不能复自还，即引其众西，欲攻定右地。又屠耆单于小弟本侍呼韩邪，亦亡之右地，收两兄余兵得数千人，自立为伊利目单于，道逢郅支，合战，郅支杀之，并其兵五万余人。闻汉出兵谷助呼韩邪，即遂留居右地。自度力不能定匈奴，乃益西近乌孙，欲与并力，遣使见小昆弥乌就屠。乌就屠见呼韩邪为汉所拥，郅支亡虏，欲攻之以称汉，乃杀郅支使，持头送都护在所，发八千骑迎郅支。郅支见乌孙兵多，其使又不反，勒兵逢击乌孙，破之。因北击乌揭，乌揭降。发其兵西破坚昆，北降丁令，并三国。数遣兵击乌孙，常胜之。坚昆东去单于庭七千里，南去车师五千里，郅支留都之。

元帝初即位，呼韩邪单于复上书，言民众困乏。汉诏云中、五原郡转谷二万斛以给焉。郅支单于自以道远，又怨汉拥护呼韩邪，遣使上书求侍子。汉遣谷吉送之，郅支杀吉。汉不知吉音问，而匈奴降者言闻瓯脱皆杀之。呼韩邪单于使来，汉辄簿责之甚急。明年，汉遣车骑都尉韩昌、光禄大夫张猛送呼韩邪单于侍子，求问吉等，因赦其罪，勿令自疑。昌、猛见单于民众益盛，塞下禽兽尽，单于足以自卫，不畏郅支。闻其大臣多劝单于北归者，恐北去后难约束，昌、猛即与为盟约曰："自今以来，汉与匈奴合为一家，世世毋得相诈相攻。有窃盗者，相报，行其诛，偿其物；有寇，发兵相助。汉与匈奴敢先背约者，受天不祥。令其世世子孙尽如盟。"昌、猛与单于及大臣俱登匈奴诺水东山，刑白马，单于以径路刀金留犁挠酒，以老上单于所破月氏王头为饮器者共饮血盟。昌、猛还奏事，公卿议者以为："单于保塞为藩，虽欲北去，犹不能为危害。昌、猛擅以汉国世世子孙与夷狄诅盟，令单于得以恶言上告于天，羞国家，伤威重，不可得行。宜遣使往告祠天，与解盟。昌、猛奉使无状，罪至不道。"上薄其过，有诏昌、猛以赎论，勿解盟。其后呼韩邪竟北归庭，人众稍稍归之，国中遂定。郅支既杀使者，自知负汉，又闻呼韩邪益强，恐见袭击，欲远去。会康居王数为乌孙所困，与诸翕侯计，以为匈奴大国，乌孙素服属之，今郅支单于困厄在外，可迎置东边，使合兵取乌孙以立之，长无匈奴忧矣。即使使至坚昆通语郅支。郅支素恐，又怨乌孙，闻康居计，大说，遂与相结，引兵而西。康居亦遣贵人，橐它驴马数千匹，迎郅支。郅支人众中寒道死，余财三千人到康居。其后，都护甘延寿与副陈汤发兵即康居诛斩郅支，语在《延寿、汤传》。

郅支既诛，呼韩邪单于且喜且惧，上书言曰："常愿谒见天子，诚以郅支在西方，恐其与乌孙俱来击臣，以故未得至汉。今郅支已伏诛，愿入朝见。"竟宁元年，单于复入朝，礼赐如初，加衣服锦帛絮，皆倍于黄龙时。单于自言愿婿汉氏以自亲。元帝以后宫良家子王嫱字昭君赐单于。单于欢喜，上书愿保塞上谷以西至敦煌，传之无穷，请罢边备塞吏卒，以休天子人民。天子令下有司议，议者皆以为便。郎中侯应习边事，以为不可许。上问状，应曰：

周、秦以来，匈奴暴桀，寇侵边境，汉兴，尤被其害。臣闻北边塞至辽东，外有阴山，东西千余里，草木茂盛，多禽兽，本冒顿单于依阻其中，治作弓矢，来出为寇，是其苑囿也。至孝武世，出师征伐，斥夺此地，攘之于幕北。建塞徼，起亭隧，筑外城，设屯戍，以守之，然后边境得用少安。幕北地平，少草木，多大沙，匈奴来寇，少所蔽隐，从塞以南，径深山谷，往来差难。边长老言匈奴失阴山之后，过之未尝不哭也。如罢备塞戍卒，示夷狄之大利，不可一也。今圣德广被，天覆匈奴，匈奴得蒙全活之恩，稽首来臣。夫夷狄之情，困则卑顺，强则骄逆，天性然也。前以罢外城，省亭隧，今裁足以候望通烽火而已。古者安不忘危，不可复罢，二也。中国有礼义之教、刑罚之诛，愚民犹尚犯禁，又况单于，能必其众不犯约哉！三也。自中国尚建关梁以制诸侯，所以绝臣下之觊欲也。设塞徼，置屯戍，非独为匈奴而已，亦为诸属国降民，本故匈奴之人，恐其思旧逃亡，四也。近西羌保塞，与汉人交通，吏民贪利，侵盗其畜产、妻子，以此怨恨，起而背畔，世世不绝。今罢乘塞，则生嫚易分争之渐，五也。往者从军多没不还者，子孙贫困，一旦亡出，从其亲戚，六也。又边人奴婢愁苦，欲亡者多，曰："闻匈奴中乐，无奈候望急何！"然时有亡出塞者，七也。盗贼桀黠，群辈犯法，如其窘急，亡走北出，则不可制，八也。起塞以来百有余年，非皆以土垣也，或因山岩石，木柴僵落，溪谷水门，稍稍平之，卒徒筑治，功费久远，不可胜计。臣恐议者不深虑其终始，欲以一切省繇戍，十年之外，百岁之内，卒有它变，障塞破坏，亭隧灭绝，当更发屯缮治，累世之功不可卒复，九也。如罢戍卒、省候望，单于自以保塞守御，必深德汉，请求无已。小失其意，则不可测。开夷狄之隙，亏中国之固，十也。非所以永持至安，威制百蛮之长策也。

对奏，天子有诏："勿议罢边塞事。"使车骑将军口谕单于曰："单于上书愿罢北边吏士屯戍，子孙世世保塞。单于乡慕礼义，所以为民计者甚厚，此长久之策也，朕甚嘉之。中国四方皆有关梁障塞，非独以备塞外也，亦以防中国奸邪放纵，出为寇害，故明法度以专众心也。敬谕单于之意，朕无疑焉。为单于怪其不罢，故使大司马车骑将军嘉晓单于。"单于谢曰："愚不知大计，天子幸使大臣告语，甚厚！"

初，左伊秩訾为呼韩邪画计归汉，竟以安定。其后或谗伊秩訾自伐其功，常鞅鞅，呼韩邪疑之。左伊秩訾惧诛，将其众千余人降汉，汉以为关内侯，食邑三百户，令佩其王印绶。及竟宁中，呼韩邪来朝，与伊秩訾相见，谢曰："王为我计甚厚，令匈奴至今安宁，王之力也，德岂可忘！我失王意，使王去不复顾留，皆我过也。今欲白天子，请王归庭。"伊秩訾曰："单于赖天命，自归于汉，得以安宁，单于神灵，天子之祐也，我安得力！既已降汉，又复归匈奴，是两心也。愿为单于侍使于汉，不敢听命。"单于固请不能得而归。

王昭君号宁胡阏氏，生一男伊屠智牙师，为右日逐王。呼韩邪立二十八年，建始二年死。始，呼韩邪嬖左伊秩訾兄呼衍王女二人。长女颛渠阏氏，生二子，长曰且莫车，次曰囊知牙斯。少女为大阏氏，生四子，长曰雕陶莫皋，次曰且麋胥，皆长于且莫车，少子咸、乐二人，皆小于囊知牙斯。又它阏氏子十余人。颛渠阏氏贵，且莫车爱。呼韩邪病且死，欲立且莫车，其母颛渠阏氏曰："匈奴乱十余年，不绝如发，赖蒙汉力，故得复安。今平定未久，人民创艾战斗，且莫车年少，百姓未附，恐复危国。我与大阏氏一家共子，不如立雕陶莫皋。"大阏氏曰："且莫车虽少，大臣共持国事，今舍贵立贱，后世必乱。"单于卒从颛渠阏氏计，立雕陶莫皋，约令传国与弟。呼韩邪死，雕陶莫皋立，为复株累若鞮单于。

复株累若鞮单于立，遣子右致卢儿王醯谐屠奴侯入侍，以且麋胥为左贤王，且莫车为左谷蠡王，囊知牙斯为右贤王。复株累单于复妻王昭君，生二女，长女云为须卜居次，小女为当于居次。

河平元年，单于遣右皋林王伊邪莫演等奉献朝正月。既罢，遣使者送至蒲反。伊邪莫演言："欲降，即不受我，我自杀，终不敢还归。"使者以闻，下公卿议。议者或言宜如故事，受其降。光禄大夫谷永、议郎杜钦以为："汉兴，匈奴数为边害，故设金爵之赏以待降者。今单于诎体称臣，列为北藩，遣使朝贺，无有二心，汉家接之，宜异于往时。今既享单于聘贡之质，而更受其逋逃之臣，是贪一夫之得而失一国之心，拥有罪之臣而绝慕义之君也。假令单于初立，欲委身中国，未知利害，私使伊邪莫演诈降以卜吉凶，受之亏德沮善，令单于自疏，不亲边吏；或者设为反间，欲因而生隙，受之适合其策，使得归曲而直责。此诚边境安危之原，师旅动静之首，不可不详也。不如勿受，以昭日月之信，抑诈谖之谋，怀附亲之心，便。"对奏，天子从之。遣中郎将王舜往问降状。伊邪莫演曰："我病狂妄言耳。"遣去。归到，官位如故，不肯令见汉使。

明年，单于上书愿朝河平四年正月，遂入朝，加赐锦绣缯帛二万匹，絮二万斤，它如竟宁时。

复株累单于立十岁，鸿嘉元年死。弟且糜胥立，为搜谐若鞮单于。

搜谐单于立，遣子左祝都韩王朐留斯侯入侍，以且莫车为左贤王。搜谐单于立八岁，元延元年，为朝二年发行，未入塞，病死。弟且莫车立，为车牙若鞮单于。

车牙单于立，遣子右於涂仇掸王乌夷当入侍，以囊知牙斯为左贤王。车牙单于立四岁，绥和元年死。弟囊知牙斯立，为乌珠留若鞮单于。

乌珠留单于立，以第二阏氏子乐为左贤王，以第五阏氏子舆为右贤王，遣子右股奴王乌鞮牙斯入侍。汉遣中郎将夏侯藩、副校尉韩容使匈奴。时帝舅大司马票骑将军王根领尚书事，或说根曰："匈奴有斗入汉地，直张掖郡，生奇材木，箭竿就羽，如得之，于边甚饶，国家有广地之实，将军显功，垂于无穷。"根为上言其利，上直欲从单于求之，为有不得，伤命损威。根即但以上指晓藩，令从藩所说而求之。藩至匈奴，以语次说单于曰："窃见匈奴斗入汉地，直张掖郡。汉三都尉居塞上，士卒数百人寒苦，候望久劳。单于宜上书献此地，直断阏之，省两都尉士卒数百人，以复天子厚恩，其报必大。"单于曰："此天子诏语邪，将从使者所求也？"藩曰："诏指也，然藩亦为单于画善计耳。"单于曰："孝宣、孝元皇帝哀怜父呼韩邪单于，从长城以北匈奴有之。此温偶驹王所居地也，未晓其形状所生，请遣使问之。"藩、容归汉。后复使匈奴，至则求地。单于曰："父兄传五世，汉不求此地，至知独求，何也？已问温偶驹王，匈奴西边诸侯作穹庐及车，皆仰此山材木，且先父地，不敢失也。"藩还，迁为太原太守。单于遣使上书，以藩求地状闻。诏报单于曰："藩擅称诏从单于求地，法当死，更大赦二，今徙藩为济南太守，不令当匈奴。"明年，侍子死，归葬。复遣子左於驹仇掸王稽留昆入侍。

至哀帝建平二年，乌孙庶子卑援疐翕侯人众入匈奴西界，寇盗牛畜，颇杀其民。单于闻之，遣左大当户乌夷泠将五千骑击乌孙，杀数百人，略千余人，驱牛畜去。卑援疐恐，遣子趋逯为质匈奴。单于受，以状闻。汉遣中郎将丁野林、副校尉公乘音使匈奴，责让单于，告令还归卑援疐质子。单于受诏，遣归。

建平四年，单于上书愿朝五年。时哀帝被疾，或言匈奴从上游来厌人，自黄龙、竟宁时，单于朝中国辄有大故。上由是难之，以问公卿，亦以为虚费府帑，可且勿许。单于使辞去，未发，黄门郎扬雄上书谏曰：

臣闻《六经》之治，贵于未乱；兵家之胜，贵于未战。二者皆微，然而大事之本，不可不察也。今单于上书求朝，国家不许而辞之，臣愚以为汉与匈奴从此隙矣。本北地之狄，五帝所不能臣，三王所不能制，其不可使隙甚明。臣不敢远称，请引秦以来明之。

以秦始皇之强，蒙恬之威，带甲四十余万，然不敢窥西河，乃筑长城以界之。会汉初兴，以高祖之威灵，三十万众困于平城，士或七日不食。时奇谲之士石画之臣甚众，卒其所以脱者，世莫得而言也。又高皇后尝忿匈奴，郡臣庭议，樊哙请以十万众横行匈奴中，季布曰："哙可斩也，妄阿顺指！"于是大臣权书遗之，然后匈奴之结解，中国之忧平。及孝文时，匈奴侵暴北边，候骑至雍甘泉，京师大骇，发三将军屯细柳、棘门、霸上以备之，数月乃罢。孝武即位，设马邑之权，欲诱匈奴，使韩安国将三十万众徼于便地，匈奴觉之而去，徒费财劳师，一虏不可得见，况单于之面乎！其后深惟社稷之计，规恢万载之策，乃大兴师数十万，使卫青、霍去病操兵，前后十余年。于是浮西河，绝大幕，破寘颜，袭王庭，穷极其地，追奔逐北，封狼居胥山，禅于姑衍，以临翰海，虏名王贵人以百数。自是之后，匈奴震怖，益求和亲，然而未肯称臣也。

且夫前世岂乐倾无量之费，役无罪之人，快心于狼望之北哉？以为不壹劳者不久佚，不暂费者不永宁，是以忍百万之师以摧饿虎之喙，运府库之财填卢山之壑而不悔也。至本始之初，匈奴有桀心，欲掠乌孙，侵公主，乃发五将之师十五万骑猎其南，而长罗侯以乌孙五万骑震其西，皆至质而还。时鲜有所获，徒奋扬威武，明汉兵若雷风耳。虽空行空反，尚诛两将军。故北狄不服，中国未得高枕安寝也。逮至元康、神爵之间，大化神明，鸿恩溥洽，而匈奴内乱，五单于争立，日逐、呼韩邪携国归化，扶伏称臣，然尚羁縻之，计不颛制。自此之后，欲朝者不距，不欲者不强。何者？外国天性忿鸷，形容魁健，负力怙气，难化以善，易隶以恶，其强难诎，其和难得。故未服之时，劳师远攻，倾国殚货，伏尸流血，破坚拔敌，如彼之难也；既服之后，慰荐抚循，交接赂遗，威仪俯仰，如此之备也。往时尝屠大宛之城，蹈乌桓之垒，探姑缯之壁，籍荡姐之场，艾朝鲜之旃，拔两越之旗，近不过旬月之役，远不离二时之劳，固已犁其庭，扫其闾，郡县而置之，云彻席卷，后无余灾。唯北狄为不然，真中国之坚敌也。三垂比之悬矣，前世重之兹甚，未易可轻也。

今单于归义，怀款诚之心，欲离其庭，陈见于前，此乃上世之遗策，神灵之所想望，国家虽费，不得已者也。奈何距以来厌之辞，疏以无日之期，消往昔之恩，开将来之隙！夫款而隙之，使有恨心，负前言，缘往辞，归怨于汉，因以自绝，终无北面之心，威之不可，谕之不能，焉得不为大忧乎！夫明者视于无形，聪者听于无声，诚先于未然，即蒙恬、樊哙不复施，棘门、细柳不复备，马邑之策安所设，卫、霍之功何得用，五将之威安所震？不然，壹有隙之后，虽智者劳心于内，辩者毂击于外，犹不若未然之时也。且往者图西域，制车师，置城郭都护三十六国，费岁以大万计者，岂为康居、乌孙能逾白龙堆而寇西边哉？乃以制匈奴也。夫百年劳之，一日失之，费十而爱一，臣窃为国不安也。唯陛下少留意于未乱未战，以遏边萌之祸。

书奏，天子寤焉，召还匈奴使者，更报单于书而许之。赐雄帛五十匹，黄金十斤。单于未发，会病，复遣使愿朝明年。故事，单于朝，从名王以下及从者二百余人。单于又上书言："蒙天子神灵，人民盛壮，愿从五百人入朝，以明天子盛德。"上皆许之。

元寿二年，单于来朝，上以太岁厌胜所在，舍之上林苑蒲陶宫。告之以加敬于单于，单于知之。加赐衣三百七十袭，锦绣缯帛三万匹，絮三万斤，它如河平时。既罢，遣中郎将韩况送单于。单于出塞，到休屯井，北度车田卢水，道里回远。况等乏食，单于乃给其粮，失期不还五十余日。

初，上遣稽留昆随单于去，到国，复遣稽留昆同母兄右大且方与妇入侍。还归，复遣且方同母兄左日逐王都与妇入侍。是时，汉平帝幼，太皇太后称制，新都侯王莽秉政，欲说太后以威德至盛异于前，乃风单于令遣王昭君女须卜居次云入侍太后，所以赏赐之甚厚。

会西域车师后王句姑、去胡来王唐兜皆怨恨都护校尉，将妻子人民亡降匈奴，语在《西域传》。单于受置左谷蠡地，遣使上书言状曰："臣谨已受。"诏遣中郎将韩隆、王昌、副校尉甄阜、侍中谒者帛敞、长水校尉王歙使匈奴，告单于曰："西域内属，不当得受，今遣之。"单于曰："孝宣、孝元皇帝哀怜，为作约束，自长城以南天子有之，长城以北单于有之。有犯塞，辄以状闻；有降者，不得受。臣知父呼韩邪单于蒙无量之恩，死遗言曰：'有从中国来降者，勿受，辄送至塞，以报天子厚恩。’此外国也，得受之。”使者曰：“匈奴骨肉相攻，国几绝，蒙中国大恩，危亡复续，妻子完安，累世相继，宜有以报厚恩。”单于叩头谢罪，执二虏还付使者。诏使中郎将王萌待西域恶都奴界上逆受。单于遣使送到国，因请其罪，使者以闻，有诏不听，会西域诸国王斩以示之。乃造设四条：中国人亡入匈奴者，乌孙亡降匈奴者，西域诸国佩中国印绶降匈奴者，乌桓降匈奴者，皆不得受。遣中郎将王骏、王昌、副校尉甄阜、王寻使匈奴，班四条与单于，杂函封，付单于，令奉行，因收故宣帝所为约束封函还。时，莽奏令中国不得有二名，因使使者以风单于，宜上书慕化，为一名，汉必加厚赏。单于从之，上书言：“幸得备藩臣，窃乐太平圣制，臣故名囊知牙斯，今谨更名曰知。”莽大说，白太后，遣使者答谕，厚赏赐焉。

汉既班四条，后护乌桓使者告乌桓民，毋得复与匈奴皮布税。匈奴以故事遣使者责乌桓税，匈奴人民妇女欲贾贩者皆随往焉。乌桓距曰：“奉天子诏条，不当予匈奴税。”匈奴使怒，收乌桓酋豪，缚到悬之。酋豪昆弟怒，共杀匈奴使及其官属，收略妇女马牛。单于闻之，遣使发左贤王兵入乌桓责杀使者，因攻击之。乌桓分散，或走上山，或东保塞。匈奴颇杀人民，驱妇女弱小且千人去，置左地，告乌桓曰：“持马畜皮布来赎之。”乌桓见略者亲属二千余人持财畜往赎，匈奴受，留不遣。

王莽之篡位也，建国元年，遣五威将王骏率甄阜、王飒、陈饶、帛敞、丁业六人，多赍金帛，重遗单于，谕晓以受命代汉状，因易单于故印。故印文曰“匈奴单于玺”，莽更曰“新匈奴单于章”。将率既至，授单于印绂，诏令上故印绂。单于再拜受诏。译前，欲解取故印绂，单于举掖授之。左姑夕侯苏从旁谓单于曰：“未见新印文，宜且勿与。”单于止，不肯与。请使者坐穹庐，单于欲前为寿。五威将曰：“故印绂当以时上。”单于曰：“诺。”复举掖授译。苏复曰：“未见印文，且勿与。”单于曰：“印文何由变更！”遂解故印绂奉上，将率受。著新绂，不解视印，饮食至夜乃罢。右率陈饶谓诸将率曰：“乡者姑夕侯疑印文，几令单于不与人。如令视印，见其变改，必求故印，此非辞说所能距也。既得而复失之，辱命莫大焉。不如椎破故印，以绝祸根。”将率犹与，莫有应者。饶，燕士，果悍，即引斧椎坏之。明日，单于果遣右骨都侯当白将率曰：“汉赐单于印，言‘玺’，不言‘章’，又无‘汉’字。诸王已下乃有‘汉’，言‘章’。今即去‘玺’加‘新’，与臣下无别。愿得故印。”将率示以故印，谓曰：“新室顺天制作，故印随将率所自为破坏。单于宜承天命，奉新室之制。”当还白，单于知已无可奈何，又多得赂遗，即遣弟右贤王舆奉马牛随将率入谢，因上书求故印。

将率还到左犁污王咸所居地，见乌桓民多，以问咸。咸具言状，将率曰：“前封四条，不得受乌桓降者，亟还之。”咸曰：“请密与单于相闻，得语，归之。”单于使咸报曰：“当从塞内还之邪，从塞外还之邪？”将率不敢颛决，以闻。诏报，从塞外还之。

单于始用夏侯藩求地有距汉语，后以求税乌桓不得。因寇略其人民，衅由是生，重以印文改易，故怨恨。乃遣右大且渠蒲呼卢訾等十余人将兵众万骑，以护送乌桓为名，勒兵朔方塞下。朔方太守以闻。

明年，西域车师后王须置离谋降匈奴，都护但钦诛斩之。置离兄狐兰支将人众二千余人，驱畜产，举国亡降匈奴，单于受之。狐兰支与匈奴共入寇，击车师，杀后成长，伤都护司马，复还入匈奴。

时，戊己校尉史陈良、终带、司马丞韩玄、右曲候任商等见西域颇背叛，闻匈奴欲大侵，恐并死，即谋劫略吏卒数百人，共杀戊己校尉刀护，遣人与匈奴南犁污王南将军相闻。匈奴南将军二千骑入西域迎良等，良等尽胁略戊己校尉吏士男女二千余人入匈奴。玄、商留南将军所，良、带径至单于庭，人众别置零吾水上田居。单于号良、带曰乌桓都将军，留居单于所，数呼与饮食。西域都护但钦上书言匈奴南将军右伊秩訾将人众寇击诸国。莽于是大分匈奴为十五单于，遣中郎将蔺苞、副校尉戴级将兵万骑，多赍珍宝至云中塞下，招诱呼韩邪单于诸子，欲以次拜之。使译出塞诱呼右犁污王咸、咸子登、助三人，至则胁拜咸为孝单于，赐安车鼓车各一，黄金千斤，杂缯千匹，戏戟十；拜助为顺单于，赐黄金五百斤；传送助、登长安。莽封苞为宣威公，拜为虎牙将军；封级为扬威公，拜为虎贲将军。单于闻之，怒曰："先单于受汉宣帝恩，不可负也。今天子非宣帝子孙，何以得立？"遣左骨都侯、右伊秩訾王呼卢訾及左贤王乐将兵入云中益寿塞，大杀吏民。是岁，建国三年也。

是后，单于历告左右部都尉、诸边王，入塞寇盗，大辈万余，中辈数千，少者数百，杀雁门、朔方太守、都尉，略吏民畜产不可胜数，缘边虚耗。莽新即位，怙府库之富欲立威，乃拜十二部将率，发郡国勇士，武库精兵，各有所屯守，转委输于边。议满三十万众，赍三百日粮，同时十道并出，穷追匈奴，内之于丁令，因分其地，立呼韩邪十五子。

莽将严尤谏曰：

臣闻匈奴为害，所从来久矣，未闻上世有必征之者也。后世三家周、秦、汉征之，然皆未有得上策者也。周得中策，汉得下策，秦无策焉。当周宣王时，猃允内侵，至于泾阳，命将征之，尽境而还。其视戎狄之侵，譬犹蚊虻之螫，驱之而已。故天下称明，是为中策。汉武帝选将练兵，约赍轻粮，深入远戍，虽有克获之功，胡辄报之，兵连祸结三十余年，中国罢耗，匈奴亦创艾，而天下称武，是为下策。秦始皇不忍小耻而轻民力，筑长城之固，延袤万里，转输之行，起于负海，疆境既完，中国内竭，以丧社稷，是为无策。今天下遭阳九之厄，比年饥馑，西北边犹甚。发三十万众，具三百日粮，东援海代，南取江淮，然后乃备。计其道里，一年尚未集合，兵先至者聚居暴露，师老械弊，势不可用，此一难也。边既空虚，不能奉军粮，内调郡国，不相及属，此二难也。计一人三百日食，用糒十八斛，非牛力不能胜；牛又当自赍食，加二十斛，重矣。胡地沙卤，多乏水草，以往事揆之，军出未满百日，牛必物故且尽，余粮尚多，人不能负，此三难也。胡地秋冬甚寒，春夏甚风，多赍釜鍑薪炭，重不可胜，食糒饮水，以历四时，师有疾疫之忧，是故前世伐胡，不过百日，非不欲久，势力不能，此四难也。辎重自随，则轻锐者少，不得疾行，虏徐遁逃，势不能及，幸而逢虏，又累辎重，如遇险阻，衔尾相随，虏要遮前后，危殆不测，此五难也。大用民力，功不可必立，臣伏忧之。今既发兵，宜纵先至者，令臣尤等深入霆击，且以创艾胡虏。

莽不听尤言，转兵谷如故，天下骚动。

咸既受莽孝单于之号，驰出塞归庭，具以见胁状白单于。单于更以为於粟置支侯，匈奴贱官也。后助病死，莽以登代助为顺单于。

厌难将军陈钦、震狄将军王巡屯云中葛邪塞。是时，匈奴数为边寇，杀将率吏士，略人民，驱畜产去甚众。捕得虏生口验问，皆曰孝单于咸子角数为寇。两将以闻。四年，莽会诸蛮夷，斩咸子登于长安市。

初，北边自宣帝以来，数世不见烟火之警，人民炽盛，牛马布野。及莽挠乱匈奴，与之构难，边民死亡系获，又十二部兵久屯而不出，吏士罢弊，数年之间，北边虚空，野有暴骨矣。

乌珠留单于立二十一岁，建国五年死。匈奴用事大臣右骨都侯须卜当，即王昭君女伊墨居次云之婿也。云常欲与中国和亲，又素与咸厚善，见咸前后为莽所拜，故遂越舆而立咸为乌累若鞮单于。

乌累单于咸立，以弟舆为左谷蠡王。乌珠留单于子苏屠胡本为左贤王，以弟屠耆阏氏子卢浑为右贤王。乌珠留单于在时，左贤王数死，以为其号不祥，更易命左贤王曰“护于”。护于之尊最贵，次当为单于，故乌珠留单于授其长子以为护于，欲传以国。咸怨乌珠留单于贬贱己号，不欲传国，及立，贬护于为左屠耆王。云、当遂劝咸和亲。

天凤元年，云、当遣人之西河虎猛制虏塞下，告塞吏曰欲见和亲侯。和亲侯王歙者，王昭君兄子也。中部都尉以闻。莽遣歙、歙弟骑都尉展德侯飒使匈奴，贺单于初立，赐黄金衣被缯帛，给言侍子登在，因购求陈良、终带等。单于尽收四人及手杀校尉刀护贼芝音妻子以下二十七人，皆械槛付使者，遣厨唯姑夕王富等四十人送歙、飒。莽作焚如之刑，烧杀陈良等，罢诸将率屯兵，但置游击都尉。单于贪莽赂遗，故外不失汉故事，然内利寇掠。又使还，知子登前死，怨恨，寇虏从左地入，不绝。使者问单于，辄曰："乌桓与匈奴无状黠民共为寇入塞，譬如中国有盗贼耳！咸初立持国，威信尚浅，尽力禁止，不敢有二心。"

天凤二年五月，莽复遣歙与五威将王咸率伏黯、丁业等六人，使送右厨唯姑夕王，因奉归前所斩侍子登及诸贵人从者丧，皆载以常车。至塞下，单于遣云、当子男大且渠奢等至塞迎。咸等至，多遗单于金珍，因谕说改其号，号匈奴曰"恭奴"，单于曰"善于"，赐印绶。封骨都侯当为后安公，当子男奢为后安侯。单于贪莽金币，故曲听之，然寇盗如故。咸、歙又以陈良等购金付云、当，令自差与之。十二月，还入塞，莽大喜，赐歙钱二百万，悉封黯等。

单于咸立五岁，天凤五年死，弟左贤王舆立，为呼都而尸道皋若鞮单于。匈奴谓孝曰"若鞮"。自呼韩邪后，与汉亲密，见汉谥帝为"孝"，慕之，故皆为"若鞮"。

呼都而尸单于舆既立，贪利赏赐，遣大且渠奢与云女弟当户居次子醯椟王，俱奉献至长安。莽遣和亲侯歙与奢等俱至制虏塞下，与云、当会，因以兵迫胁，将至长安。云、当小男从塞下得脱，归匈奴。当至长安，莽拜为须卜单于，欲出大兵以辅立之。

兵调度亦不合，而匈奴愈怒，并入北边，北边由是坏败。会当病死，莽以其庶女陆逯任妻后安公奢，所以尊宠之甚厚，终为欲出兵立之者。会汉兵诛莽，云、奢亦死。

更始二年冬，汉遣中郎将归德侯飒、大司马护军陈遵使匈奴，授单于汉旧制玺绶，王侯以下印绶，因送云、当余亲属贵人从者。单于舆骄，谓遵、飒曰："匈奴本与汉为兄弟，匈奴中乱，孝宣皇帝辅立呼韩邪单于，故称臣以尊汉。今汉亦大乱，为王莽所篡，匈奴亦出兵击莽，空其边境，令天下骚动思汉，莽卒以败而汉复兴，亦我力也，当复尊我！"遵与相掌距，单于终持此言。其明年夏，还。会赤眉入长安，更始败。

赞曰：《书》戒"蛮夷猾夏"，《诗》称"戎狄是膺"，《春秋》"有道守在四夷"，久矣，夷狄之为患也！故自汉兴，忠言嘉谋之臣曷尝不运筹策相与争于庙堂之上乎？高祖时则刘敬，吕后时樊哙、季布，孝文时贾谊、晁错，孝武时王恢、韩安国、朱买臣、公孙弘、董仲舒，人持所见，各有同异，然总其要，归两科而已。缙绅之儒则守和亲，介胄之士则言征伐，皆偏见一时之利害，而未究匈奴之终始也。自汉兴以至于今，旷世历年，多于春秋，其与匈奴，有修文而和亲之矣，有用武而克伐之矣，有卑下而承事之矣，有威服而臣畜之矣，诎伸异变，强弱相反，是故其详可得而言也。

昔和亲之论，发于刘敬。是时，天下初定，新遭平城之难，故从其言，约结和亲，赂遗单于，冀以救安边境。孝惠、高后时遵而不违，匈奴寇盗不为衰止，而单于反以加骄倨。逮至孝文，与通关市，妻以汉女，增厚其赂，岁以千金，而匈奴数背约束，边境屡被其害。是以文帝中年，赫然发愤，遂躬戎服，亲御鞍马，从六郡良家材力之士，驰射上林，讲习战陈，聚天下精兵，军于广武，顾问冯唐，与论将帅，喟然叹息，思古名臣。此则和亲无益，已然之明效也。

仲舒亲见四世之事，犹复欲守旧文，颇增其约。以为："义动君子，利动贪人。如匈奴者，非可以仁义说也，独可说以厚利，结之于天耳。故与之厚利以没其意，与盟于天以坚其约，质其爱子以累其心，匈奴虽欲展转，奈失重利何，奈欺上天何，奈杀爱子何！夫赋敛行赂不足以当三军之费，城郭之固无以异于贞士之约，而使边城守境之民父兄缓带，稚子咽哺，胡马不窥于长城，而羽檄不行于中国，不亦便于天下乎！"察仲舒之论，考诸行事，乃知其未合于当时，而有阙于后世也。当孝武时，虽征伐克获，而士马物故亦略相当；虽开河南之野，建朔方之郡，亦弃造阳之北九百余里。匈奴人民每来降汉，单于亦辄拘留汉使以相报复，其桀骜尚如斯，安肯以爱子而为质乎？此不合当时之言也。若不置质，空约和亲，是袭孝文既往之悔，而长匈奴无已之诈也。夫边城不选守境武略之臣，修障隧备塞之具，厉长戟劲弩之械，恃吾所以待边寇。而务赋敛于民，远行货赂，割剥百姓，以奉寇雠。信甘言，守空约，而几胡马之不窥，不已过乎！

至孝宣之世，承武帝奋击之威，直匈奴百年之运，因其坏乱几亡之厄，权时施宜，覆以威德，然后单于稽首臣服，遣子入侍，三世称藩，宾于汉庭。是时，边城晏闭，牛马布野，三世无犬吠之警，黎庶亡干戈之役。

后六十余载之间，遭王莽篡位，始开边隙，单于由是归怨自绝，莽遂斩其侍子，边境之祸构矣。故呼韩邪始朝于汉，汉议其仪，而萧望之曰："戎狄荒服，言其来服荒忽无常，时至时去，宜待以客礼，让而不臣。如其后嗣遁逃窜伏，使于中国不为叛臣。"及孝元时，议罢守塞之备，侯应以为不可，可谓盛不忘衰，安必思危，远见识微之明矣。至单于咸弃其爱子，昧利不顾，侵掠所获，岁巨万计，而和亲赂遗，不过千金，安在其不弃质而失重利也？仲舒之言，漏于是矣。

夫规事建议，不图万世之固，而偷恃一时之事者，未可以经远也。若乃征伐之功，秦、汉行事，严尤论之当矣。故先王度土，中立封畿，分九州，列五服，物土贡，制外内，或修刑政，或昭文德，远近之势异也。是以《春秋》内诸夏而外夷狄。夷狄之人贪而好利，被发左衽，人面兽心，其与中国殊章服，异习俗，饮食不同，言语不通，辟居北垂寒露之野，逐草随畜，射猎为生，隔以山谷，雍以沙幕，天地所以绝外内也。是故圣王禽兽畜之，不与约誓，不就攻伐；约之则费赂而见欺，攻之则劳师而招寇。其地不可耕而食也，其民不可臣而畜也，是以外而不内，疏而不戚，政教不及其人，正朔不加其国；来则惩而御之，去则备而守之。其慕义而贡献，则接之以礼让，羁靡不绝，使曲在彼，盖圣王制御蛮夷之常道也。

汉书卷九十五

西南夷两粤朝鲜传第六十五

南夷君长以十数，夜郎最大。其西，靡莫之属以十数，滇最大。自滇以北，君长以十数，邛都最大。此皆椎结，耕田，有邑聚。其外，西自桐师以东，北至叶榆，名为嶲、昆明，编发，随畜移徙，亡常处，亡君长，地方可数千里。自嶲以东北，君长以十数，徙、筰都最大。自筰以东北，君长以十数，冉駹最大。其俗，或土著，或移徙。在蜀之西。自駹以东北，君长以十数，白马最大，皆氐类也。此皆巴、蜀西南外蛮夷也。

始楚威王时，使将军庄跻将兵循江上，略巴、黔中以西。庄跻者，楚庄王苗裔也。跻至滇池，方三百里，旁平地肥饶数千里，以兵威定属楚。欲归报，会秦击夺楚巴、黔中郡，道塞不通，因乃以其众王滇，变服，从其俗，以长之。秦时尝破，略通五尺道，诸此国颇置吏焉。十余岁，秦灭。及汉兴，皆弃此国而关蜀故徼。巴、蜀民或窃出商贾，取其筰马、僰僮、旄牛，以此巴、蜀殷富。

建元六年，大行王恢击东粤，东粤杀王郢以报。恢因兵威使番阳令唐蒙风晓南粤。南粤食蒙蜀枸酱，蒙问所从来，曰：“道西北牂柯江，江广数里，出番禺城下。”蒙归至长安，问蜀贾人，独蜀出枸酱，多持窃出市夜郎。夜郎者，临牂柯江，江广百余步，足以行船。南粤以财物役属夜郎，西至桐师，然亦不能臣使也。蒙乃上书说上曰：“南粤王黄屋左纛，地东西万余里，名为外臣，实一州主。今以长沙、豫章往，水道多绝，难行。窃闻夜郎所有精兵可得十万，浮船牂柯，出不意，此制粤一奇也。诚以汉之强，巴、蜀之饶，通夜郎道，为置吏，甚易。”上许之。乃拜蒙以郎中将，将千人，食重万余人，从巴苻关入，遂见夜郎侯多同。厚赐，谕以威德，约为置吏，使其子为令。夜郎旁小邑皆贪汉缯帛，以为汉道险，终不能有也，乃且听蒙约。还报，乃以为犍为郡。发巴、蜀卒治道，自僰道指牂柯江。蜀人司马相如亦言西夷邛、莋可置郡。使相如以郎中将往谕，皆如南夷，为置一都尉，十余县，属蜀。当是时，巴、蜀四郡通西南夷道，载转相饷。数岁，道不通，士罢饿馁，离暑湿，死者甚众。西南夷又数反，发兵兴击，耗费亡功。上患之，使公孙弘往视问焉。还报，言其不便。及弘为御史大夫，时方筑朔方，据河逐胡，弘等因言西南夷为害，可且罢，专力事匈奴。上许之，罢西夷，独置南夷两县一都尉，稍令犍为自保就。

及元狩元年，博望侯张骞言使大夏时，见蜀布、邛竹杖，问所从来，曰：“从东南身毒国，可数千里，得蜀贾人市。”或闻邛西可二千里有身毒国。骞因盛言大夏在汉西南，慕中国，患匈奴隔其道，诚通蜀，身毒国道便近，又亡害。于是天子乃令王然于、柏始昌、吕越人等十余辈间出西南夷，指求身毒国。至滇，滇王当羌乃留为求道。四岁余，皆闭昆明，莫能通。滇王与汉使言：

“汉孰与我大?”及夜郎侯亦然。各自以一州王，不知汉广大。使者还，因盛言滇大国，足事亲附。天子注意焉。

及至南粤反，上使驰义侯因犍为发南夷兵。且兰君恐远行，旁国虏其老弱，乃与其众反，杀使者及犍为太守。汉乃发巴、蜀罪人当击南粤者八校尉击之。会越已破，汉八校尉不下，中郎将郭昌、卫广引兵还，行诛隔滇道者且兰，斩首数万，遂平南夷为牂柯郡。夜郎侯始倚南粤，南粤已灭，还诛反者，夜郎遂入朝，上以为夜郎王。南粤破后，及汉诛且兰、邛君，并杀莋侯，冉駹皆震恐，请臣置吏，以邛都为粤嶲郡，莋都为沈黎郡，冉駹为文山郡，广汉西白马为武都郡。

使王然于以粤破及诛南夷兵威风谕滇王入朝。滇王者，其众数万人，其旁东北劳深、靡莫皆同姓相杖，未肯听。劳、莫数侵犯使者吏卒。元封二年，天子发巴、蜀兵击灭劳深、靡莫，以兵临滇。滇王始首善，以故弗诛。滇王离西夷，滇举国降，请置吏入朝，于是以为益州郡，赐滇王王印，复长其民。西南夷君长以百数，独夜郎、滇受王印。滇，小邑也，最宠焉。

后二十三岁，孝昭始元元年，益州廉头、姑缯民反，杀长吏。牂柯、谈指、同并等二十四邑，凡三万余人皆反。遣水衡都尉发蜀郡、犍为奔命万余人击牂柯，大破之。后三岁，姑缯、叶榆复反，遣水衡都尉吕辟胡将郡兵击之。辟胡不进，蛮夷遂杀益州太守，乘胜与辟胡战，士战及溺死者四千余人。明年，复遣军正王平与大鸿胪田广明等并进，大破益州，斩首捕虏五万余级，获畜产十余万。上曰：“钩町侯亡波率其邑君长人民击反者，斩首捕虏有功，其立亡波为钩町王。大鸿胪广明赐爵关内侯，食邑三百户。”后间岁，武都氐人反，遣执金吾马适建、龙额侯韩增与大鸿胪广明将兵击之。

至成帝河平中，夜郎王兴与钩町王禹、漏卧侯俞更举兵相攻，牂柯太守请发兵诛兴等，议者以为道远不可击，乃遣太中大夫蜀郡张匡持节和解。兴等不从命，刻木象汉吏，立道旁射之。杜钦说大将军王凤曰：“太中大夫匡使和解蛮夷王侯，王侯受诏，已复相攻，轻易汉使，不惮国威，其效可见。恐议者选耎，复守和解，太守察动静有变，乃以闻。如此，则复旷一时，王侯得收猎其众，申固其谋，党助众多，各不胜忿，必相殄灭。自知罪成，狂犯守尉，远臧温暑毒草之地，虽有孙、吴将，贲，育士，若入水火，往必焦没，知勇亡所施。屯田守之，费不可胜量。宜因其罪恶未成，未疑汉家加诛，阴敕旁郡守尉练士马，大司农豫调谷积要害处，选任职太守往。以秋凉时入，诛其王侯尤不轨者。即以为不毛之地，亡用之民，圣王不以劳中国，宜罢郡，放弃其民，绝其王侯勿复通。如以先帝所立累世之功不可堕坏，亦宜因其萌牙，早断绝之，及已成形然后战师，则万姓被害。”

大将军凤于是荐金城司马陈立为牂柯太守。立者，临邛人，前为连然长，不韦令，蛮夷畏之。及至牂柯，谕告夜郎王兴，兴不从命，立请诛之。未报，乃从吏数十人出行县，至兴国且同亭，召兴。兴将数千人往至亭，从邑君数十人入见立。立数责，因断头。邑君曰：“将军诛亡状，为民除害，愿出晓士众。”以兴头示之，皆释兵降。钩町王禹、漏卧侯俞震恐，入粟千斛，牛、羊劳吏士。立还归郡，兴妻父翁指与兴子邪务收余兵，迫胁旁二十二邑反。至冬，立奏募诸夷与都尉长史分将攻翁指等。翁指据厄为垒，立使奇兵绝其饷道，纵反间以诱其众。都尉万年曰："兵久不决，费不可共。"引兵独进，败走，趋立营。立怒，叱戏下令格之。都尉复还战，立引兵救之。时天大旱，立攻绝其水道。蛮夷共斩翁指，持首出降。立已平定西夷，征诣京师。会巴郡有盗贼，复以立为巴郡太守，秩中二千石居，赐爵左庶长。徙为天水太守，劝民农桑为天下最，赐金四十斤。入为左曹卫将军、护军都尉，卒官。

王莽篡位，改汉制，贬钩町王以为侯。王邯怨恨，牂柯大尹周钦诈杀邯。邯弟承攻杀钦，州郡击之，不能服。三边蛮夷愁扰尽反，复杀益州大尹程隆。莽遣平蛮将军冯茂发巴、蜀、犍为吏士，赋敛取足于民，以击益州。出入三年，疾疫死者什七，巴、蜀骚动。莽征茂还，诛之。更遣宁始将军廉丹与庸部牧史熊大发天水、陇西骑士，广汉、巴、蜀、犍为吏民十万人，转输者合二十万人，击之。始至，颇斩首数千，其后军粮前后不相及，士卒饥疫，三岁余死者数万。而粤巂蛮夷任贵亦杀太守枚根，自立为邛谷王。会莽败汉兴，诛贵，复旧号云。

南粤王赵佗，真定人也。秦并天下，略定扬粤，置桂林、南海、象郡，以適徙民与粤杂处。十三岁，至二世时，南海尉任嚣病且死，召龙川令赵佗语曰："闻陈胜等作乱，豪桀叛秦相立，南海辟远，恐盗兵侵此。吾欲兴兵绝新道，自备待诸侯变，会疾甚。且番禺负山险阻，南北东西数千里，颇有中国人相辅，此亦一州之主，可为国。郡中长吏亡足与谋者，故召公告之。"即被佗书，行南海尉事。嚣死，佗即移檄告横浦、阳山、湟谿关曰："盗兵且至，急绝道聚兵自守。"因稍以法诛秦所置吏，以其党为守假。秦已灭，佗即击并桂林、象郡，自立为南粤武王。

高帝已定天下，为中国劳苦，故释佗不诛。十一年，遣陆贾立佗为南粤王，与剖符通使，使和辑百粤，毋为南边害，与长沙接境。

高后时，有司请禁粤关市铁器。佗曰："高皇帝立我，通使物，今高后听谗臣，别异蛮夷，隔绝器物，此必长沙王计，欲倚中国，击灭南海并王之，自为功也。"于是佗乃自尊号为南武帝，发兵攻长沙边，败数县焉。高后遣将军隆虑侯灶击之，会暑湿，士卒大疫，兵不能隃领。岁余，高后崩，即罢兵。佗因此以兵威财物赂遗闽粤、西瓯骆，役属焉。东西万余里。乃乘黄屋左纛，称制，与中国侔。

文帝元年，初镇抚天下，使告诸侯四夷从代来即位意，谕盛德焉。乃为佗亲冢在真定置守邑，岁时奉祀。召其从昆弟，尊官厚赐宠之。召丞相平举可使粤者，平言陆贾先帝时使粤。上召贾为太中大夫，谒者一人为副使，赐佗书曰："皇帝谨问南粤王，甚苦心劳意。朕，高皇帝侧室之子，弃外奉北藩于代，道里辽远，壅蔽朴愚，未尝致书。高皇帝弃群臣，孝惠皇帝即世，高后自临事，不幸有疾，日进不衰，以故悖暴乎治。诸吕为变故乱法，不能独制，乃取它姓子为孝惠皇帝嗣。赖宗庙之灵，功臣之力，诛之已毕。朕以王侯吏不释之故，不得不立，今即位。乃者闻王遗将军隆虑侯书，求亲昆弟，请罢长沙两将军。朕以王书罢将军博阳侯，亲昆弟在真定者，已遣人存问，修治先人冢。前日闻王发兵于边，为寇灾不止。当其时，长沙苦之，南郡尤甚，虽王之国，庸独利乎！必多杀士卒，伤良将吏，寡人之妻，孤人之子，独人父母，得一亡十，朕不忍为也。朕欲定地犬牙相入者，以问吏，吏曰‘高皇帝所以介长沙土也’，朕不得擅变焉。吏曰：‘得王之地不足以为大，得王之财不足以为富，服领以南，王自治之。’虽然，王之号为帝。两帝并立，亡一乘之使以通其道，是争也；争而不让，仁者不为也。愿与王分弃前患，终今以来，通使如故。故使贾驰谕告王朕意，王亦受之，毋为寇灾矣。上褚五十衣，中褚三十衣，下褚二十衣，遗王。愿王听乐娱忧，存问邻国。”

陆贾至，南粤王恐，乃顿首谢，愿奉明诏，长为藩臣，奉贡职。于是下令国中曰：“吾闻两雄不俱立，两贤不并世。汉皇帝贤天子。自今以来，去帝制黄屋左纛。”因为书称：“蛮夷大长老夫臣佗昧死再拜上书皇帝陛下：老夫故粤吏也，高皇帝幸赐臣佗玺，以为南粤王，使为外臣，时内贡职。孝惠皇帝即位，义不忍绝，所以赐老夫者厚甚。高后自临用事，近细士，信谗臣，别异蛮夷，出令曰：‘毋予蛮夷外粤金铁田器；马、牛、羊即予，予牡，毋与牝。’老夫处辟，马、牛、羊齿已长，自以祭祀不修，有死罪，使内史藩、中尉高、御史平凡三辈上书谢过，皆不反。又风闻老夫父母坟墓已坏削，兄弟宗族已诛论。吏相与议曰：‘今内不得振于汉，外亡以自高异。’故更号为帝，自帝其国，非敢有害于天下也。高皇后闻之大怒，削去南粤之籍，使使不通。老夫窃疑长沙王谗臣，故敢发兵以伐其边。且南方卑湿，蛮夷中西有西瓯，其众半羸，南面称王；东有闽粤，其众数千人，亦称王；西北有长沙，其半蛮夷，亦称王。老夫故敢妄窃帝号，聊以自娱。老夫身定百邑之地，东西南北数千万里，带甲百万有余，然北面而臣事汉，何也？不敢背先人之故。老夫处粤四十九年，于今抱孙焉。

然夙兴夜寐，寝不安席，食不甘味，目不视靡曼之色，耳不听钟鼓之音者，以不得事汉也。今陛下幸哀怜，复故号，通使汉如故，老夫死骨不腐，改号不敢为帝矣！谨北面因使者献白璧一双，翠鸟千，犀角十，紫贝五百，桂蠹一器，生翠四十双，孔雀二双。昧死再拜，以闻皇帝陛下。”

陆贾还报，文帝大说。遂至孝景时，称臣遣使入朝请。然其居国，窃如故号；其使天子，称王朝命如诸侯。

至武帝建元四年，佗孙胡为南粤王。立三年，闽粤王郢兴兵南击边邑。粤使人上书曰：“两粤俱为藩臣，毋擅兴兵相攻击。今东粤擅兴兵侵臣，臣不敢兴兵，唯天子诏之。”于是天子多南粤义，守职约，为兴师，遣两将军往讨闽粤。兵未逾领，闽粤王弟馀善杀郢以降，于是罢兵。

天子使严助往谕意，南粤王胡顿首曰：“天子乃兴兵诛闽粤，死亡以报德！”遣太子婴齐入宿卫。谓助曰：“国新被寇，使者行矣。胡方日夜装入见天子。”助去后，其大臣谏胡曰：“汉兴兵诛郢，亦行以惊动南粤。且先王言事天子期毋失礼，要之不可以怵好语入见。入见则不得复归，亡国之势也。”于是胡称病，竟不入见。后十余岁，胡实病甚，太子婴齐请归。胡薨，谥曰文王。

婴齐嗣立，即臧其先武帝、文帝玺。婴齐在长安时，取邯郸摎氏女，生子兴。及即位，上书请立摎氏女为后，兴为嗣。汉数使使者风谕，婴齐犹尚乐擅杀生自恣，惧入见，要以用汉法，比内诸侯，固称病，遂不入见。遣子次公入宿卫。婴齐薨，谥曰明王。

太子兴嗣立，其母为太后。太后自未为婴齐妻时，曾与霸陵人安国少季通。及婴齐薨后，元鼎四年，汉使安国少季谕王、王太后入朝，令辩士谏大夫终军等宣其辞，勇士魏臣等辅其决，卫尉路博德将兵屯桂阳，待使者。王年少，太后中国人，安国少季往，复与私通，国人颇知之，多不附太后。太后恐乱起，亦欲倚汉威，劝王及幸臣求内属。即因使者上书，请比内诸侯，三岁壹朝，除边关。于是天子许之，赐其丞相吕嘉银印，及内史、中尉、太傅印，余得自置。除其故黥、劓刑，用汉法。诸使者皆留填抚之。王、王太后饬治行装重资，为入朝具。

相吕嘉年长矣，相三王，宗族官贵为长吏七十余人，男尽尚王女，女尽嫁王子弟宗室，及苍梧秦王有连。其居国中甚重，粤人信之，多为耳目者，得众心愈于王。王之上书，数谏止王，王不听。有畔心，数称病不见汉使者。使者注意嘉，势未能诛。王、王太后亦恐嘉等先事发，欲介使者权，谋诛嘉等。置酒请使者，大臣皆侍坐饮。嘉弟为将，将卒居宫外。酒行，太后谓嘉："南粤内属，国之利，而相君苦不便者，何也?"以激怒使者。使者狐疑相杖，遂不敢发。嘉见耳目非是，即趋出。太后怒，欲鏦嘉以矛，王止太后。嘉遂出，介弟兵就舍，称病，不肯见王及使者。乃阴谋作乱。王素亡意诛嘉，嘉知之，以故数月不发。太后独欲诛嘉等，力又不能。

天子闻之，罪使者怯亡决。又以为王、王太后已附汉，独吕嘉为乱，不足以兴兵，欲使庄参以二千人往。参曰："以好往，数人足；以武往，二千人亡足以为也。"辞不可，天子罢参兵。郏壮士故济北相韩千秋奋曰："以区区粤，又有王应，独相吕嘉为害，愿得勇士三百人，必斩嘉以报。"于是天子遣千秋与王太后弟摎乐将二千人往。入粤境，吕嘉乃遂反，下令国中曰："王年少。太后中国人，又与使者乱，专欲内属，尽持先王宝入献天子以自媚，多从人，行至长安，虏卖以为僮。取自脱一时利，亡顾赵氏社稷为万世虑之意。"乃与其弟将卒攻杀太后、王，尽杀汉使者。遣人告苍梧秦王及其诸郡县，立明王长男粤妻子术阳侯建德为王。而韩千秋兵之入也，破数小邑。其后粤直开道给食，未至番禺四十里，粤以兵击千秋等，灭之。使人函封汉使节置塞上，好为谩辞谢罪，发兵守要害处。于是天子曰："韩千秋虽亡成功，亦军锋之冠。封其子延年为成安侯。摎乐，其姊为王太后，首愿属汉，封其子广德为龙侯。"乃赦天下，曰："天子微弱，诸侯力政，讥臣不讨贼。吕嘉、建德等反，自立晏如，令粤人及江淮以南楼船十万师往讨之。"

元鼎五年秋，卫尉路博德为伏波将军，出桂阳，下湟水；主爵都尉杨仆为楼船将军，出豫章，下横浦；故归义粤侯二人为戈船、下濑将军，出零陵，或下离水，或抵苍梧；使驰义侯因巴、蜀罪人，发夜郎兵，下牂柯江：咸会番禺。

六年冬，楼船将军将精卒先陷寻狭，破石门，得粤船粟，因推而前，挫粤锋，以粤数万人待伏波将军。伏波将军将罪人，道远后期，与楼船会乃有千余人，遂俱进。楼船居前，至番禺，建德、嘉皆城守。楼船自择便处，居东南面，伏波居西北面。会暮，楼船攻败粤人，纵火烧城。粤素闻伏波，莫，不知其兵多少。伏波乃为营，遣使招降者，赐印绶，复纵令相招。楼船力攻烧敌，反驱而入伏波营中。迟旦，城中皆降伏波。吕嘉、建德以夜与其属数百人亡入海。伏波又问降者，知嘉所之，遣人追。故其校司马苏弘得建德，为海常侯；粤郎都稽得嘉，为临蔡侯。

苍梧王赵光与粤王同姓，闻汉兵至，降，为随桃侯。及粤揭阳令史定降汉，为安道侯。粤将毕取以军降，为膫侯。粤桂林监居翁谕告瓯骆四十余万口降，为湘城侯。戈船、下濑将军兵及驰义侯所发夜郎兵未下，南粤已平。遂以其地为儋耳、珠崖、南海、苍梧、郁林、合浦、交阯、九真、日南九郡。伏波将军益封。楼船将军以推锋陷坚为将梁侯。

自尉佗王凡五世，九十三岁而亡。

闽粤王无诸及粤东海王摇，其先皆粤王句践之后也，姓驺氏。秦并天下，废为君长，以其地为闽中郡。及诸侯畔秦，无诸、摇率粤归番阳令吴芮，所谓番君者也，从诸侯灭秦。当是时，项羽主命，不王也，以故不佐楚。汉击项籍，无诸、摇帅粤人佐汉。汉五年，复立无诸为闽粤王，王闽中故地，都冶。孝惠三年，举高帝时粤功，曰闽君摇功多，其民便附，乃立摇为东海王，都东瓯，世号曰东瓯王。

后数世，孝景三年，吴王濞反，欲从闽粤，闽粤未肯行，独东瓯从。及吴破，东瓯受汉购，杀吴王丹徒，以故得不诛。

吴王子驹亡走闽粤，怨东瓯杀其父，常劝闽粤击东瓯。建元三年，闽粤发兵围东瓯，东瓯使人告急天子。天子问太尉田蚡，蚡对曰："粤人相攻击，固其常，不足以烦中国往救也。"中大夫严助诘蚡，言当救。天子遣助发会稽郡兵浮海救之，语具在《助传》。汉兵未至，闽粤引兵去。东粤请举国徙中国，乃悉与众处江、淮之间。

六年，闽粤击南粤，南粤守天子约，不敢擅发兵，而以闻。

上遣大行王恢出豫章，大司农韩安国出会稽，皆为将军。兵未逾领，闽粤王郢发兵距险。其弟馀善与宗族谋曰："王以擅发兵，不请，故天子兵来诛。汉兵众强，即幸胜之，后来益多，灭国乃止。今杀王以谢天子，天子罢兵，固国完。不听乃力战，不胜即亡入海。"皆曰："善。"即鏦杀王，使使奉其头致大行。大行曰："所为来者，诛王。王头至，不战而殒，利莫大焉。"乃以便宜案兵告大司农军，而使使奉王头驰报天子。诏罢两将军兵，曰："郢等首恶，独无诸孙繇君丑不与谋。"乃使郎中将立丑为粤繇王，奉闽粤祭祀。

馀善以杀郢，威行国中，民多属，窃自立为王，繇王不能制。上闻之，为馀善不足复兴师，曰："馀善首诛郢，师得不劳。"因立馀善为东粤王，与繇王并处。

至元鼎五年，南粤反，馀善上书请以卒八千从楼船击吕嘉等。兵至揭阳，以海风波为解，不行，持两端，阴使南粤。及汉破番禺，楼船将军仆上书愿请引兵击东粤。上以士卒劳倦，不许。罢兵，令诸校留屯豫章梅领待命。

明年秋，馀善闻楼船请诛之，汉兵留境，且往，乃遂发兵距汉道，号将军驺力等为"吞汉将军"，入白沙、武林、梅领，杀汉三校尉。是时，汉使大司农张成、故山州侯齿将屯，不敢击，却就便处，皆坐畏懦诛。馀善刻"武帝"玺自立，诈其民，为妄言。上遣横海将军韩说出句章，浮海从东方往；楼船将军仆出武林，中尉王温舒出梅领，粤侯为戈船、下濑将军出如邪、白沙，元封元年冬，咸入东粤。东粤素发兵距险，使徇北将军守武林，败楼船军数校尉，杀长史。楼船军卒钱唐榱终古斩徇北将军，为语儿侯。自兵未往。

故粤衍侯吴阳前在汉，汉使归谕馀善，不听。及横海军至，阳以其邑七百人反，攻粤军于汉阳。及故粤建成侯敖与繇王居股谋，俱杀馀善，以其众降横海军。封居股为东成侯，万户；封敖为开陵侯；封阳为卯石侯，横海将军说为按道侯，横海校尉福为缭荌侯。福者，城阳王子，故为海常侯，坐法失爵，从军亡功，以宗室故侯。及东粤将多军，汉兵至，弃军降，封为无锡侯。故瓯骆将左黄同斩西于王，封为下鄜侯。

于是天子曰“东粤狭多阻，闽粤悍，数反覆”，诏军吏皆将其民徙处江、淮之间。东粤地遂虚。

朝鲜王满，燕人。自始燕时，尝略属真番、朝鲜，为置吏筑障。秦灭燕，属辽东外徼。汉兴，为远难守，复修辽东故塞，至浿水为界，属燕。燕王卢绾反，入匈奴，满亡命，聚党千余人，椎结蛮夷服而东走出塞，渡浿水，居秦故空地上下障，稍役属真番、朝鲜蛮夷及故燕、齐亡在者王之，都王险。

会孝惠、高后天下初定，辽东太守即约满为外臣，保塞外蛮夷，毋使盗边；蛮夷君长欲入见天子，勿得禁止。以闻，上许之，以故满得以兵威财物侵降其旁小邑，真番、临屯皆来服属，方数千里。

传子至孙右渠，所诱汉亡人滋多，又未尝入见；真番、辰国欲上书见天子，又雍阏弗通。元封二年，汉使涉何谯谕右渠，终不肯奉诏。何去至界，临浿水，使驭刺杀送何者朝鲜裨王长，即渡水，驰入塞，遂归报天子曰“杀朝鲜将”。上为其名美，弗诘，拜何为辽东东部都尉。朝鲜怨何，发兵攻袭、杀何。

天子募罪人击朝鲜。其秋，遣楼船将军杨仆从齐浮勃海，兵五万，左将军荀彘出辽东，诛右渠。右渠发兵距险。左将军卒多率辽东士兵先纵，败散。多还走，坐法斩。楼船将齐兵七千人先至王险。右渠城守，窥知楼船军少，即出击楼船，楼船军败走。将军仆失其众，遁山中十余日，稍求收散卒，复聚。左将军击朝鲜沨水西军，未能破。

天子为两将未有利，乃使卫山因兵威往谕右渠。右渠见使者，顿首谢："愿降，恐将诈杀臣；今见信节，请服降。"遣太子入谢，献马五千匹，及馈军粮。人众万余持兵，方度沨水，使者及左将军疑其为变，谓太子已服降，宜令人毋持兵。太子亦疑使者左将军诈之，遂不度沨水，复引归。山报，天子诛山。

左将军破沨水上军，乃前至城下，围其西北。楼船亦往会，居城南。右渠遂坚城守，数月未能下。

左将军素侍中，幸，将燕、代卒，悍，乘胜，军多骄。楼船将齐卒，入海已多败亡，其先与右渠战，困辱亡卒，卒皆恐，将心惭，其围右渠，常持和节。左将军急击之，朝鲜大臣乃阴间使人私约降楼船，往来言，尚未肯决。左将军数与楼船期战，楼船欲就其约，不会。左将军亦使人求间隙降下朝鲜，不肯，心附楼船。以故两将不相得。左将军心意楼船前有失军罪，今与朝鲜和善而又不降，疑其有反计，未敢发。天子曰："将率不能前，乃使卫山谕降右渠，不能颛决，与左将军相误，卒沮约。今两将围城又乖异，以故久不决。"使故济南太守公孙遂往正之，有便宜得以从事。遂至，左将军曰："朝鲜当下久矣，不下者，楼船数期不会。"具以素所意告遂曰："今如此不取，恐为大害，非独楼船，又且与朝鲜共灭吾军。”遂亦以为然，而以节召楼船将军入左将军军计事，即令左将军戏下执缚楼船将军，并其军。以报，天子诛遂。

左将军已并两军，即急击朝鲜。朝鲜相路人、相韩陶、尼谿相参、将军王唊相与谋曰：“始欲降楼船，楼船今执，独左将军并将，战益急，恐不能与，王又不肯降。”陶、唊、路人皆亡降汉。路人道死。元封三年夏，尼谿相参乃使人杀朝鲜王右渠来降。王险城未下，故右渠之大臣成已又反，复攻吏。左将军使右渠子长、降相路人子最，告谕其民，诛成已。故遂定朝鲜为真番、临屯、乐浪、玄菟四郡。封参为澅清侯，陶为秋苴侯，唊为平州侯，长为几侯。最以父死颇有功，为沮阳侯。左将军征至，坐争功相嫉乖计，弃市。楼船将军亦坐兵至列口当待左将军，擅先纵，失亡多，当诛，赎为庶人。

赞曰：楚、粤之先，历世有土。及周之衰，楚地方五千里，而句践亦以粤伯。秦灭诸侯，唯楚尚有滇王。汉诛西南夷，独滇复宠。及东粤灭国迁众，繇王居股等犹为万户侯。三方之开，皆自好事之臣。故西南夷发于唐蒙、司马相如，两粤起严助、朱买臣，朝鲜由涉何。遭世富盛，动能成功，然已勤矣。追观太宗填抚尉佗，岂古所谓“招携以礼，怀远以德”者哉！

汉书卷九十六上

西域传第六十六上

西域以孝武时始通，本三十六国，其后稍分至五十余，皆在匈奴之西，乌孙之南。南北有大山，中央有河，东西六千余里，南北千余里。东则接汉，厄以玉门、阳关，西则限以葱岭。其南山，东出金城，与汉南山属焉。其河有两原：一出葱岭山，一出于阗。于阗在南山下，其河北流，与葱岭河合，东注蒲昌海。蒲昌海，一名盐泽者也，去玉门、阳关三百余里，广袤三四百里。其水亭居，冬夏不增减，皆以为潜行地下，南出于积石，为中国河云。

自玉门、阳关出西域有两道：从鄯善傍南山北，波河西行至莎车，为南道；南道西逾葱岭则出大月氏、安息。自车师前王廷随北山，波河西行至疏勒，为北道；北道西逾葱岭则出大宛、康居、奄蔡焉。

西域诸国大率土著，有城郭田畜，与匈奴、乌孙异俗，故皆役属匈奴。匈奴西边日逐王置僮仆都尉，使领西域，常居焉耆、危须、尉黎间，赋税诸国，取富给焉。

自周衰，戎狄错居泾渭之北。及秦始皇攘却戎狄，筑长城，界中国，然西不过临洮。

汉兴至于孝武，事征四夷，广威德，而张骞始开西域之迹。其后骠骑将军击破匈奴右地，降浑邪、休屠王，遂空其地，始筑令居以西，初置酒泉郡，后稍发徙民充实之，分置武威、张掖、敦煌，列四郡，据两关焉。自贰师将军伐大宛之后，西域震惧，多遣使来贡献。汉使西域者益得职。于是自敦煌西至盐泽，往往起亭，而轮台、渠犁皆有田卒数百人，置使者校尉领护，以给使外国者。

至宣帝时，遣卫司马使护鄯善以西数国。及破姑师，未尽殄，分以为车师前后王及山北六国。时汉独护南道，未能尽并北道也。然匈奴不自安矣。其后日逐王畔单于，将众来降，护鄯善以西使者郑吉迎之。既至汉，封日逐王为归德侯，吉为安远侯。是岁，神爵三年也。乃因使吉并护北道，故号曰都护。都护之起，自吉置矣。僮仆都尉由此罢，匈奴益弱，不得近西域。于是徙屯田，田于北胥鞬，披莎车之地，屯田校尉始属都护。都护督察乌孙、康居诸外国动静，有变以闻。可安辑，安辑之；可击，击之。都护治乌垒城，去阳关二千七百三十八里，与渠犁田官相近，土地肥饶，于西域为中，故都护治焉。

至元帝时，复置戊己校尉，屯田车师前王庭。是时，匈奴东蒲类王兹力支将人众千七百余人降都护，都护分车师后王之西为乌贪訾离地以处之。

自宣、元后，单于称藩臣，西域服从。其土地山川、王侯户数、道里远近，翔实矣。

出阳关，自近者始，曰婼羌。婼羌国王号去胡来王。去阳关千八百里，去长安六千三百里，辟在西南，不当孔道。户四百五十，口千七百五十，胜兵者五百人。西与且末接。随畜逐水草，不田作，仰鄯善、且末谷。山有铁，自作兵，兵有弓、矛、服刀、剑、甲。西北至鄯善，乃当道云。

鄯善国，本名楼兰，王治扜泥城，去阳关千六百里，去长安六千一百里。户千五百七十，口万四千一百，胜兵二千九百十二人。辅国侯、却胡侯、鄯善都尉、击车师都尉、左右且渠、击车师君各一人，译长二人。西北去都护治所千七百八十五里，至山国千三百六十五里，西北至车师千八百九十里。地沙卤，少田，寄田仰谷旁国。国出玉，多葭苇、柽柳、胡桐、白草。民随畜牧逐水草，有驴马，多橐它。能作兵，与婼羌同。

初，武帝感张骞之言，甘心欲通大宛诸国，使者相望于道，一岁中多至十余辈。楼兰、姑师当道，苦之，攻劫汉使王恢等，又数为匈奴耳目，令其兵遮汉使。汉使多言其国有城邑，兵弱易击。于是武帝遣从票侯赵破奴将属国骑及郡兵数万击姑师。王恢数为楼兰所苦，上令恢佐破奴将兵。破奴与轻骑七百人先至，虏楼兰王，遂破姑师，因暴兵威以动乌孙、大宛之属。还，封破奴为浞野侯，恢为浩侯。于是汉列亭障至玉门矣。

楼兰既降服贡献，匈奴闻，发兵击之。于是楼兰遣一子质匈奴，一子质汉。后贰师军击大宛，匈奴欲遮之，贰师兵盛不敢当，即遣骑因楼兰候汉使后过者，欲绝勿通。时汉军正任文将兵屯玉门关，为贰师后距，捕得生口，知状以闻。上诏文便道引兵捕楼兰王。将诣阙，簿责王，对曰："小国在大国间，不两属无以自安。愿徙国入居汉地。”上直其言，遣归国，亦因使候司匈奴。匈奴自是不甚亲信楼兰。

征和元年，楼兰王死，国人来请质子在汉者，欲立之。质子常坐汉法，下蚕室宫刑，故不遣。报曰：“侍子，天子爱之，不能遣。其更立其次当立者。”楼兰更立王，汉复责其质子，亦遣一子质匈奴。后王又死，匈奴先闻之，遣质子归，得立为王。汉遣使诏新王，令入朝，天子将加厚赏。楼兰王后妻，故继母也，谓王曰：“先王遣两子质汉皆不还，奈何欲往朝乎？”王用其计，谢使曰：“新立，国未定，愿待后年入见天子。”然楼兰国最在东垂，近汉，当白龙堆，乏水草，常主发导，负水儋粮，送迎汉使，又数为吏卒所寇，惩艾不便与汉通。后复为匈奴反间，数遮杀汉使。其弟尉屠耆降汉，具言状。

元凤四年，大将军霍光白遣平乐监傅介子往刺其王。介子轻将勇敢士，赍金币，扬言以赐外国为名。既至楼兰，诈其王欲赐之，王喜，与介子饮，醉，将其王屏语，壮士二人从后刺杀之，贵人左右皆散走。介子告谕以：“王负汉罪，天子遣我诛王，当更立王弟尉屠耆在汉者。汉兵方至，毋敢动，自令灭国矣！”介子遂斩王尝归首，驰传诣阙，悬首北阙下。封介子为义阳侯。乃立尉屠耆为王，更名其国为鄯善，为刻印章，赐以宫女为夫人，备车骑辎重，丞相将军率百官送至横门外，祖而遣之。王自请天子曰：“身在汉久，今归，单弱，而前王有子在，恐为所杀。国中有伊循城，其地肥美，愿汉遣一将屯田积谷，令臣得依其威重。”于是汉遣司马一人、吏士四十人，田伊循以填抚之。其后更置都尉。伊循官置始此矣。

鄯善当汉道冲，西通且末七百二十里。自且末以往皆种五谷，土地草木，畜产作兵，略与汉同，有异乃记云。

且末国，王治且末城，去长安六千八百二十里。户二百三十，口千六百一十，胜兵三百二十人。辅国侯、左右将、译长各一人。西北至都护治所二千二百五十八里，北接尉犁，南至小宛可三日行。有蒲陶诸果。西通精绝二千里。

小宛国，王治扜零城，去长安七千二百一十里。户百五十，口千五十，胜兵二百人。辅国侯、左右都尉各一人。西北至都护治所二千五百五十八里，东与婼羌接，辟南不当道。

精绝国，王治精绝城，去长安八千八百二十里。户四百八十，口三千三百六十，胜兵五百人。精绝都尉、左右将、译长各一人。北至都护治所二千七百二十三里，南至戎卢国四日行，地厄狭，西通扜弥四百六十里。

戎卢国，王治卑品城，去长安八千三百里。户二百四十，口千六百一十，胜兵三百人。东北至都护治所二千八百五十八里，东与小宛、南与婼羌、西与渠勒接，辟南不当道。

扜弥国，王治扜弥城，去长安九千二百八十里。户三千三百四十，口二万四十，胜兵三千五百四十人。辅国侯、左右将、左右都尉、左右骑君各一人，译长二人。东北至都护治所三千五百五十三里，南与渠勒、东北与龟兹、西北与姑墨接，西通于阗三百九十里。今名宁弥。

渠勒国，王治鞬都城，去长安九千九百五十里。户三百一十，口二千一百七十，胜兵三百人。东北至都护治所三千八百五十二里，东与戎卢、西与婼羌、北与扜弥接。

于阗国，王治西城，去长安九千六百七十里。户三千三百，口万九千三百，胜兵二千四百人。辅国侯、左右将、左右骑君、东西城长、译长各一人。东北至都护治所三千九百四十七里，南与婼羌接，北与姑墨接。于阗之西，水皆西流，注西海；其东，水东流，注盐泽，河原出焉。多玉石。西通皮山三百八十里。

皮山国，王治皮山城，去长安万五十里。户五百，口三千五百，胜兵五百人。左右将、左右都尉、骑君、译长各一人。东北至都护治所四千二百九十二里，西南至乌秅国千三百四十里，南与天笃接，北至姑墨千四百五十里，西南当罽宾、乌弋山离道，西北通莎车三百八十里。

乌秅国，王治乌秅城，去长安九千九百五十里。户四百九十，口二千七百三十三，胜兵七百四十人。东北至都护治所四千八百九十二里，北与子合、蒲犁，西与难兜接。山居，田石间。有白草。累石为室。民接手饮。出小步马，有驴无牛。其西则有縣度，去阳关五千八百八十八里，去都护治所五千二十里。縣度者，石山也，溪谷不通，以绳索相引而度云。

西夜国，王号子合王，治呼犍谷，去长安万二百五十里。户三百五十，口四千，胜兵千人。东北到都护治所五千四十六里，东与皮山、西南与乌秅、北与莎车、西与蒲犁接。蒲犁及依耐、无雷国皆西夜类也。西夜与胡异，其种类羌氐行国，随畜逐水草往来。而子合土地出玉石。

蒲犁国，王治蒲犁谷，去长安九千五百五十里。户六百五十，口五千，胜兵二千人。东北至都护治所五千三百九十六里，东至莎车五百四十里，北至疏勒五百五十里，南与西夜子合接，西至无雷五百四十里。侯、都尉各一人。寄田莎车。种俗与子合同。

依耐国，王治去长安万一百五十里。户一百二十五，口六百七十，胜兵三百五十人。东北至都护治所二千七百三十里，至莎车五百四十里，至无雷五百四十里，北至疏勒六百五十里，南与子合接，俗相与同。少谷，寄田疏勒、莎车。

无雷国，王治卢城，去长安九千九百五十里。户千，口七千，胜兵三千人。东北至都护治所二千四百六十五里，南至蒲犁五百四十里，南与乌秅、北与捐毒、西与大月氏接。衣服类乌孙，俗与子合同。

难兜国，王治去长安万一百五十里。户五千，口三万一千，胜兵八千人。东北至都护治所二千八百五十里，西至无雷三百四十里，西南至罽宾三百三十里，南与婼羌、北与休循、西与大月氏接。种五谷、蒲陶诸果。有银、铜、铁，作兵与诸国同，属罽宾。

罽宾国，王治循鲜城，去长安万二千二百里。不属都护。户口胜兵多，大国也。东北至都护治所六千八百四十里，东至乌秅国二千二百五十里，东北至难兜国九日行，西北与大月氏、西南与乌弋山离接。

昔匈奴破大月氏，大月氏西君大夏，而塞王南君罽宾。塞种分散，往往为数国。自疏勒以西北，休循、捐毒之属，皆故塞种也。

罽宾地平，温和，有目宿、杂草、奇木、檀、櫰、梓、竹、漆。种五谷、蒲陶诸果，粪治园田。地下湿，生稻，冬食生菜。其民巧，雕文刻镂，治宫室，织罽，刺文绣，好治食。有金、银、铜、锡，以为器。市列。以金银为钱，文为骑马，幕为人面。出封牛、水牛、象、大狗、沐猴、孔爵、珠玑、珊瑚、虎魄、璧流离。它畜与诸国同。

自武帝始通罽宾，自以绝远，汉兵不能至，其王乌头劳数剽杀汉使。乌头劳死，子代立，遣使奉献。汉使关都尉文忠送其使。王复欲害忠，忠觉之，乃与容屈王子阴末赴共合谋，攻罽宾，杀其王，立阴末赴为罽宾王，授印绶。后军候赵德使罽宾，与阴末赴相失，阴末赴锁琅当德，杀副已下七十余人，遣使者上书谢。孝元帝以绝域不录，放其使者于县度，绝而不通。

成帝时，复遣使献谢罪，汉欲遣使者报送其使，杜钦说大将军王凤曰："前罽宾王阴末赴本汉所立，后卒畔逆。夫德莫大于有国子民，罪莫大于执杀使者，所以不报恩，不惧诛者，自知绝远，兵不至也。有求则卑辞，无欲则娇嫚，终不可怀服。凡中国所以为通厚蛮夷，惬快其求者，为壤比而为寇也。今縣度之厄，非罽宾所能越也。其乡慕，不足以安西域；虽不附，不能危城郭。前亲逆节，恶暴西域，故绝而不通；今悔过来，而无亲属贵人，奉献者皆行贾贱人，欲通货市买，以献为名，故烦使者送至縣度，恐失实见欺。凡遣使送客者，欲为防护寇害也。起皮山南，更不属汉之国四五，斥候士百余人，五分夜击刀斗自守，尚时为所侵盗。驴畜负粮，须诸国禀食，得以自赡。国或贫小不能食，或桀黠不肯给，拥强汉之节，馁山谷之间，乞丐无所得，离一二旬则人畜弃捐旷野而不反。又历大头痛、小头痛之山，赤土、身热之阪，令人身热无色，头痛呕吐，驴畜尽然。又有三池、盘石阪，道狭者尺六七寸，长者径三十里。临峥嵘不测之深，行者骑步相持，绳索相引，二千余里乃到縣度。畜队，未半坑谷尽靡碎；人堕，势不得相收视。险阻危害，不可胜言。圣王分九州，制五服，务盛内，不求外。今遣使者承至尊之命，送蛮夷之贾，劳吏士之众，涉危难之路，罢弊所恃以事无用，非久长计也。使者业已受节，可至皮山而还。”于是凤白从钦言。罽宾实利赏赐贾市，其使数年而壹至云。

乌弋山离国，王去长安万二千二百里。不属都护。户口胜兵，大国也。东北至都护治所六十日行，东与罽宾、北与扑挑、西与犁靬、条支接。

行可百余日，乃至条支。国临西海，暑湿，田稻。有大鸟，卵如瓮。人众甚多，往往有小君长，安息役属之，以为外国。善眩。安息长老传闻条支有弱水、西王母，亦未尝见也。自条支乘水西行，可百余日，近日所入云。

乌弋地暑热莽平，其草木、畜产、五谷、果菜、食饮、宫室、市列、钱货、兵器、金珠之属皆与罽宾同，而有桃拔、师子、犀牛。俗重妄杀。其钱独文为人头，幕为骑马。以金银饰杖。绝远，汉使希至。自玉门、阳关出南道，历鄯善而南行，至乌弋山离，南道极矣。转北而东得安息。

安息国，王治番兜城，去长安万一千六百里。不属都护。北与康居、东与乌弋山离、西与条支接。土地风气，物类所有，民俗与乌弋、罽宾同。亦以银为钱，文独为王面，幕为夫人面。王死辄更铸钱。有大马爵。其属小大数百城，地方数千里，最大国也。临妫水，商贾车船行旁国。书革，旁行为书记。

武帝始遣使至安息，王令将将二万骑迎于东界。东界去王都数千里，行比至，过数十城，人民相属。因发使随汉使者来观汉地，以大鸟卵及犁靬眩人献于汉，天子大说。安息东则大月氏。

大月氏国，治监氏城，去长安万一千六百里。不属都护。户十万，口四十万，胜兵十万人。东至都护治所四千七百四十里，西至安息四十九日行，南与罽宾接。土地风气，物类所有，民俗钱贷，与安息同。出一封橐驼。

大月氏本行国也，随畜移徙，与匈奴同俗。控弦十余万，故强轻匈奴。本居敦煌、祁连间，至冒顿单于攻破月氏，而老上单于杀月氏，以其头为饮器，月氏乃远去，过大宛，西击大夏而臣之，都妫水北为王庭。其余小众不能去者，保南山羌，号小月氏。

大夏本无大君长，城邑往往置小长，民弱畏战，故月氏徙来，皆臣畜之，共禀汉使者。有五翎侯：一曰休密翎侯，治和墨城，去都护二千八百四十一里，去阳关七千八百二里；二曰双靡翎侯，治双靡城，去都护三千七百四十一里，去阳关七千七百八十二里；三曰贵霜翎侯，治护澡城，去都护五千九百四十里，去阳关七千九百八十二里；四曰肸顿翎侯，治薄茅城，去都护五千九百六十二里，去阳关八千二百二里；五曰高附翎侯，治高附城，去都护六千四十一里，去阳关九千二百八十三里。凡五翎侯，皆属大月氏。

康居国，王冬治乐越匿地。到卑阗城。去长安万二千三百里。不属都护。至越匿地马行七日，至王夏所居蕃内九千一百四里。户十二万，口六十万，胜兵十二万人。东至都护治所五千五百五十里。与大月氏同俗。东羁事匈奴。

宣帝时，匈奴乖乱，五单于并争，汉拥立呼韩邪单于，而郅支单于怨望，杀汉使者，西阻康居。其后都护甘延寿、副校尉陈汤发戊己校尉西域诸国兵至康居，诛灭郅支单于，语在《甘延寿、陈汤传》。是岁，元帝建昭三年也。

至成帝时，康居遣子侍汉，贡献，然自以绝远，独骄嫚，不肯与诸国相望。都护郭舜数上言："本匈奴盛时，非以兼有乌孙、康居故也；及其称臣妾，非以失二国也。汉虽皆受其质子，然三国内相输遗，交通如故，亦相候司，见便则发；合不能相亲信，离不能相臣役。以今言之，结配乌孙竟未有益，反为中国生事。然乌孙既结在前，今与匈奴俱称臣，义不可距。而康居骄黠，讫不肯拜使者。都护吏至其国，坐之乌孙诸使下，王及贵人先饮食已，乃饮啖都护吏，故为无所省以夸旁国。以此度之，何故遣子入侍？其欲贾市为好，辞之诈也。匈奴百蛮大国，今事汉甚备，闻康居不拜，且使单于有自下之意，宜归其侍子，绝勿复使，以章汉家不通无礼之国。敦煌、酒泉小郡及南道八国，给使者往来人、马、驴、橐驼食，皆苦之。空罢耗所过，送迎骄黠绝远之国，非至计也。"汉为其新通，重致远人。终羁縻而未绝。

其康居西北可二千里，有奄蔡国。控弦者十余万人。与康居同俗。临大泽，无崖，盖北海云。

康居有小王五：一曰苏皭王，治苏皭城，去都护五千七百七十六里，去阳关八千二十五里；二曰附墨王，治附墨城，去都护五千七百六十七里，去阳关八千二十五里；三曰窳匿王，治窳匿城，去都护五千二百六十六里，去阳关七千五百二十五里；四曰罽王，治罽城，去都护六千二百九十六里，去阳关八千五百五十五里；五曰奥鞬王，治奥鞬城，去都护六千九百六里，去阳关八千三百五十五里。凡五王，属康居。

大宛国，王治贵山城，去长安万二千五百五十里。户六万，口三十万，胜兵六万人。副王、辅国王各一人。东至都护治所四千三十一里，北至康居卑阗城千五百一十里，西南至大月氏六百九十里。北与康居、南与大月氏接，土地风气物类民俗与大月氏、安息同。大宛左右以蒲陶为酒，富人藏酒至万余石，久者至数十岁不败。俗耆酒，马耆目宿。

宛别邑七十余城，多善马。马汗血，言其先天马子也。

张骞始为武帝言之，上遣使者持千金及金马，以请宛善马。宛王以汉绝远，大兵不能至，爱其宝马不肯与。汉使妄言，宛遂攻杀汉使，取其财物。于是天子遣贰师将军李广利将兵前后十余万人伐宛，连四年。宛人斩其王毋寡首，献马三千匹，汉军乃还，语在《张骞传》。贰师既斩宛王，更立贵人素遇汉善者名昧蔡为宛王。后岁余，宛贵人以为"昧蔡谄，使我国遇屠"，相与共杀昧蔡，立毋寡弟蝉封为王，遣子入侍，质于汉，汉因使使赂赐镇抚之。又发使十余辈，抵宛西诸国求奇物，因风谕以伐宛之威。宛王蝉封与汉约，岁献天马二匹。汉使采蒲陶、目宿种归。天子以天马多，又外国使来众，益种蒲陶、目宿离宫馆旁，极望焉。

自宛以西至安息国，虽颇异言，然大同，自相晓知也。其人皆深目，多须髯。善贾市，争分铢。贵女子；女子所言，丈夫乃决正。其地无丝漆，不知铸铁器。及汉使亡卒降，教铸作它兵器。得汉黄白金，辄以为器，不用为币。

自乌孙以西至安息，近匈奴。匈奴尝困月氏，故匈奴使持单于一信到国，国传送食，不敢留苦。及至汉使，非出币物不得食，不市畜不得骑，所以然者，以远汉，而汉多财物，故必市乃得所欲。及呼韩邪单于朝汉，后咸尊汉矣。

桃槐国，王去长安万一千八十里。户七百，口五千，胜兵千人。

休循国，王治鸟飞谷，在葱岭西，去长安万二百一十里。户三百五十八，口千三十，胜兵四百八十人。东至都护治所三千一百二十一里，至捐毒衍敦谷二百六十里，西北至大宛国九百二十里，西至大月氏千六百一十里。民俗衣服类乌孙，因畜随水草，本故塞种也。

捐毒国，王治衍敦谷，去长安九千八百六十里。户三百八十，口千一百，胜兵五百人。东至都护治所二千八百六十一里。至疏勒。南与葱岭属，无人民。西上葱领，则休循也。西北至大宛千三十里，北与乌孙接。衣服类乌孙，随水草，依葱领，本塞种也。

莎车国，王治莎车城，去长安九千九百五十里。户二千三百三十九，口万六千三百七十三，胜兵三千四十九人。辅国侯、左右将、左右骑君、备西夜君各一人，都尉二人，译长四人。东北至都护治所四千七百四十六里，西至疏勒五百六十里，西南至蒲犁七百四十里。有铁山，出青玉。

宣帝时，乌孙公主小子万年，莎车王爱之。莎车王无子，死，死时万年在汉。莎车国人计欲自托于汉，又欲得乌孙心，即上书请万年为莎车王。汉许之，遣使者奚充国送万年。万年初立，暴恶，国人不说。莎车王弟呼屠徵杀万年，并杀汉使者，自立为王，约诸国背汉。会卫侯冯奉世使送大宛客，即以便宜发诸国兵击杀之，更立它昆弟子为莎车王。还，拜奉世为光禄大夫。是岁，元康元年也。

疏勒国，王治疏勒城，去长安九千三百五十里。户千五百一十，口万八千六百四十七，胜兵二千人。疏勒侯、击胡侯、辅国侯、都尉、左右将、左右骑君、左右译长各一人。东至都护治所二千二百一十里，南至莎车五百六十里。有市列，西当大月氏、大宛、康居道也。

尉头国，王治尉头谷，去长安八千六百五十里。户三百，口二千三百，胜兵八百人。左右都尉各一人，左右骑君各一人。东至都护治所千四百一十一里，南与疏勒接，山道不通，西至捐毒千三百一十四里，径道马行二日。田畜随水草，衣服类乌孙。

汉书卷九十六下

西域传第六十六下

乌孙国，大昆弥治赤谷城，去长安八千九百里。户十二万，口六十三万，胜兵十八万八千八百人。相，大禄，左右大将二人，侯三人，大将、都尉各一人，大监二人，大吏一人，舍中大吏二人，骑君一人。东至都护治所千七百二十一里，西至康居蕃内地五千里。地莽平。多雨，寒。山多松樠。不田作种树，随畜逐水草，与匈奴同俗。国多马，富人至四五千匹。民刚恶，贪狼无信，多寇盗，最为强国。故服匈奴，后盛大，取羁属，不肯往朝会。东与匈奴、西北与康居、西与大宛、南与城郭诸国相接。本塞地也，大月氏西破走塞王，塞王南越縣度，大月氏居其地。后乌孙昆莫击破大月氏，大月氏徙西臣大夏，而乌孙昆莫居之，故乌孙民有塞种、大月氏种云。

始张骞言乌孙本与大月氏共在敦煌间，今乌孙虽强大，可厚赂招。令东居故地，妻以公主，与为昆弟，以制匈奴。语在《张骞传》。武帝即位，令骞赍金币往。昆莫见骞如单于礼，骞大惭，谓曰："天子致赐，王不拜，则还赐。"昆莫起拜，其它如故。

初，昆莫有十余子，中子大禄强，善将，将众万余骑别居。大禄兄太子，太子有子曰岑陬。太子早死，谓昆莫曰："必以岑陬为太子。"昆莫哀许之。大禄怒，乃收其昆弟，将众畔，谋攻岑陬。昆莫与岑陬万余骑，令别居，昆莫亦自有万余骑以自备。国分为三，大总羁属昆莫。骞既致赐，谕指曰："乌孙能东居故地，则汉遣公主为夫人，结为昆弟，共距匈奴，不足破也。"乌孙远汉，未知其大小，又近匈奴，服属日久，其大臣皆不欲徙。昆莫年老国分，不能专制，乃发使送骞，因献马数十匹报谢。其使见汉人众富厚，归其国，其国后乃益重汉。

匈奴闻其与汉通，怒欲击之。又汉使乌孙，乃出其南，抵大宛、月氏，相属不绝。乌孙于是恐，使使献马，愿得尚汉公主，为昆弟。天子问群臣，议许，曰："必先内聘，然后遣女。"乌孙以马千匹聘。汉元封中，遣江都王建女细君为公主，以妻焉。赐乘舆服御物，为备官属宦官侍御数百人，赠送甚盛。乌孙昆莫以为右夫人。匈奴亦遣女妻昆莫，昆莫以为左夫人。

公主至其国，自治宫室居。岁时一再与昆莫会，置酒饮食，以币、帛赐王左右贵人。昆莫年老，语言不通，公主悲愁，自为作歌曰："吾家嫁我兮天一方，远托异国兮乌孙王。穹庐为室兮旃为墙，以肉为食兮酪为浆。居常土思兮心内伤，愿为黄鹄兮归故乡。"天子闻而怜之，间岁遣使者持帷帐锦绣给遗焉。

昆莫年老，欲使其孙岑陬尚公主。公主不听，上书言状，天子报曰："从其国俗，欲与乌孙共灭胡。"岑陬遂妻公主。昆莫死，岑陬代立。岑陬者，官号也，名军须弥。昆莫，王号也，名猎骄靡。后书"昆弥"云。岑陬尚江都公主，生一女少夫。公主死，汉复以楚王戊之孙解忧为公主，妻岑陬。岑陬胡妇子泥靡尚小，岑陬且死，以国与季父大禄子翁归靡，曰：“泥靡大，以国归之。”

翁归靡既立，号肥王，复尚楚主解忧，生三男两女：长男曰元贵靡；次曰万年，为莎车王；次曰大乐，为左大将；长女弟史为龟兹王绛宾妻；小女素光为若呼翎侯妻。

昭帝时，公主上书，言：“匈奴发骑田车师，车师与匈奴为一，共侵乌孙，唯天子幸救之！”汉养士马，议欲击匈奴。会昭帝崩，宣帝初即位，公主及昆弥皆遣使上书，言：“匈奴复连发大兵侵击乌孙，取车延、恶师地，收人民去，使使谓乌孙趣持公主来，欲隔绝汉。昆弥愿发国半精兵，自给人马五万骑，尽力击匈奴。唯天子出兵以救公主、昆弥。”汉兵大发十五万骑，五将军分道并出。语在《匈奴传》。遣校尉常惠使持节护乌孙兵，昆弥自将翎侯以下五万骑从西方入，至右谷蠡王庭，获单于父行及嫂、居次、名王、犁汙都尉、千长、骑将以下四万级，马、牛、羊、驴、橐驼七十余万头，乌孙皆自取所虏获。还，封惠为长罗侯。是岁，本始三年也。汉遣惠持金币赐乌孙贵人有功者。

元康二年，乌孙昆弥因惠上书：“愿以汉外孙元贵靡为嗣，得令复尚汉公主，结婚重亲，畔绝匈奴，原聘马、骡各千匹。”诏下公卿议，大鸿胪萧望之以为：“乌孙绝域，变故难保，不可许。”上美乌孙新立大功，又重绝故业，遣使者至乌孙，先迎取聘。昆弥及太子、左右大将、都尉皆遣使，凡三百余人，入汉迎取少主。上乃以乌孙主解忧弟子相夫为公主，置官属侍御百余人，舍上林中，学乌孙言。天子自临平乐观，会匈奴使者、外国君长大角抵，

前有司奏，欲益民赋三十助边用，是重困老弱孤独也。而今又请遣卒田轮台。轮台西于车师千余里，前开陵侯击车师时，危须、尉犁、楼兰六国子弟在京师者皆先归，发畜食迎汉军，又自发兵，凡数万人，王各自将，共围车师，降其王。诸国兵便罢，力不能复至道上食汉军。汉军破城，食至多，然士自载不足以竟师，强者尽食畜产，羸者道死数千人。朕发酒泉驴、橐驼负食，出玉门迎军。吏卒起张掖，不甚远，然尚厮留甚众。曩者，朕之不明，以军候弘上书言“匈奴缚马前后足，置城下，驰言‘秦人，我丐若马’”，又汉使者久留不还，故兴遣贰师将军，欲以为使者威重也。古者卿大夫与谋，参以蓍龟，不吉不行。乃者以缚马书遍视丞相、御史、二千石、诸大夫、郎为文学者，乃至郡属国都尉成忠、赵破奴等，皆以“虏自缚其马，不祥甚哉!”或以为“欲以见强，夫不足者视人有余”。《易》之，卦得《大过》，爻在九五，匈奴困败。公车方士、太史治星望气，及太卜龟蓍，皆以为吉，匈奴必破，时不可再得也。又曰：“北伐行将，于鬴山必克。”卦诸将，贰师最吉。故朕亲发贰师下鬴山，诏之必毋深入。今计谋卦兆皆反缪。重合侯得虏候者，言：“闻汉军当来，匈奴使巫埋羊牛所出诸道及水上以诅军。单于遗天子马裘，常使巫祝之。缚马者，诅军事也。”又卜：“汉军一将不吉。”匈奴常言：“汉极大，然不能饥渴，失一狼，走千羊。”

乃者贰师败，军士死略离散，悲痛常在朕心。今请远田轮台，欲起亭隧，是扰劳天下，非所以优民也。今朕不忍闻。大鸿胪等又议，欲募囚徒送匈奴使者，明封侯之赏以报忿，五伯所弗能为也。且匈奴得汉降者，常提掖搜索，问以所闻。今边塞未正，阑出不禁，障候长吏使卒猎兽，以皮肉为利，卒苦而烽火乏，失亦上集不得，后降者来，若捕生口虏，乃知之。当今务在禁苛暴，止擅赋，力本农，修马复令，以补缺，毋乏武备而已。郡国二千石各上进畜马方略补边状，与计对。

由是不复出军。而封丞相车千秋为富民侯，以明休息，思富养民也。

初，贰师将军李广利击大宛，还过杅弥，杅弥遣太子赖丹为质于龟兹。广利责龟兹曰："外国皆臣属于汉，龟兹何以得受杅弥质？"即将赖丹入至京师。昭帝乃用桑弘羊前议，以杅弥太子赖丹为校尉，将军田轮台，轮台与渠犁地皆相连也。龟兹贵人姑翼谓其王曰："赖丹本臣属吾国，今佩汉印绶来，迫吾国而田，必为害。"王即杀赖丹，而上书谢汉，汉未能征。

宣帝时，长罗侯常惠使乌孙还，便宜发诸国兵，合五万人攻龟兹，责以前杀校尉赖丹。龟兹王谢曰："乃我先王时为贵人姑翼所误，我无罪。"执姑翼诣惠，惠斩之。时乌孙公主遣女来至京师学鼓琴，汉遣侍郎乐奉送主女，过龟兹。龟兹前遣人至乌孙求公主女，未还。会女过龟兹，龟兹王留不遣，复使使报公主，主许之。后公主上书，愿令女比宗室入朝，而龟兹王绛宾亦爱其夫人，上书言得尚汉外孙为昆弟，愿与公主女俱入朝。元康元年，遂来朝贺。王及夫人皆赐印绶。夫人号称公主，赐以车骑旗鼓，歌吹数十人，绮绣杂缯琦珍凡数千万。留且一年，厚赠送之。后数来朝贺，乐汉衣服制度，归其国，治宫室，作徼道周卫，出入传呼，撞钟鼓，如汉家仪。外国胡人皆曰："驴非驴，马非马，若龟兹王，所谓骡也。"绛宾死，其子丞德自谓汉外孙，成、哀帝时往来尤数，汉遇之亦甚亲密。

东通尉犁六百五十里。

尉犁国，王治尉犁城，去长安六千七百五十里。户千二百，口九千六百，胜兵二千人。尉犁侯、安世侯、左右将、左右都尉、击胡君各一人，译长二人。西至都护治所三百里，南与鄯善、且末接。

危须国，王治危须城，去长安七千二百九十里。户七百，口四千九百，胜兵二千人。击胡侯、击胡都尉、左右将、左右都尉、左右骑君、击胡君、译长各一人。西至都护治所五百里，至焉耆百里。

焉耆国，王治员渠城，去长安七千三百里。户四千，口三万二千一百，胜兵六千人。击胡侯、却胡侯、辅国侯、左右将、左右都尉、击胡左右君、击车师君、归义车师君各一人，击胡都尉、击胡君各二人，译长三人。西南至都护治所四百里，南至尉犁百里，北与乌孙接。近海水多鱼。

乌贪訾离国，王治于娄谷，去长安万三百三十里。户四十一，口二百三十一，胜兵五十七人。辅国侯、左右都尉各一人。东与单桓、南与且弥、西与乌孙接。

卑陆国，王治天山东乾当国，去长安八千六百八十里。户二百二十七，口千三百八十七，胜兵四百二十二人。辅国侯、左右将、左右都尉、左右译长各一人。西南至都护治所千二百八十七里。

卑陆后国，王治番渠类谷，去长安八千七百一十里。户四百六十二，口千一百三十七，胜兵三百五十人。辅国侯、都尉、译长各一人，将二人。东与郁立师、北与匈奴、西与劫国、南与车师接。

郁立师国，王治内咄谷，去长安八千八百三十里。户百九十，口千四百四十五，胜兵三百三十一人。辅国侯、左右都尉、译长各一人。东与车师后城长、西与卑陆、北与匈奴接。

单桓国，王治单桓城，去长安八千八百七十里。户二十七，口百九十四，胜兵四十五人。辅国侯、将、左右都尉、译长各一人。

蒲类国，王治天山西疏榆谷，去长安八千三百六十里。户三百二十五，口二千三十二，胜兵七百九十九人。辅国侯、左右将、左右都尉各一人。西南至都护治所千三百八十七里。

蒲类后国，王去长安八千六百三十里。户百，口千七十，胜兵三百三十四人。辅国侯、将、左右都尉、译长各一人。

西且弥国，王治天山东于大谷，去长安八千六百七十里。户三百三十二，口千九百二十六，胜兵七百三十八人。西且弥侯、左右将、左右骑君各一人。西南至都护治所千四百八十七里。

东且弥国，王治天山东兑虚谷，去长安八千二百五十里。户百九十一，口千九百四十八，胜兵五百七十二人。东且弥侯、左右都尉各一人。西南至都护治所千五百八十七里。

劫国，王治天山东丹渠谷，去长安八千五百七十里。户九十九，口五百，胜兵百一十五人。辅国侯、都尉、译长各一人。西南至都护治所千四百八十七里。

狐胡国，王治车师柳谷，去长安八千二百里。户五十五，口二百六十四，胜兵四十五人。辅国侯、左右都尉各一人。西至都

犁，凡三校尉屯田。

车师王之走乌孙也，乌孙留不遣，遣使上书，愿留车师王，备国有急，可从西道以击匈奴。汉许之。于是汉召故车师太子军宿在焉耆者，立以为王，尽徙车师国民令居渠犁，遂以车师故地与匈奴。车师王得近汉田官，与匈奴绝，亦安乐亲汉。后汉使侍郎殷广德责乌孙，求车师王乌贵，将诣阙，赐第与其妻子居。是岁，元康四年也。其后置戊己校尉屯田，居车师故地。

元始中，车师后王国有新道，出五船北，通玉门关，往来差近，戊己校尉徐普欲开以省道里半，避白龙堆之厄。车师后王姑句以道当为拄置，心不便也。地又颇与匈奴南将军地接，普欲分明其界然后奏之，召姑句使证之，不肯，系之。姑句数以牛羊赇吏，求出不得。姑句家矛端生火，其妻股紫陬谓姑句曰："矛端生火，此兵气也，利以用兵。前车师前王为都护司马所杀，今久系必死，不如降匈奴。"即驰突出高昌壁，入匈奴。

又去胡来王唐兜，国比大种赤水羌，数相寇，不胜，告急都护。都护但钦不以时救助，唐兜困急，怨钦，东守玉门关。玉门关不内，即将妻子人民千余人亡降匈奴。匈奴受之，而遣使上书言状。是时，新都侯王莽秉政，遣中郎将王昌等使匈奴，告单于西域内属，不当得受。单于谢罪。执二王以付使者。莽使中郎王萌待西域恶都奴界上逢受。单于遣使送，因请其罪。使者以闻，莽不听，诏下会西域诸国王，陈军斩姑句、唐兜以示之。

至莽篡位，建国二年，以广新公甄丰为右伯，当出西域。车师后王须置离闻之，与其右将股鞮、左将尸泥支谋曰："闻甄公为西域太伯，当出，故事给使者牛、羊、谷、刍茭，导译，前五威将过，所给使尚未能备。今太伯复出。国益贫，恐不能称。”欲亡入匈奴。戊己校尉刀护闻之，召置离验问，辞服，乃械致都护但钦在所埒娄城。置离人民知其不还，皆哭而送之。至，钦则斩置离。置离兄辅国侯狐兰支将置离众二千余人，驱畜产，举国亡降匈奴。

是时，莽易单于玺，单于恨怒，遂受狐兰支降，遣兵与共寇击车师，杀后城长，伤都护司马，及狐兰兵复还入匈奴。时戊己校尉刀护病，遣史陈良屯桓且谷备匈奴寇。史终带取粮食，司马丞韩玄领诸壁，右曲候任商领诸垒，相与谋曰：“西域诸国颇背叛，匈奴欲大侵，要死。可杀校尉，将人众降匈奴。”即将数千骑至校尉府，胁诸亭令燔积薪，分告诸壁曰：“匈奴十万骑来入，吏士皆持兵，后者斩!”得三四百人，去校尉府数里止，晨火然。校尉开门击鼓收吏士，良等随入，遂杀校尉刀护及子男四人、诸昆弟子男，独遗妇女小儿。止留戊己校尉城，遣人与匈奴南将军相闻，南将军以二千骑迎良等。良等尽胁略戊己校尉吏士男女二千余人入匈奴。单于以良、带为乌贲都尉。

后三岁，单于死，弟乌累单于咸立，复与莽和亲。莽遣使者多赍金币赂单于，购求陈良、终带等。单于尽收四人及手杀刀护者芝音妻子以下二十七人，皆械槛车付使者。到长安，莽皆烧杀之。其后莽复欺诈单于，和亲遂绝。匈奴大击北边，而西域亦瓦解。焉耆国近匈奴，先叛，杀都护但钦，莽不能讨。

天凤三年，乃遣五威将王骏、西域都护李崇将戊己校尉出西域，诸国皆郊迎，送兵谷，焉耆诈降而聚兵自备。骏等将莎车、龟兹兵七千余人，分为数部入焉耆，焉耆伏兵要遮骏。及姑墨、尉犁、危须国兵为反间，还共袭击骏等，皆杀之。唯戊己校尉郭钦别将兵，后至焉耆。焉耆兵未还，钦击杀其老弱，引兵还。莽封钦为剼胡子。李崇收余士，还保龟兹。数年莽死，崇遂没，西域因绝。

最凡国五十。自译长、城长、君、监、吏、大禄、百长、千长、都尉、且渠、当户、将、相至侯、王，皆佩汉印绶，凡三百七十六人。而康居、大月氏、安息、罽宾、乌弋之属，皆以绝远不在数中，其来贡献则相与报，不督录总领也。

赞曰：孝武之世，图制匈奴，患其兼从西国，结党南羌，乃表河西，列四郡，开玉门，通西域，以断匈奴右臂，隔绝南羌、月氏。单于失援，由是远遁，而幕南无王庭。

遭值文、景玄默，养民五世，天下殷富，财力有余，士马强盛。故能睹犀布、玳瑁则建珠崖七郡，感枸酱、竹杖则开牂柯、越巂，闻天马、蒲陶则通大宛、安息。自是之后，明珠、文甲、通犀、翠羽之珍盈于后宫，蒲梢、龙文、鱼目、汗血之马充于黄门，巨象、师子、猛犬、大雀之群食于外囿。殊方异物，四面而至。于是广开上林，穿昆明池，营千门万户之宫，立神明通天之台，兴造甲乙之帐，落以随珠和璧，天子负黼依，袭翠被，冯玉几，而处其中。设酒池肉林以飨四夷之客，作《巴俞》都卢、海中《砀极》、漫衍鱼龙、角抵之戏以观视之。及赂遗赠送，万里相奉，师旅之费，不可胜计。至于用度不足，乃榷酒酤，管盐铁，铸白金，造皮币，算至车船，租及六畜。民力屈，财用竭，因之以凶年，寇盗并起，道路不通，直指之使始出，衣绣杖斧，断斩于郡国，然后胜之。是以末年遂弃轮台之地，而下哀痛之诏，岂非仁圣之所悔哉！且通西域，近有龙堆，远则葱岭，身热、头痛、縣度之厄。淮南、杜钦、扬雄之论，皆以为此天地所以界别区域，绝外内也。《书》曰“西戎即序”，禹既就而序之，非上威服致其贡物也。

西域诸国，各有君长，兵众分弱，无所统一，虽属匈奴，不相亲附。匈奴能得其马畜旃罽，而不能统率与之进退。与汉隔绝，道里又远，得之不为益，弃之不为损。盛德在我，无取于彼。故自建武以来，西域思汉威德，咸乐内属。唯其小邑鄯善、车师，界迫匈奴，尚为所拘。而其大国莎车、于阗之属，数遣使置质于汉，愿请属都护。圣上远览古今，因时之宜，羁縻不绝，辞而未许。虽大禹之序西戎，周公之让白雉，太宗之却走马，义兼之矣，亦何以尚兹！

汉书卷九十七上

外戚传第六十七上

自古受命帝王及继体守文之君，非独内德茂也，盖亦有外戚之助焉。夏之兴也以涂山，而桀之放也用末喜；殷之兴也以有娀及有㜪，而纣之灭也嬖妲己；周之兴也以姜嫄及太任、太姒，而幽王之禽也淫褒姒。故《易》基《乾》、《坤》，《诗》首《关雎》，《书》美釐降，《春秋》讥不亲迎。夫妇之际，人道之大伦也。礼之用，唯昏姻为兢兢。夫乐调而四时和，阴阳之变，万物之统也，可不慎与！人能弘道，末如命何。甚哉妃匹之爱，君不能得之臣，父不能得之子，况卑下乎！既欢合矣，或不能成子姓，成子姓矣，而不能要其终，岂非命也哉！孔子罕言命，盖难言之。非通幽明之变，恶能识乎性命！

汉兴，因秦之称号，帝母称皇太后，祖母称太皇太后，適称皇后，妾皆称夫人。又有美人、良人、八子、七子、长使、少使之号焉。至武帝制倢伃、娙娥、傛华、充依，各有爵位，而元帝加昭仪之号，凡十四等云。昭仪位视丞相，爵比诸侯王。倢伃视上卿，比列侯。娙娥视中二千石，比关内侯。傛华视真二千石，比大上造。美人视二千石，比少上造。八子视千石，比中更。充依视千石，比左更。七子视八百石，比右庶长。良人视八百石，比左庶长。长使视六百石，比五大夫。少使视四百石，比公乘。五官视三百石。顺常视二百石。无涓、共和、娱灵、保林、良使、夜者皆视百石。上家人子、中家人子视有秩斗食云。五官以下，葬司马门外。

高祖吕皇后，父吕公，单父人也，好相人。高祖微时，吕公见而异之，乃以女妻高祖，生惠帝、鲁元公主。高祖为汉王，元年封吕公为临泗侯，二年立孝惠为太子。

后汉王得定陶戚姬，爱幸，生赵隐王如意。太子为人仁弱，高祖以为不类己，常欲废之而立如意，“如意类我”。戚姬常从上之关东，日夜啼泣，欲立其子。吕后年长，常留守，希见，益疏。如意且立为赵王，留长安，几代太子者数。赖公卿大臣争之，及叔孙通谏，用留侯之策，得无易。

吕后为人刚毅，佐高帝定天下，兄二人皆为列将，从征伐。长兄泽为周吕侯，次兄释之为建成侯，逮高祖而侯者三人。高祖四年，临泗侯吕公薨。

高祖崩，惠帝立，吕后为皇太后，乃令永巷囚戚夫人，髡钳衣赭衣，令舂。戚夫人舂且歌曰：“子为王，母为虏，终日舂薄暮，常与死为伍！相离三千里，当谁使告女？”太后闻之大怒，曰：“乃欲倚女子邪？”乃召赵王诛之。使者三反，赵相周昌不遣。太后召赵相，相征至长安。使人复召赵王，王来。惠帝慈仁，知太后怒，自迎赵王霸上，入宫，挟与起居饮食。数月，帝晨出射，赵王不能蚤起，太后伺其独居，使人持鸩饮之。迟帝还，赵王死。太后遂断戚夫人手足，去眼煇耳，饮喑药，使居鞠域中，名曰“人彘”。居数月，乃召惠帝视“人彘”。帝视而问，知其戚夫人，乃大哭，因病，岁余不能起。使人请太后曰：“此非人所为。臣为太后子，终不能复治天下！”以此日饮为淫乐，不听政，七年而崩。

太后发丧，哭而泣不下。留侯子张辟强为侍中，年十五，谓丞相陈平曰：“太后独有帝，今哭而不悲，君知其解未?”陈平曰：“何解?”辟强曰：“帝无壮子，太后畏君等。今请拜吕台、吕产为将，将兵居南北军，及诸吕皆官，居中用事。如此则太后心安，君等幸脱祸矣！”丞相如辟强计请之，太后说，其哭乃哀。吕氏权由此起。乃立孝惠后宫子为帝，太后临朝称制。复杀高祖子赵幽王友、共王恢及燕王建子。遂立周吕侯子台为吕王，台弟产为梁王，建城侯释之子禄为赵王，台子通为燕王，又封诸吕凡六人皆为列侯，追尊父吕公为吕宣王，兄周吕侯为悼武王。

太后持天下八年，病犬祸而崩，语在《五行志》。病困，以赵王禄为上将军居北军，梁王产为相国居南军，戒产、禄曰：“高祖与大臣约，非刘氏王者，天下共击之。今王吕氏，大臣不平。我即崩，恐其为变，必据兵卫宫，慎毋送丧，为人所制。”太后崩，太尉周勃、丞相陈平、朱虚侯刘章等共诛产、禄，悉捕诸吕男女，无少长皆斩之。而迎立代王，是为孝文皇帝。

孝惠张皇后。宣平侯敖尚帝姊鲁元公主，有女。惠帝即位，吕太后欲为重亲，以公主女配帝为皇后。欲其生子，万方终无子，乃使阳为有身，取后宫美人子名之，杀其母，立所名子为太子。

惠帝崩，太子立为帝，四年，乃自知非皇后子，出言曰：“太后安能杀吾母而名我！我壮即为所为。”太后闻而患之，恐其作乱，乃幽之永巷，言帝病甚，左右莫得见。太后下诏废之，语在《高后纪》。遂幽死，更立恒山王弘为皇帝，而以吕禄女为皇后。欲连根固本牢甚，然而无益也。吕太后崩，大臣正之，卒灭吕氏。少帝恒山、淮南、济川王，皆以非孝惠子诛。独置孝惠皇后，废处北宫，孝文后元年薨，葬安陵，不起坟。

高祖薄姬，文帝母也。父吴人，秦时与故魏王宗女魏媪通，生薄姬。而薄姬父死山阴，因葬焉。及诸侯畔秦，魏豹立为王，而魏媪内其女于魏宫。许负相薄姬，当生天子。是时，项羽方与汉王相距荥阳，天下未有所定。豹初与汉击楚，及闻许负言，心喜，因背汉而中立，与楚连和。汉使曹参等虏魏王豹，以其国为郡，而薄姬输织室。豹已死，汉王入织室，见薄姬，有诏内后宫，岁余不得幸。

始姬少时，与管夫人、赵子儿相爱，约曰：“先贵毋相忘！”已而管夫人、赵子儿先幸汉王。汉王四年，坐河南成皋灵台，此两美人侍，相与笑薄姬初时约。汉王问其故，两人俱以实告。汉王心凄然怜薄姬，是日召，欲幸之。对曰：“昨暮梦龙据妾胸。”上曰：“是贵征也，吾为汝成之。”遂幸，有身。岁中生文帝，年八岁立为代王。自有子后，希见。高祖崩，诸幸姬戚夫人之属，吕后怒，皆幽之不得出宫。而薄姬以希见故，得出从子之代，为代太后。太后弟薄昭从如代。

代王立十七年，高后崩。大臣议立后，疾外家吕氏强暴，皆称薄氏仁善，故迎立代王为皇帝，尊太后为皇太后，封弟昭为轵侯。太后母亦前死，葬栎阳北。乃追尊太后父为灵文侯，会稽郡致园邑三百家，长丞以下使奉守寝庙，上食祠如法。栎阳亦置灵文夫人园，令如灵文侯园仪。太后蚤失父，其奉太后外家魏氏有力，乃召复魏氏，赏赐各以亲疏受之。薄氏侯者一人。

太后后文帝二岁，孝景前二年崩，葬南陵。用吕后不合葬长陵，故特自起陵，近文帝。

孝文窦皇后，景帝母也，吕太后时以良家子选入宫。太后出宫人以赐诸王各五人，窦姬与在行中。家在清河，愿如赵，近家，请其主遣宦者吏“必置我籍赵之伍中”。宦者忘之，误置籍代伍中。籍奏，诏可。当行，窦姬涕泣，怨其宦者，不欲往，相强乃肯行。至代，代王独幸窦姬，生女嫖。孝惠七年，生景帝。

代王王后生四男，先代王未入立为帝而王后卒，及代王为帝后，王后所生四男更病死。文帝立数月，公卿请立太子，而窦姬男最长，立为太子。窦姬为皇后，女为馆陶长公主。明年，封少子武为代王，后徙梁，是为梁孝王。

窦皇后亲早卒，葬观津。于是薄太后乃诏有司追封窦后父为安成侯，母曰安成夫人，令清河置园邑二百家，长丞奉守，比灵文园法。

窦后兄长君。弟广国字少君，年四五岁时，家贫，为人所略卖，其家不知处。传十余家至宜阳，为其主人入山作炭。暮卧岸下百余人，岸崩，尽压杀卧者，少君独脱不死。自卜，数日当为侯。从其家之长安，闻皇后新立，家在观津，姓窦氏。广国去时虽少，识其县名及姓，又尝与其姊采桑，堕，用为符信，上书自陈。皇后言帝，召见问之，具言其故，果是。复问其所识，曰：“姊去我西时，与我决传舍中，丐沐沐我，已，饭我，乃去。”于是窦皇后持之而泣，侍御左右皆悲。乃厚赐之，家於长安。绛侯、灌将军等曰："吾属不死，命乃且縣此两人。此两人所出微，不可不为择师傅，又复放吕氏大事也。"于是乃选长者之有节行者与居。窦长君、少君由此为退让君子，不敢以富贵骄人。

窦皇后疾，失明。文帝幸邯郸慎夫人、尹姬，皆无子。文帝崩，景帝立，皇后为皇太后，乃封广国为章武侯。长君先死，封其子彭祖为南皮侯。吴、楚反时，太后从昆弟子窦婴侠，喜士，为大将军，破吴、楚，封魏其侯。窦氏侯者凡三人。

窦太后好黄帝、老子言，景帝及诸窦不得不读《老子》尊其术。太后后景帝六岁，凡立五十一年，元光六年崩，合葬霸陵。遗诏尽以东宫金钱财物赐长公主嫖。至武帝时，魏其侯窦婴为丞相，后诛。

孝景薄皇后，孝文薄太后家女也。景帝为太子时，薄太后取以为太子妃。景帝立，立薄妃为皇后，无子无宠。立六年，薄太后崩，皇后废。废后四年薨，葬长安城东平望亭南。

孝景王皇后，武帝母也。父王仲，槐里人也。母臧儿，故燕王臧荼孙也，为仲妻，生男信与两女。而仲死，臧儿更嫁为长陵田氏妇，生男蚡、胜。臧儿长女嫁为金王孙妇，生一女矣，而臧儿卜筮曰两女当贵，欲倚两女，夺金氏。金氏怒，不肯与决，乃内太子宫。太子幸爱之，生三女一男。男方在身时，王夫人梦日入其怀，以告太子，太子曰："此贵征也。"未生而文帝崩，景帝即位，王夫人生男。是时，薄皇后无子。后数岁，景帝立齐栗姬男为太子，而王夫人男为胶东王。

长公主嫖有女，欲与太子为妃，栗姬妒，而景帝诸美人皆因长公主见得贵幸，栗姬日怨怒，谢长主，不许。长主欲与王夫人，王夫人许之。会薄皇后废，长公主日谮栗姬短。景帝尝属诸姬子，曰：“吾百岁后，善视之。”栗姬怒不肯应，言不逊，景帝心衔之而未发也。

长公主日誉王夫人男之美，帝亦自贤之。又耳囊者所梦日符，计未有所定。王夫人又阴使人趣大臣立栗姬为皇后。大行奏事，文曰：“‘子以母贵，母以子贵。’今太子母号宜为皇后。”帝怒曰：“是乃所当言邪！”遂案诛大行，而废太子为临江王。栗姬愈恚，不得见，以忧死。卒立王夫人为皇后，男为太子。封皇后兄信为盖侯。

初，皇后始入太子家，后女弟兒姁亦复入，生四男。兒姁蚤卒，四子皆为王。皇后长女为平阳公主，次南宫公主，次隆虑公主。

皇后立九年，景帝崩。武帝即位，为皇太后，尊太后母臧儿为平原君，封田蚡为武安侯，胜为周阳侯。王氏、田氏侯者凡三人。盖侯信好酒，田蚡、胜贪，巧于文辞。蚡至丞相，追尊王仲为共侯，槐里起园邑二百家，长丞奉守。及平原君薨，从田氏葬长陵，亦置园邑如共侯法。

初，皇太后微时所为金王孙生女俗，在民间，盖讳之也。武帝始立，韩嫣白之。帝曰：“何为不蚤言？”乃车驾自往迎之。其家在长陵小市，直至其门，使左右入求之。家人惊恐，女逃匿。扶将出拜，帝下车立曰：“大姊，何藏之深也？”载至长乐宫，与俱谒太后，太后垂涕，女亦悲泣。帝奉酒，前为寿。钱千万，奴婢三百人，公田百顷，甲第，以赐姊。太后谢曰：“为帝费。”因赐汤沐邑，号修成君。男女各一人，女嫁诸侯，男号修成子仲，以太后故，横于京师。太后凡立二十五年。后景帝十五岁，元朔三年崩，合葬阳陵。

孝武陈皇后，长公主嫖女也。曾祖父陈婴与项羽俱起，后归汉，为堂邑侯。传子至孙午，午尚长公主，生女。

初，武帝得立为太子，长主有力，取主女为妃。及帝即位，立为皇后，擅宠骄贵，十余年而无子，闻卫子夫得幸，几死者数焉。上愈怒。后又挟妇人媚道，颇觉。元光五年，上遂穷治之，女子楚服等坐为皇后巫蛊祠祭祝诅，大逆无道，相连及诛者三百余人，楚服枭首于市。使有司赐皇后策曰："皇后失序，惑于巫祝，不可以承天命。其上玺绶，罢退居长门宫。"

明年，堂邑侯午薨，主男须嗣侯。主寡居，私近董偃。十余年，主薨。须坐淫乱，兄弟争财，当死，自杀，国除。后数年，废后乃薨，葬霸陵郎官亭东。

孝武卫皇后，字子夫，生微也。其家号曰卫氏，出平阳侯邑。子夫为平阳主讴者。武帝即位，数年无子。平阳主求良家女十余人，饰置家。帝祓霸上，还过平阳主。主见所偫美人，帝不说。既饮，讴者进，帝独说子夫。帝起更衣，子夫侍尚衣轩中，得幸。还坐欢甚，赐平阳主金千斤。主因奏子夫送入宫。子夫上车，主拊其背曰："行矣！强饭勉之。即贵，愿无相忘！"入宫岁余，不复幸。武帝择宫人不中用者斥出之，子夫得见，涕泣请出。上怜之，复幸，遂有身，尊宠。召其兄卫长君、弟青侍中。而子夫生三女，元朔元年生男据，遂立为皇后。

先是，卫长君死，乃以青为将军，击匈奴有功，封长平侯。

青三子在襁褓中，皆为列侯。及皇后姊子霍去病亦以军功为冠军侯，至大司马票骑将军。青为大司马大将军。卫氏支属侯者五人。青还，尚平阳主。

皇后立七年，而男立为太子。后色衰，赵之王夫人、中山李夫人有宠，皆蚤卒。后有尹倢伃、钩弋夫人更幸。卫后立三十八年，遭巫蛊事起，江充为奸，太子惧不能自明，遂与皇后共诛充，发兵，兵败，太子亡走。诏遣宗正刘长乐、执金吾刘敢奉策收皇后玺绶，自杀。黄门苏文、姚定汉舆置公车令空舍，盛以小棺，瘗之城南桐柏。卫氏悉灭。宣帝立，乃改葬卫后，追谥曰思后，置园邑三百家，长丞周卫奉守焉。

孝武李夫人，本以倡进。初，夫人兄延年性知音，善歌舞，武帝爱之。每为新声变曲，闻者莫不感动。延年侍上起舞，歌曰："北方有佳人，绝世而独立，一顾倾人城，再顾倾人国。宁不知倾城与倾国，佳人难再得！"上叹息曰："善！世岂有此人乎？"平阳主因言延年有女弟，上乃召见之，实妙丽善舞。由是得幸，生一男，是为昌邑哀王。李夫人少而蚤卒，上怜闵焉，图画其形于甘泉宫。及卫思后废后四年，武帝崩，大将军霍光缘上雅意，以李夫人配食，追上尊号曰孝武皇后。

初，李夫人病笃，上自临候之，夫人蒙被谢曰："妾久寝病，形貌毁坏，不可以见帝。愿以王及兄弟为托。"上曰："夫人病甚，殆将不起，一见我属托王及兄弟，岂不快哉？"夫人曰："妇人貌不修饰，不见君父。妾不敢以燕媠见帝。"上曰："夫人弟一见我，将加赐千金，而予兄弟尊官。"夫人曰："尊官在帝，不在一见。"上复言欲必见之，夫人遂转乡歔欷而不复言。于是上不说而起。夫人姊妹让之曰："贵人独不可一见上属托兄弟邪？何为恨上如此？"夫人曰："所以不欲见帝者，乃欲以深托兄弟也。我以容貌之好，得以从微贱爱幸于上。夫以色事人者，色衰而爱弛，爱弛则恩绝。上所以挛挛顾念我者，乃以平生容貌也。今见我毁坏，颜色非故，必畏恶吐弃我，意尚肯复追思闵录其兄弟哉！"及夫人卒，上以后礼葬焉。其后，上以夫人兄李广利为贰师将军，封海西侯，延年为协律都尉。

上思念李夫人不已，方士齐人少翁言能致其神。乃夜张灯烛，设帷帐，陈酒肉，而令上居他帐，遥望见好女如李夫人之貌，还幄坐而步。又不得就视，上愈益相思悲感，为作诗曰："是邪，非邪？立而望之，偏何姗姗其来迟！"令乐府诸音家弦歌之。上又自为作赋，以伤悼夫人，其辞曰：

美连娟以修嫮兮，命樔绝而不长，饰新宫以延贮兮，泯不归乎故乡。惨郁郁其芜秽兮，隐处幽而怀伤，释舆马于山椒兮，奄修夜之不阳。秋气憯以凄泪兮，桂枝落而销亡，神茕茕以遥思兮，精浮游而出畺。托沈阴以圹久兮，惜蕃华之未央，念穷极之不还兮，惟幼眇之相羊。函菱荴以俟风兮，芳杂袭以弥章，的容与以猗靡兮，缥飘姚虖愈庄。燕淫衍而抚楹兮，连流视而娥扬，既激感而心逐兮，包红颜而弗明。欢接狎以离别兮，宵寤梦之芒芒，忽迁化而不反兮，魄放逸以飞扬。何灵魂之纷纷兮，哀裴回以踌躇，势路日以远兮，遂荒急而辞去。超兮西征，屑兮不见。浸淫敞恍，寂兮无音，思若流波，怛兮在心。

乱曰：佳侠函光，陨朱荣兮，嫉妒阘茸，将安程兮！方时隆盛，年夭伤兮，弟子增欷，洿沫怅兮。悲愁于邑，喧不可止兮。

向不虚应，亦云已兮。嫶妍太息，叹稚子兮，忣慄不言，倚所恃兮。仁者不誓，岂约亲兮？既往不来，申以信兮。去彼昭昭，就冥冥兮，既下新宫，不复故庭兮。乌呼哀哉，想魂灵兮！

其后李延年弟季坐奸乱后宫，广利降匈奴，家族灭矣。

孝武钩弋赵倢伃，昭帝母也，家在河间。武帝巡狩过河间，望气者言此有奇女，天子亟使使召之。既至，女两手皆拳，上自披之，手即时伸。由是得幸，号曰拳夫人。先是，其父坐法宫刑，为中黄门，死长安，葬雍门。

拳夫人进为倢伃，居钩弋宫，大有宠，太始三年生昭帝，号钩弋子。任身十四月乃生，上曰："闻昔尧十四月而生，今钩弋亦然。"乃命其所生门曰尧母门。后卫太子败，而燕王旦、广陵王胥多过失，宠姬王夫人男齐怀王、李夫人男昌邑哀王皆蚤薨，钩弋子年五六岁，壮大多知，上常言"类我"，又感其生与众异，甚奇爱之，心欲立焉，以其年稚母少，恐女主颛恣乱国家，犹与久之。

钩弋倢伃从幸甘泉，有过见谴，以忧死，因葬云阳。后上疾病，乃立钩弋子为皇太子。拜奉车都尉霍光为大司马大将军，辅少主。明日，帝崩。昭帝即位，追尊钩弋倢伃为皇太后，发卒二万人起云陵，邑三千户。追尊外祖赵父为顺成侯，诏右扶风置园邑二百家，长丞奉守如法。顺成侯有姊君姁，赐钱二百万，奴婢第宅以充实焉。诸昆弟各以亲疏受赏赐。赵氏无在位者，唯赵父追封。

孝昭上官皇后，祖父桀，陇西上邽人也。少时为羽林期门郎，从武帝上甘泉，天大风，车不得行，解盖授桀。桀奉盖，虽风常属车；雨下，盖辄御。上奇其材力，迁未央厩令。上尝体不安，及愈，见马，马多瘦，上大怒："令以我不复见马邪！"欲下吏，桀顿首曰："臣闻圣体不安，日夜忧惧，意诚不在马。"言未卒，泣数行下。上以为忠，由是亲近，为侍中，稍迁至太仆。武帝疾病，以霍光为大将军，太仆桀为左将军，皆受遗诏辅少主。以前捕斩反者莽通功，封桀为安阳侯。

初，桀子安取霍光女，结婚相亲，光每休沐出，桀常代光入决事。昭帝始立，年八岁，帝长姊鄂邑盖长公主居禁中，共养帝。盖主私近子客河间丁外人。上与大将军闻之，不绝主欢，有诏外人侍长主。长主内周阳氏女，令配耦帝。时上官安有女，即霍光外孙，安因光欲内之。光以为尚幼，不听。安素与丁外人善，说外人曰："闻长主内女，安子容貌端正，诚因长主时得入为后，以臣父子在朝而有椒房之重，成之在于足下，汉家故事常以列侯尚主，足下何忧不封侯乎？"外人喜，言于长主。长主以为然，诏召安女入为倢伃，安为骑都尉。月余，遂立为皇后，年甫六岁。

安以后父封桑乐侯，食邑千五百户，迁车骑将军，日以骄淫。受赐殿中，出对宾客言："与我婿饮，大乐！"见其服饰，使人归，欲自烧物。安醉则裸行内，与后母及父诸良人、侍御皆乱。子病死，仰而骂天。数守大将军光，为丁外人求侯，及桀欲妄官禄外人，光执正，皆不听。又桀妻父所幸充国为太医监，阑入殿中，下狱当死。冬月且尽，盖主为充国入马二十匹赎罪，乃得减死论。于是桀、安父子深怨光而重德盖主。知燕王旦帝兄，不得立，亦怨望，桀、安即记光过失予燕王，令上书告之，又为丁外人求侯。燕王大喜，上书称："子路丧姊，期而不除，孔子非之。

子路曰：‘由不幸寡兄弟，不忍除之。’故曰‘观过知仁’。今臣与陛下独有长公主为姊，陛下幸使丁外人侍之，外人宜蒙爵号。”书奏，上以问光，光执不许。及告光罪过，上又疑之，愈亲光而疏桀、安。桀、安寖恚，遂结党与谋杀光，诱征燕王至而诛之，因废帝而立桀。或曰：“当如皇后何？”安曰：“逐麋之狗，当顾菟邪！且用皇后为尊，一旦人主意有所移，虽欲为家人亦不可得，此百世之一时也。”事发觉，燕王、盖主皆自杀。语在《霍光传》。

桀、安宗族既灭，皇后以年少不与谋，亦光外孙，故得不废。皇后母前死，葬茂陵郭东，追尊曰敬夫人，置园邑二百家，长丞奉守如法。皇后自使私奴婢守桀、安冢。

光欲皇后擅宠有子，帝时体不安，左右及医皆阿意，言宜禁内，虽宫人使令皆为穷绔，多其带，后宫莫有进者。

皇后立十岁而昭帝崩，后年十四五云。昌邑王贺征即位，尊皇后为皇太后。光与太后共废王贺，立孝宣帝。宣帝即位，为太皇太后。凡立四十七年，年五十二，建昭二年崩，合葬平陵。

卫太子史良娣，宣帝祖母也。太子有妃，有良娣，有孺子，妻、妾凡三等，子皆称皇孙。史良娣家本鲁国，有母贞君，兄恭。以元鼎四年入为良娣，生男进，号史皇孙。

武帝末，巫蛊事起，卫太子及良娣、史皇孙皆遭害。史皇孙有一男，号皇曾孙，时生数月，犹坐太子系狱，积五岁乃遭赦。治狱使者邴吉怜皇曾孙无所归，载以付史恭。恭母贞君年老，见孙孤，甚哀之，自养视焉。

后曾孙收养于掖庭，遂登至尊位，是为宣帝。而贞君及恭已死，恭三子皆以旧恩封。长子高为乐陵侯，曾为将陵侯，玄为平台侯，及高子丹以功德封武阳侯，侯者凡四人。高至大司马车骑将军，丹左将军，自有传。

史皇孙王夫人，宣帝母也，名翁须，太始中得幸于史皇孙。皇孙妻、妾无号位，皆称家人子。征和二年，生宣帝。帝生数月，卫太子、皇孙败，家人子皆坐诛，莫有收葬者，唯宣帝得全。即尊位后，追尊母王夫人谥曰悼后，祖母史良娣曰戾后，皆改葬，起园邑，长丞奉守。语在《戾太子传》。地节三年，求得外祖母王媪，媪男无故，无故弟武皆随使者诣阙。时乘黄牛车，故百姓谓之黄牛妪。

初，上即位，数遣使者求外家，久远，多似类而非是。既得王媪，令太中大夫任宣与丞相御史属杂考问乡里识知者，皆曰王妪。妪言名妄人，家本涿郡蠡吾平乡。年十四嫁为同乡王更得妻。更得死，嫁为广望王乃始妇，产子男无故、武，女翁须。翁须年八九岁时，寄居广望节侯子刘仲卿宅，仲卿谓乃始曰："予我翁须，自养长之。"媪为翁须作缣单衣，送仲卿家。仲卿教翁须歌舞，往来归取冬夏衣。居四五岁，翁须来言："邯郸贾长儿求歌舞者，仲卿欲以我与之。"媪即与翁须逃走，之平乡。仲卿载乃始共求媪，媪惶急，将翁须归，曰："儿居君家，非受一钱也，奈何欲予它人？"仲卿诈曰："不也。"后数日，翁须乘长儿车马过门，呼曰："我果见行，当之柳宿。"媪与乃始之柳宿，见翁须相对涕泣，谓曰："我欲为汝自言。"翁须曰："母置之，何家不可以居？自言无益也。"媪与乃始还求钱用，随逐至中山卢奴，见翁须与歌舞等比五人同处，媪与翁须共宿。明日，乃始留视翁须，媪还求钱，欲随至邯郸。媪归，粜买未具，乃始来归曰："翁须已去，我无钱用随也。"因绝至今，不闻其问。贾长儿妻贞及从者师遂辞："往二十岁，太子舍人侯明从长安来求歌舞者，请翁须等五人。长儿使遂送至长安，皆入太子家。"及广望三老更始、刘仲卿妻其等四十五人辞，皆验。宣奏王媪悼后母明白，上皆召见，赐无故、武爵关内侯，旬月间，赏赐以巨万计。顷之，制诏御史赐外祖母号为博平君，以博平、蠡吾两县户万一千为汤沐邑。封舅无故为平昌侯，武为乐昌侯，食邑各六千户。

初，乃始以本始四年病死。后三岁，家乃富贵，追赐谥曰思成侯。诏涿郡治冢室，置园邑四百家，长丞奉守如法。岁余，博平君薨，谥曰思成夫人。诏徙思成侯合葬奉明顾成庙南，置园邑长丞，罢涿郡思成园。王氏侯者二人，无故子接为大司马车骑将军，而武子商至丞相，自有传。

孝宣许皇后，元帝母也。父广汉，昌邑人，少时为昌邑王郎。从武帝上甘泉，误取它郎鞍以被其马，发觉，吏劾从行而盗，当死，有诏募下蚕室。后为宦者丞。上官桀谋反时，广汉部索，其殿中庐有索长数尺可以缚人者数千枚，满一箧缄封，广汉索不得，它吏往得之。广汉坐论为鬼薪，输掖庭，后为暴室啬夫。时宣帝养于掖庭，号皇曾孙，与广汉同寺居。时掖庭令张贺，本卫太子家吏，及太子败，贺坐下刑，以旧恩养视皇曾孙甚厚。及曾孙壮大，贺欲以女孙妻之。是时，昭帝始冠，长八尺二寸。贺弟安世为右将军，与霍将军同心辅政，闻贺称誉皇曾孙，欲妻以女，安世怒曰："曾孙乃卫太子后也，幸得以庶人衣食县官，足矣，勿复言予女事。"于是贺止。时许广汉有女平君，年十四五，当为内者令欧侯氏子妇。临当入，欧侯氏子死。其母将行卜相，言当大贵，母独喜。贺闻许啬夫有女，乃置酒请之，酒酣，为言："曾孙体近，下人，乃关内侯，可妻也。"广汉许诺。明日，妪闻之，怒。广汉重令为介，遂与曾孙，一岁生元帝。数月，曾孙立为帝，平君为倢伃。是时，霍将军有小女，与皇太后有亲。公卿议更立皇后，皆心仪霍将军女，亦未有言。上乃诏求微时故剑，大臣知指，白立许倢伃为皇后。既立，霍光以后父广汉刑人不宜君国，岁余乃封为昌成君。

霍光夫人显欲贵其小女，道无从。明年，许皇后当娠，病。女医淳于衍者，霍氏所爱，尝入宫侍皇后疾。衍夫赏为掖庭户卫，谓衍："可过辞霍夫人行，为我求安池监。"衍如言报显。显因生心，辟左右，字谓衍："少夫幸报我以事，我亦欲报少夫，可乎？"衍曰："夫人所言，何等不可者！"显曰："将军素爱小女成君，欲奇贵之，愿以累少夫。"衍曰："何谓邪？"显曰："妇人免乳大故，十死一生。今皇后当免身，可因投毒药去也，成君即得为皇后矣。如蒙力事成，富贵与少夫共之。"衍曰："药杂治，当先尝，安可？"显曰："在少夫为之耳。将军领天下，谁敢言者？缓急相护，但恐少夫无意耳！"衍良久曰："愿尽力。"即捣附子，赍入长定宫。皇后免身后，衍取附子并合大医大丸以饮皇后。有顷曰："我头岑岑也，药中得无有毒？"对曰："无有。"遂加烦懑，崩。衍出，过见显，相劳问，亦未敢重谢衍。后人有上书告诸医侍疾无状者，皆收系诏狱，劾不道。显恐急，即以状具语光，因曰："既失计为之，无令吏急衍！"光惊鄂，默然不应。其后奏上，署衍勿论。

许后立三年而崩，谥曰恭哀皇后，葬杜南，是为杜陵南园。后五年，立皇太子，乃封太子外祖父昌成君广汉为平恩侯，位特进。后四年，复封广汉两弟，舜为博望侯，延寿为乐成侯。许氏侯者凡三人。广汉薨，谥曰戴侯，无子，绝。葬南园旁，置邑三百家，长丞奉守如法。宣帝以延寿为大司马车骑将军，辅政。元帝即位，复封延寿中子嘉为平恩侯，奉戴侯后，亦为大司马、车骑将军。

孝宣霍皇后，大司马、大将军、博陆侯光女也。母显，既使淳于衍阴杀许后，显因为成君衣补，治入宫具，劝光内之，果立为皇后。

初，许后起微贱，登至尊日浅，从官车服甚节俭，五日一朝皇太后于长乐宫，亲奉案上食，以妇道共养。及霍后立，亦修许后故事。而皇太后亲霍后之姊子，故常竦体，敬而礼之。皇后舆驾侍从甚盛，赏赐官属以千万计，与许后时悬绝矣。上亦宠之，颛房燕。立三岁而光薨。后一岁，上立许后男为太子，昌成君者为平恩侯。显怒恚不食，呕血，曰："此乃民间时子，安得立？即后有子，反为王邪！"复教皇后令毒太子。皇后数召太子赐食，保阿辄先尝之，后挟毒不得行。后杀许后事颇泄，显遂与诸婿昆弟谋反，发觉，皆诛灭。使有司赐皇后策曰："皇后荧惑失道，怀不德，挟毒与母博陆宣成侯夫人显谋欲危太子，无人母之恩，不宜奉宗庙衣服，不可以承天命。呜呼伤哉！其退避宫，上玺绶有司。"霍后立五年，废处昭台宫。后十二岁，徙云林馆，乃自杀，葬昆吾亭东。

初，霍光及兄骠骑将军去病皆自以功伐封侯居位，宣帝以光故，封去病孙山、山弟云皆为列侯，侯者前后四人。

孝宣王皇后。其先高祖时有功赐爵关内侯，自沛徙长陵，传爵至后父奉光。奉光少时好斗鸡，宣帝在民间数与奉光会，相识。奉光有女年十余岁，每当适人，所当适辄死，故久不行。及宣帝即位，召入后宫，稍进为倢伃。是时，馆陶王母华倢伃及淮阳宪王母张倢伃、楚孝王母卫倢伃皆爱幸。

霍皇后废后，上怜许太子蚤失母，几为霍氏所害，于是乃选后宫素谨慎而无子者，遂立王倢伃为皇后，令母养太子。自为后后，希见，无宠。封父奉光为邛成侯。立十六年，宣帝崩，元帝即位，为皇太后。封太后兄舜为安平侯。后二年，奉光薨，谥曰共侯，葬长门南，置园邑二百家，长丞奉守如法。元帝崩，成帝即位，为太皇太后。复爵太皇太后弟骏为关内侯，食邑千户。王氏列侯二人，关内侯一人。舜子章，章从弟咸，皆至左右将军。时成帝母亦姓王氏，故世号太皇太后为邛成太后。

邛成太后凡立四十九年，年七十余，永始元年崩，合葬杜陵，称东园。奉光孙勋坐法免。元始中，成帝太后下诏曰："孝宣王皇后，朕之姑，深念奉质共修之义，恩结于心。惟邛成共侯国废祀绝，朕甚闵焉。其封共侯曾孙坚固为邛成侯。"至王莽乃绝。

汉书卷九十七下

外戚传第六十七下

孝元王皇后，成帝母也。家凡十侯，五大司马，外戚莫盛焉。自有传。

孝成许皇后，大司马车骑将军平恩侯嘉女也。元帝悼伤母恭哀后居位日浅而遭霍氏之辜，故选嘉女以配皇太子。初入太子家，上令中常侍黄门亲近者侍送，还白太子欢说状，元帝喜谓左右："酌酒贺我!"左右皆称万岁。久之，有一男，失之。及成帝即位，立许妃为皇后，复生一女，失之。

初，后父嘉自元帝时为大司马车骑将军辅政，已八九年矣。及成帝立，复以元舅阳平侯王凤为大司马大将军，与嘉并。杜钦以为故事后父重于帝舅，乃说凤曰："车骑将军至贵，将军宜尊之敬之，无失其意。盖轻细微眇之渐，必生乖忤之患，不可不慎。卫将军之日盛于盖侯，近世之事，语尚在于长老之耳，唯将军察焉。"久之，上欲专委任凤，乃策嘉曰："将军家重身尊，不宜以吏职自累。赐黄金二百斤，以特进侯就朝位。"后岁余薨，谥曰恭侯。

后聪慧，善史书，自为妃至即位，常宠于上，后宫希得进见。皇太后及帝诸舅忧上无继嗣，时又数有灾异，刘向、谷永等皆陈其咎在于后宫。上然其言。于是省减椒房掖廷用度。皇后乃上疏曰：

妾诗布服粝食，加以幼稚愚惑，不明义理，幸得免离茅屋之下，备后宫埽除。蒙过误之宠，居非命所当托，洿秽不修，旷职尸官，数逆至法，逾越制度，当伏放流之诛，不足以塞责。乃壬寅日大长秋受诏："椒房仪法，御服舆驾，所发诸官署，及所造作，遗赐外家群臣妾，皆如竟宁以前故事。"妾伏自念，入椒房以来，遗赐外家未尝逾故事，每辄决上，可覆问也。今诚时世异制，长短相补，不出汉制而已，纤微之间，未必可同，若竟宁前与黄龙前，岂相放哉？家吏不晓，今壹受诏如此，且使妾摇手不得。今言无得发取诸官，殆谓未央宫不属妾，不宜独取也。言妾家府亦不当得，妾窃惑焉。幸得赐汤沐邑以自奉养，亦小发取其中，何害于谊而不可哉？又诏书言服御所造，皆如竟宁前，吏诚不能揆其意，即且令妾被服所为不得不如前。设妾欲作某屏风张于某所，曰故事无有，或不能得，则必绳妾以诏书矣。此二事诚不可行，唯陛下省察。

宦吏忮佷，必欲自胜，幸妾尚贵时，犹以不急事操人，况今日日益侵，又获此诏，其操约人，岂有所诉？陛下见妾在椒房，终不肯给妾纤微内邪？若不私府小取，将安所仰乎？旧故，中宫乃私夺左右之贱缯，及发乘舆服缯，言为待诏补，已而贸易其中。左右多窃怨者，甚耻为之。又故事以特牛祠大父母，戴侯、敬侯皆得蒙恩以太牢祠，今当率如故事，唯陛下哀之！

今吏甫受诏读记，直豫言使后知之，非可复若私府有所取也。其萌牙所以约制妾者，恐失人理，今但损车驾，及毋若未央宫有所发，遗赐衣服如故事，则可矣。其余诚太迫急，奈何？妾薄命，端遇竟宁前。竟宁前于今世而比之，岂可邪？故时酒肉有所赐外家，辄上表乃决。又故杜陵梁美人岁时遗酒一石，肉百斤耳。妾甚少之，遗田八子诚不可若是。事率众多，不可胜以文陈。俟自见，索言之，唯陛下深察焉！

上于是采刘向、谷永之言以报曰：

皇帝问皇后，所言事闻之。夫日者众阳之宗，天光之贵，王者之象，人君之位也。夫以阴而侵阳，亏其正体，是非下陵上，妻乘夫，贱逾贵之变与？春秋二百四十二年，变异为众，莫若日蚀大。自汉兴，日蚀亦为吕、霍之属见。以今揆之，岂有此等之效与？诸侯拘迫汉制，牧相执持之也，又安获齐、赵七国之难？将相大臣怀诚秉忠，唯义是从，又恶有上官、博陆、宣成之谋？若乃徒步豪桀，非有陈胜、项梁之群也；匈奴、夷狄，非有冒顿、郅支之伦也。方外内乡，百蛮宾服，殊俗慕义，八州怀德，虽使其怀挟邪意，犹不足忧，又况其无乎？求于夷狄无有，求于臣下无有，微后宫也当，何以塞之？

日者，建始元年正月，白气出于营室。营室者，天子之后宫也。正月于《尚书》为皇极。皇极者，王气之极也。白者西方之气，其于春当废。今正于皇极之月，兴废气于后宫，视后妾无能怀任保全者，以著继嗣之微，贱人将起也。至其九月，流星如瓜，出于文昌，贯紫宫，尾委曲如龙，临于钩陈，此又章显前尤，著在内也。其后则有北宫井溢，南流逆理，数郡水出，流杀人民。

后则讹言传相惊震，女童入殿，咸莫觉知。夫河者水阴，四渎之长，今乃大决，没漂陵邑，斯昭阴盛盈溢，违经绝纪之应也。乃昔之月，鼠巢于树，野鹊变色。五月庚子，鸟焚其巢太山之域。《易》曰："鸟焚其巢，旅人先笑后号咷。丧牛于易，凶。"言王者处民上，如鸟之处巢也，不顾恤百姓，百姓畔而去之，若鸟之自焚也，虽先快意说笑，其后必号而无及也。百姓丧其君，若牛亡其毛也，故称凶。泰山，王者易姓告代之处，今正于岱宗之山，甚可惧也。三月癸未，大风自西摇祖宗寝庙，扬裂帷席，折拔树木，顿僵车辇，毁坏槛屋，灾及宗庙，足为寒心！四月己亥，日蚀东井，转旋且索，与既无异。己犹戊也，亥复水也，明阴盛，咎在内，于戊己，亏君体，著绝世于皇极，显祸败及京都。于东井，变怪众备，末重益大，来数益甚。成形之祸月以迫切，不救之患日寖屡深，咎败灼灼若此，岂可以忽哉！

《书》云："高宗肜日，粤有雊雉。祖己曰：'惟先假王正厥事。'"又曰："虽休勿休，惟敬五刑，以成三德。"即饬椒房及掖庭耳。今皇后有所疑，便不便，其条刺，使大长秋来白之。吏拘于法，亦安足过？盖矫枉者过直，古今同之。且财币之省，特牛之祠，其于皇后，所以扶助德美，为华宠也。咎根不除，灾变相袭，祖宗且不血食，何戴侯也！传不云乎？"以约失之者鲜。"审皇后欲从其奢与？朕亦当法孝武皇帝也，如此则甘泉、建章可复兴矣。世俗岁殊，时变日化，遭事制宜，因时而移，旧之非者，何可放焉！君子之道，乐因循而重改作。昔鲁人为长府，闵子骞曰："仍旧贯如之何？何必改作！"盖恶之也。《诗》云："虽无老成人，尚有典刑，曾是莫听，大命以倾。"孝文皇帝，朕之师也。

皇太后，皇后成法也。假使太后在彼时不如职，今见亲厚，又恶可以逾乎！皇后其刻心秉德，毋违先后之制度，力谊勉行，称顺妇道，减省群事，谦约为右。其孝东宫，毋阙朔望，推诚永究，爰何不臧！养名显行，以息众讙，垂则列妾，使有法焉。皇后深惟毋忽！

是时，大将军凤用事，威权尤盛。其后，比三年日蚀，言事者颇归咎于凤矣。而谷永等遂著之许氏，许氏自知为凤所不佑。久之，皇后宠亦益衰，而后宫多新爱。后姊平安刚侯夫人谒等为媚道祝诅后宫有身者王美人及凤等，事发觉，太后大怒，下吏考问，谒等诛死，许后坐废处昭台宫，亲属皆归故郡山阳，后弟子平恩侯旦就国。凡立十四年而废，在昭台岁余，还徙长定宫。

后九年，上怜许氏，下诏曰："盖闻仁不遗远，谊不忘亲。前平安刚侯夫人谒坐大逆罪，家属幸蒙赦令，归故郡。朕惟平恩戴侯，先帝外祖，魂神废弃，莫奉祭祀，念之未尝忘于心。其还平恩侯旦及亲属在山阳郡者。"是岁，废后败。先是，废后姊孊寡居，与定陵侯淳于长私通，因为之小妻。长绐之曰："我能白东宫，复立许后为左皇后。"废后因孊私赂遗长，数通书记相报谢。长书有悖谩，发觉，天子使廷尉孔光持节赐废后药，自杀，葬延陵交道厩西。

孝成班倢伃，帝初即位选入后宫。始为少使，蛾而大幸，为倢伃，居增成舍，再就馆，有男，数月失之。成帝游于后庭，尝欲与倢伃同辇载，倢伃辞曰："观古图画，贤圣之君皆有名臣在侧，三代末主乃有嬖女，今欲同辇，得无近似之乎？"上善其言而止。太后闻之，喜曰："古有樊姬，今有班倢伃。"倢伃诵《诗》

及《窈窕》、《德象》、《女师》之篇。每进见上疏，依则古礼。

自鸿嘉后，上稍隆于内宠。倢伃进侍者李平，平得幸，立为倢伃。上曰："始卫皇后亦从微起。"乃赐平姓曰卫，所谓卫倢伃也。其后，赵飞燕姊弟亦从自微贱兴，逾越礼制，寖盛于前。班倢伃及许皇后皆失宠，稀复进见。鸿嘉三年，赵飞燕谮告许皇后、班倢伃挟媚道，祝诅后宫，詈及主上。许皇后坐废。考问班倢伃，倢伃对曰："妾闻'死生有命，富贵在天'。修正尚未蒙福，为邪欲以何望？使鬼神有知，不受不臣之诉；如其无知，诉之何益？故不为也。"上善其对，怜悯之，赐黄金百斤。

赵氏姊弟骄妒，倢伃恐久见危，求共养太后长信宫，上许焉。倢伃退处东宫，作赋自伤悼，其辞曰：

承祖考之遗德兮，何性命之淑灵，登薄躯于宫阙兮，充下陈于后庭。蒙圣皇之渥惠兮，当日月之盛明，扬光烈之翕赫兮，奉隆宠于增成。既过幸于非位兮，窃庶几乎嘉时，每寤寐而累息兮，申佩离以自思，陈女图以镜监兮，顾女史而问诗。悲晨妇之作戒兮，哀褒、阎之为邮；美皇、英之女虞兮，荣任、姒之母周。虽愚陋其靡及兮，敢舍心而忘兹？历年岁而悼惧兮，闵蕃华之不滋。痛阳禄与柘馆兮，仍襁褓而离灾，岂妾人之殃咎兮？将天命之不可求。

白日忽已移光兮，遂晻莫而昧幽，犹被覆载之厚德兮，不废捐于罪邮。奉共养于东宫兮，托长信之末流，共洒埽于帷幄兮，永终死以为期。愿归骨于山足兮，依松柏之余休。

重曰："潜玄宫兮幽以清，应门闭兮禁闼扃。华殿尘兮玉阶落，中庭萋兮绿草生。广室阴兮帷幄暗，房栊虚兮风泠泠。感帷裳兮发红罗，纷猝綵兮纨素声。神眇眇兮密靓处，君不御兮谁为荣？俯视兮丹墀，思君兮履綦。仰视兮云屋，双涕兮横流。顾左右兮和颜，酌羽觞兮销忧。惟人生兮一世，忽一过兮若浮。已独享兮高明，处生民兮极休。勉虞精兮极乐，与福禄兮无期。《绿衣》兮《白华》，自古兮有之。

至成帝崩，倢伃充奉园陵，薨，因葬园中。

孝成赵皇后，本长安宫人。初生时，父母不举，三日不死，乃收养之。及壮，属阳阿主家，学歌舞，号曰飞燕。成帝尝微行出，过阳阿主，作乐。上见飞燕而说之，召入宫，大幸。有女弟复召入，俱为倢伃，贵倾后宫。

许后之废也，上欲立赵倢伃。皇太后嫌其所出微甚，难之。太后姊子淳于长为侍中，数往来传语，得太后指，上立封赵倢伃父临为成阳侯。后月余，乃立倢伃为皇后。追以长前白罢昌陵功，封为定陵侯。

皇后既立，后宠少衰，而弟绝幸，为昭仪。居昭阳舍，其中庭彤朱，而殿上髤漆，切皆铜沓黄金涂，白玉阶，壁带往往为黄金釭，函蓝田璧，明珠、翠羽饰之，自后宫未尝有焉。姊弟颛宠十余年，卒皆无子。

末年，定陶王来朝，王祖母傅太后私赂遗赵皇后、昭仪，定陶王竟为太子。

明年春，成帝崩。帝素强，无疾病。是时，楚思王衍、梁王立来朝，明旦当辞去，上宿供张白虎殿。又欲拜左将军孔光为丞相，已刻侯印书赞。昏夜平善，乡晨，傅绔袜欲起，因失衣，不能言，昼漏上十刻而崩。民间归罪赵昭仪，皇太后诏大司马莽、丞相大司空曰："皇帝暴崩，群众讙哗怪之。掖庭令辅等在后庭左右，侍燕迫近，杂与御史、丞相、廷尉治问皇帝起居发病状。"赵昭仪自杀。

哀帝既立，尊赵皇后为皇太后，封太后弟侍中驸马都尉钦为新成侯。赵氏侯者凡二人。后数月，司隶解光奏言：

臣闻许美人及故中宫史曹宫皆御幸孝成皇帝，产子，子隐不见。

臣遣从事掾业、史望验问知状者掖庭狱丞籍武，故中黄门王舜、吴恭、靳严，官婢曹晓、道房、张弃，故赵昭仪御者于客子、王偏、臧兼等，皆曰宫即晓子女，前属中宫，为学事史，通《诗》，授皇后。房与宫对食，元延元年中宫语房曰："陛下幸宫。"后数月，晓入殿中，见宫腹大，问宫。宫曰："御幸有身。"其十月中，宫乳掖庭牛官令舍，有婢六人，中黄门田客持诏记，盛绿绨方底，封御史中丞印，予武曰："取牛官令舍妇人新产儿，婢六人，尽置暴室狱，毋问儿男女，谁儿也！"武迎置狱。宫曰："善臧我儿胞，丞知是何等儿也！"后三日，客持诏记与武，问："儿死未？手书对牍背。"武即书对："儿见在，未死。"有顷，客出曰："上与昭仪大怒，奈何不杀？"武叩头啼曰："不杀儿，自知当死；杀之，亦死！"即因客奏封事，曰："陛下未有继嗣，子无贵贱，唯留意！"奏入，客复持诏记予武曰："今夜漏上五刻，持儿与舜，会东交掖门。"武因问客："陛下得武书，意何如？"曰："瞠也。"武以儿付舜。舜受诏，内儿殿中，为择乳母，告"善养儿，且有赏。毋令漏泄！"舜择弃为乳母，时儿生八九日。后三日，客复持诏记，封如前予武，中有封小绿箧，记曰："告武以箧中物书予狱中妇人，武自临饮之。”武发箧中有裹药二枚，赫蹏书，曰：“告伟能：努力饮此药，不可复入。女自知之！”伟能即宫。宫读书已，曰：“果也，欲姊弟擅天下！我儿男也，额上有壮发，类孝元皇帝。”今儿安在？危杀之矣！奈何令长信得闻之？”宫饮药死。后宫婢六人召入，出语武曰：“昭仪言：‘女无过。宁自杀邪，若外家也？’我曹言愿自杀。”即自缪死。武皆表奏状。弃所养儿十一日，宫长李南以诏书取儿去，不知所置。

许美人前在上林涿沐馆，数召入饰室中若舍，一岁再三召，留数月或半岁御幸。元延二年怀子，其十一月乳。诏使严持乳医及五种和药丸三，送美人所。后客子、偏、兼闻昭仪谓成帝曰：“常给我言从中宫来，即从中宫来，许美人儿何从生中？许氏竟当复立邪！”怼，以手自捣，以头击壁户柱，从床上自投地，啼泣不肯食，曰：“今当安置我，欲归耳！”帝曰：“今故告之，反怒为！殊不可晓也。”帝亦不食。昭仪曰：“陛下自知是，不食为何？陛下常自言‘约不负女’，今美人有子，竟负约，谓何？”帝曰：“约以赵氏，故不立许氏。使天下无出赵氏上者，毋忧也！”后诏使严持绿囊书予许美人，告严曰：“美人当有以予女，受来，置饰室中帘南。”美人以苇箧一合盛所生儿，缄封，及绿囊报书予严。严持箧书，置饰室帘南去。帝与昭仪坐，使客子解箧缄。未已，帝使客子、偏、兼皆出，自闭户，独与昭仪在。须臾开户，呼客子、偏、兼，使缄封箧及绿绨方底，推置屏风东。恭受诏，持箧方底予武，皆封以御史中丞印，曰：“告武：箧中有死儿，埋屏处，勿令人知。”武穿狱楼垣下为坎，埋其中。

故长定许贵人及故成都、平阿侯家婢王业、任孋、公孙习前免为庶人，诏召入，属昭仪为私婢。成帝崩，未幸梓宫，仓卒悲哀之时，昭仪自知罪恶大，知业等故许氏、王氏婢，恐事泄，而以大婢羊子等赐予业等各且十人，以慰其意，属“无道我家过失”。

元延二年五月，故掖庭令吾丘遵谓武曰：“掖庭丞吏以下皆与昭仪合通，无可与语者，独欲与武有所言。我无子，武有子，是家轻族人，得无不敢乎？掖庭中御幸生子者辄死，又饮药伤墯者无数，欲与武共言之大臣，票骑将军贪耆钱，不足计事，奈何令长信得闻之？”遵后病困，谓武：“今我已死，前所语事，武不能独为也，慎语！”

皆在今年四月丙辰赦令前。臣谨案永光三年男子忠等发长陵傅夫人冢。事更大赦，孝元皇帝下诏曰：“此朕不当所得赦也。”穷治，尽伏辜，天下以为当。鲁严公夫人杀世子，齐桓召而诛焉，《春秋》予之。赵昭仪倾乱圣朝，亲灭继嗣，家属当伏天诛。前平安刚侯夫人谒坐大逆，同产当坐，以蒙赦令，归故郡。今昭仪所犯尤悖逆，罪重于谒，而同产亲属皆在尊贵之位，迫近帏幄，群下寒心，非所以惩恶崇谊示四方也。请事穷竟，丞相以下议正法。

哀帝于是免新成侯赵钦、钦兄子成阳侯䜣，皆为庶人，将家属徙辽西郡。时议郎耿育上疏言：

臣闻继嗣失统，废谪立庶，圣人法禁，古今至戒。然大伯见历知適，逡循固让，委身吴粤，权变所设，不计常法，致位王季，以崇圣嗣，卒有天下，子孙承业，七八百载，功冠三王，道德最备，是以尊号追及大王。故世必有非常之变，然后乃有非常之谋。

孝成皇帝自知继嗣不以时立，念虽末有皇子，万岁之后未能持国，权柄之重，制于女主，女主骄盛则耆欲无极，少主幼弱则大臣不使，世无周公抱负之辅，恐危社稷，倾乱天下。知陛下有贤圣通明之德，仁孝子爱之恩，怀独见之明，内断于身，故废后宫就馆之渐，绝微嗣祸乱之根，乃欲致位陛下以安宗庙。愚臣既不能深援安危，定金匮之计，又不知推演圣德，述先帝之志，乃反覆校省内，暴露私燕，诬污先帝倾惑之过，成结宠妾妒媚之诛，甚失贤圣远见之明，逆负先帝忧国之意。

夫论大德不拘俗，立大功不合众，此乃孝成皇帝至思所以万万于众臣，陛下圣德盛茂所以符合于皇天也，岂当世庸庸斗筲之臣所能及哉！且褒广将顺君父之美，匡救销灭既往之过，古今通义也。事不当时固争，防祸于未然，各随指阿从，以求容媚，晏驾之后，尊号已定，万事已讫，乃探追不及之事，讦扬幽昧之过，此臣所深痛也！

愿下有司议，即如臣言，宜宣布天下，使咸晓知先帝圣意所起。不然，空使谤议上及山陵，下流后世，远闻百蛮，近布海内，甚非先帝托后之意也。盖孝子善述父之志，善成人之事，唯陛下省察！

哀帝为太子，亦颇得赵太后力，遂不竟其事。傅太后恩赵太后，赵太后亦归心，故成帝母及王氏皆怨之。

哀帝崩，王莽白太后诏有司曰："前皇太后与昭仪俱侍帷幄，姊弟专宠锢寝，执贼乱之谋，残灭继嗣以危宗庙，悖天犯祖，无为天下母之义。贬皇太后为孝成皇后，徙居北宫。"后月余，复下诏曰："皇后自知罪恶深大，朝请希阔，失妇道，无共养之礼，而有狼虎之毒，宗室所怨，海内之仇也，而尚在小君之位，诚非皇天之心。夫小不忍乱大谋，恩之所不能已者义之所割也，今废皇后为庶人，就其园。”是日自杀。凡立十六年而诛。先是，有童谣曰：“燕燕，尾涎涎，张公子，时相见。木门仓琅根，燕飞来，啄皇孙。皇孙死，燕啄矢。”成帝每微行出，常与张放俱，而称富平侯家，故曰张公子。仓琅根，宫门铜锾也。

孝元傅昭仪，哀帝祖母也。父河内温人，蚤卒，母更嫁为魏郡郑翁妻，生男恽。昭仪少为上官太后才人，自元帝为太子，得进幸。元帝即位，立为倢伃，甚有宠。为人有材略，善事人，下至宫人左右，饮酒酹地，皆祝延之。产一男一女，女为平都公主，男为定陶恭王。恭王有材艺，尤爱于上。元帝即重傅倢伃，及冯倢伃亦幸，生中山孝王，上欲殊之于后宫，以二人皆有子为王，上尚在，未得称太后，乃更号曰昭仪，赐以印绶，在倢伃上。昭其仪，尊之也。至成、哀时，赵昭仪、董昭仪皆无子，犹称焉。

元帝崩，傅昭仪随王归国，称定陶太后。后十年，恭王薨，子代为王。王母曰丁姬。傅太后躬自养视，既壮大，成帝无继嗣。时中山孝王在。元延四年，孝王及定陶王皆入朝。傅太后多以珍宝赂遗赵昭仪及帝舅票骑将军王根，阴为王求汉嗣。皆见上无子，欲豫自结为久长计，更称誉定陶王。上亦自器之，明年，遂征定陶王立为太子，语在《哀纪》。月余，天子立楚孝王孙景为定陶王，奉恭王后。太子议欲谢，少傅阎崇以为：“《春秋》不以父命废王父命，为人后之礼不得顾私亲，不当谢。”太傅赵玄以为当谢，太子从之。诏问所以谢状，尚书劾奏玄，左迁少府，以光禄勋师丹为太傅。诏傅太后与太子母丁姬自居定陶国邸，下有司议皇太子得与傅太后、丁姬相见不，有司奏议不得相见。顷之，成帝母王太后欲令傅太后、丁姬十日一至太子家，成帝曰："太子丞正统，当共养陛下，不得复顾私亲。"王太后曰："太子小，而傅太后抱养之。今至太子家，以乳母恩耳，不足有所妨。"于是令傅太后得至太子家。丁姬以不小养太子，独不得。

成帝崩，哀帝即位。王太后诏令傅太后、丁姬十日一至未央宫。高昌侯董宏希指，上书言宜立丁姬为帝太后。师丹劾奏："宠怀邪误朝，不道。"上初即位，谦让，从师丹言止。后乃白令王太后下诏，尊定陶恭王为恭皇。哀帝因是曰："《春秋》'母以子贵'，尊傅太后为恭皇太后，丁姬为恭皇后，各置左右詹事，食邑如长信宫、中宫。追尊恭皇太后父为崇祖侯，恭皇后父为褒德侯。"后岁余，遂下诏曰："汉家之制，推亲亲以显尊尊，定陶恭皇之号不宜复称定陶。其尊恭皇太后为帝太太后，丁后为帝太后。"后又更号帝太太后为皇太太后，称永信宫，帝太后称中安宫，而成帝母太皇太后本称长信宫，成帝赵后为皇太后，并四太后，各置少府、太仆，秩皆中二千石。为恭皇立寝庙于京师，比宣帝父悼皇考制度，序昭穆于前殿。

傅太后父同产弟四人，曰子孟、中叔、子元、幼君。子孟子喜至大司马，封高武侯。中叔子晏亦大司马，封孔乡侯。幼君子商封汝昌侯，为太后父崇祖侯后，更号崇祖曰汝昌哀侯。太后同母弟郑恽前死，以恽子业为阳信侯，追尊恽为阳信节侯。郑氏、傅氏侯者凡六人，大司马二人，九卿二千石六人，侍中诸曹十余人。

傅太后既尊，后尤骄，与成帝母语，至谓之妪。与中山孝王母冯太后并事元帝，追怨之，陷以祝诅罪，令自杀。元寿元年崩，合葬渭陵，称孝元傅皇后云。

定陶丁姬，哀帝母也，《易》祖师丁将军之玄孙。家在山阳瑕丘，父至庐江太守。始，定陶恭王先为山阳王，而丁氏内其女为姬。王后姓张氏，其母郑礼，即傅太后同母弟也。太后以亲戚故，欲其有子，然终无有。唯丁姬河平四年生哀帝。丁姬为帝太后，两兄忠、明。明以帝舅封阳安侯。忠蚤死，封忠子满为平周侯。太后叔父宪、望。望为左将军，宪为太仆。明为大司马票骑将军，辅政。丁氏侯者凡二人，大司马一人，将军、九卿、二千石六人，侍中、诸曹亦十余人。丁、傅以一二年间暴兴尤盛。然哀帝不甚假以权势，权势不如王氏在成帝世也。

建平二年，丁太后崩。上曰："《诗》云'谷则异室，死则同穴'。昔季武子成寝，杜氏之墓在西阶下，请合葬而许之。附葬之礼，自周兴焉。孝子事亡如事存，帝太后宜起陵恭皇之园。"遣大司马票骑将军明，东送葬于定陶，贵震山东。

哀帝崩，王莽秉政，使有司举奏丁、傅罪恶。莽以太皇太后诏皆免官爵，丁氏徙归故郡。莽奏贬傅太后号为定陶共王母，丁太后号曰丁姬。

元始五年，莽复言："共王母、丁姬前不臣妾，至葬渭陵，冢高与元帝山齐，怀帝太后、皇太太后玺绶以葬，不应礼。礼有改葬，请发共王母及丁姬冢，取其玺绶消灭，徙共王母及丁姬归定陶，葬共王冢次，而葬丁姬复其故。"太后以为既已之事，不须复发。莽固争之，太后诏曰："因故棺为致椁作冢，祠以太牢。"谒者护既发傅太后冢，崩压杀数百人；开丁姬椁户，火出炎四五丈，吏卒以水沃灭乃得入，烧燔椁中器物。

莽复奏言："前共王母生，僭居桂宫，皇天震怒，灾其正殿；丁姬死，葬逾制度，今火焚其椁。此天见变以告，当改如媵妾也。臣前奏请葬丁姬复故，非是。共王母及丁姬棺皆名梓宫，珠玉之衣非藩妾服，请更以木棺代，去珠玉衣，葬丁姬媵妾之次。"奏可。既开傅太后棺，臭闻数里。公卿在位皆阿莽指，入钱帛，遣子弟及诸生四夷，凡十余万人，操持作具，助将作掘平共王母、丁姬故冢，二旬间皆平。莽又周棘其处以为世戒云。时有群燕数千，衔土投丁姬穿中。丁、傅既败，孔乡侯晏将家属徙合浦，宗族皆归故郡。唯高武侯喜得全，自有传。

孝哀傅皇后，定陶太后从弟子也。哀帝为定陶王时，傅太后欲重亲，取以配王。王入为汉太子，傅氏女为妃。哀帝即位，成帝大行尚在前殿，而傅太后封傅妃父晏为孔乡侯，与帝舅阳安侯丁明同日俱封。时师丹谏，以为："天下自王者所有，亲戚何患不富贵？而仓卒若是，其不久长矣！"晏封后月余，傅妃立为皇后。傅氏既盛，晏最尊重。哀帝崩，王莽白太皇太后下诏曰："定陶共王太后与孔乡侯晏同心合谋，背恩忘本，专恣不轨，与至尊同称号，终没，至乃配食于左坐，悖逆无道。今令孝哀皇后退就桂宫。"后月余，复与孝成赵皇后俱废为庶人，就其园自杀。

孝元冯昭仪，平帝祖母也。元帝即位二年，以选入后宫。时父奉世为执金吾。昭仪始为长使，数月至美人，后五年就馆生男，拜为倢伃。时父奉世为右将军光禄勋，奉世长男野王为左冯翊，父子并居朝廷，议者以为器能当其位，非用女宠故也。而冯倢伃内宠与傅昭仪等。

建昭中，上幸虎圈斗兽，后宫皆坐。熊佚出圈，攀槛欲上殿。左右贵人傅昭仪等皆惊走，冯倢伃直前当熊而立，左右格杀熊。上问："人情惊惧，何故前当熊？"倢伃对曰："猛兽得人而止，妾恐熊至御坐，故以身当之。"元帝嗟叹，以此倍敬重焉。傅昭仪等皆惭。明年夏，冯倢伃男立为信都王，尊倢伃为昭仪。元帝崩，为信都太后，与王俱居储元宫。河平中，随王之国。后徙中山，是为孝王。

后征定陶王为太子，封中山王舅参为宜乡侯。参，冯太后少弟也。是岁，孝王薨，有一男，嗣为王，时未满岁，有眚病，太后自养视，数祷祠解。

哀帝即位，遣中郎谒者张由将医治中山小王。由素有狂易病，病发怒去，西归长安。尚书簿责擅去状，由恐，因诬言中山太后祝诅上及太后。太后即傅昭仪也，素常怨冯太后，因是遣御史丁玄案验，尽收御者官吏及冯氏昆弟在国者百余人，分系雒阳、魏郡、钜鹿。数十日无所得，更使中谒者令史立与丞相长史、大鸿胪丞杂治。立受傅太后指，几得封侯，治冯太后女弟习及寡弟妇君之，死者数十人。巫刘吾服祝诅。医徐遂成言习、君之曰："武帝时医修氏刺治武帝得二千万耳，今愈上，不得封侯，不如杀上，令中山王代，可得封。"立等劾奏祝诅谋反，大逆。责问冯太后，无服辞。立曰："熊之上殿何其勇，今何怯也！"太后还谓左右："此乃中语，前世事，吏何用知之？是欲陷我效也！"乃饮药自杀。

先未死，有司请诛之，上不忍致法，废为庶人，徙云阳宫。既死，有司复奏："太后死在未废前。"有诏以诸侯王太后仪葬之。宜乡侯参、君之、习夫及子当相坐者，或自杀，或伏法。参女弁为孝王后，有两女，有司奏免为庶人，与冯氏宗族徙归故郡。张由以先告赐爵关内侯，史立迁中太仆。

哀帝崩，大司徒孔光奏“由前诬告骨肉，立陷人入大辟，为国家结怨于天下，以取秩迁，获爵邑，幸蒙赦令，请免为庶人，徙合浦”云。

中山卫姬，平帝母也。父子豪，中山卢奴人，官至卫尉。子豪女弟为宣帝倢伃，生楚孝王；长女又为元帝倢伃，生平阳公主。成帝时，中山孝王无子，上以卫氏吉祥，以子豪少女配孝王。元延四年，生平帝。

平帝年二岁，孝王薨，代为王。哀帝崩，无嗣。太皇太后与新都侯莽迎中山王立为帝。莽欲颛国权，惩丁、傅行事，以帝为成帝后，母卫姬及外家不当得至京师。乃更立宗室桃乡侯子成都为中山王，奉孝王后，遣少傅左将军甄丰赐卫姬玺绶，即拜为中山孝王后，以苦陉县为汤沐邑。又赐帝舅卫宝、宝弟玄爵关内侯。赐帝三妹，谒臣号修义君，哉皮为承礼君，鬲子为尊德君，食邑各二千户。莽长子宇非莽隔绝卫氏，恐久后受祸，即私与卫宝通书记，教卫后上书谢恩，因陈丁、傅旧恶，几得至京师。莽白太皇太后诏有司曰：“中山孝王后深分明为人后之义，务陈故定陶傅太后、丁姬悖天逆理，上僭位号，徙定陶王于信都，为共王立庙于京师，如天子制，不畏天命，侮圣人言，坏乱法度，居非其制，称非其号。是以皇天震怒，火烧其殿，六年之间大命不遂，祸殃仍重，竟令孝哀帝受其余灾，大失天心，夭命暴崩，又令共王祭祀绝废，精魂无所依归。朕惟孝王后深说经义，明镜圣法，惧古人之祸败，近事之咎殃，畏天命，奉圣言，是乃久保一国，长获天禄，而令孝王永享无疆之祀，福祥之大者也。朕甚嘉之。夫褒义赏善，圣王之制，其以中山故安户七千益中山后汤沐邑，加赐及中山王黄金各百斤，增傅相以下秩。”

卫后日夜啼泣，思见帝，而但益户邑。宇复教令上书求至京师。会事发觉，莽杀宇，尽诛卫氏支属。卫宝女为中山王后，免后，徙合浦。唯卫后在，王莽篡国，废为家人，后岁余卒，葬孝王旁。

孝平王皇后，安汉公太傅大司马莽女也。平帝即位，年九岁，成帝母太皇太后称制，而莽秉政。莽欲依霍光故事，以女配帝，太后意不欲也。莽设变诈，令女必入，因以自重，事在《莽传》。太后不得已而许之，遣长乐少府夏侯藩、宗正刘宏、少府宗伯凤、尚书令平晏纳采，太师光、大司徒马宫、大司空甄丰、左将军孙建、执金吾尹赏、行太常事太中大夫刘歆及太卜、太史令以下四十九人赐皮弁素绩，以礼杂卜筮，太牢祠宗庙，待吉月日。明年春，遣大司徒宫、大司空丰、左将军建、右将军甄邯、光禄大夫歆奉乘舆法驾，迎皇后于安汉公第。宫、丰、歆授皇后玺绂，登车称警跸，便时上林延寿门，入未央宫前殿。群臣就位行礼，大赦天下。益封父安汉公地满百里，赐迎皇后及行礼者，自三公以下至驺宰执事长乐、未央宫、安汉公第者，皆增秩，赐金、帛各有差。皇后立三月，以礼见高庙。尊父安汉公号曰宰衡，位在诸侯王上。赐公夫人号曰功显君，食邑。封公子安为褒新侯，临为赏都侯。

后立岁余，平帝崩。莽立孝宣帝玄孙婴为孺子，莽摄帝位，尊皇后为皇太后。三年，莽既真，以婴为定安公，改皇太后号为定安公太后。太后时年十八矣，为人婉瘱有节操。自刘氏废，常称疾不朝会。莽敬惮伤哀，欲嫁之，乃更号为黄皇室主，令立国将军成新公孙建世子襐饰将医往问疾。后大怒，笞鞭其旁侍御。因发病，不肯起，莽遂不复强也。及汉兵诛莽，燔烧未央宫，后曰："何面目以见汉家！"自投火中而死。

赞曰：《易》著吉凶而言谦盈之效，天地鬼神至于人道靡不同之。夫女宠之兴，繇至微而体至尊，穷富贵而不以功，此固道家所畏，祸福之宗也。序自汉兴，终于孝平，外戚后庭色宠著闻二十有余人，然其保位全家者，唯文、景、武帝太后及邛成后四人而已。至如史良娣、王悼后、许恭哀后身皆夭折不辜，而家依托旧恩，不敢纵恣，是以能全。其余大者夷灭，小者放流，乌呼！鉴兹行事，变亦备矣。

汉书卷九十八

元后传第六十八

孝元皇后，王莽姑也。莽自谓黄帝之后，其《自本》曰：黄帝姓姚氏，八世生虞舜。舜起妫汭，以妫为姓。至周武王封舜后妫满于陈，是为胡公，十三世生完。完字敬仲，奔齐，齐桓公以为卿，姓田氏。十一世，田和有齐国，二世称王，至王建为秦所灭。项羽起，封建孙安为济北王。至汉兴，安失国，齐人谓之“王家”，因以为氏。

文、景间，安孙遂字伯纪，处东平陵，生贺，字翁孺。为武帝绣衣御史，逐捕魏郡群盗坚卢等党与，及吏畏懦逗留当坐者，翁孺皆纵不诛。它部御史暴胜之等奏杀二千石，诛千石以下，及通行饮食坐连及者，大部至斩万余人，语见《酷吏传》。翁孺以奉使不称免，叹曰：“吾闻活千人有封子孙，吾所活者万余人，后世其兴乎！”

翁孺既免，而与东平陵终氏为怨，乃徙魏郡元城委粟里，为三老，魏郡人德之。元城建公曰：“昔春秋沙麓崩，晋史卜之，曰：‘阴为阳雄，土火相乘，故有沙麓崩。后六百四十五年，宜有圣女兴。其齐田乎！’今王翁孺徙，正直其地，日月当之。元城郭东有五鹿之虚，即沙鹿地也。后八十年，当有贵女兴天下云。”

翁孺生禁，字稚君，少学法律长安，为廷尉史。本始三年，生女政君，即元后也。禁有大志，不修廉隅，好酒色，多取傍妻，凡有四女八男：长女君侠，次即元后政君，次君力，次君弟；长男凤孝卿，次曼元卿，谭子元，崇少子，商子夏，立子叔，根稚卿，逢时季卿。唯凤、崇与元后政君同母。母，適妻，魏郡李氏女也。后以妒去，更嫁为河内苟宾妻。

初，李亲任政君在身，梦月入其怀。及壮大，婉顺得妇人道。尝许嫁未行，所许者死。后东平王聘政君为姬，未入，王薨。禁独怪之，使卜数者相政君，“当大贵，不可言”。禁心以为然，乃教书，学鼓琴。五凤中，献政君，年十八矣，入掖庭为家人子。

岁余，会皇太子所爱幸司马良娣病，且死，谓太子曰：“妾死非天命，乃诸娣妾良人更祝诅杀我。”太子怜之，且以为然。及司马良娣死，太子悲恚发病，忽忽不乐，因以过怒诸娣妾，莫得进见者。久之，宣帝闻太子恨过诸娣妾，欲顺适其意，乃令皇后择后宫家人子可以虞侍太子者，政君与在其中。及太子朝，皇后乃见政君等五人，微令旁长御问知太子所欲。太子殊无意于五人者，不得已于皇后，强应曰：“此中一人可。”是时政君坐近太子，又独衣绛缘诸于，长御即以为是。皇后使侍中杜辅、掖庭令浊贤交送政君太子宫，见丙殿。得御幸，有身。先是者，太子后宫娣妾以十数，御幸久者七八年，莫有子，及王妃壹幸而有身。甘露三年，生成帝于甲馆画堂，为世適皇孙。宣帝爱之，自名曰骜，字太孙，常置左右。

后三年，宣帝崩，太子即位，是为孝元帝。立太孙为太子，以母王妃为婕妤，封父禁为阳平侯。后三日，婕妤立为皇后，禁位特进，禁弟弘至长乐卫尉。永光二年，禁薨，谥曰顷侯。长子凤嗣侯，为卫尉侍中。皇后自有子后，希复进见。太子壮大，宽博恭慎，语在《成纪》。其后幸酒，乐燕乐，元帝不以为能。而傅昭仪有宠于上，生定陶共王。王多材艺，上甚爱之，坐则侧席，行则同辇，常有意欲废太子而立共王。时凤在位，与皇后、太子同心忧惧，赖侍中史丹拥右太子，语在《丹传》。上亦以皇后素谨慎，而太子先帝所常留意，故得不废。

元帝崩，太子立，是为孝成帝。尊皇后为皇太后，以凤为大司马大将军领尚书事，益封五千户。王氏之兴自凤始。又封太后同母弟崇为安成侯，食邑万户。凤庶弟谭等皆赐爵关内侯，食邑。

其夏，黄雾四塞终日。天子以问谏大夫杨兴、博士驷胜等，对皆以为："阴盛侵阳之气也。高祖之约也，非功臣不侯，今太后诸弟皆以无功为侯，非高祖之约，外戚未曾有也，故天为见异。"言事者多以为然。凤于是惧，上书辞谢曰："陛下即位，思慕谅闇，故诏臣凤典领尚书事，上无以明圣德，下无以益政治。今有茀星天地赤黄之异，咎在臣凤，当伏显戮，以谢天下。今谅闇已毕，大义皆举，宜躬亲万机，以承天心。"因乞骸骨辞职。上报曰："朕承先帝圣绪，涉道未深，不明事情，是以阴阳错缪，日月无光，赤黄之气，充塞天下。咎在朕躬，今大将军乃引过自予，欲上尚书事，归大将军印绶，罢大司马官，是明朕之不德也。朕委将军以事，诚欲庶几有成，显先祖之功德。将军其专心固意，辅朕之不逮，毋有所疑。"

后五年，诸吏散骑安成侯崇薨，谥曰共侯。有遗腹子奉世嗣侯，太后甚哀之。明年，河平二年，上悉封舅谭为平阿侯，商成都侯，立红阳侯，根曲阳侯，逢时高平侯。五人同日封，故世谓之“五侯”。太后同产唯曼蚤卒，余毕侯矣。太后母李亲，苟氏妻，生一男名参，寡居。顷侯禁在时，太后令禁还李亲。太后怜参，欲以田蚡为比而封之。上曰：“封田氏，非正也。”以参为侍中水衡都尉。王氏子弟皆卿、大夫、侍中、诸曹，分据势官满朝廷。

大将军凤用事，上遂谦让无所颛。左右常荐光禄大夫刘向少子歆通达有异材。上召见歆，诵读诗赋，甚说之，欲以为中常侍，召取衣冠。临当拜，左右皆曰：“未晓大将军。”上曰：“此小事，何须关大将军?”左右叩头争之。上于是语凤，凤以为不可，乃止。其见惮如此。

上即位数年，无继嗣，体常不平。定陶共王来朝，太后与上承先帝意，遇共王甚厚，赏赐十倍于它王，不以往事为纤介。共王之来朝也，天子留，不遣归国。上谓共王：“我未有子，人命不讳，一朝有它，且不复相见。尔长留侍我矣!”其后，天子疾益有瘳，共王因留国邸，旦夕侍上，上甚亲重。大将军凤心不便共王在京师，会日蚀，凤因言：“日蚀，阴盛之象，为非常异。定陶王虽亲，于礼当奉藩在国。今留侍京师，诡正非常，故天见戒。宜遣王之国。”上不得已于凤而许之。共王辞去，上与相对涕泣而决。

京兆尹王章素刚直敢言，以为凤建遣共王之国非是，乃奏封事言日蚀之咎矣。天子召见章，延问以事，章对曰：“天道聪明，佑善而灾恶，以瑞异为符效。今陛下以未有继嗣，引近定陶王，所以承宗庙，重社稷，上顺天心，下安百姓。此正义善事，当有祥瑞，何故致灾异？灾异之发，为大臣颛政者也。今闻大将军猥归日蚀之咎于定陶王，建遣之国，苟欲使天子孤立于上，颛擅朝事以便其私，非忠臣也。且日蚀，阴侵阳、臣颛君之咎，今政事大小皆自凤出，天子曾不一举手，凤不内省责，反归咎善人，推远定陶王。且凤诬罔不忠，非一事也。前丞相乐昌侯商本以先帝外属，内行笃，有威重，位历将相，国家柱石臣也，其人守正，不肯诎节随凤委曲，卒用闺门之事为凤所罢，身以忧死，众庶愍之。又凤知其小妇弟张美人已尝适人，于礼不宜配御至尊，托以为宜子，内之后宫，苟以私其妻弟。闻张美人未尝任身就馆也。且羌胡尚杀首子以荡肠正世，况于天子而近已出之女也！此三者皆大事，陛下所自见，足以知其余，及它所不见者。凤不可令久典事，宜退使就第，选忠贤以代之。”

自凤之白罢商后遣定陶王也，上不能平。及闻章言，天子感寤，纳之，谓章曰：“微京兆尹直言，吾不闻社稷计！且唯贤知贤，君试为朕求可以自辅者。”于是章奏封事，荐中山孝王舅琅邪太守冯野王“先帝时历二卿，忠信质直，知谋有余。野王以王舅出，以贤复入，明圣主乐进贤也”。上自为太子时数闻野王先帝名卿，声誉出凤远甚，方倚欲以代凤。

初，章每召见，上辄辟左右。时太后从弟长乐卫尉弘子侍中音独侧听，具知章言，以语凤。凤闻之，称病出就第，上疏乞骸骨，谢上曰：“臣材驽愚戆，得以外属兄弟七人封为列侯，宗族蒙恩，赏赐无量。辅政出入七年，国家委任臣凤，所言辄听，荐士常用。无一功善，阴阳不调，灾异数见，咎在臣凤奉职无状，此臣一当退也。《五经》传记，师所诵说，咸以日蚀之咎在于大臣非其人，《易》曰‘折其右肱’，此臣二当退也。河平以来，臣久病连年，数出在外，旷职素餐，此臣三当退也。陛下以皇太后故不忍诛废，臣犹自知当远流放，又重自念，兄弟宗族所蒙不测，当杀身靡骨死辇毂下，不当以无益之故有离寝门之心，诚岁余以来，所苦加侵，日日益甚，不胜大愿，愿乞骸骨，归自治养，冀赖陛下神灵，未埋发齿，期月之间，幸得瘳愈，复望帷幄，不然，必置沟壑。臣以非材见私，天下知臣受恩深也；以病得全骸骨归，天下知臣被恩见哀，重巍巍也。进退于国为厚，万无纤介之议。唯陛下哀怜！”其辞指甚哀，太后闻之为垂涕，不御食。

上少而亲倚凤，弗忍废，乃报凤曰：“朕秉事不明，政事多阙，故天变娄臻，咸在朕躬。将军乃深引过自予，欲乞骸骨而退，则朕将何向焉！《书》不云乎？‘公毋困我。’务专精神，安心自持，期于亟瘳，称朕意焉。”于是凤起视事。上使尚书劾奏章：“知野王前以王舅出补吏，而私荐之，欲令在朝阿附诸侯；又知张美人体御至尊，而妄称引羌胡杀子荡肠，非所宜言。”遂下章吏。廷尉致其大逆罪，以为“比上夷狄，欲绝继嗣之端；背畔天子，私为定陶王”。章死狱中，妻子徙合浦。

自是公卿见凤，侧目而视，郡国守相、刺史皆出其门。又以侍中太仆音为御史大夫，列于三公。而五侯群弟，争为奢侈，赂遗珍宝，四面而至；后廷姬妾，各数十人，僮奴以千百数，罗钟磬，舞郑女，作倡优，狗马驰逐；大治第室，起土山渐台，洞门高廊阁道，连属弥望。百姓歌之曰：“五侯初起，曲阳最怒，坏决高都，连竟外杜，土山渐台西白虎。”其奢僭如此。然皆通敏人事，好士养贤，倾财施予，以相高尚。

凤辅政凡十一岁。阳朔三年秋，凤疾，天子数自临问，亲执其手，涕泣曰：“将军病，如有不可言，平阿侯谭次将军矣。”凤顿首泣曰：“谭等虽与臣至亲，行皆奢僭，无以率导百姓，不如御史大夫音谨敕，臣敢以死保之。”及凤且死，上疏谢上，复固荐音自代，言谭等五人必不可用。天子然之。

初，谭倨，不肯事凤，而音敬凤，卑恭如子，故荐之。凤薨，天子临吊赠宠，送以轻车介士，军陈自长安至渭陵，谥曰敬成侯。子襄嗣侯，为卫尉。御史大夫音竟代凤为大司马车骑将军，而平阿侯谭位特进，领城门兵。谷永说谭，令让不受城门职，由是与音不平，语在《永传》。

音既以从舅越亲用事，小心亲职，岁余，上下诏曰：“车骑将军音宿卫忠正，勤劳国家，前为御史大夫，以外亲宜典兵马，入为将军，不获宰相之封，朕甚慊焉！其封音为安阳侯，食邑与五侯等，俱三千户。”

初，成都侯商尝病，欲避暑，从上借明光宫。后又穿长安城，引内沣水注第中大陂以行船，立羽盖，张周帷，辑濯越歌。上幸商第，见穿城引水，意恨，内衔之，未言。后微行出，过曲阳侯第，又见园中土山渐台似类白虎殿。于是上怒，以让车骑将军音。商、根兄弟欲自黥、劓谢太后，上闻之大怒，乃使尚书责问司隶校尉、京兆尹：“知成都侯商擅穿帝城，决引沣水，曲阳侯根骄奢僭上，赤墀青琐，红阳侯立父子臧匿奸猾亡命，宾客为群盗，司隶、京兆皆阿纵不举奏正法。”二人顿首省户下。又赐车骑将军音策书曰："外家何甘乐祸败，而欲自黥、劓，相戮辱于太后前，伤慈母之心，以危乱国！外家宗族强，上一身寖弱日久，今将一施之。君其召诸侯，令待府舍。"是日，诏尚书奏文帝时诛将军薄昭故事。车骑将军音藉槁请罪，商、立、根皆负斧质谢。上下忍诛，然后得已。

久之，平阿侯谭薨，谥曰安侯，子仁嗣侯。太后怜弟曼蚤死，独不封，曼寡妇渠供养东宫，子莽幼孤不及等比，常以为语。平阿侯谭、成都侯商及在位多称莽者。久之，上复下诏追封曼为新都哀侯，而子莽嗣爵为新都侯。后又封太后姊子淳于长为定陵侯。王氏亲属，侯者凡十人。

上悔废平阿侯谭不辅政而薨也，乃复进成都侯商以特进，领城门兵，置幕府，得举吏如将军。杜邺说车骑将军音令亲附商，语在《邺传》。王氏爵位日盛，唯音为修整，数谏正，有忠节，辅政八年，薨。吊赠如大将军，谥曰敬侯，子舜嗣侯，为太仆侍中。特进成都侯商代音为大司马卫将军，而红阳侯立位特进，领城门兵。商辅政四岁，病乞骸骨，天子悯之，更以为大将军，益封二千户，赐钱百万。商薨，吊赠如大将军故事，谥曰景成侯，子况嗣侯。红阳侯立次当辅政，有罪过，语在《孙宝传》。上乃废立，而用光禄勋曲阳侯根为大司马票骑将军，岁余益封千七百户。高平侯逢时无材能名称，是岁薨，谥曰戴侯，子买之嗣侯。

绥和元年，上即位二十余年无继嗣，而定陶共王已薨，子嗣立为王。王祖母定陶傅太后重赂遗票骑将军根，为王求汉嗣，根为言，上亦欲立之，遂征定陶王为太子。时根辅政五岁矣，乞骸骨，上乃益封根五千户，赐安车驷马，黄金五百斤，罢就第。

先是，定陵侯淳于长以外属能谋议，为卫尉侍中，在辅政之次。是岁，新都侯莽告长伏罪与红阳侯立相连，长下狱死，立就国，语在《长传》。故曲阳侯根荐莽以自代，上亦以为莽有忠直节，遂擢莽从侍中骑都尉光禄大夫为大司马。

岁余，成帝崩，哀帝即位。太后诏莽就第，避帝外家。哀帝初优莽，不听。莽上书固乞骸骨而退。上乃下诏曰："曲阳侯根前在位，建社稷策。侍中太仆安阳侯舜往时护太子家，导朕，忠诚专壹，有旧恩。新都侯莽忧劳国家，执义坚固，庶几与为治，太皇太后诏休就第，朕甚闵焉。其益封根二千户，舜五百户，莽三百五十户。以莽为特进，朝朔望。"又还红阳侯立京师。哀帝少而闻知王氏骄盛，心不能善，以初立，故优之。

后月余，司隶校尉解光奏："曲阳侯根宗重身尊，三世据权，五将秉政，天下辐凑自效。根行贪邪，臧累巨万，纵横恣意，大治室第，第中起土山，立两市，殿上赤墀，户青琐；游观射猎，使奴从者被甲持弓弩，陈为步兵；止宿离宫，水衡共张，发民治道，百姓苦其役。内怀奸邪，欲管朝政，推亲近吏主簿张业以为尚书，蔽上壅下，内塞王路，外交藩臣，骄奢僭上，坏乱制度。案根骨肉至亲，社稷大臣，先帝弃天下，根不悲哀思慕，山陵未成，公聘取故掖庭女乐五官殷严、王飞君等，置酒歌舞，捐忘先帝厚恩，背臣子义。及根兄子成都侯况幸得以外亲继父为列侯侍中，不思报厚恩，亦聘取故掖庭贵人以为妻，皆无人臣礼，大不敬不道。"于是天子曰："先帝遇根、况父子，至厚也，今乃背忘恩义！"以根尝建社稷之策，遣就国。免况为庶人，归故郡。根及况父商所荐举为官者，皆罢。

后二岁，傅太后、帝母丁姬皆称尊号。有司奏："新都侯莽前为大司马，贬抑尊号之议，亏损孝道，及平阿侯仁臧匿赵昭仪亲属，皆就国。"天下多冤王氏。

谏大夫杨宣上封事言："孝成皇帝深惟宗庙之重，称述陛下至德以承天序，圣策深远，恩德至厚。惟念先帝之意，岂不欲以陛下自代，奉承东宫哉！太皇太后春秋七十，数更忧伤，敕令亲属引领以避丁、傅。行道之人为之陨涕，况于陛下，时登高远望，独不惭于延陵乎！"哀帝深感其言，复封商中子邑为成都侯。

元寿元年，日蚀。贤良对策多讼新都侯莽者，上于是征莽及平阿侯仁还京师侍太后。曲阳侯根薨，国除。

明年，哀帝崩，无子，太皇太后以莽为大司马，与共征立中山王奉哀帝后，是为平帝。帝年九岁，当年被疾，太后临朝，委政于莽，莽颛威福。红阳侯立莽诸父，平阿侯仁素刚直，莽内惮之，令大臣以罪过奏遣立、仁就国。莽日诳耀太后，言辅政致太平，群臣奏请尊莽为安汉公。后遂遣使者迫守立、仁令自杀。赐立谥曰荒侯，子柱嗣，仁谥曰刺侯，子术嗣。是岁，元始三年也。

明年，莽风群臣奏立莽女为皇后。又奏尊莽为宰衡，莽母及两子皆封为列侯，语在《莽传》。

莽既外壹群臣，令称己功德，又内媚事旁侧长御以下，赂遗以千万数。白尊太后姊妹君侠为广恩君，君力为广惠君，君弟为广施君，皆食汤沐邑，日夜共誉莽。莽又知太后妇人厌居深宫中，莽欲虞乐以市其权，乃令太后四时车驾巡狩四郊，存见孤寡贞妇。春幸茧馆，率皇后、列侯夫人桑，遵霸水而祓除；夏游籞宿、鄠、杜之间；秋历东馆，望昆明，集黄山宫；冬飨饮飞羽，校猎上兰，登长平馆，临泾水而览焉。太后所至属县，辄施恩惠，赐民钱、帛、牛、酒，岁以为常。太后从容言曰："我始入太子家时，见于丙殿，至今五六十岁尚颇识之。"莽因曰："太子宫幸近，可壹往游观，不足以为劳。"于是太后幸太子宫，甚说。太后旁弄儿病在外舍，莽自亲候之。其欲得太后意如此。

平帝崩，无子，莽征宣帝玄孙选最少者广戚侯子刘婴，年二岁，托以卜相为最吉。乃风公卿奏请立婴为孺子，令宰衡安汉公莽践祚居摄，如周公傅成王故事。太后不以为可，力不能禁，于是莽遂为摄皇帝，改元称制焉。俄而宗室安众侯刘崇及东郡太守翟义等恶之，更举兵欲诛莽。太后闻之，曰："人心不相远也。我虽妇人，亦知莽必以是自危，不可。"其后，莽遂以符命自立为真皇帝，先奉诸符瑞以白太后，太后大惊。

初，汉高祖入咸阳至霸上，秦王子婴降于轵道，奉上始皇玺。及高祖诛项籍，即天子位，因御服其玺，世世传受，号曰汉传国玺。以孺子未立，玺臧长乐宫。及莽即位，请玺，太后不肯授莽。莽使安阳侯舜谕指。舜素谨敕，太后雅爱信之。舜既见，太后知其为莽求玺，怒骂之曰："而属父子宗族蒙汉家力，富贵累世，既无以报，受人孤寄，乘便利时，夺取其国，不复顾恩义。人如此者，狗猪不食其余，天下岂有而兄弟邪！且若自以金匮符命为新皇帝，变更正朔服制，亦当自更作玺，传之万世，何用此亡国不详玺为，而欲求之?！我汉家老寡妇，旦暮且死，欲与此玺俱葬，终不可得！"太后因涕泣而言，旁侧长御以下皆垂涕。舜亦悲不能自止，良久乃仰谓太后："臣等已无可言者。莽必欲得传国玺，太后宁能终不与邪！"太后闻舜语切，恐莽欲胁之，乃出汉传国玺，投之地以授舜，曰："我老已死，如而兄弟，今族灭也！"舜既得传国玺，奏之，莽大说，乃为太后置酒未央宫渐台，大纵众乐。

莽又欲改太后汉家旧号，易其玺绶，恐不见听，而莽疏属王谏欲谄莽，上书言："皇天废去汉而命立新室，太皇太后不宜称尊号，当随汉废，以奉天命。"莽乃车驾至东宫，亲以其书白太后。太后曰："此言是也！"莽因曰："此悖德之臣也，罪当诛！"于是冠军张永献符命铜壁，文言"太皇太后当为新室文母太皇太后"。莽乃下诏曰："予视群公，咸曰'休哉！其文字非刻非画，厥性自然'。予伏念皇天命予为子，更命太皇太后为'新室文母太皇太后'，协于新、故交代之际，信于汉氏。哀帝之代，世传行诏筹，为西王母共具之祥，当为历代母，昭然著明。于祗畏天命，敢不钦承！谨以令月吉日，亲率群公诸侯卿士，奉上皇太后玺绂，以当顺天心，光于四海焉。"太后听许。莽于是鸩杀王谏，而封张永为贡符子。

初，莽为安汉公时，又谄太后，奏尊元帝庙为高宗，太后晏驾后当以礼配食云。及莽改号太后为新室文母，绝之于汉，不令得体元帝。堕坏孝元庙，更为文母太后起庙，独置孝元庙故殿以为文母篹食堂，既成，名曰长寿宫。以太后在，故未谓之庙。莽以太后好出游观，乃车驾置酒长寿宫，请太后。既至，见孝元庙废彻涂地，太后惊，泣曰："此汉家宗庙，皆有神灵，与何治而坏之！且使鬼神无知，又何用庙为！如令有知，我乃人之妃妾，岂宜辱帝之堂以陈馈食哉！"私谓左右曰："此人嫚神多矣，能久得祐乎！"饮酒不乐而罢。

自莽篡位后，知太后怨恨，求所以媚太后无不为，然愈不说。

莽更汉家黑貂，著黄貂，又改汉正朔伏腊日。太后令其官属黑貂，至汉家正腊日，独与其左右相对饮酒食。

太后年八十四，建国五年二月癸丑崩。三月乙酉，合葬渭陵。莽诏大夫扬雄作诔曰："太阴之精，沙麓之灵，作合于汉，配元生成。"著其协于元城沙麓。太阴精者，谓梦月也。太后崩后十年，汉兵诛莽。

初，红阳侯立就国南阳，与诸刘结恩，立少子丹为中山太守。世祖初起，丹降为将军，战死。上闵之，封丹子泓为武桓侯，至今。

司徒掾班彪曰：三代以来，《春秋》所记，王公国君，与其失世，稀不以女宠。汉兴，后妃之家吕、霍、上官，几危国者数矣。及王莽之兴，由孝元后历汉四世为天下母，飨国六十余载，群弟世权，更持国柄，五将十侯，卒成新都。位号已移于天下，而元后卷卷犹握一玺，不欲以授莽，妇人之仁，悲夫！

汉书卷九十九上

王莽传第六十九上

王莽字巨君，孝元皇后之弟子也。元后父及兄弟皆以元、成世封侯，居位辅政，家凡九侯、五大司马，语在《元后传》。唯莽父曼蚤死，不侯。莽群兄弟皆将军五侯子，乘时侈靡，以舆马声色佚游相高，莽独孤贫，因折节为恭俭。受《礼经》，师事沛郡陈参，勤身博学，被服如儒生。事母及寡嫂，养孤兄子，行甚敕备。又外交英俊，内事诸父，曲有礼意。阳朔中，世父大将军凤病，莽侍疾，亲尝药，乱首垢面，不解衣带连月。凤且死，以托太后及帝，拜为黄门郎，迁射声校尉。

久之，叔父成都侯商上书，愿分户邑以封莽，及长乐少府戴崇、侍中金涉、胡骑校尉箕闳、上谷都尉阳並、中郎陈汤，皆当世名士，咸为莽言，上由是贤莽。永始元年，封莽为新都侯，国南阳新野之都乡，千五百户。迁骑都尉、光禄大夫、侍中，宿卫谨敕，爵位益尊，节操愈谦。散舆马衣裘，振施宾客，家无所余。收赡名士，交结将相、卿、大夫甚众。故在位更推荐之，游者为之谈说，虚誉隆洽，倾其诸父矣。敢为激发之行，处之不惭恧。

莽兄永为诸曹，蚤死，有子光，莽使学博士门下。莽休沐出，振车骑，奉羊酒，劳遗其师，恩施下竟同学。诸生纵观，长老叹息。光年小于莽子宇，莽使同日内妇，宾客满堂。须臾，一人言太夫人苦某痛，当饮某药，比客罢者数起焉。尝私买侍婢，昆弟或颇闻知，莽因曰："后将军朱子元无子，莽闻此儿种宜子，为买之。"即日以婢奉子元。其匿情求名如此。

是时，太后姊子淳于长以材能为九卿，先进在莽右。莽阴求其罪过，因大司马曲阳侯根白之，长伏诛，莽以获忠直，语在《长传》。根因乞骸骨，荐莽自代，上遂擢为大司马。是岁，绥和元年也，年三十八矣。莽既拔出同列，继四父而辅政，欲令名誉过前人，遂克己不倦，聘诸贤良以为掾史，赏赐邑钱悉以享士，愈为俭约。母病，公卿列侯遣夫人问疾，莽妻迎之，衣不曳地，布蔽膝。见之者以为僮使，问知其夫人，皆惊。

辅政岁余，成帝崩，哀帝即位，尊皇太后为太皇太后。太后诏莽就第，避帝外家。莽上疏乞骸骨，哀帝遣尚书令诏莽曰："先帝委政于君而弃群臣，朕得奉宗庙，诚嘉与君同心合意。今君移病求退，以著朕之不能奉顺先帝之意，朕甚悲伤焉。已诏尚书待君奏事。"又遣丞相孔光、大司空何武、左将军师丹、卫尉傅喜白太后曰："皇帝闻太后诏，甚悲。大司马即不起，皇帝即不敢听政。"太后复令莽视事。

时哀帝祖母定陶傅太后、母丁姬在，高昌侯董宏上书言："《春秋》之义，母以子贵，丁姬宜上尊号。"莽与师丹共劾宏误朝不道，语在《丹传》。后日，未央宫置酒，内者令为傅太后张幄，坐于太皇太后坐旁。莽案行，责内者令曰："定陶太后藩妾，何以得与至尊并!”彻去，更设坐。傅太后闻之，大怒，不肯会，重怨恚莽。莽复乞骸骨，哀帝赐莽黄金五百斤，安车驷马，罢就第。公卿大夫多称之者，上乃加恩宠，置使家，中黄门十日一赐餐。下诏曰：“新都侯莽忧劳国家，执义坚固，朕庶几与为治。太皇太后诏莽就第，朕甚闵焉。其以黄邮聚户三百五十益封莽，位特进，给事中，朝朔望见礼如三公。车驾乘绿车从。”后二岁，傅太后、丁姬皆称尊号，丞相朱博奏：“莽前不广尊尊之义，抑贬尊号，亏损孝道，当伏显戮，幸蒙赦令，不宜有爵土，请免为庶人。”上曰：“以莽与太皇太后有属，勿免，遣就国。”

莽杜门自守，其中子获杀奴，莽切责获，令自杀。在国三岁，吏上书冤讼莽者以百数。元寿元年，日食，贤良周护、宋崇等对策深颂莽功德，上于是征莽。

始莽就国，南阳太守以莽贵重，选门下掾宛孔休守新都相。休谒见莽，莽尽礼自纳，休亦闻其名，与相答。后莽疾，休候之，莽缘恩意，进其玉具宝剑，欲以为好。休不肯受，莽因曰：“诚见君面有瘢，美玉可以灭瘢，欲献其瑑耳。”即解其瑑，休复辞让。莽曰：“君嫌其贾邪?”遂椎碎之，自裹以进休，休乃受。及莽征去，欲见休，休称疾不见。

莽还京师岁余，哀帝崩，无子，而傅太后、丁太后皆先薨，太皇太后即日驾之未央宫收取玺绶，遣使者驰召莽。诏尚书，诸发兵符节，百官奏事，中黄门、期门兵皆属莽。莽白：“大司马高安侯董贤年少，不合众心，收印绶。”贤即日自杀。太后诏公卿举可大司马者，大司徒孔光、大司空彭宣举莽，前将军何武、后将军公孙禄互相举。太后拜莽为大司马，与议立嗣。安阳侯王舜，莽之从弟，其人修饬，太后所信爱也，莽白以舜为车骑将军，使迎中山王奉成帝后，是为孝平皇帝。帝年九岁，太后临朝称制，委政于莽。莽白赵氏前害皇子，傅氏骄僭，遂废孝成赵皇后、孝哀傅皇后，皆令自杀，语在《外戚传》。

莽以大司徒孔光名儒，相三主，太后所敬，天下信之，于是盛尊事光，引光女婿甄邯为侍中奉车都尉。诸哀帝外戚及大臣居位素所不说者，莽皆傅致其罪，为请奏，令邯持与光。光素畏慎，不敢不上之，莽白太后，辄可其奏。于是前将军何武、后将军公孙禄坐互相举免，丁、傅及董贤亲属皆免官爵，徙远方。红阳侯立，太后亲弟，虽不居位，莽以诸父内敬惮之，畏立从容言太后，令己不得肆意，乃复令光奏立旧恶："前知定陵侯淳于长犯大逆罪，多受其赂，为言误朝；后白以官婢杨寄私子为皇子，众言曰吕氏、少帝复出，纷纷为天下所疑，难以示来世，成襁褓之功。请遣立就国。"太后不听。莽曰："今汉家衰，比世无嗣，太后独代幼主统政，诚可畏惧，力用公正先天下，尚恐不从，今以私恩逆大臣议如此，群下倾邪，乱从此起！宜可且遣就国，安后复征召之。"太后不得已，遣立就国。莽之所以胁持上下，皆此类也。

于是附顺者拔擢，忤恨者诛灭。王舜、王邑为腹心，甄丰、甄邯主击断，平晏领机事，刘歆典文章，孙建为爪牙。丰子寻、歆子棻、涿郡崔发、南阳陈崇皆以材能幸于莽。莽色厉而言方，欲有所为，微见风采，党与承其指意而显奏之，莽稽首涕泣，固推让焉，上以惑太后，下用示信于众庶。

始，风益州令塞外蛮夷献白雉，元始元年正月，莽白太后下诏，以白雉荐宗庙。群臣因奏言太后："委任大司马莽定策安宗庙。故太司马霍光有安宗庙之功，益封三万户，畴其爵邑，比萧相国。莽宜如光故事。”太后问公卿曰：“诚以大司马有大功当著之邪？将以骨肉故欲异之也？”于是群臣乃盛陈：“莽功德致周成白雉之瑞，千载同符。圣王之法，臣有大功则生有美号，故周公及身在而托号于周。莽有定国安汉家之大功，宜赐号曰安汉公，益户，畴爵邑，上应古制，下准行事，以顺天心。”太后诏尚书具其事。

莽上书言：“臣与孔光、王舜、甄丰、甄邯共定策，今愿独条光等功赏，寝置臣莽，勿随辈列。”甄邯白太后下诏曰：“‘无偏无党，王道荡荡。’属有亲者，义不得阿。君有安宗庙之功，不可以骨肉故蔽隐不扬。君其勿辞。”莽复上书让。太后诏谒者引莽待殿东箱，莽称疾不肯入。太后使尚书令恂诏之曰：“君以选故而辞以疾，君任重，不可阙，以时亟起。”莽遂固辞。太后复使长信太仆闳承制召莽，莽固称疾。左右白太后，宜勿夺莽意，但条孔光等，莽乃肯起。太后下诏曰：“太傅博山侯光宿卫四世，世为傅相，忠孝仁笃，行义显著，建议定策，益封万户，以光为太师，与四辅之政。车骑将军安阳侯舜积累仁孝，使迎中山王，折冲万里，功德茂著，益封万户，以舜为太保。左将军光禄勋丰宿卫三世，忠信仁笃，使迎中山王，辅导共养，以安宗庙，封丰为广阳侯，食邑五千户，以丰为少傅。皆授四辅之职，畴其爵邑，各赐第一区。侍中奉车都尉邯宿卫勤劳，建议定策，封邯为承阳侯，食邑二千四百户。”四人既受赏，莽尚未起，群臣复上言：“莽虽克让，朝所宜章，以时加赏，明重元功，无使百僚元元失望。”太后乃下诏曰：“大司马新都侯莽三世为三公，典周公之职，建万世策，功德为忠臣宗，化流海内，远人慕义，越裳氏重译献白雉。其以召陵，新息二县户二万八千益封莽，复其后嗣，畴其爵邑，封功如萧相国。以莽为太傅，干四辅之事，号曰安汉公。以故萧相国甲第为安汉公第，定著于令，传之无穷。”

于是莽为惶恐，不得已而起受策。策曰：“汉危无嗣，而公定之；四辅之职，三公之任，而公干之；群僚众位，而公宰之：功德茂著，宗庙以安，盖白雉之瑞，周成象焉。故赐嘉号曰安汉公，辅翼于帝，期于致平，毋违朕意。”莽受太傅安汉公号，让还益封畴爵邑事，云愿须百姓家给，然后加赏。群公复争，太后诏曰：“公自期百姓家给，是以听之。其令公奉、舍人赏赐皆倍故。百姓家给人足，大司徒、大司空以闻。”莽复让不受，而建言宜立诸侯王后及高祖以来功臣子孙，大者封侯，或赐爵关内侯食邑，然后及诸在位，各有第序。上尊宗庙，增加礼乐；下惠士民鳏寡，恩泽之政无所不施。语在《平纪》。

莽既说众庶，又欲专断，知太后猒政，乃风公卿奏言：“往者，吏以功次迁至二千石，及州部所举茂材异等吏，率多不称，宜皆见安汉公。又太后不宜亲省小事。”令太后下诏曰：“皇帝幼年，朕且统政，比加元服。今众事烦碎，朕春秋高，精气不堪，殆非所以安躬体而育养皇帝者也。故选忠贤，立四辅，群下劝职，永以康宁。孔子曰：‘巍巍乎，舜、禹之有天下而不与焉！’自今以来，惟封爵乃以闻。他事，安汉公、四辅平决。州牧、二千石及茂材吏初除奏事者，辄引入至近署对安汉公，考故官，问新职，以知其称否。”于是莽人人延问，致密恩意，厚加赠送，其不合指，显奏免之，权与人主侔矣。

莽欲以虚名说太后，白言："新承前孝哀丁、傅奢侈之后，百姓未赡者多，太后宜且衣缯练，颇损膳，以视天下。"莽因上书，愿出钱百万，献田三十顷，付大司农助给贫民。于是公卿皆慕效焉。莽帅群臣奏言："陛下春秋尊，久衣重练，减御膳，诚非所以辅精气，育皇帝，安宗庙也。臣莽数叩头省户下，白争未见许。今幸赖陛下德泽，间者风雨时，甘露降，神芝生，蓂荚、朱草、嘉禾、休征同时并至。臣莽等不胜大愿，愿陛下爱精休神，阔略思虑，遵帝王之常服，复太官之法膳，使臣子各得尽欢心，备共养。惟哀省察！"莽又令太后下诏曰："盖闻母后之义，思不出乎门阈。国不蒙佑，皇帝年在襁褓，未任亲政，战战兢兢，惧于宗庙之不安。国家之大纲，微朕孰当统之？是以孔子见南子，周公居摄，盖权时也。勤身极思，忧劳未绥，故国奢则视之以俭，矫枉者过其正，而朕不身帅，将谓天下何！夙夜梦想，五谷丰熟，百姓家给，比皇帝加元服，委政而授焉。今诚未皇于轻靡而备味，庶几与百僚有成，其勖之哉！"每有水旱，莽辄素食，左右以白。太后遣使者诏莽曰："闻公菜食，忧民深矣。今秋幸熟，公勤于职，以时食肉，爱身为国。"

莽念中国已平，唯四夷未有异，乃遣使者赍黄金、币、帛，重赂匈奴单于，使上书言："闻中国讥二名，故名囊知牙斯今更名知，慕从圣制。"又遣王昭君女须卜居次入侍。所以诳耀媚事太后，下至旁侧长御，方故万端。

莽既尊重，欲以女配帝为皇后，以固其权，奏言："皇帝即位三年，长秋宫未建，液廷媵未充。乃者，国家之难，本从亡嗣，配取不正。请考论《五经》，定取礼，正十二女之义，以广继嗣。

博采二王后及周公、孔子世列侯在长安者適子女。”事下有司，上众女名，王氏女多在选中者。莽恐其与己女争，即上言：“身亡德，子材下，不宜与众女并采。”太后以为至诚，乃下诏曰：“王氏女，朕之外家，其勿采。”庶民、诸生、郎吏以上守阙上书者日千余人，公卿大夫或诣廷中，或伏省户上，咸言：“明诏圣德巍巍如彼，安汉公盛勋堂堂若此，今当立后，独奈何废公女？天下安所归命！愿得公女为天下母。”莽遣长安以下分部晓止公卿及诸生，而上书者愈甚。太后不得已，听公卿采莽女。莽复自白：“宜博选众女。”公卿争曰：“不宜采诸女以贰正统。”莽白：“愿见女。”太后遣长乐少府、宗正、尚书令纳采见女，还奏言：“公女渐渍德化，有窈窕之容，宜承天序，奉祭祀。”有诏遣大司徒、大司空策告宗庙，杂加卜筮，皆曰：“兆遇金水王相，卦遇父母得位，所谓‘康强’之占，‘逢吉’之符也。”信乡侯佟上言：“《春秋》，天子将娶于纪，则褒纪子称侯，安汉公国未称古制。”事下有司，皆曰：“古者天子封后父百里，尊而不臣，以重宗庙，孝之至也。佟言应礼，可许。请以新野田二万五千六百顷益封莽，满百里。”莽谢曰：“臣莽子女诚不足以配至尊，复听众议，益封臣莽。伏自惟念，得托肺腑，获爵土，如使子女诚能奉称圣德，臣莽国邑足以共朝贡，不须复加益地之宠。愿归所益。”太后许之。有司奏：“故事，聘皇后黄金二万斤，为钱二万万。”莽深辞让，受四千万，而以其三千三百万予十一媵家。群臣复言：“今皇后受聘，逾群妾亡几。”有诏，复益二千三百万，合为三千万。莽复以其千万分予九族贫者。

陈崇时为大司徒司直，与张敞孙竦相善。竦者博通士，为崇草奏，称莽功德，崇奏之，曰：

窃见安汉公自初束脩，值世俗隆奢丽之时，蒙两宫厚骨肉之宠，被诸父赫赫之光，财饶势足，亡所牾意，然而折节行仁，克心履礼，拂世矫俗，确然特立；恶衣恶食，陋车驽马，妃匹无二，闺门之内，孝友之德，众莫不闻；清静乐道，温良下士，惠于故旧，笃于师友。孔子曰“未若贫而乐，富而好礼”，公之谓矣。

及为侍中，故定陵侯淳于长有大逆罪，公不敢私，建白诛讨。周公诛管、蔡，季子鸩叔牙，公之谓矣。

是以孝成皇帝命公大司马，委以国统。孝哀即位，高昌侯董宏希指求美，造作二统，公手劾之，以定大纲。建白定陶太后不宜在乘舆幄坐，以明国体。《诗》曰“柔亦不茹，刚亦不吐，不侮鳏寡，不畏强圉”，公之谓矣。

深执谦退，推诚让位。定陶太后欲立僭号，惮彼面刺幄坐之义，佞惑之雄，朱博之畴，惩此长、宏手劾之事，上下一心，谗贼交乱，诡辟制度，遂成簒号，斥逐仁贤，诛残戚属，而公被胥、原之诉，远去就国，朝政崩坏，纲纪废弛，危亡之祸，不隧如发。《诗》云“人之云亡，邦国殄顇”公之谓矣。

当此之时，宫亡储主，董贤据重，加以傅氏有女之援，皆自知得罪天下。结仇中山，则必同忧，断金相翼，藉假遗诏，频用赏诛，先除所惮，急引所附，遂诬往冤，更征远属，事势张见，其不难矣！赖公立入，即时退贤，及其党亲。当此之时，公运独见之明，奋亡前之威，盱衡厉色，振扬武怒，乘其未坚，厌其未发，震起机动，敌人摧折，虽有贲、育不及持刺，虽有樗里不及回知，虽有鬼谷不及造次，是故董贤丧其魂魄，遂自绞杀。人不还踵，日不移晷，霍然四除，更为宁朝。非陛下莫引立公，非公莫克此祸。《诗》云“惟师尚父，时惟鹰扬，亮彼武王”，孔子曰“敏则有功”，公之谓矣。

于是公乃白内故泗水相丰、虀令邯，与大司徒光、车骑将军舜建定社稷，奉节东迎，皆以功德受封益土，为国名臣。《书》曰“知人则哲”，公之谓也。

公卿咸叹公德，同盛公勋，皆以周公为比，宜赐号安汉公，益封二县，公皆不受。传曰申包胥不受存楚之报，晏平仲不受辅齐之封，孔子曰：“能以礼让为国乎何有？”公之谓也。

将为皇帝定立妃后，有司上名，公女为首，公深辞让，迫不得已然后受诏。父子之亲天性自然，欲其荣贵甚于为身，皇后之尊侔于天子，当时之会千载希有，然而公惟国家之统，揖大福之恩，事事谦退，动而固辞。《书》曰“舜让于德不嗣”，公之谓矣。

自公受策，以至于今，亹亹翼翼，日新其德，增修雅素以命下国，逡俭隆约以矫世俗，割财损家以帅群下，弥躬执平以逮公卿，教子尊学以隆国化。僮奴衣布，马不秣谷，食饮之用，不过凡庶。《诗》云“温温恭人，如集于木”，孔子曰“食无求饱，居无求安”，公之谓矣。

克身自约，籴食逮给，物物印市，日阕亡储。又上书归孝哀皇帝所益封邑，入钱献田，殚尽旧业，为众倡始。于是小大乡和，承风从化，外则王公列侯，内则帷幄侍御，翕然同时，各竭所有，或入金钱，或献田亩，以振贫穷，收赡不足者。昔令尹子文朝不及夕，鲁公仪子不茹园葵，公之谓矣。

开门延士，下及白屋，娄省朝政，综管众治，亲见牧守以下，考迹雅素，审知白黑。《诗》云“夙夜匪解，以事一人”，《易》曰“终日乾乾，夕惕若厉”，公之谓矣。

比三世为三公，再奉送大行，秉冢宰职，填安国家，四海辐凑，靡不得所。《书》曰“纳于大麓，列风雷雨不迷”，公之谓矣。

此皆上世之所鲜，禹、稷之所难，而公包其终始，一以贯之，可谓备矣！是以三年之间，化行如神，嘉瑞叠累，岂非陛下知人之效，得贤之致哉！故非独君之受命也，臣之生亦不虚矣。是以伯禹锡玄圭，周公受郊祀，盖以达天之使，不敢擅天之功也。揆公德行，为天下纪；观公功勋，为万世基。基成而赏不配，纪立而褒不副，诚非所以厚国家，顺天心也。

高皇帝褒赏元功，相国萧何邑户既倍，又蒙殊礼，奏事不名，入殿不趋，封其亲属十有余人。乐善无厌，班赏亡遴，苟有一策，即必爵之，是故公孙戎位在充郎，选繇旄头，壹明樊哙，封二千户。孝文皇帝褒赏绛侯，益封万户，赐黄金五千斤。孝武皇帝恤录军功，裂三万户以封卫青，青子三人，或在襁褓，皆为通侯。孝宣皇帝显著霍光，增户命畴，封者三人，延及兄孙。夫绛侯即因汉藩之固，杖朱虚之鲠，依诸将之递，据相扶之势，其事虽丑，要不能遂。霍光即席常任之重，乘大胜之威，未尝遭时不行，陷假离朝，朝之执事，亡非同类，割断历久，统政旷世，虽曰有功，所因亦易，然犹有计策不审过征之累。及至青、戎，摽末之功，一言之劳，然犹皆蒙丘山之赏，课功绛、霍，造之与因也；比于青、戎，地之与天也。而公又有宰治之效，乃当上与伯禹、周公等盛齐隆，兼其褒赏，岂特与若云者同日而论哉？然曾不得蒙青等之厚，臣诚惑之！

臣闻功亡原者赏不限，德亡首者褒不检。是故成王之于周公也，度百里之限，越九锡之检，开七百里之宇，兼商、奄之民，赐以附庸殷民六族，大路大旂，封父之繁弱，夏后之璜，祝宗卜史，备物典策，官司彝器，白牡之牲，郊望之礼。王曰："叔父，建尔元子。"子父俱延拜而受之。可谓不检亡原者矣。非特止此，六子皆封。《诗》曰："亡言不雠，亡德不报。"报当如之，不如非报也。近观行事，高祖之约非刘氏不王，然而番君得王长沙，下诏称忠，定著于令，明有大信不拘于制也。春秋晋悼公用魏绛之策，诸夏服从。郑伯献乐，悼公于是以半赐之。绛深辞让，晋侯曰："微子，寡人不能济河。夫赏，国之典，不可废也。子其受之。"魏绛于是有金石之乐，《春秋》善之，取其臣竭忠以辞功，君知臣以遂赏也。今陛下既知公有周公功德，不行成王之褒赏，遂听公之固辞，不顾《春秋》之明义，则民臣何称，万世何述？诚非所以为国也。臣愚以为宜恢公国，令如周公，建立公子，令如伯禽。所赐之品，亦皆如之。诸子之封，皆如六子。即群下较然输忠，黎庶昭然感德。臣诚输忠，民诚感德，则于王事何有？唯陛下深惟祖宗之重，敬畏上天之戒，仪形虞、周之盛，敕尽伯禽之赐，无遴周公之报，令天法有设，后世有祖，天下幸甚！

太后以视群公，群公有议其事，会吕宽事起。

初，莽欲擅权，白太后："前哀帝立，背恩义，自贵外家丁、傅，挠乱国家，几危社稷。今帝以幼年复奉大宗，为成帝后，宜明一统之义，以戒前事，为后代法。"于是遣甄丰奉玺绶，即拜帝母卫姬为中山孝王后，赐帝舅卫宝、宝弟玄爵关内侯，皆留中山，不得至京师。莽子宇，非莽隔绝卫氏，恐帝长大后见怨。宇即私遣人与宝等通书，教令帝母上书求入。语在《卫后传》。莽不听。宇与师吴章及妇兄吕宽议其故，章以为莽不可谏，而好鬼神，可为变怪以惊惧之，章因推类说令归政于卫氏。宇即使宽夜持血洒莽第，门吏发觉之，莽执宇送狱，饮药死。宇妻焉怀子，系狱，须产子已，杀之。莽奏言："宇为吕宽等所诖误，流言惑众，与管、蔡同罪，臣不敢隐，其诛。"甄邯等白太后下诏曰："夫唐尧有丹朱，周文王有管、蔡，此皆上圣亡奈下愚子何，以其性不可移也。公居周公之位，辅成王之主，而行管、蔡之诛，不以亲亲害尊尊，朕甚嘉之。昔周公诛四国之后，大化乃成，至于刑错。公其专意翼国，期于致平。"莽因是诛灭卫氏，穷治吕宽之狱，连引郡国豪桀素非议己者，内及敬武公主、梁王立、红阳侯立、平阿侯仁，使者迫守，皆自杀。死者以百数，海内震焉。大司马护军褒奏言："安汉公遭子宇陷于管、蔡之辜，子爱至深，为帝室故不敢顾私。惟宇遭罪，喟然愤发作书八篇，以戒子孙。宜班郡国，令学官以教授。"事下群公，请令天下吏能诵公戒者，以著官簿，比《孝经》。

四年春，郊祀高祖以配天，宗祀孝文皇帝以配上帝。四月丁未，莽女立为皇后，大赦天下。遣大司徒司直陈崇等八人分行天下，览观风俗。

太保舜等奏言："《春秋》列功德之义，太上有立德，其次有立功，其次有立言，唯至德大贤然后能之。其在人臣，则生有大赏，终为宗臣，殷之伊尹，周之周公是也。"及民上书者八千余人，咸曰："伊尹为阿衡，周公为太宰，周公享七子之封，有过上公之赏。宜如陈崇言。"章下有司，有司请"还前所益二县及典邮聚、新野田，采伊尹、周公称号，加公为宰衡，位上公。掾史秩六百石。三公言事，称'敢言之'。群吏毋得与公同名。出从期门二十人，羽林三十人，前后大车十乘。赐公太夫人号曰功显君，食邑二千户，黄金印赤韨。封公子男一人，安为褒新侯，临为赏都侯。加后聘三千七百万，合为一万万，以明大礼"。太后临前殿，亲封拜。安汉公拜前，二子拜后，如周公故事。莽稽首辞让，出奏封事，愿独受母号，还安、临印韨及号位户邑。事下太师光等，皆曰："赏未足以直功，谦约退让，公之常节，终不可听。"莽求见固让。太后下诏曰："公每见，叩头流涕固辞，今移病，固当听其让，令视事邪？将当遂行其赏，遣归就第也？"光等曰："安、临亲受印韨，策号通天，其义昭昭。黄邮、召陵、新野之田为入尤多，皆止于公，公欲自损以成国化，宜可听许。治平之化当以时成，宰衡之官不可世及。纳征钱，乃以尊皇后，非为公也。功显君户，止身不传。褒新、赏都两国合三千户，甚少矣。忠臣之节，亦宜自屈，而信主上之义。宜遣大司徒、大司空持节承制，诏公亟入视事。诏尚书勿复受公之让奏。"奏可。

莽乃起视事，上书言："臣以元寿二年六月戊午仓卒之夜，以新都侯引入未央宫；庚申拜为大司马，充三公位；元始元年正月丙辰拜为太傅，赐号安汉公，备四辅官；今年四月甲子复拜为宰衡，位上公。臣莽伏自惟，爵为新都侯，号为安汉公，官为宰衡、太傅、大司马，爵贵、号尊、官重，一身蒙大宠者五，诚非鄙臣所能堪。据元始三年，天下岁已复，官属宜皆置。《穀梁传》曰：

‘天子之宰，通于四海。’臣愚以为，宰衡官以正百僚平海内为职，而无印信，名实不副。臣莽无兼官之材，今圣朝既过误而用之，臣请御史刻宰衡印章曰‘宰衡太傅大司马印’，成，授臣莽，上太傅与大司马之印。”太后诏曰：“可。韨如相国，朕亲临授焉。”莽乃复以所益纳征钱千万，遗与长乐长御奉共养者。太保舜奏言：“天下闻公不受千乘之土，辞万金之币，散财施予千万数，莫不乡化。蜀郡男子路建等辍讼惭作而退，虽文王却虞、芮何以加！宜报告天下。”奏可。宰衡出，从大车前后各十乘，直事尚书郎、侍御史、谒者、中黄门、期门羽林。宰衡常持节，所止，谒者代持之。宰衡掾史秩六百石，三公称“敢言之”。

是岁，莽奏起明堂、辟雍、灵台，为学者筑舍万区，作市、常满仓，制度甚盛。立《乐经》，益博士员，经各五人。征天下通一艺教授十一人以上，及有逸《礼》、古《书》、《毛诗》、《周官》、《尔雅》、天文、图谶、钟律、月令、兵法、《史篇》文字，通知其意者，皆诣公车。网罗天下异能之士，至者前后千数，皆令记说廷中，将令正乖谬，壹异说云。群臣奏言：“昔周公奉继体之嗣，据上公之尊，然犹七年制度乃定。夫明堂、辟雍，堕废千载莫能兴，今安汉公起于第家，辅翼陛下，四年于兹，功德烂然。公以八月载生魄庚子奉使，朝用书临赋营筑，越若翊辛丑，诸生、庶民大和会，十万众并集，平作二旬，大功毕成。唐、虞发举，成周造业，诚亡以加。宰衡位宜在诸侯王上，赐以束帛加璧，大国乘车、安车各一，骊马二驷。”诏曰：“可。其议九锡之法。”

冬，大风吹长安城东门屋瓦且尽。

五年正月，祫祭明堂，诸侯王二十八人，列侯百二十人，宗室子九百余人，征助祭。礼毕，封孝宣曾孙信等三十六人为列侯，余皆益户赐爵，金、帛之赏各有数。是时，吏民以莽不受新野田而上书者前后四十八万七千五百七十二人，及诸侯、王公、列侯、宗室见者皆叩头言，宜亟加赏于安汉公。于是莽上书曰："臣以外属，越次备位，未能奉称。伏念圣德纯茂，承天当古，制礼以治民，作乐以移风，四海奔走，百蛮并臻，辞去之日，莫不陨涕。非有款诚，岂可虚致？自诸侯王已下至于吏民，咸知臣莽上与陛下有葭莩之故，又得典职，每归功列德者，辄以臣莽为余言。臣见诸侯面言事于前者，未尝不流汗而惭愧也。虽性愚鄙，至诚自知，德薄位尊，力少任大，夙夜悼栗，常恐污辱圣朝。今天下治平，风俗齐同，百蛮率服，皆陛下圣德所自躬亲，太师光、太保舜等辅政佐治，群卿大夫莫不忠良，故能以五年之间至致此焉。臣莽实无奇策异谋。奉承太后圣诏，宣之于下，不能得什一；受群贤之筹画，而上以闻，不能得什伍。当被无益之辜；所以敢且保首领须臾者，诚上休陛下余光，而下依群公之故也。陛下不忍众言，辄下其章于议者。臣莽前欲立奏止，恐其遂不肯止。今大礼已行，助祭者毕辞，不胜至愿，愿诸章下议者皆寝勿上，使臣莽得尽力毕制礼作乐事。事成，以传示天下，与海内平之。即有所间非，则臣莽当被诖上误朝之罪；如无他谴，得全命赐骸骨归家，避贤者路，是臣之私愿也。惟陛下哀怜财幸！"

甄邯等白太后，诏曰："可。惟公功德光于天下，是以诸侯、王公、列侯、宗室、诸生、吏民翕然同辞，连守阙庭，故下其章。诸侯、宗室辞去之日，复见前重陈，虽晓喻罢遣，犹不肯去。告以孟夏将行厥赏，莫不欢悦，称万岁而退。今公每见，辄流涕叩头言愿不受赏，赏即加不敢当位。方制作未定，事须公而决，故且听公。制作毕成，群公以闻。究于前议，其九锡礼仪亟奏。”

于是公卿大夫、博士、议郎、列侯、富平侯张纯等九百二人皆曰：“圣帝明王招贤劝能，德盛者位高，功大者赏厚。故宗臣有九命上公之尊，则有九锡登等之宠。今九族亲睦，百姓既章，万国和协，黎民时雍，圣瑞毕溱，太平已洽。帝者之盛莫隆于唐、虞，而陛下任之；忠臣茂功莫著于伊、周，而宰衡配之。所谓异时而兴，如合符者也。谨以《六艺》通义，经文所见，《周官》、《礼记》宜于今者，为九命之锡。臣请命锡。”奏可。策曰：

惟元始五年五月庚寅，太皇太后临于前殿，延登，亲诏之曰：“公进，虚听朕言。前公宿卫孝成皇帝十有六年，纳策尽忠，白诛故定陵侯淳于长，以弥乱发奸，登大司马，职在内辅。孝哀皇帝即位，骄妾窥欲，奸臣萌动，公手劾高昌侯董宏，改正故定陶共王母之僭坐。自是之后，朝臣论议，靡不据经。以病辞位，归于第家，为贼臣所陷。就国之后，孝哀皇帝觉寤，复还公长安，临病加剧，犹不忘公，复特进位。是夜仓卒，国无储主，奸臣充朝，危殆甚矣。朕惟定国之计莫宜于公，引纳于朝，即日罢退高安侯董贤，转漏之间，忠策辄建，纲纪咸张。绥和、元寿，再遭大行，万事毕举，祸乱不作。辅朕五年，人伦之本正，天地之位定。钦承神祇，经纬四时，复千载之废，矫百世之失，天下和会，大众方辑。《诗》之灵台，《书》之作雒，镐京之制，商邑之度，于今复兴。昭章先帝之元功，明著祖宗之令德，推显严父配天之义，修立郊禘宗祀之礼，以光大孝。是以四海雍雍，万国慕义，蛮夷殊俗，不召自至，渐化端冕，奉珍助祭。寻旧本道，遵术重古，动而有成，事得厥中。至德要道，通于神明，祖考嘉享。光耀显章，天符仍臻，元气大同。麟凤龟龙，众祥之瑞，七百有余。遂制礼作乐，有绥靖宗庙社稷之大勋。普天之下，惟公是赖，官在宰衡，位为上公。今加九命之锡，其以助祭，共文武之职，乃遂及厥祖。於戏，岂不休哉！

于是莽稽首再拜，受绿韨衮冕衣裳，玚琫玚珌，句履，鸾路乘马，龙旂九旒，皮弁素积，戎路乘马，彤弓矢，卢弓矢，左建朱钺，右建金戚，甲胄一具，秬鬯二卣，圭瓒二，九命青玉珪二，朱户纳陛。署宗官、祝官、卜官、史官，虎贲三百人，家令丞各一人，宗、祝、卜、史官皆置啬夫，佐安汉公。在中府外第，虎贲为门卫，当出入者傅籍。自四辅、三公有事府第，皆用传。以楚王邸为安汉公第，大缮治，通周卫。祖祢庙及寝皆为朱户纳陛。陈崇又奏："安汉公祠祖祢，出城门，城门校尉宜将骑士从，入有门卫，出有骑士，所以重国也。"奏可。

其秋，莽以皇后有子孙瑞，通子午道。子午道从杜陵直绝南山，径汉中。

风俗使者八人还，言天下风俗齐同，诈为郡国造歌谣，颂功德，凡三万言。莽奏定著令。又奏为市无二贾，官无狱讼，邑无盗贼，野无饥民，道不拾遗，男女异路之制，犯者象刑。刘歆、陈崇等十二人皆以治明堂，宣教化，封为列侯。

莽既致太平，北化匈奴，东致海外，南怀黄支，唯西方未有加。乃遣中郎将平宪等多持金币诱塞外羌，使献地，愿内属。宪等奏言："羌豪良愿等种，人口可万二千人，愿为内臣，献鲜水海、允谷盐池，平地美草皆予汉民，自居险阻处为藩蔽。问良愿降意，对曰："太皇太后圣明，安汉公至仁，天下太平，五谷成熟，或禾长丈余，或一粟三米，或不种自生，或茧不蚕自成，甘露从天下，醴泉自地出，凤皇来仪，神爵降集。从四岁以来，羌人无所疾苦，故思乐内属。宜以时处业，置属国领护。"事下莽，莽复奏曰："太后秉统数年，恩泽洋溢，和气四塞，绝域殊俗，靡不慕义。越裳氏重译献白雉，黄支自三万里贡生犀，东夷王度大海奉国珍，匈奴单于顺制作，去二名，今西域良愿等复举地为臣妾，昔唐尧横被四表，亦亡以加之。今谨案已有东海、南海、北海郡，未有西海郡，请受良愿等所献地为西海郡。臣又闻圣王序天文，定地理，因山川民俗以制州界。汉家地广二帝、三王，凡十二州，州名及界多不应经。《尧典》十有二州，后定为九州。汉家廓地辽远，州牧行部，远者三万余里，不可为九。谨以经义正十二州名分界，以应正始。"奏可。又增法五十条，犯者徙之西海，徙者以千万数，民始怨矣。

泉陵侯刘庆上书言："周成王幼少，称孺子，周公居摄。今帝富于春秋，宜令安汉公行天子事，如周公。"群臣皆曰："宜如庆言。"

冬，荧惑入月中。

平帝疾，莽作策，请命于泰畤，戴璧秉圭，愿以身代。藏策金縢，置于前殿，敕诸公勿敢言。十二月，平帝崩，大赦天下。莽征明礼者宗伯凤等与定天下吏六百石以上皆服丧三年。奏尊孝成庙曰统宗，孝平庙曰元宗。时元帝世绝，而宣帝曾孙有见王五人，列侯广戚侯显等四十八人，莽恶其长大，曰："兄弟不得相为后。"乃选玄孙中最幼广戚侯子婴，年二岁，托以为卜相最吉。

是月，前辉光谢嚣奏武功长孟通浚井得白石，上圆下方，有丹书著石，文曰“告安汉公莽为皇帝”。符命之起，自此始矣。莽使群公以白太后，太后曰：“此诬罔天下，不可施行！”太保舜谓太后：“事已如此，无可奈何，沮之力不能止。又莽非敢有它，但欲称摄以重其权，填服天下耳。”太后听许。舜等即共令太后下诏曰：“盖闻天生众民，不能相治，为之立君以统理之。君年幼稚，必有寄托而居摄焉，然后能奉天施而成地化，群生茂育。《书》不云乎？‘天工，人其代之。’朕以孝平皇帝幼年，且统国政，几加元服，委政而属之。今短命而崩，呜呼哀哉！已使有司征孝宣皇帝玄孙二十三人，差度宜者，以嗣孝平皇帝之后。玄孙年在襁褓，不得至德君子，孰能安之？安汉公莽辅政三世，比遭际会，安光汉室，遂同殊风，至于制作，与周公异世同符。今前辉光嚣、武功长通上言丹石之符，朕深思厥意，云‘为皇帝’者，乃摄行皇帝之事也。夫有法成易，非圣人者亡法。其令安汉公居摄践祚，如周公故事，以武功县为安汉公采地，名曰汉光邑。具礼仪奏。”

于是群臣奏言：“太后圣德昭然，深见天意，诏令安汉公居摄。臣闻周成王幼少，周道未成，成王不能共事天地，修文、武之烈。周公权而居摄，则周道成，王室安；不居摄，则恐周队失天命。《书》曰：‘我嗣事子孙，大不克共上下，遏失前人光，在家不知命不易。天应棐谌，乃亡队命。’说曰：周公服天子之冕，南面而朝群臣，发号施令，常称王命。召公贤人，不知圣人之意，故不说也。《礼·明堂记》曰：‘周公朝诸侯于明堂，天子负斧依南面而立。’谓‘周公践天子位，六年朝诸侯，制礼作乐，而天下大服’也。召公不说。时武王崩，缞粗未除。由是言之，周公始摄则居天子之位，非乃六年而践阼也。《书》逸《嘉禾篇》曰：‘周公奉鬯立于阼阶，延登，赞曰：假王莅政，勤和天下。此周公摄政，赞者所称。成王加元服，周公则致政。《书》曰‘朕复子明辟’，周公常称王命，专行不报，故言我复子明君也。臣请安汉公居摄践祚，服天子韨冕，背斧依于户牖之间，南面朝群臣，听政事。车服出入警跸，民臣称臣妾，皆如天子之制。郊祀天地，宗祀明堂，共祀宗庙，享祭群神，赞曰‘假皇帝’，民臣谓之‘摄皇帝’，自称曰‘予’。平决朝事，常以皇帝之诏称‘制’，以奉顺皇天之心，辅翼汉室，保安孝平皇帝之幼嗣，遂寄托之义，隆治平之化。其朝见太皇太后、帝皇后，皆复臣节，自施政教于其宫家国采，如诸侯礼仪故事。臣昧死请。”太后诏曰：“可。”明年，改元曰“居摄”。

居摄元年正月，莽祀上帝于南郊，迎春于东郊，行大射礼于明堂，养三老五更，成礼而去。置柱下五史，秩如御史，听政事，侍旁记疏言行。

三月己丑，立宣帝玄孙婴为皇太子，号曰孺子。以王舜为太傅左辅，甄丰为太阿右拂，甄邯为太保后承。又置四少，秩皆二千石。

四月，安众侯刘崇与相张绍谋曰：“安汉公莽专制朝政，必危刘氏。天下非之者，乃莫敢先举，此宗室耻也。吾帅宗族为先，海内必和。”绍等从者百余人，遂进攻宛，不得入而败。绍者，张竦之从兄也。竦与崇族父刘嘉诣阙自归，莽赦弗罪。竦因为嘉作奏曰：

建平、元寿之间，大统几绝，宗室几弃。赖蒙陛下圣德，扶服振救，遮扞匡卫，国命复延，宗室明目。临朝统政，发号施令，动以宗室为始，登用九族为先。并录支亲，建立王侯，南面之孤，计以百数。收复绝属，存亡续废，得比肩首，复为人者，嫔然成行，所以藩汉国，辅汉宗也。建辟雍，立明堂，班天法，流圣化，朝群后，昭文德，宗室诸侯，咸益土地。天下喁喁，引领而叹，颂声洋洋，满耳而入。国家所以服此美，膺此名，飨此福，受此荣者，岂非太皇太后日昃之思，陛下夕惕之念哉！何谓？乱则统其理，危则致其安，祸则引其福，绝则继其统，幼则代其任，晨夜屑屑，寒暑勤勤，无时休息，孳孳不已者，凡以为天下，厚刘氏也。

臣无愚智，民无男女，皆谕至意。而安众侯崇乃独怀悖惑之心，操畔逆之虑，兴兵动众，欲危宗庙，恶不忍闻，罪不容诛，诚臣子之仇，宗室之仇，国家之贼，天下之害也。是故亲属震落而告其罪，民人溃畔而弃其兵，进不跬步，退伏其殃。百岁之母，孩提之子，同时断斩，悬头竿杪，珠珥在耳，首饰犹存，为计若此，岂不悖哉！

臣闻古者畔逆之国，既以诛讨，则猪其宫室以为污池，纳垢浊焉，名曰凶虚，虽生菜茹，而人不食。四墙其社，覆上栈下，示不得通。辨社诸侯，出门见之，著以为戒。方今天下闻崇之反也，咸欲骞衣手剑而叱之。其先至者，则拂其颈，冲其匈，刃其躯，切其肌；后至者，欲拨其门，仆其墙，夷其屋，焚其器，应声涤地，则时成创。而宗室尤甚，言必切齿焉。何则？以其背畔恩义，而不知重德之所在也。宗室所居或远，嘉幸得先闻，不胜愤愤之愿，愿为宗室倡始，父子兄弟负笼荷锸，驰之南阳，猪崇宫室，令如古制。及崇社宜如亳社，以赐诸侯，用永监戒。愿下四辅公卿大夫议，以明好恶，视四方。

于是莽大说。公卿曰：“皆宜如嘉言。”莽白太后下诏曰：“惟嘉父子兄弟，虽与崇有属，不敢阿私，或见萌牙，相率告之，及其祸成，同共仇之，应合古制，忠孝著焉。其以杜衍户千封嘉为帅礼侯，嘉子七人皆赐爵关内侯。”后又封竦为淑德侯。长安为之语曰：“欲求封，过张伯松；力战斗，不如巧为奏。”莽又封南阳吏民有功者百余人，污池刘崇室宅。后谋反者，皆污池云。

群臣复白：“刘崇等谋逆者，以莽权轻也。宜尊重以填海内。”五月甲辰，太后诏莽朝见太后称“假皇帝”。

冬十月丙辰朔，日有食之。

十二月，群臣奏请：“益安汉公宫及家吏，置率更令，庙、厩、厨长丞，中庶子，虎贲以下百余人，又置卫士三百人。安汉公庐为摄省，府为摄殿，第为摄宫。”奏可。

莽白太后下诏曰：“故太师光虽前薨，功效已列。太保舜、大司空丰、轻车将军邯、步兵将军建皆为诱进单于筹策，又典灵台、明堂、辟雍、四郊，定制度，开子午道，与宰衡同心说德，合意并力，功德茂著。封舜子匡为同心侯，林为说德侯，光孙寿为合意侯，丰孙匡为并力侯。益邯、建各三千户。”

是岁，西羌庞恬、傅幡等怨莽夺其地作西海郡，反攻四海太守程永，永奔走。莽诛永，遣护羌校尉窦况击之。

二年春，窦况等击破西羌。

五月，更造货：错刀，一直五千；契刀，一直五百；大钱，一直五十，与五铢钱并行。民多盗铸者。禁列侯以下不得挟黄金，输御府受直，然卒不与直。

九月，东郡太守翟义都试，勒车骑，因发奔命，立严乡侯刘信为天子，移檄郡国，言莽“毒杀平帝，摄天子位，欲绝汉室，今共行天罚诛莽”。郡国疑惑，众十余万。莽惶惧不能食，昼夜抱孺子告祷郊庙，放《大诰》作策，遣谏大夫桓谭等班于天下，谕以摄位当反政孺子之意，遣王邑、孙建等八将军击义，分屯诸关，守厄塞。槐里男子赵明、霍鸿等起兵，以和翟义，相与谋曰：“诸将精兵悉东，京师空，可攻长安。”众稍多，至且十万人，莽恐，遣将军王奇、王级将兵拒之。以太保甄邯为大将军，受钺高庙，领天下兵，左杖节，右把钺，屯城外。王舜、甄丰昼夜循行殿中。

十二月，王邑等破翟义于圉。司威陈崇使监军上书言：“陛下奉天洪范，心合宝龟，膺受元命，豫知成败，咸应兆占，是谓配天。配天之主，虑则移气，言则动物，施则成化。臣崇伏读诏书下日，窃计其时，圣思始发，而反虏仍破；诏文始书，反虏大败；制书始下，反虏毕斩，众将未及齐其锋芒，臣崇未及尽其愚虑，而事已决矣。”莽大说。

三年春，地震。大赦天下。

王邑等还京师，西与王级等合明、鸿，皆破灭，语在《翟义传》。莽大置酒未央宫白虎殿，劳赐将帅。诏陈崇治校军功，第其高下。莽乃上奏曰：“明圣之世，国多贤人，故唐、虞之时，可比屋而封，至功成事就，则加赏焉。至于夏后涂山之会，执玉帛者万国，诸侯执玉，附庸执帛。周武王孟津之上，尚有八百诸侯。周公居摄，郊祀后稷以配天，宗祀文王于明堂以配上帝，是以四海之内各以其职来祭，盖诸侯千八百矣。《礼记·王制》千七百余国，是以孔子著《孝经》曰：‘不敢遗小国之臣，而况于公、侯、伯、子、男乎？故得万国之欢心以事其先王。’此天子之孝也。秦为亡道，残灭诸侯以为郡县，欲擅天下之利，故二世而亡。高皇帝受命除残，考功施赏，建国数百，后稍衰微，其余仅存。太皇太后躬统大纲，广封功德以劝善，兴灭继绝以永世，是以大化流通，旦暮且成。遭羌寇害西海郡，反虏流言东郡，逆贼惑众西土，忠臣孝子莫不奋怒，所征殄灭，尽备厥辜，天下咸宁。今制礼作乐，实考周爵五等，地四等，有明文；殷爵三等，有其说，无其文。孔子曰：‘周监于二代，郁郁乎文哉！吾从周。’臣请诸将帅当受爵邑者爵五等，地四等。”奏可。于是封者高为侯、伯，次为子、男，当赐爵关内侯者更名曰附城，凡数百人。击西海者以“羌”为号，槐里以“武”为号，翟义以“虏”为号。

群臣复奏言：“太后修功录德，远者千载，近者当世，或以文封，或以武爵，深浅大小，靡不毕举。今摄皇帝背依践祚，宜异于宰国之时，制作虽未毕已，宜进二子爵皆为公。《春秋》‘善善及子孙’，‘贤者之后，宜有土地’。成王广封周公庶子六人，皆有茅土，及汉家名相大将萧、霍之属，咸及支庶。兄子光，可先封为列侯；诸孙，制度毕已，大司徒、大司空上名，如前诏书。”太后诏曰：“进摄皇帝子褒新侯安为新举公，赏都侯临为褒新公，封光为衍功侯。”是时，莽还归新都国，群臣复白以封莽孙宗为新都侯。莽既灭翟义，自谓威德日盛，获天人助，遂谋即真之事矣。

九月，莽母功显君死，意不在哀，令太后诏议其服。少阿、羲和刘歆与博士诸儒七十八人皆曰：“居摄之义，所以统立天功，兴崇帝道，成就法度，安辑海内也。昔殷成汤既没，而太子蚤夭，其子太甲幼少不明，伊尹放诸桐宫而居摄，以兴殷道。周武王既没，周道未成，成王幼少，周公屏成王而居摄，以成周道。是以殷有翼翼之化，周有刑错之功。今太皇太后比遭家之不造，委任安汉公宰尹群僚，衡平天下。遭孺子幼少，未能共上下，皇天降瑞，出丹石之符，是以太皇太后则天明命，诏安汉公居摄践祚，将以成圣汉之业，与唐、虞三代比隆也。摄皇帝遂开秘府，会群儒，制礼作乐，卒定庶官，茂成天功。圣心周悉，卓尔独见，发得周礼，以明因监，则天稽古，而损益焉，犹仲尼之闻《韶》，日月之不可阶，非圣哲之至，孰能若兹！纲纪咸张，成在一匮，此其所以保佑圣汉，安靖元元之效也。今功显君薨，《礼》'庶子为后，为其母缌'。传曰：'与尊者为体，不敢服其私亲也。'摄皇帝以圣德承皇天之命，受太后之诏居摄践祚，奉汉大宗之后，上有天地社稷之重，下有元元万机之忧，不得顾其私亲。故太皇太后建厥元孙，俾侯新都，为哀侯后。明摄皇帝与尊者为体，承宗庙之祭，奉共养太皇太后，不得服其私亲也。《周礼》曰'王为诸侯缌缞'，'弁而加环绖'，同姓则麻，异姓则葛。摄皇帝当为功显君缌缞，弁而加麻环绖，如天子吊诸侯服，以应圣制。"莽遂行焉，凡壹吊再会，而令新都侯宗为主，服丧三年云。

司威陈崇奏，衍功侯光私报执金吾窦况，令杀人，况为收系，致其法。莽大怒，切责光。光母曰："女自视孰与长孙、中孙？"遂母子自杀，及况皆死。初，莽以事母、养嫂、抚兄子为名，及后悖虐，复以示公义焉。令光子嘉嗣爵为侯。

莽下书曰："遏密之义，讫于季冬，正月郊祀，八音当奏。王公卿士，乐凡几等？五声八音，条各云何？其与所部儒生各尽精思，悉陈其义。”

是岁，广饶侯刘京、车骑将军千人扈云、太保属臧鸿奏符命。京言齐郡新井，云言巴郡石牛，鸿言扶风雍石，莽皆迎受。十一月甲子，莽上奏太后曰：

陛下至圣，遭家不造，遇汉十二世三七之厄，承天威命，诏臣莽居摄，受孺子之托，任天下之寄。臣莽兢兢业业，惧于不称。宗室广饶侯刘京上书言：“七月中，齐郡临淄县昌兴亭长辛当一暮数梦，曰：‘吾，天公使也。天公使我告亭长曰：摄皇帝当为真。即不信我，此亭中当有新井。’亭长晨起视亭中，诚有新井，入地且百尺。”十一月壬子，直建冬至，巴郡石牛，戊午，雍石文，皆到于未央宫之前殿。臣与太保安阳侯舜等视，天风起，尘冥，风止，得铜符帛图于石前，文曰：“天告帝符，献者封侯。承天命，用神令。”骑都尉崔发等视说。及前孝哀皇帝建平二年六月甲子下诏书，更为太初元将元年，案其本事，甘忠可、夏贺良谶书臧兰台。臣莽以为元将元年者，大将居摄改元之文也。于今信矣。《尚书·康诰》“王若曰：‘孟侯，朕其弟，小子封。’”此周公居摄称王之文也。《春秋》隐公不言即位，摄也。此二经周公、孔子所定，盖为后法。孔子曰：“畏天命，畏大人，畏圣人之言。”臣莽敢不承用！臣请共事神祇宗庙，奏言太皇太后、孝平皇后，皆称假皇帝。其号令天下，天下奏言事，毋言“摄”。以居摄三年为初始元年，漏刻以百二十为度，用应天命。臣莽夙夜养育隆就孺子，令与周之成王比德，宣明太皇太后威德于万方，期于富而教之，孺子加元服，复子明辟，如周公故事。

奏可。众庶知其奉符命，指意群臣博议别奏，以视即真之渐矣。

期门郎张充等六人谋共劫莽，立楚王。发觉，诛死。

梓潼人哀章，学问长安，素无行，好为大言，见莽居摄，即作铜匮，为两检，置其一曰“天帝行玺金匮图”，其一署曰“赤帝行玺某传予黄帝金策书”。某者，高皇帝名也。书言王莽为真天子，皇太后如天命。图书皆书莽大臣八人，又取令名王兴、王盛，章因自窜姓名，凡为十一人，皆署官爵，为辅佐。章闻齐井、石牛事下，即日昏时，衣黄衣，持匮至高庙，以付仆射。仆射以闻。戊辰，莽至高庙拜受金匮神嬗。御王冠，谒太后，还坐未央宫前殿，下书曰：“予以不德，托于皇初祖考黄帝之后，皇始祖考虞帝之苗裔，而太皇太后之末属。皇天上帝隆显大佑，成命统序，符契图文，金匮策书，神明诏告，属予以天下兆民。赤帝汉氏高皇帝之灵，承天命，传国金策之书，予甚祇畏，敢不钦受！以戊辰直定，御王冠，即真天子位，定有天下之号曰‘新’。其改正朔，易服色，变牺牲，殊徽帜，异器制。以十二月朔癸酉为建国元年正月之朔，以鸡鸣为时。服色配德上黄，牺牲应正用白，使节之旄幡皆纯黄，其署曰‘新使五威节’，以承皇天上帝威命也。”

汉书卷九十九中

王莽传第六十九中

始建国元年正月朔，莽帅公侯卿士奉皇太后玺韨，上太皇太后，顺符命，去汉号焉。

初，莽妻宜春侯王氏女，立为皇后。本生四男：宇、获、安、临。二子前诛死，安颇荒忽，乃以临为皇太子，安为新嘉辟。封宇子六人：千为功隆公，寿为功明公，吉为功成公，宗为功崇公，世为功昭公，利为功著公。大赦天下。

莽乃策命孺子曰："咨尔婴，昔皇天右乃太祖，历世十二，享国二百一十载，历数在于予躬。《诗》不云乎？'侯服于周，天命靡常。'封尔为定安公，永为新室宾。於戏！敬天之休，往践乃位，毋废予命。"又曰："其以平原、安德、漯阴、鬲、重丘，凡户万，地方百里，为定安公国。立汉祖宗之庙于其国，与周后并，行其正朔、服色。世世以事其祖宗，永以命德茂功，享历代之祀焉。以孝平皇后为定安太后。"读策毕，莽亲执孺子手，流涕歔欷，曰："昔周公摄位，终得复子明辟，今予独迫皇天威命，不得如意！"哀叹良久。中傅将孺子下殿，北面而称臣。百僚陪位，莫不感动。

又按金匮，辅臣皆封拜。以太傅、左辅、骠骑将军安阳侯王舜为太师，封安新公；大司徒就德侯平晏为太傅，就新公；少阿、羲和、京兆尹、红休侯刘歆为国师，嘉新公；广汉梓潼哀章为国将，美新公：是为四辅，位上公。太保、后承承阳侯甄邯为大司马，承新公；丕进侯王寻为大司徒，章新公；步兵将军成都侯王邑为大司空，隆新公：是为三公。大阿、右拂、大司空、卫将军广阳侯甄丰为更始将军，广新公；京兆王兴为卫将军，奉新公；轻车将军成武侯孙建为立国将军，成新公；京兆王盛为前将军，崇新公：是为四将。凡十一公。王兴者，故城门令史。王盛者，卖饼。莽按符命求得此姓名十余人，两人容貌应卜相，径从布衣登用，以视神焉。余皆拜为郎。是日，封拜卿大夫、侍中、尚书官凡数百人。诸刘为郡守，皆徙为谏大夫。

改明光宫为定安馆，定安太后居之。以故大鸿胪府为定安公第，皆置门卫使者监领。敕阿乳母不得与语，常在四壁中，至于长大，不能名六畜。后莽以女孙宇子妻之。

莽策群司曰："岁星司肃，东岳太师典致时雨，青炜登平，考景以晷。荧惑司哲，南岳太傅典致时奥，赤炜颂平，考声以律。太白司艾，西岳国师典致时阳，白炜象平，考量以铨。辰星司谋，北岳国将典致时寒，玄炜和平，考星以漏。月刑元股左，司马典致武应，考方法矩，主司天文，钦若昊天，敬授民时，力来农事，以丰年谷。日德元肱右，司徒典致文瑞，考圜合规，主司人道，五教是辅，帅民承上，宣美风俗，五品乃训。斗平元心中，司空典致物图，考度以绳，主司地里，平治水土，掌名山川，众殖鸟兽，蕃茂草木。”各策命以其职，如典诰之文。

置大司马司允，大司徒司直，大司空司若，位皆孤卿。更名大司农曰羲和，后更为纳言，大理曰作士，太常曰秩宗，大鸿胪曰典乐，少府曰共工，水衡都尉曰予虞，与三公司卿凡九卿，分属三公。每一卿置大夫三人，一大夫置元士三人，凡二十七大夫，八十一元士，分主中都官诸职。更名光禄勋曰司中，太仆曰太御，卫尉曰太卫，执金吾曰奋武，中尉曰军正，又置大赘官，主乘舆服御物，后又典兵秩，位皆上卿，号曰六监。改郡太守曰大尹，都尉曰太尉，县令长曰宰，御史曰执法，公车司马曰王路四门，长乐宫曰常乐室，未央宫曰寿成室，前殿曰王路堂，长安曰常安。更名秩百石曰庶士，三百石曰下士，四百石曰中士，五百石曰命士，六百石曰元士，千石曰下大夫，比二千石曰中大夫，二千石曰上大夫，中二千石曰卿。车服黻冕，各有差品。又置司恭、司徒、司明、司聪、司中大夫及诵诗工。彻膳宰，以司过。策曰：“予闻上圣欲昭厥德，罔不慎修厥身，用绥于远，是用建尔司于五事。毋隐尤，毋将虚，好恶不愆，立于厥中。於戏，勖哉！”令王路设进善之旌，非谤之木，敢谏之鼓。谏大夫四人常坐王路门受言事者。

封王氏齐缞之属为侯，大功为伯，小功为子，缌麻为男，其女皆为任。男以“睦”、女以“隆”为号焉，皆绶印韨。令诸侯立太夫人、夫人、世子，亦受印韨。

又曰：“天无二日，土无二王，百王不易之道也。汉氏诸侯或称王，至于四夷亦如之，违于古典，缪于一统。其定诸侯王之号皆称公，及四夷僭号称王者皆更为侯。”

又曰："帝王之道，相因而通；盛德之祚，百世享祀。予惟黄帝、帝少昊、帝颛顼、帝喾、帝尧、帝舜、帝夏禹、皋陶、伊尹咸有圣德，假于皇天，功烈巍巍，光施于远。予甚嘉之，营求其后，将祚厥祀。"惟王氏，虞帝之后也，出自帝喾；刘氏，尧之后也，出自颛顼。于是封姚恂为初睦侯，奉黄帝后；梁护为脩远伯，奉少昊后；皇孙功隆公千，奉帝喾后；刘歆为祁烈伯，奉颛顼后；国师刘歆子叠为伊休侯，奉尧后；妫昌为始睦侯，奉虞帝后；山遵为褒谋子，奉皋陶后；伊玄为褒衡子，奉伊尹后。汉后定安公刘婴，位为宾。周后卫公姬党，更封为章平公，亦为宾。殷后宋公孔弘，远转次移，更封为章昭侯，位为恪。夏后辽西姒丰，封为章功侯，亦为恪。四代古宗，宗祀于明堂，以配皇始祖考虞帝。周公后褒鲁子姬就，宣尼公后褒成子孔钧，已前定焉。

莽又曰："予前在摄时，建郊宫，定祧庙，立社稷，神祇报况，或光自上复于下，流为乌，或黄气熏烝，昭耀章明，以著黄、虞之烈焉。自黄帝至于济南伯王，而祖世氏姓有五矣。黄帝二十五子，分赐厥姓十有二氏。虞帝之先，受姓曰姚，其在陶唐曰妫，在周曰陈，在齐曰田，在济南曰王。予伏念皇初祖考黄帝，皇始祖考虞帝，以宗祀于明堂，宜序于祖宗之亲庙。其立祖庙五，亲庙四，后夫人皆配食。郊祀黄帝以配天，黄后以配地。以新都侯东弟为大禖，岁时以祀。家之所尚，种祀天下。姚、妫、陈、田、王氏凡五姓者，皆黄、虞苗裔，予之同族也。《书》不云乎？'惇序九族。'其令天下上此五姓名籍于秩宗，皆以为宗室。世世复，无有所与。其元城王氏，勿令相嫁娶，以别族理亲焉。"封陈崇为统睦侯，奉胡王后；田丰为世睦侯，奉敬王后。天下牧守皆以前有翟义、赵明等领州郡，怀忠孝，封牧为男，守为附城。又封旧恩戴崇、金涉、箕闳、杨并等子皆为男。遣骑都尉嚣等分治黄帝园位于上都桥畤，虞帝于零陵九疑，胡王于淮阳陈，敬王于齐临淄，愍王于城阳莒，伯王于济南东平陵，孺王于魏郡元城，使者四时致祠。其庙当作者，以天下初定，且祫祭于明堂太庙。

以汉高庙为文祖庙。莽曰："予之皇始祖考虞帝受嬗于唐，汉氏初祖唐帝，世有传国之象，予复亲受金策于汉高皇帝之灵。惟思褒厚前代，何有忘时？汉氏祖宗有七，以礼立庙于定安国。其园寝庙在京师者，勿罢，祠荐如故。予以秋九月亲入汉氏高、元、成、平之庙。诸刘更属籍京兆大尹，勿解其复，各终厥身，州牧数存问，勿令有侵冤。"

又曰："予前在大麓，至于摄假，深惟汉氏三七之厄，赤德气尽，思索广求，所以辅刘延期之术，靡所不用，以故作金刀之利，几以济之。然自孔子作《春秋》以为后王法，至于哀之十四而一代毕，协之于今，亦哀之十四也。赤世计尽，终不可强济。皇天明威，黄德当兴，隆显大命，属予以天下。今百姓咸言皇天革汉而立新，废刘而兴王。夫'劉'之为字'卯、金、刀'也，正月刚卯，金刀之利，皆不得行。博谋卿士，佥曰天人同应，昭然著明。其去刚卯莫以为佩，除刀钱勿以为利，承顺天心，快百姓意。"乃更作小钱，径六分，重一铢，文曰"小钱直一"，与前"大钱五十"者为二品，并行。欲防民盗铸，乃禁不得挟铜炭。

四月，徐乡侯刘快结党数千人起兵于其国。快兄殷，故汉胶东王，时改为扶崇公。快举兵攻即墨，殷闭城门，自系狱。吏民距快，快败走，至长广死。莽曰："昔予之祖济南愍王困于燕寇，自齐临淄出保于莒。宗人田单广设奇谋，获杀燕将，复定齐国。今即墨士大夫复同心殄灭反虏，予甚嘉其忠者，怜其无辜，其赦殷等，非快之妻子它亲属当坐者皆勿治。吊问死伤，赐亡者葬钱，人五万。殷知大命，深疾恶快，以故辄伏厥辜。其满殷国户万，地方百里。”又封符命臣十余人。

莽曰：“古者，设庐井八家，一夫一妇田百亩，什一而税，则国给民富而颂声作。此唐、虞之道，三代所遵行也。秦为无道，厚赋税以自供奉，罢民力以极欲，坏圣制，废井田，是以兼并起，贪鄙生，强者规田以千数，弱者曾无立锥之居，又置奴婢之市，与牛马同兰，制于民臣，颛断其命。奸虐之人因缘为利，至略卖人妻子，逆天心，悖人伦，缪于‘天地之性人为贵’之义。《书》曰‘予则奴戮女’，唯不用命者，然后被此辜矣。汉氏减轻田租，三十而税一，常有更赋，罢癃咸出，而豪民侵陵，分田劫假。厥名三十税一，实什税五也。父子夫妇终年耕芸，所得不足以自存。故富者犬马余菽粟，骄而为邪；贫者不厌糟糠，穷而为奸。俱陷于辜，刑用不错。予前在大麓，始令天下公田口井，时则有嘉禾之祥，遭反虏逆贼且止。今更名天下田曰‘王田’，奴婢曰‘私属’，皆不得卖买。其男口不盈八，而田过一井者，分余田予九族邻里乡党。故无田，今当受田者，如制度。敢有非井田圣制，无法惑众者，投诸四裔，以御魑魅，如皇始祖考虞帝故事。”

是时，百姓便安汉五铢钱，以莽钱大小两行难知，又数变改不信，皆私以五铢钱市买。讹言大钱当罢，莫肯挟。莽患之，复下书：“诸挟五铢钱，言大钱当罢者，比非井田制，投四裔。”于是农商失业，食货俱废，民人至涕泣于市道。及坐卖买田宅、奴婢，铸钱，自诸侯、卿、大夫至于庶民，抵罪者不可不胜数。

秋，遣五威将王奇等十二人班《符命》四十二篇于天下。德祥五事，符命二十五，福应十二，凡四十二篇。其德祥言文、宣之世黄龙见于成纪、新都，高祖考王伯墓门梓柱生枝叶之属。符命言井石、金匮之属。福应言雌鸡化为雄之属。其文尔雅依托，皆为作说，大归言莽当代汉有天下云。总而说之曰："帝王受命，必有德祥之符端，协成五命，申以福应，然后能立巍巍之功，传于子孙，永享无穷之祚。故新室之兴也，德祥发于汉三七九世之后。肇命于新都，受瑞于黄支，开王于武功，定命于子同，成命于巴宕，申福于十二应，天所以保祐新室者深矣，固矣！武功丹石出于汉氏平帝末年，火德销尽，土德当代，皇天眷然，去汉与新，以丹石始命于皇帝。皇帝谦让，以摄居之，未当天意，故其秋七月，天重以三能文马。皇帝复谦让，未即位，故三以铁契，四以石龟，五以虞符，六以文圭，七以玄印，八以茂陵石书，九以玄龙石，十以神井，十一以大神石，十二以铜符帛图。申命之瑞，寖以显著，至于十二，以昭告新皇帝。皇帝深惟上天之威不可不畏，故去摄号，犹尚称假，改元为初始，欲以承塞天命，克厌上帝之心。然非皇天所以郑重降符命之意，故是日天复决以龟书。又侍郎王盱见人衣白布单衣，赤缋方领，冠小冠，立于王路殿前，谓盱曰：'今日天同色，以天下人民属皇帝。'盱怪之，行十余步，人忽不见。至丙寅暮，汉氏高庙有金匮图策：'高帝承天命，以国传新皇帝。'明旦，宗伯忠孝侯刘宏以闻，乃召公卿议，未决，而大神石人谈曰：'趣新皇帝之高庙受命，毋留！'于是新皇帝立登车，之汉氏高庙受命。受命之日，丁卯也。丁，火，汉氏之德也。卯，刘姓所以为字也。明汉刘火德尽，而传于新室也。皇帝谦谦，既备固让，十二符应迫著，命不可辞，惧然祗畏，苇然闵汉氏之终不可济，亹亹在左右之不得从意，为之三夜不御寝，三日不御食。延问公侯卿大夫，佥曰：'宜奉如上天威命。'于是乃改元定号，海内更始。新室既定，神祇欢喜，申以福应，吉瑞累仍。《诗》曰：'宜民宜人，受禄于天；保右命之，自天申之。'此之谓也。"五威将奉《符命》，赍印绶，王侯以下及吏官名更者，外及匈奴、西域，徼外蛮夷，皆即授新室印绶，因收故汉印绶。赐吏爵人二级，民爵人一级，女子百户羊、酒，蛮夷币、帛各有差。大赦天下。

五威将乘《乾》文车，驾《坤》六马，背负鹫鸟之毛，服饰甚伟。每一将各置左右前后中帅，凡五帅。衣冠车服驾马，各如其方面色数。将持节，称太一之使；帅持幢，称五帝之使。莽策命曰："普天之下，迄于四表，靡所不至。"其东出者，至玄菟、乐浪、高句骊、夫馀；南出者，隃徼外，历益州，贬句町王为侯；西出者，至西域，尽改其王为侯；北出者，至匈奴庭，授单于印，改汉印文，去"玺"曰"章"。单于欲求故印，陈饶椎破之，语在《匈奴传》。单于大怒，而句町、西域后卒以此皆畔。饶还，拜为大将军，封威德子。

冬，雷，桐华。

置五威司命，中城四关将军。司命司上公以下，中城主十二城门。策命统睦侯陈崇曰："咨尔崇。夫不用命者，乱之原也；大奸猾者，贼之本也；铸伪金钱者，妨宝货之道也；骄奢逾制者，凶害之端也；漏泄省中及尚书事者，'机事不密则害成'也；拜爵王庭，谢恩私门者，禄去公室，政从亡矣：凡此六条，国之纲纪。是用建尔作司命，‘柔亦不茹，刚亦不吐，不侮鳏寡，不畏强圉’，帝命帅繇，统睦于朝。”命说符侯崔发曰：“‘重门击柝，以待暴客。’女作五威中城将军，中德既成，天下说符。”命明威侯王级曰：“绕雷之固，南当荆楚。女作五威前关将军，振武奋卫，明威于前。”命尉睦侯王嘉曰：“羊头之厄，北当燕、赵。女作五威后关将军，壶口捶扼，尉睦于后。”命掌威侯王奇曰：“肴、黾之险，东当郑、卫。女作五威左关将军，函谷批难，掌威于左。”命怀羌子王福曰：“汧陇之阻，西当戎狄。女作五威右关将军，成固据守，怀羌于右。”

又遣谏大夫五十人分铸钱于郡国。

是岁，长安狂女子碧呼道中曰：“高皇帝大怒，趣归我国。不者，九月必杀汝！”莽收捕杀之。治者掌寇大夫陈成自免去官。真定刘都等谋举兵，发觉，皆诛。真定、常山大雨雹。

二年二月，赦天下。

五威将帅七十二人还奏事，汉诸侯王为公者，悉上玺绶为民，无违命者。封将为子，帅为男。

初设六管之令。命县官酤酒，卖盐铁器，铸钱，诸采取名山大泽众物者税之。又令市官收贱卖贵，赊贷予民，收息百月三，牺和置酒士，郡一人，乘传督酒利，禁民不得挟弩铠，徙西海。

匈奴单于求故玺，莽不与，遂寇边郡，杀略吏民。十一月，立国将军建奏：“西域将钦上言，九月辛巳，戊己校尉史陈良、终带共贼杀校尉刁护，劫略吏士，自称废汉大将军，亡入匈奴。又今月癸酉，不知何一男子遮臣建车前，自称‘汉氏刘子舆，成帝下妻子也。刘氏当复，趣空宫’。收系男子，即常安姓武字仲，皆逆天违命，大逆无道。请论仲及陈良等亲属当坐者。奏可。汉氏高皇帝比著戒云，罢吏卒，为宾食，诚欲承天心，全子孙也。其宗庙不当在常安城中，及诸刘为诸侯者当与汉俱废。陛下至仁，久未定。前故安众侯刘崇、徐乡侯刘快、陵乡侯刘曾、扶恩侯刘贵等更聚众谋反。今狂狡之虏或妄自称亡汉将军，或称成帝子子舆，至犯夷灭，连未止者，此圣恩不蚤绝其萌牙故也。臣愚以为汉高皇帝为新室宾，享食明堂。成帝，异姓之兄弟；平帝，婿也；皆不宜复入其庙。元帝与皇太后为体，圣恩所隆，礼亦宜之。臣请汉氏诸庙在京师者皆罢。诸刘为诸侯者，以户多少就五等之差；其为吏者皆罢，待除于家。上当天心，称高皇帝神灵，塞狂狡之萌。”莽曰：“可。嘉新公国师以符命为予四辅，明德侯刘龚、率礼侯刘嘉等凡三十二人皆知天命，或献天符，或贡昌言，或捕告反虏，厥功茂焉。诸刘与三十二人同宗共祖者勿罢，赐姓曰王。”唯国师以女配莽子，故不赐姓。改定安太后号曰“黄皇室主”，绝之于汉也。

冬十二月，雷。

更名匈奴单于曰：“降奴服于。”莽曰：“降奴服于知威侮五行，背畔四条，侵犯西域，延及边垂，为元元害，罪当夷灭。命遣立国将军孙建等凡十二将，十道并出，共行皇天之威，罚于知之身。惟知先祖故呼韩邪单于稽侯狦累世忠孝，保塞守徼，不忍以一知之罪，灭稽侯狦之世。今分匈奴国土人民以为十五，立稽侯狦子孙十五人为单于。遣中郎将蔺苞、戴级驰之塞下，召拜当为单于者。诸匈奴人当坐虏知之法者，皆赦除之。”遣五威将军苗䜣、虎贲将军王况出五原，厌难将军陈钦、震狄将军王巡出云中，振武将军王嘉、平狄将军王萌出代郡，相威将军李棽、镇远将军李翁出西河，诛貉将军阳俊、讨秽将军严尤出渔阳，奋武将军王骏、定胡将军王晏出张掖，及偏裨以下百八十人。募天下囚徒、丁男、甲卒三十万人，转众郡委输五大夫衣裘、兵器、粮食，长吏送自负海江淮至北边，使者驰传督趣，以军兴法从事，天下骚动。先至者屯边郡，须毕具乃同时出。

莽以钱币讫不行，复下书曰："民以食为命，以货为资，是以八政以食为首。宝货皆重则小用不给，皆轻则僦载烦费，轻重大小各有差品，则用便而民乐。"于是造宝货五品，语在《食货志》。百姓不从，但行小大钱二品而已。盗铸钱者不可禁，乃重其法，一家铸钱，五家坐之，没入为奴婢。吏民出入，持布钱以副符传，不持者，厨传勿舍，关津苛留。公卿皆持以入宫殿门，欲以重而行之。

是时，争为符命封侯，其不为者相戏曰："独无天帝除书乎？"司命陈崇白莽曰："此开奸臣作福之路而乱天命，宜绝其原。"莽亦厌之，遂使尚书大夫赵并验治，非五威将率所班，皆下狱。

初，甄丰、刘歆、王舜为莽腹心，倡导在位，褒扬功德；"安汉"、"宰衡"之号及封莽母、两子、兄子，皆丰等所共谋，而丰、舜、歆亦受其赐，并富贵矣，非复欲令莽居摄也。居摄之萌，出于泉陵侯刘庆、前辉光谢嚣、长安令田终术。莽羽翼已成，意欲称摄。丰等承顺其意，莽辄复封舜、歆两子及丰孙。丰等爵位已盛，心意既满，又实畏汉宗室、天下豪桀。而疏远欲进者，并作符命，莽遂据以即真，舜、歆内惧而已。丰素刚强，莽觉其不说，故徙大阿、右拂、大司空丰，托符命文，为更始将军，与卖饼儿王盛同列。丰父子默默。时子寻为侍中京兆大尹茂德侯，即作符命，言新室当分陕，立二伯，以丰为右伯。太傅平晏为左伯，如周、召故事。莽即从之，拜丰为右伯。当述职西出。未行，寻复作符命，言故汉氏平帝后黄皇室主为寻之妻。莽以诈立，心疑大臣怨谤，欲震威以惧下，因是发怒曰："黄皇室主天下母，此何谓也！"收捕寻。寻亡，丰自杀。寻随方士入华山，岁余捕得，辞连国师公歆子侍中东通灵将、五司大夫隆威侯棻，棻弟右曹长水校尉伐虏侯泳，大司空邑弟左关将军掌威侯奇，及歆门人侍中骑都尉丁隆等，牵引公卿党亲列侯以下，死者数百人。寻手理有"天子"字，莽解其臂入视之，曰："此一大子也，或曰一六子也。六者，戮也。明寻父子当戮死也。"乃流棻于幽州，放寻于三危，殛隆于羽山，皆驿车载其尸传致云。

莽为人侈口蹶颐，露眼赤精，大声而嘶。长七尺五寸，好厚履高冠，以氂装衣，反膺高视，瞰临左右。是时，有用方技待诏黄门者，或问以莽形貌，待诏曰："莽所谓鸱目虎吻豺狼之声者也，故能食人，亦当为人所食。"问者告之，莽诛灭待诏，而封告者。后常翳云母屏面，非亲近莫得见也。

是岁，以初睦侯姚恂为宁始将军。

三年，莽曰："百官改更，职事分移，律令仪法，未及悉定，且因汉律令仪法以从事。令公卿、大夫、诸侯、二千石举吏民有德行通政事能言语明文学者各一人，诣王路四门。"

遣尚书大夫赵并使劳北边，还言五原北假膏壤殖谷，异时常置田官。乃以并为田禾将军，发戍卒屯田北假，以助军粮。

是时，诸将在边，须大众集，吏士放纵，而内郡愁于征发，民弃城郭流亡为盗贼，并州、平州尤甚。莽令七公六卿号皆兼称将军，遣著武将军逯并等填名都，中郎将、绣衣执法各五十五人，分填缘边大郡，督大奸猾擅弄兵者，皆便为奸于外，挠乱州郡，货赂为市，侵渔百姓。莽下书曰："虏知罪当夷灭，故遣猛将分十二部，将同时出，一举而决绝之矣。内置司命军正，外设军监十有二人，诚欲以司不奉命，令军人咸正也。今则不然，各为权势，恐猲良民，妄封人颈，得钱者去。毒蠚并作，农民离散。司监若此，可谓称不？自今以来，敢犯此者，辄捕系，以名闻。"然犹放纵自若。

而蔺苞、戴级到塞下，招诱单于弟咸、咸子登入塞，胁拜咸为孝单于，赐黄金千斤，锦绣甚多，遣去；将登至长安，拜为顺单于，留邸。

太师王舜自莽篡位后病悸，寖剧，死。莽曰："昔齐太公以淑德累世，为周氏太师，盖予之所监也。其以舜子延袭父爵，为安新公，延弟褒新侯匡为太师将军，永为新室辅。"

为太子置师友各四人，秩以大夫。以故大司徒马宫为师疑，故少府宗伯凤为傅丞，博士袁圣为阿辅，京兆尹王嘉为保拂，是为四师；故尚书令唐林为胥附，博士李充为奔走，谏大夫赵襄为先后，中郎将廉丹为御侮，是为四友。又置师友祭酒及侍中、谏议、《六经》祭酒各一人，凡九祭酒，秩上卿。琅邪左咸为讲《春秋》、颍川满昌为讲《诗》、长安国由为讲《易》、平阳唐昌为讲《书》、沛郡陈咸为讲《礼》、崔发为讲《乐》祭酒。遣谒者持安车印绶，即拜楚国龚胜为太子师友祭酒，胜不应征，不食而死。

宁始将军姚恂免，侍中、崇禄侯孔永为宁始将军。

是岁，池阳县有小人景，长尺余，或乘车马，或步行，操持万物，小大各相称，三日止。

濒河郡蝗生。河决魏郡，泛清河以东数郡。先是，莽恐河决为元城冢墓害。及决东去，元城不忧水，故遂不堤塞。

四年二月，赦天下。

夏，赤气出东南，竟天。

厌难将军陈钦言捕虏生口，虏犯边者皆孝单于咸子角所为。莽怒，斩其子登于长安，以视诸蛮夷。

大司马甄邯死，宁始将军孔永为大司马，侍中大赘侯辅为宁始将军。

莽每当出，辄先搜索城中，名曰“横搜”。是月，横搜五日。

莽至明堂，授诸侯茅土。下书曰：“予以不德，袭于圣祖，为万国主。思安黎元，在于建侯，分州正域，以美风俗。追监前代，爰纲爰纪。惟在《尧典》，十有二州，卫有五服。《诗》国十五，抪遍九州。《殷颂》有‘奄有九有’之言。《禹贡》之九州无并、幽，《周礼·司马》则无徐、梁。帝王相改，各有云为。或昭其事，或大其本，厥义著明，其务一矣。昔周二后受命，故有东都、西都之居。予之受命，盖亦如之。其以洛阳为新室东都，常安为新室西都。邦畿连体，各有采任。州从《禹贡》为九，爵从周氏有五。诸侯之员千有八百，附城之数亦如之，以俟有功。诸公一同，有众万户，土方百里。侯伯一国，众户五千，土方七十里。子男一则，众户二千有五百，土方五十里。附城大者食邑九成。

众户九百，土方三十里。自九以下，降杀以两，至于一成。五差备具，合当一则。今已受茅土者，公十四人、侯九十三人、伯二十一人、子百七十一人、男四百九十七人，凡七百九十六人。附城千五百一十一人。九族之女为任者，八十三人。及汉氏女孙中山承礼君、遵德君、修义君更以为任。十有一公，九卿，十二大夫，二十四元士。定诸国邑采之处，使侍中讲礼大夫孔秉等与州部众郡晓知地理图籍者，共校治于寿成朱鸟堂。予数与群公祭酒上卿亲听视，咸已通矣。夫褒德赏功，所以显仁贤也；九族和睦，所以褒亲亲也。予永惟匪解，思稽前人，将章黜陟，以明好恶，安元元焉。”以图簿未定，未授国邑，且令受奉都内，月钱数千。诸侯皆困乏，至有庸作者。

中郎区博谏莽曰：“井田虽圣王法，其废久矣。周道既衰，而民不从。秦知顺民之心，可以获大利也，故灭庐井而置阡陌，遂王诸夏，讫今海内未厌其敝。今欲违民心，追复千载绝迹，虽尧、舜复起，而无百年之渐，弗能行也。天下初定，万民新附，诚未可施行。”莽知民怨，乃下书曰：“诸名食王田，皆得卖之，勿拘以法，犯私买卖庶人者，且一切勿治。”

初，五威将帅出，改句町王以为侯，王邯怨怒不附。莽讽牂柯大尹周歆诈杀邯。邯弟承起兵攻杀歆。先是，莽发高句骊兵，当伐胡，不欲行，郡强迫之，皆亡出塞，因犯法为寇。辽西大尹田谭追击之，为所杀。州郡归咎于高句骊侯驺。严尤奏言：“貉人犯法，不从驺起，正有它心，宜令州郡且尉安之。今猥被以大罪，恐其遂畔，夫馀之属必有和者。匈奴未克，夫馀、秽貉复起，此大忧也。”莽不尉安，秽貉遂反，诏尤击之。尤诱高句骊侯驺至而斩焉，传首长安。莽大说，下书曰："乃者，命遣猛将，共行天罚，诛灭虏知，分为十二部，或断其右臂，或斩其左腋，或溃其胸腹，或紬其两胁。今年刑在东方，诛貉之部先纵焉。捕斩虏驺，平定东域，虏知殄灭，在于漏刻。此乃天地群神、社稷、宗庙佑助之福，公卿、大夫、士民同心将率虓虎之力也。予甚嘉之。其更名高句骊为下句骊，布告天下，令咸知焉。"于是貉人愈犯边，东北与西南夷皆乱云。

莽志方盛，以为四夷不足吞灭，专念稽古之事，复下书曰："伏念予之皇始祖考虞帝，受终文祖，在璇玑玉衡以齐七政，遂类于上帝，禋于六宗，望秩于山川，遍于群神，巡狩五岳，群后四朝，敷奏以言，明试以功。予之受命即真，到于建国五年，已五载矣。阳九之厄既度，百六之会已过。岁在寿星，填在明堂，仓龙癸酉，德在中宫。观晋掌岁，龟策告从，其以此年二月建寅之节东巡狩，具礼仪调度。"群公奏请募吏民人马布帛绵，又请内郡国十二买马，发帛四十五万匹，输常安，前后毋相须。至者过半，莽下书曰："文母太后体不安，其且止待后。"

是岁，改十一公号，以"新"为"心"，后又改"心"为"信"。

五年二月，文母皇太后崩，葬渭陵，与元帝合而沟绝之。立庙于长安，新室世世献祭。元帝配食，坐于床下。莽为太后服丧三年。

大司马孔永乞骸骨，赐安车驷马，以特进就朝位。同风侯逯并为大司马。

是时，长安民闻莽欲都雒阳，不肯缮治室宅，或颇彻之。莽曰："玄龙石文曰'定帝德，国雒阳'。符命著明，敢不钦奉！以始建国八年，岁缠星纪，在雒阳安之都。其谨缮修常安之都，勿令坏败。敢有犯者，辄以名闻，请其罪。"

是岁，乌孙大小昆弥遣使贡献。大昆弥者，中国外孙也。其胡妇子为小昆弥，而乌孙归附之。莽见匈奴诸边并侵，意欲得乌孙心，乃遣使者引小昆弥使置大昆弥使上。保成师友祭酒满昌劾奏使者曰："夷狄以中国有礼谊，故诎而服从。大昆弥，君也。今序臣使于君使之上，非所以有夷狄也。奉使大不敬！"莽怒，免昌官。

西域诸国以莽积失恩信，焉耆先畔，杀都护但钦。

十一月，彗星出，二十余日，不见。

是岁，以犯挟铜炭者多，除其法。

明年改元曰"天凤"。

天凤元年　正月，赦天下。

莽曰："予以二月建寅之节行巡狩之礼，太官赍糒干肉，内者行张坐卧，所过毋得有所给。予之东巡，必躬载耒，每县则耕，以劝东作。予之南巡，必躬载耨，每县则薅，以劝南伪。予之西巡，必躬载铚，每县则获，以劝西成。予之北巡，必躬载拂，每县则粟，以劝盖藏。毕北巡狩之礼，即于土中居雒阳之都焉。敢有趋讙犯法，辄以军法从事。"群公奏言："皇帝至孝，往年文母圣体不豫，躬亲供养，衣冠稀解。因遭弃群臣悲哀，颜色未复，饮食损少。今一岁四巡，道路万里，春秋尊，非糒干肉之所能堪。且无巡狩，须阕大服，以安圣体，臣等尽力养牧兆民，奉称明诏。"莽曰："群公、群牧、群司、诸侯、庶尹愿尽力相帅养牧兆民，欲以称予，由此敬听，其勖之哉！毋食言焉。更以天凤七年，岁在大梁，仓龙庚辰，行巡狩之礼。厥明年，岁在实沈，仓龙辛巳，即土之中雒阳之都。”乃遣太傅平晏、大司空王邑之雒阳，营相宅兆，图起宗庙、社稷、郊兆云。

三月壬申晦，日有食之。大赦天下。策大司马逯并曰：“日食无光，干戈不戢，其上大司马印韨，就侯氏朝位。太傅平晏勿领尚书事，省侍中、诸曹兼官者，以利苗男䜣为大司马。”莽即真，尤备大臣，抑夺下权，朝臣有言其过失者，辄拔擢。孔仁、赵博、费兴等以敢击大臣，故见信任，择名官而居之。公卿入宫，吏有常数，太傅平晏从吏过例，掖门仆射苛问不逊，戊曹士收系仆射。莽大怒，使执法发车骑数百围太傅府，捕士，即时死。大司空士夜过奉常亭，亭长苛之，告以官名，亭长醉曰：“宁有符传邪?”士以马棰击亭长，亭长斩士，亡，郡县逐之。家上书，莽曰：“亭长奉公，勿逐。”大司空邑斥士以谢。国将哀章颇不清，莽为选置和叔，敕曰：“非但保国将闺门，当保亲属在西州者。”诸公皆轻贱，而章尤甚。

四月，陨霜，杀草木，海濒尤甚。六月，黄雾四塞。七月，大风拔树，飞北阙直城门屋瓦。雨雹，杀牛羊。

莽以《周官》、《王制》之文，置卒正、连率、大尹，职如太守；属令、属长，职如都尉。置州牧、部监二十五人，见礼如三公。监位上大夫，各主五郡。公氏作牧，侯氏卒正，伯氏连率，子氏属令，男氏属长，皆世其官，其无爵者为尹。分长安城旁六乡，置帅各一人。分三辅为六尉郡，河东、河内、弘农、河南、颍川、南阳为六队郡，置大夫，职如太守；属正，职如都尉。更名河南大尹曰保忠信卿。益河南属县满三十。置六郊州长各一人，人主五县。及它官名悉改。大郡至分为五。郡县以亭为名者三百六十，以应符命文也。缘边又置竟尉，以男为之。诸侯国闲田，为黜陟增减云。莽下书曰："常安西都曰六乡，众县曰六尉。义阳东都曰六州，众县曰六队。粟米之内曰内郡，其外曰近郡。有鄣徼者曰边郡。合百二十有五郡。九州之内，县二千二百有三。公作甸服，是为惟城；诸在侯服，是为惟宁；在采、任诸侯，是为惟翰；在宾服，是为惟屏；在揆文教，奋武卫，是为惟垣；在九州之外，是为惟藩：各以其方为称，总为万国焉。"其后，岁复变更，一郡至五易名，而还复其故。吏民不能纪，每下诏书，辄系其故名，曰："制诏陈留大尹、太尉：其以益岁以南付新平。新平，故淮阳。以雍丘以东付陈定。陈定，故梁郡。以封丘以东付治亭。治亭，故东郡。以陈留以西付祈隧，祈隧，故荥阳。陈留已无复有郡矣。大尹、太尉，皆诣行在所。"其号令变易，皆此类也。

令天下小学，戊子代甲子为六旬首。冠以戊子为元日，昏以戊寅之旬为忌日。百姓多不从者。

匈奴单于知死，弟咸立为单于，求和亲。莽遣使者厚赂之，诈许还其侍子登，因购求陈良、终带等。单于即执良等付使者，槛车诣长安。莽燔烧良等于城北，令吏民会观之。

缘边大饥，人相食。谏大夫如普行边兵，还言："军士久屯塞苦，边郡无以相赡。今单于新和，宜因是罢兵。"校尉韩威进曰："以新室之威而吞胡虏，无异口中蚤虱。臣愿得勇敢之士五千人，不赍斗粮，饥食虏肉，渴饮其血，可以横行。"莽壮其言，以威为将军。然采普言，征还诸将在边者。免陈钦等十八人，又罢四关填都尉诸屯兵。会匈奴使还，单于知侍子登前诛死，发兵寇边，莽复发军屯。于是边民流入内郡，为人奴婢，乃禁吏民敢挟边民者弃市。

益州蛮夷杀大尹程隆，三边尽反。遣平蛮将军冯茂将兵击之。

宁始将军侯辅免，讲《易》祭酒戴参为宁始将军。

二年二月，置酒王路堂，公卿、大夫皆佐酒。大赦天下。

是时，日中见星。

大司马苗䜣左迁司命，以延德侯陈茂为大司马。

讹言黄龙堕死黄山宫中，百姓奔走往观者有万数。莽恶之，捕系问语所从起，不能得。

单于咸既和亲，求其子登尸，莽欲遣使送致，恐咸怨恨害使者，乃收前言当诛侍子者故将军陈钦，以他罪系狱。钦曰："是欲以我为说于匈奴也。"遂自杀。莽选儒生能颛对者济南王咸为大使，五威将琅邪伏黯等为帅，使送登尸。敕令掘单于知墓，棘鞭其尸。又令匈奴却塞于漠北，责单于马万匹，牛三万头，羊十万头，及稍所略边民生口在者皆还之。莽好为大言如此。咸到单于庭，陈莽威德，责单于背畔之罪，应敌从横，单于不能诎，遂致命而还之。入塞，咸病死，封其子为伯，伏黯等皆为子。

莽意以为制定则天下自平，故锐思于地里，制礼作乐，讲合《六经》之说。公卿旦入暮出，议论连年不决，不暇省狱讼冤结民之急务。县宰缺者，数年守兼，一切贪残日甚。中郎将、绣衣执法在郡国者，并乘权势，传相举奏。又十一公士分布劝农桑，班时令，案诸章，冠盖相望，交错道路，召会吏民，逮捕证左，郡县赋敛，递相赇赂，白黑纷然，守阙告诉者多。莽自见前颛权以得汉政，故务自揽众事，有司受成苟免。诸宝物名、帑藏、钱谷官，皆宦者领之；吏民上封事书，宦官左右开发，尚书不得知，其畏备臣下如此。又好变改制度，政令烦多，当奉行者，辄质问乃以从事，前后相乘，愦眊不渫。莽常御灯火至明，犹不能胜。尚书因是为奸寝事，上书待报者连年不得去，拘系郡县者逢赦而后出，卫卒不交代三岁矣。谷常贵，边兵二十余万人仰衣食，县官愁苦。五原、代郡尤被其毒，起为盗贼，数千人为辈，转入旁郡。莽遣捕盗将军孔仁将兵与郡县合击，岁余乃定，边郡亦略将尽。

邯郸以北大雨雾，水出，深者数丈，流杀数千人。

立国将军孙建死，司命赵闳为立国将军。宁始将军戴参归故官，南城将军廉丹为宁始将军。

三年二月乙酉，地震，大雨雪，关东尤甚，深者一丈，竹柏或枯。大司空王邑上书言："视事八年，功业不效，司空之职尤独废顿，至乃有地震之变。愿乞骸骨。"莽曰："夫地有动有震，震者有害，动者不害。《春秋》记地震，《易·系》"坤"动，动静辟胁，万物生焉。灾异之变，各有云为。天地动威，以戒予躬，公何辜焉，而乞骸骨，非所以助予者也。使诸吏散骑司禄大卫脩宁男遵谕予意焉。"

五月，莽下吏禄制度，曰："予遭阳九之厄，百六之会，国用不足，民人骚动，自公卿以下，一月之禄十緵布二匹，或帛一匹。予每念之，未尝不戚焉。今厄会已度，府帑虽未能充，略颇稍给，其以六月朔庚寅始，赋吏禄皆如制度。四辅公、卿、大夫、士，下至舆僚，凡十五等。僚禄一岁六十六斛，稍以差增，上至四辅而为万斛云。莽又曰：‘普天之下，莫非王土；率土之宾，莫非王臣。’盖以天下养焉。《周礼》膳羞百有二十品，今诸侯各食其同、国、则；辟、任、附城食其邑；公、卿、大夫、元士食其采。多少之差，咸有条品。岁丰穰则充其礼，有灾害则有所损，与百姓同忧喜也。其用上计时通计，天下幸无灾害者，太官膳羞备其品矣；即有灾害，以什率多少而损膳焉。东岳太师立国将军保东方三州一部二十五郡；南岳太傅前将军保南方二州一部二十五郡；西岳国师宁始将军保西方一州二部二十五郡；北岳国将卫将军保北方二州一部二十五郡；大司马保纳卿、言卿、仕卿、作卿、京尉、扶尉、兆队、右队、中部左洎前七部；大司徒保乐卿、典卿、宗卿、秩卿、翼尉、光尉、左队、前队、中部、右部，有五郡；大司空保予卿、虞卿、共卿、工卿、师尉、列尉、祈队、后队、中部洎后十郡；及六司，六卿，皆随所属之公保其灾害，亦以十率多少而损其禄。郎、从官、中都官吏食禄都内之委者，以太官膳羞备损而为节。诸侯、辟、任、附城、群吏亦各保其灾害。几上下同心，劝进农业，安元元焉。”莽之制度烦碎如此，课计不可理，吏终不得禄，各因官职为奸，受取赇赂以自共给。

是月戊辰，长平馆西岸崩，邕泾水不流，毁而北行，遣大司空王邑行视，还奏状，群臣上寿，以为《河图》所谓“以土填水”，匈奴灭亡之祥也。乃遣并州牧宋弘、游击都尉任萌等将兵击匈奴，至边止屯。

七月辛酉，霸城门灾，民间所谓青门也。

戊子晦，日有食之。大赦天下。复令公卿、大夫、诸侯、二千石举四行各一人。大司马陈茂以日食免，武建伯严尤为大司马。

十月戊辰，王路朱鸟门鸣，昼夜不绝，崔发等曰："虞帝辟四门，通四聪。门鸣者，明当修先圣之礼，招四方之士也。"于是令群臣皆贺，所举四行从朱鸟门入而对策焉。

平蛮将军冯茂击句町，士卒疾疫，死者什六七，赋敛民财什取五，益州虚耗而不克，征还下狱死。更遣宁始将军廉丹与庸部牧史熊击句町，颇斩首，有胜。莽征丹、熊，丹、熊愿益调度，必克乃还。复大赋敛，就都大尹冯英不肯给，上言"自越巂遂久仇牛、同亭邪豆之属反畔以来，积且十年，郡县距击不已。续用冯茂，苟施一切之政。僰道以南，山险高深，茂多驱众远居，费以亿计，吏士离毒气死者什七。今丹、熊惧于自诡期会，调发诸郡兵、谷，复訾民取其十四，空破梁州，功终不遂。宜罢兵屯田，明设购赏。"莽怒，免英官。后颇觉寤，曰："英亦未可厚非。"复以英为长沙连率。

翟义党王孙庆捕得，莽使太医、尚方与巧屠共刳剥之，量度五藏，以竹筳导其脉，知所终始，云可以治病。

是岁，遣大使五威将王骏、西域都护李崇将戊己校尉出西域，诸国皆郊迎贡献焉。诸国前杀都护但钦，骏欲袭之，命佐帅何封、戊己校尉郭钦别将。焉耆诈降，伏兵击骏等，皆死。钦、封后到，袭击老弱，从车师还入塞。莽拜钦为填外将军，封剿胡子，何封为集胡男。西域自此绝。

汉书卷九十九下

王莽传第六十九下

四年五月，莽曰："保城师友祭酒唐林、故谏议祭酒琅邪纪逡，孝弟忠恕，敬上爱下，博通旧闻，德行醇备，至于黄发，靡有愆失。其封林为建德侯，逡为封德侯，位皆特进，见礼如三公。赐弟一区，钱三百万，授几杖焉。"

六月，更授诸侯茅土于明堂，曰："予制作地理，建封五等，考之经艺，合之传记，通于义理，论之思之，至于再三，自始建国之元以来九年于兹，乃今定矣。予亲设文石之平，陈菁茅四色之土，钦告于岱宗泰社后土、先祖先妣，以班授之。各就厥国，养牧民人，用成功业。其在缘边，若江南，非诏所召，遣侍于帝城者，纳言掌货大夫且调都内故钱，予其禄，公岁八十万，侯、伯四十万，子、男二十万。"然复不能尽得。莽好空言，慕古法，多封爵人，性实遴啬，托以地理未定，故且先赋茅土，用慰喜封者。

是岁，复明六管之令。每一管下，为设科条防禁，犯者罪至死，吏民抵罪者浸众，又一切调上公以下诸有奴婢者，率一口出钱三千六百，天下愈愁，盗贼起。纳言冯常以六管谏，莽大怒，免常官。置执法左右刺奸。选用能吏侯霸等分督六尉、六队，如汉刺史，与三公士郡一人从事。

临淮瓜田仪等为盗贼，依阻会稽长州，琅邪女子吕母亦起。初，吕母子为县吏，为宰所冤杀。母散家财，以酤酒买兵弩，阴厚贫穷少年，得百余人，遂攻海曲县，杀其宰以祭子墓。引兵入海，其众浸多，后皆万数。莽遣使者即赦盗贼，还言："盗贼解，辄复合。问其故，皆曰愁法禁烦苛，不得举手。力作所得，不足以给贡税。闭门自守，又坐邻伍铸钱挟铜，奸吏因以愁民。民穷，悉起为盗贼。"莽大怒，免之。其或顺指，言"民骄黠当诛"，及言"时运适然，且灭不久"，莽说，辄迁之。

是岁八月，莽亲之南郊，铸作威斗。威斗者，以五石铜为之，若北斗，长二尺五寸，欲以厌胜众兵。既成，令司命负之，莽出在前，入在御旁。铸斗日，大寒，百官人马有冻死者。

五年正月朔，北军南门灾。

以大司马司允费兴为荆州牧，见，问到部方略，兴对曰："荆、扬之民率依阻山泽，以渔采为业，间者，国张六管，税山泽，妨夺民之利，连年久旱，百姓饥穷，故为盗贼。兴到部，欲令明晓告盗贼归田里，假贷犁牛种食，阔其租赋，几可以解释安集。"莽怒，免兴官。

天下吏以不得奉禄，并为奸利，郡尹县宰家累千金。莽下诏曰："详考始建国二年胡虏猾夏以来，诸军吏及缘边大夫以上为奸利增产致富者，收其家所有财产五分之四，以助边急。"公府士驰传天下，考覆贪饕，开吏告其将，奴婢告其主，几以禁奸，奸愈甚。

皇孙功崇公宗坐自画容貌，被服天子衣冠，刻印三：一曰“维祉冠存己夏处南山臧薄冰”，二曰“肃圣宝继”，三曰“德封昌图”。又宗舅吕宽家前徙合浦，私与宗通，发觉按验，宗自杀。莽曰：“宗属为皇孙，爵为上公，知宽等叛逆族类，而与交通；刻铜印三，文意甚害，不知厌足，窥欲非望。《春秋》之义，‘君亲毋将，将而诛焉。’迷惑失道，自取此辜，乌呼哀哉！宗本名会宗，以制作去二名，今复名会宗。贬厥爵，改厥号，赐谥为功崇缪伯，以诸伯之礼葬于故同穀城郡。”宗姊妨为卫将军王兴夫人，祝诅姑，杀婢以绝口。事发觉，莽使中常侍䔵恽责问妨，并以责兴，皆自杀。事连及司命孔仁妻，亦自杀。仁见莽免冠谢，莽使尚书劾仁：“乘‘乾’车，驾‘坤’马，左苍龙，右白虎，前朱雀，后玄武，右杖威节，左负威斗，号曰赤星，非以骄仁，乃以尊新室之威命也。仁擅免天文冠，大不敬。”有诏勿劾，更易新冠。其好怪如此。

以直道侯王涉为卫将军。涉者，曲阳侯根子也。根，成帝世为大司马，荐莽自代，莽恩之，以为曲阳非令称，乃追谥根曰直道让公，涉嗣其爵。

是岁，赤眉力子都、樊崇等以饥馑相聚，起于琅邪，转抄掠，众皆万数。遣使者发郡国兵击之，不能克。

六年春，莽见盗贼多，乃令太史推三万六千岁历纪，六岁一改元，布天下。下书曰：“《紫阁图》曰‘太一、黄帝皆仙上天，张乐昆仑虔山之上。后世圣主得瑞者，当张乐秦终南山之上’。予之不敏，奉行未明，乃今谕矣。复以宁始将军为更始将军，以顺符命。《易》不云乎？'日新之谓盛德，生生之谓易。'予其飨哉！"欲以诳耀百姓，销解盗贼。众皆笑之。

初献《新乐》于明堂、太庙。群臣始冠麟韦之弁。或闻其乐声，曰："清厉而哀，非兴国之声也。"

是时，关东饥旱数年，力子都等党众寖多，更始将军廉丹击益州不能克，征还。更遣复位后大司马护军郭兴、庸部牧李晔击蛮夷若豆等，太傅牺叔士孙喜清洁江湖之盗贼。而匈奴寇边甚。莽乃大募天下丁男及死罪囚、吏民奴，名曰"猪突狶勇"，以为锐卒。一切税天下吏民，訾三十取一，缣帛皆输长安。令公卿以下至郡县黄绶皆保养军马，多少各以秩为差。又博募有奇技术可以攻匈奴者，将待以不次之位。言便宜者以万数：或言能度水不用舟楫，连马接骑，济百万师；或言不持斗粮，服食药物，三军不饥；或言能飞，一日千里，可窥匈奴。莽辄试之，取大鸟翮为两翼，头与身皆著毛，通引环纽，飞数百步堕。莽知其不可用，苟欲获其名，皆拜为理军，赐以车马，待发。

初，匈奴右骨都侯须卜当，其妻王昭君女也，尝内附。莽遣昭君兄子和亲侯王歙诱呼当至塞下，胁将诣长安，强立以为须卜善于后安公。始欲诱迎当，大司马严尤谏曰："当在匈奴右部，兵不侵边，单于动静，辄语中国，此方面之大助也。于今迎当置长安槁街，一胡人耳，不如在匈奴有益。"莽不听。既得当，欲遣尤与廉丹击匈奴，皆赐姓徵氏，号二徵将军，当诛单于舆而立当代之。出车城西横厩，未发。尤素有智略，非莽攻伐西夷，数谏不从，著古名将乐毅、白起不用之意及言边事凡三篇，奏以风谏莽。及当出廷议，尤固言匈奴可且以为后，先忧山东盗贼。莽大怒，乃策尤曰："视事四年，蛮夷猾夏不能遏绝，寇贼奸宄不能殄灭，不畏天威，不用诏命，貌佷自臧，持必不移，怀执异心，非沮军议。未忍致于理，其上大司马武建伯印韨，归故郡。"以降符伯董忠为大司马。

翼平连率田况奏郡县訾民不实，莽复三十税一。以况忠言忧国，进爵为伯，赐钱二百万。众庶皆詈之。青、徐民多弃乡里流亡，老弱死道路，壮者入贼中。夙夜连率韩博上言："有奇士，长丈，大十围，来至臣府，曰欲奋击胡虏。自谓巨毋霸，出于蓬莱东南，五城西北昭如海濒，轺车不能载，三马不能胜。即日以大车四马。建虎旗，载霸诣阙。霸卧则枕鼓，以铁箸食，此皇天所以辅新室也，愿陛下作大甲高车，贲、育之衣，遣大将一人与虎贲百人迎之于道。京师门户不容者，开高大之，以视百蛮，镇安天下。"博意欲以风莽。莽闻恶之，留霸在所新丰，更其姓曰巨母氏，谓因文母太后而霸王符也。征博下狱，以非所宜言，弃市。明年改元曰"地皇"，从三万六千岁历号也。

地皇元年正月乙未，赦天下。下书曰："方出军行师，敢有趋讙犯法者，辄论斩，毋须时，尽岁止。"于是春夏斩人都市，百姓震惧，道路以目。

二月壬申，日正黑。莽恶之，下书曰："乃者日中见昧，阴薄阳，黑气为变，百姓莫不惊怪。兆域大将军王匡遣吏考问上变事者，欲蔽上之明，是以适见于天，以正于理，塞大异焉。"莽见四方盗贼多，复欲厌之，又下书曰："予之皇初祖考黄帝定天下，将兵为上将军，建华盖，立斗献，内设大将，外置大司马五人，大将军二十五人，偏将军百二十五人，裨将军千二百五十人，校尉万二千五百人，司马三万七千五百人，候十一万二千五百人，当百二十二万五千人，士吏四十五万人，士千三百五十万人，应协于《易》‘弧矢之利，以威天下’。予受符命之文，稽前人，将条备焉。”于是置前后左右中大司马之位，赐诸州牧号为大将军，郡卒正、连帅、大尹为偏将军，属令长裨将军，县宰为校尉。乘传使者经历郡国，日且十辈，仓无见谷以给，传车马不能足，赋取道中车马，取办于民。

七月，大风毁王路堂。复下书曰：“乃壬午餔时，有列风雷雨发屋折木之变，予甚弁焉，予甚栗焉，予甚恐焉。伏念一旬，迷乃解矣。昔符命文立安为新迁王，临国雒阳，为统义阳王。是时予在摄假，谦不敢当，而以为公。其后金匮文至，议者皆曰：‘临国雒阳为统，谓据土中为新室统也，宜为皇太子。’自此后，临久病，虽瘳不平，朝见挈茵舆行。见王路堂者，张于西厢及后阁更衣中，又以皇后被疾，临且去本就舍，妃妾在东永巷。壬午，烈风毁王路西厢及后阁更衣中室。昭宁堂池东南榆树大十围，东僵，击东阁，阁即东永巷之西垣也。皆破折瓦坏，发屋拔木，予甚惊焉。又候官奏月犯心前星，厥有占，予甚忧之。伏念《紫阁图》文，太一、黄帝皆得瑞以仙，后世褒主当登终南山。所谓新迁王者，乃太一新迁之后也。统义阳王乃用五统以礼义登阳上迁之后也。临有兄而称太子，名不正。宣尼公曰：‘名不正，则言不顺，至于刑罚不中，民无错手足。’惟即位以来，阴阳未和，风雨不时，数遇枯旱蝗螟为灾，谷稼鲜耗，百姓苦饥，蛮夷猾夏，寇贼奸宄，人民正营，无所错手足。深惟厥咎，在名不正焉。其立安为新迁王，临为统义阳王，几以保全二子，子孙千亿，外攘四夷，内安中国焉。”

是月，杜陵便殿乘舆虎文衣废臧在室匣中者出，自树立外堂上，良久乃委地。吏卒见者以闻，莽恶之，下书曰：“宝黄厮赤，其令郎从官皆衣绛。”

望气为数者多言有土功象，莽又见四方盗贼多，欲视为自安能建万世之基者，乃下书曰：“予受命遭阳九之厄，百六之会，府帑空虚，百姓匮乏，宗庙未修，且祫祭于明堂太庙，夙夜永念，非敢宁息。深惟吉昌莫良于今年，予乃卜波水之北，郎池之南，惟玉食。予又卜金水之南，明堂之西，亦惟玉食。予将亲筑焉。”于是遂营长安城南，提封百顷。九月甲申，莽立载行视，亲举筑三下。司徒王寻、大司空王邑持节，及侍中常侍执法杜林等数十人将作。崔发、张邯说莽曰：“德盛者文缛，宜崇其制度，宣视海内，且令万世之后无以复加也。”莽乃博征天下工匠诸图画，以望法度算，乃吏民以义入钱、谷助作者，骆驿道路。坏彻城西苑中建章、承光、包阳、大台、储元宫及平乐、当路、阳禄馆、凡十余所，取其材瓦，以起九庙。是月，大雨六十余日。令民入米六百斛为郎，其郎吏增秩赐爵至附城。九庙：一曰黄帝太初祖庙，二曰帝虞始祖昭庙，三曰陈胡王统祖穆庙，四曰齐敬王世祖昭庙，五曰济北愍王王祖穆庙，凡五庙不堕云；六曰济南伯王尊祢昭庙，七曰元城孺王尊祢穆庙，八曰阳平顷王戚祢昭庙，九曰新都显王戚祢穆庙。殿皆重屋。太初祖庙东西南北各四十丈，高十七丈，余庙半之。为铜薄栌，饰以金银雕文，穷极百工之巧。带高增下，功费数百巨万，卒徒死者万数。

钜鹿男子马適求等谋举燕、赵兵以诛莽，大司空士王丹发觉以闻。莽遣三公大夫逮治党与，连及郡国豪桀数千人，皆诛死。封丹为辅国侯。

自莽为不顺时令，百姓怨恨，莽犹安之，又下书曰："惟设此壹切之法以来，常安六乡巨邑之都，枹鼓稀鸣，盗贼衰少，百姓安土，岁以有年，此乃立权之力也。今胡虏未灭诛，蛮僰未绝焚，江湖海泽麻沸，盗贼未尽破殄，又兴奉宗庙社稷之大作，民众动摇。今复壹切行此令，尽二年止之，以全元元，救愚奸。"

是岁，罢大小钱，更行货布，长二寸五分，广一寸，直货钱二十五。货钱径一寸，重五铢，枚直一。两品并行。敢盗铸钱及偏行布货，伍人知不发举，皆没入为官奴婢。

太傅平晏死，以予虞唐尊为太傅。尊曰："国虚民贫，咎在奢泰。"乃身短衣小袖，乘牝马柴车，藉槁，瓦器，又以历遗公卿，出见男女不异路者，尊自下车，以象刑赭幡污染其衣。莽闻而说之，下诏申敕公卿思与厥齐。封尊为平化侯。

是时，南郡张霸、江夏羊牧、王匡等起云杜绿林，号曰"下江兵"，众皆万余人。武功中水乡民三舍垫为池。

二年正月，以州牧位三公，刺举怠解，更置牧监副，秩元士，冠法冠，行事如汉刺史。

是月，莽妻死，谥曰"孝睦皇后"，葬渭陵长寿园西，令永侍文母，名陵曰"亿年"。初莽妻以莽数杀其子，涕泣失明，莽令太子临居中养焉。莽妻旁侍者原碧，莽幸之。后临亦通焉，恐事泄，谋共杀莽。临妻愔，国师公女，能为星，语临宫中且有白衣会。临喜，以为所谋且成。后贬为统义阳王，出在外第，愈忧恐。会莽妻病困，临予书曰："上于子孙至严，前长孙、中孙年俱三十而死。今臣临复适三十，诚恐一旦不保中室，则不知死命所在！”莽候妻疾，见其书，大怒，疑临有恶意，不令得会丧。既葬，收原碧等考问，具服奸、谋杀状。莽欲秘之，使杀案事使者司命从事，埋狱中，家不知所在。赐临药，临不肯饮，自刺死。使侍中票骑将军同说侯林赐魂衣玺韨，策书曰：“符命文立临为统义阳王。此言新室即位三万六千岁后，为临之后者乃当龙阳而起。前过听议者，以临为太子，有烈风之变，辄顺符命，立为统义阳王。在此之前，自此之后，不作信顺，弗蒙厥佑，夭年陨命，呜呼哀哉！迹行赐谥，谥曰‘缪王’。”又诏国师公：“临本不知星，事从愔起。”愔亦自杀。

是月，新迁王安病死。初，莽为侯就国时，幸侍者增秩、怀能、开明。怀能生男兴，增秩生男匡、女晔，开明生女捷，皆留新都国，以其不明故也。及安疾甚，莽自病无子，为安作奏，使上言：“兴等母虽微贱，属犹皇子，不可以弃。”章视群公，皆曰：“安友于兄弟，宜及春夏加封爵。”于是以王车遣使者迎兴等，封兴为功脩公，匡为功建公，晔为睦脩任，捷为睦逮任。孙公明公寿病死，旬月四丧焉。莽坏汉孝武、孝昭庙，分葬子孙其中。

魏成大尹李焉与卜者王况谋，况谓焉曰：“新室即位以来，民田奴婢不得卖买，数改钱货，征发烦数，军旅骚动，四夷并侵，百姓怨恨，盗贼并起，汉家当复兴。君姓李，李音徵，徵，火也，当为汉辅。”因为焉作谶书，言：“文帝发忿，居地下趣军，北告匈奴，南告越人。江中刘信，执敌报怨，复续古先，四年当发军。江湖有盗，自称樊王，姓为刘氏，万人成行，不受赦令，欲动秦、雒阳。十一年当相攻，太白扬光，岁星入东井，其号当行。”又言莽大臣吉凶，各有日期。会合十余万言。焉令吏写其书，吏亡告之。莽遣使者即捕焉，狱治皆死。

三辅盗贼麻起，乃置捕盗都尉官，令执法谒者追击长安中，建鸣鼓攻贼幡，而使者随其后。遣太师牺仲景尚、更始将军护军王党将兵击青、徐，国师和仲曹放助郭兴击句町。转天下谷、币诣西河、五原、朔方、渔阳，每一郡以百万数，欲以击匈奴。

秋，陨霜杀菽，关东大饥，蝗。

民犯铸钱，伍人相坐，没入为官奴婢。其男子槛车，儿女子步，以铁锁琅当其颈，传诣钟官，以十万数。到者易其夫妇，愁苦死者什六七。孙喜、景尚、曹放等击贼不能克，军师放纵，百姓重困。

莽以王况谶言荆楚当兴，李氏为辅，欲厌之，乃拜侍中掌牧大夫李棽为大将军、扬州牧，赐名圣，使将兵奋击。

上谷储夏自请愿说瓜田仪，莽以为中郎，使出仪，仪文降，未出而死。莽求其尸葬之，为起冢、祠室，谥曰“瓜宁殇男”，几以招来其余，然无肯降者。

闰月丙辰，大赦天下，天下大服、民私服在诏书前亦释除。

郎阳成脩献符命，言继立民母，又曰：“黄帝以百二十女致神仙。”莽于是遣中散大夫、谒者各四十五人分行天下，博采乡里所高有淑女者上名。

莽梦长乐宫铜人五枚起立，莽恶之，念铜人铭有“皇帝初兼天下”之文，即使尚方工镌灭所梦铜人膺文。又感汉高庙神灵，遣虎贲武士入高庙，拔剑四面提击，斧坏户牖，桃汤赭鞭鞭洒屋壁，令轻车校尉居其中，又令中军北垒居高寝。

或言黄帝时建华盖以登仙，莽乃造华盖九重，高八丈一尺，金瑵羽葆，载以秘机四轮车，驾六马，力士三百人黄衣帻，车上人击鼓，挽者皆呼“登仙”。莽出，令在前。百官窃言：“此似辆车，非仙物也。”

是岁，南郡秦丰众且万人。平原女子迟昭平能说博经以八投，亦聚数千人在河阻中。莽召问群臣禽贼方略，皆曰：“此天囚行尸，命在漏刻。”故左将军公孙禄征来与议，禄曰：“太史令宗宣典星历，候气变，以凶为吉，乱天文，误朝廷。太傅平化侯饰虚伪以偷名位，‘贼夫人之子’。国师嘉信公颠倒《五经》，毁师法，令学士疑惑。明学男张邯、地理侯孙阳造井田，使民弃土业。牺和鲁匡设六管，以穷工商。说符侯崔发阿谀取容，令下情不上通。宜诛此数子以慰天下！”又言：“匈奴不可攻，当与和亲。臣恐新室忧不在匈奴，而在封域之中也。”莽怒，使虎贲扶禄出。然颇采其言，左迁鲁匡为五原卒正，以百姓怨非故。六管非匡所独造，莽厌众意而出之。

初，四方皆以饥寒穷愁起为盗贼，稍稍群聚，常思岁熟得归乡里。众虽万数，亶称巨人、从事、三老、祭酒，不敢略有城邑，转掠求食，日阕而已。诸长吏牧守皆自乱斗中兵而死，贼非敢欲杀之也，而莽终不谕其故。是岁，大司马士按章豫州，为贼所获，贼送付县。士还，上书具言状。莽大怒，下狱以为诬罔。因下书责七公曰：“夫吏者，理也。宣德明恩，以牧养民，仁之道也。抑强督奸，捕诛盗贼，义之节也。今则不然。盗发不辄得，至成群党，遮略乘传宰士。士得脱者，又妄自言：我责数贼‘何故为是？’贼曰：‘以贫穷故耳。’贼护出我。今俗人议者率多若此。惟贫困饥寒，犯法为非，大者群盗，小者偷穴，不过二科，今乃结谋连党以千百数，是逆乱之大者，岂饥寒之谓邪？七公其严敕卿大夫、卒正、连率、庶尹，谨牧养善民，急捕殄盗贼。有不同心并力，疾恶黜贼，而妄曰饥寒所为，辄捕系，请其罪。”于是群下愈恐，莫敢言贼情者，亦不得擅发兵，贼由是遂不制。

唯翼平连率田况素果敢，发民年十八以上四万余人，授以库兵，与刻石为约。赤麋闻之，不敢入界。况自劾奏，莽让况：“未赐虎符而擅发兵，此弄兵也，厥罪乏兴。以况自诡必禽灭贼，故且勿治。”后况自请出界击贼，所向皆破。莽以玺书令况领青、徐二州牧事。况上言：“盗贼始发，其原甚微，非部吏、伍人所能禽也。咎在长吏不为意，县欺其郡，郡欺朝廷，实百言十，实千言百。朝廷忽略，不辄督责，遂至延曼连州，乃遣将率，多发使者，传相监趣。郡县力事上官，应塞诘对，共酒食，具资用，以救断斩，不给复忧盗贼治官事。将率又不能躬率吏士，战则为贼所破，吏气寖伤，徒费百姓。前幸蒙赦令，贼欲解散，或反遮击，恐入山谷，转相告语，故郡县降贼，皆更惊骇，恐见诈灭，因饥馑易动，旬日之间更十余万人，此盗贼所以多之故也。今雒阳以东，米石二千。窃见诏书，欲遣太师、更始将军，二人爪牙重臣，多从人众，道上空竭，少则亡以威视远方。宜急选牧、尹以下，明其赏罚，收合离乡。小国无城郭者，徙其老弱置大城中，积藏谷食，并力固守。贼来攻城，则不能下，所过无食，势不得群聚。如此，招之必降，击之则灭。今空复多出将率，郡县苦之，反甚于贼。宜尽征还乘传诸使者，以休息郡县。委任臣况以二州盗贼，必平定之。"莽畏恶况，阴为发代，遣使者赐况玺书。使者至，见况，因令代监其兵。况随使者西，到，拜为师尉大夫。况去，齐地遂败。

三年正月，九庙盖构成，纳神主。莽谒见，大驾乘六马，以五采毛为龙文衣，著角，长三尺。华盖车，元戎十乘在前。因赐治庙者司徒、大司空钱各千万，侍中、中常侍以下皆封。封都匠仇延为邯淡里附城。

二月，霸桥灾，数千人以水沃救，不灭。莽恶之，下书曰："夫三皇象春，五帝象夏，三王象秋，五伯象冬。皇王，德运也；伯者，继空续乏以成历数，故其道驳。惟常安御道多以所近为名。乃二月癸巳之夜，甲午之辰，火烧霸桥，从东方西行，至甲午夕，桥尽火灭。大司空行视考问，或云寒民舍居桥下，疑以火自燎，为此灾也。其明旦即乙未，立春之日也。予以神明圣祖黄虞遗统受命，至于地皇四年为十五年。正以三年终冬绝灭霸驳之桥，欲以兴成新室统壹长存之道也。又戒此桥空东方之道。今东方岁荒民饥，道路不通，东岳太师亟科条，开东方诸仓，赈贷穷乏，以施仁道。其更名霸馆为长存馆，霸桥为长存桥。"

是月，赤眉杀太师牺仲景尚。关东人相食。

四月，遣太师王匡、更始将军廉丹东，祖都门外，天大雨，沾衣止。长老叹曰："是为泣军！"莽曰："惟阳九之厄，与害气会，究于去年。枯旱霜蝗，饥馑荐臻，百姓困乏，流离道路，于春尤甚，予甚悼之。今使东岳太师特进褒新侯开东方诸仓，赈贷穷乏。太师公所不过道，分遣大夫谒者并开诸仓，以全元元。太师公因与廉丹大使五威司命位右大司马更始将军平均侯之兖州，填抚所掌，及青、徐故不轨盗贼未尽解散，后复屯聚者，皆清洁之，期于安兆黎矣。”太师、更始合将锐士十余万人，所过放纵。东方为之语曰：“宁逢赤眉，不逢太师！太师尚可，更始杀我！”卒如田况之言。

莽又多遣大夫谒者分教民煮草木为酪，酪不可食，重为烦费。莽下书曰：“惟民困乏，虽溥开诸仓以赈赡之，犹恐未足，其且开天下山泽之防，诸能采取山泽之物而顺月令者，其恣听之，勿令出税。至地皇三十年如故，是王光上戊之六年也。如令豪吏猾民辜而攉之，小民弗蒙，非予意也。《易》不云乎？‘损上益下，民说无疆。’《书》云：‘言之不从，是谓不艾。’咨乎群公，可不忧哉！”

是时，下江兵盛，新市朱鲔、平林陈牧等皆复聚众，攻击乡聚。莽遣司命大将军孔仁部豫州，纳言大将军严尤、秩宗大将军陈茂击荆州，各从吏士百余人，乘船从渭入河，至华阴乃出乘传，到部募士。尤谓茂曰：“遣将不与兵符，必先请而后动，是犹绁韩卢而责之获也。”

夏，蝗从东方来，蜚蔽天，至长安，入未央宫，缘殿阁，莽发吏民设购赏捕击。莽以天下谷贵，欲厌之，为大仓，置卫交戟，名曰“政始掖门”。

流民入关者数十万人，乃置养赡官禀食之。使者监领，与小吏共盗其禀，饥死者十七八。先是，莽使中黄门王业领长安市买，贱取于民，民甚患之。业以省费为功，赐爵附城，莽闻城中饥馑，以问业。业曰：“皆流民也。”乃市所卖粱饮肉羹，持入视莽，曰：“居民食咸如此。”莽信之。

冬，无盐索卢恢等举兵反城。廉丹、王匡攻拔之，斩首万余级。莽遣中郎将奉玺书劳丹、匡，进爵为公，封吏士有功者十余人。

赤眉别校董宪等众数万人在梁郡，王匡欲进击之，廉丹以为新拔城罢劳，当且休士养威。匡不听，引兵独进，丹随之。合战成昌，兵败，匡走。丹使吏持其印韨符节付匡曰："小儿可走，吾不可！"遂止，战死。校尉汝云、王隆等二十馀人别斗，闻之，皆曰："廉公已死，吾谁为生？"驰奔贼，皆战死。莽伤之，下书曰："惟公多拥选士精兵，众郡骏马仓谷帑藏得自调，忽于诏策，离其威节，骑马呵噪，为狂刃所害，乌呼哀哉！赐谥曰'果公'。"

国将哀章谓莽曰："皇祖考黄帝之时，中黄直为将，破杀蚩尤。今臣居中黄直之位，愿平山东。"莽遣章驰东，与太师匡并力。又遣大将军阳浚守敖仓，司徒王寻将十余万屯雒阳填南宫，大司马董忠养士习射中军北垒，大司空王邑兼三公之职，司徒寻初发长安，宿霸昌厩，亡其黄钺。寻士房扬素狂直，乃哭曰："此经所谓'丧其齐斧'者也！"自劾去。莽击杀扬。

四方盗贼往往数万人攻城邑，杀二千石以下。太师王匡等战数不利。莽知天下溃畔，事穷计迫，乃议遣风俗大夫司国宪等分行天下，除井田奴婢山泽六管之禁，即位以来诏令不便于民者皆收还之。待见未发，会世祖与兄齐武王伯升、宛人李通等帅舂陵子弟数千人，招致新市平林朱鲔、陈牧等合攻拔棘阳。是时，严尤、陈茂破下江兵，成丹、王常等数千人别走，入南阳界。

十一月，有星孛于张，东南行，五日不见。莽数召问太史令宗宣，诸术数家皆缪对，言天文安善，群贼且灭。莽差以自安。

四年正月，汉兵得下江王常等以为助兵，击前队大夫甄阜、属正梁丘赐，皆斩之，杀其众数万人。初，京师闻青、徐贼众数十万人，讫无文号旌旗表识，咸怪异之。好事者窃言："此岂如古三皇无文书号谥邪？"莽亦心怪，以问群臣，群臣莫对。唯严尤曰："此不足怪也。自黄帝、汤、武行师，必待部曲旌旗号令，今此无有者，直饥寒群盗，犬羊相聚，不知为之耳。"莽大说，群臣尽服。及后汉兵刘伯升起，皆称将军，攻城略地，既杀甄阜，移书称说。莽闻之忧惧。

汉兵乘胜遂围宛城。初，世祖族兄圣公先在平林兵中。三月辛巳朔，平林、新市、下江兵将王常、朱鲔等共立圣公为帝，改年为更始元年，拜置百官。莽闻之愈恐。欲外视自安，乃染其须发，进所征天下淑女杜陵史氏女为皇后，聘黄金三万斤，车马、奴婢、杂帛、珍宝以巨万计。莽亲迎于前殿两阶间，成同牢之礼于上西堂。备和嫔、美御、和人三，位视公；嫔人九，视卿；美人二十七，视大夫；御人八十一，视元士：凡百二十人，皆佩印韨，执弓韣。封皇后父谌为和平侯，拜为宁始将军，谌子二人皆侍中。是日，大风发屋折木。群臣上寿曰："乃庚子雨水洒道，辛丑清靓无尘，其夕榖风迅疾，从东北来。辛丑，《巽》之宫日也。《巽》为风为顺，后谊明，母道得，温和慈惠之化也。《易》曰：'受兹介福，于其王母。'《礼》曰：'承天之庆，万福无疆。'诸欲依废汉火刘，皆沃灌雪除，殄灭无余杂矣。百谷丰茂，庶草蕃殖，元元欢喜，兆民赖福，天下幸甚！"莽日与方士涿郡昭君等于后宫考验方术，纵淫乐焉。大赦天下，然犹曰："故汉氏舂陵侯群子刘伯升与其族人婚姻党与，妄流言惑众，悖畔天命，及手害更始将军廉丹、前队大夫甄阜、属正梁丘赐，及北狄胡虏逆舆洎南蛮虏若豆、孟迁，不用此书。有能捕得此人者，皆封为上公，食邑万户，赐宝货五千万。”又诏：“太师王匡、国将哀章、司命孔仁、兖州牧寿良、卒正王闳、扬州牧李圣亟进所部州郡兵凡三十万众，迫措青、徐盗贼。纳言将军严尤、秩宗将军陈茂、车骑将军王巡、左队大夫王吴亟进所部州郡兵凡十万众，迫措前队丑虏。明告以生活丹青之信，复迷惑不解散，皆并力合击，殄灭之矣！大司空隆新公，宗室戚属，前以虎牙将军东指则反虏破坏，西击则逆贼靡碎，此乃新室威宝之臣也。如黠贼不解散，将遣大司空将百万之师征伐剿绝之矣！”遣七公干士隗嚣等七十二人分下赦令晓谕云。嚣等既出，因逃亡矣。

四月，世祖与王常等别攻颍川，下昆阳、郾、定陵。莽闻之愈恐，遣大司空王邑驰传之雒阳，与司徒王寻发众郡兵百万，号曰“虎牙五威兵”，平定山东。得颛封爵，政决于邑，除用征诸明兵法六十三家术者，各持图书，受器械，备军吏。倾府库以遣邑，多赍珍宝猛兽，欲视饶富，用怖山东。邑至雒阳，州郡各选精兵，牧守自将，定会者四十二万人，余在道不绝，车甲士马之盛，自古出师未尝有也。

六月，邑与司徒寻发雒阳，欲至宛，道出颍川，过昆阳。昆阳时已降汉，汉兵守之。严尤、陈茂与二公会，二公纵兵围昆阳。严尤曰：“称尊号者在宛下，宜亟进。彼破，诸城自定矣。”邑曰：“百万之师，所过当灭，今屠此城，喋血而进，前歌后舞，顾不快邪！”遂围城数十重。城中请降，不许。严尤又曰：“‘归师勿遏，围城为之阙'，可如兵法，使得逸出，以怖宛下。"邑又不听，会世祖悉发郾、定陵兵数千人来救昆阳，寻、邑易之，自将万余人行陈，敕诸营皆按部毋得动，独迎，与汉兵战，不利。大军不敢擅相救，汉兵乘胜杀寻。昆阳中兵出并战，邑走，军乱。大风蜚瓦，雨如注水，大众崩坏号呼，虎豹股栗，士卒奔走。各还归其郡。邑独与所将长安勇敢数千人还雒阳。关中闻之震恐，盗贼并起。

又闻汉兵言，莽鸩杀孝平帝。莽乃会公卿以下于王路堂，开所为平帝请命金滕之策，泣以视群臣。命明学男张邯称说其德及符命事，因曰："《易》言'伏戎于莽，升其高陵，三岁不兴'。'莽'，皇帝之名。'升'谓刘伯升。'高陵'谓高陵侯子翟义也。言刘升、翟义为伏戎之兵于新皇帝世，犹殄灭不兴也。"群臣皆称万岁。又令东方槛车传送数人，言"刘伯升等皆行大戮"。民知其诈也。

先是，卫将军王涉素养道士西门君惠。君惠好天文谶记，为涉言："星孛扫宫室，刘氏当复兴，国师公姓名是也。"涉信其言，以语大司马董忠，数俱至国师殿中庐道语星宿，国师不应。后涉特往，对歆涕泣言："诚欲与公共安宗族，奈何不信涉也!"歆因为言天文人事，东方必成。涉曰："新都哀侯小被病，功显君素耆酒，疑帝本非我家子也。董公主中军精兵，涉领宫卫，伊休侯主殿中，如同心合谋，共劫持帝，东降南阳天子，可以全宗族；不者，俱夷灭矣!"伊休侯者，歆长子也，为侍中五官中郎将，莽素爱之。歆怨莽杀其三子，又畏大祸至，遂与涉、忠谋，欲发。歆曰："当待太白星出，乃可。"忠以司中大赘起武侯孙伋亦主兵，复与伋谋。伋归家，颜色变，不能食。妻怪问之，语其状。妻以告弟云阳陈邯，邯欲告之。七月，伋与邯俱告，莽遣使者分召忠等。时忠方讲兵都肄，护军王咸谓忠谋久不发，恐漏泄，不如遂斩使者，勒兵入。忠不听，遂与歆、涉会省户下。莽令𨱌恽责问，皆服。中黄门各拔刃将忠等送庐，忠拔剑欲自刎，侍中王望传言大司马反，黄门持剑共格杀之。省中相惊传，勒兵至郎署，皆拔刃张弩。更始将军史谌行诸署，告郎吏曰："大司马有狂病，发，已诛。"皆令弛兵。莽欲以厌凶，使虎贲以斩马剑挫忠，盛以竹器，传曰"反虏出"。下书赦大司马官属吏士为忠所诖误，谋反未发觉者。收忠宗族，以醇醯毒药、尺白刃丛棘并一坎而埋之。刘歆、王涉皆自杀。莽以二人骨肉旧臣，恶其内溃，故隐其诛。伊休侯叠又以素谨，歆讫不告，但免侍中中郎将，更为中散大夫。后日殿中钩盾土山仙人掌旁有白头公青衣，郎吏见者私谓之国师公。衍功侯喜素善卦，莽使筮之，曰："忧兵火。"莽曰："小儿安得此左道？是乃予之皇祖叔父子侨欲来迎我也。"

莽军师外破，大臣内畔，左右亡所信，不能复远念郡国，欲呼邑与计议。崔发曰："邑素小心，今失大众而征，恐其执节引决，宜有以大慰其意。"于是莽遣发驰传谕邑："我年老毋適子，欲传邑以天下。敕亡得谢，见勿复道。"邑到，以为大司马。大长秋张邯为大司徒，崔发为大司空，司中寿容苗䜣为国师，同说侯林为卫将军。莽忧懑不能食，亶饮酒，啖鳆鱼。读军书倦，因凭几寐，不复就枕矣。性好时日小数。及事迫急，亶为厌胜。遣使坏渭陵、延陵园门罘罳，曰："毋使民复思也。"又以墨洿色其周垣。号将至曰"岁宿"，申水为"助将军"，右庚"刻木校尉"，前丙“耀金都尉”，又曰：“执大斧，伐枯木；流大水，灭发火。”如此属不可胜记。

秋，太白星流入太微，烛地如月光。

成纪隗崔兄弟共劫大尹李育，以兄子隗嚣为大将军，攻杀雍州牧陈庆、安定卒正王旬，并其众，移书郡县，数莽罪恶万于桀、纣。

是月，析人邓晔、于匡起兵南乡百余人。时析宰将兵数千屯鄡亭，备武关。晔、匡谓宰曰：“刘帝已立，君何不知命也！”宰请降，尽得其众。晔自称辅汉左将军，匡右将军，拔析、丹水，攻武关，都尉朱萌降。进攻右队大夫宋纲，杀之，西拔湖。莽愈忧，不知所出。崔发言：“《周礼》及《春秋左氏》，国有大灾，则哭以厌之。故《易》称‘先号咷而后笑’。宜呼嗟告天以求救。”莽自知败，乃率群臣至南郊，陈其符命本末，仰天曰：“皇天既命授臣莽，何不殄灭众贼？即令臣莽非是，愿下雷霆诛臣莽！”因搏心大哭，气尽，伏而叩头。又作告天策，自陈功劳，千余言。诸生小民会旦夕哭，为设飧粥，甚悲哀及能诵策文者除以为郎，至五千余人。苣恽将领之。

莽拜将军九人，皆以虎为号，号曰“九虎”，将北军精兵数万人东，内其妻子宫中以为质。时省中黄金万斤者为一匮，尚有六十匮，黄门、钩盾、臧府、中尚方处处各有数匮。长乐御府、中御府及都内、平准帑藏钱、帛、珠玉财物甚众，莽愈爱之，赐九虎士人四千钱。众重怨，无斗意。九虎至华阴回溪，距隘，北从河南至山。于匡持数千弩，乘堆挑战。邓晔将二万余人从阌乡南出枣街、作姑，破其一部，北出九虎后击之。六虎败走。史熊、王况诣阙归死，莽使使责死者安在，皆自杀；其四虎亡。三虎郭钦、陈翚、成重收散卒，保京师仓。

邓晔开武关迎汉，丞相司直李松将二千余人至湖，与晔等共攻京师仓，未下。晔以弘农掾王宪为校尉，将数百人北渡渭，入左冯翊界，降城略地。李松遣偏将军韩臣等径西至新丰，与莽波水将军战，波水走。韩臣等追奔，遂至长门宫。王宪北至频阳，所过迎降。大姓栎阳申砀、下邽王大皆率众随宪，属县斄严春、茂陵董喜、蓝田王孟、槐里汝臣、盩厔王扶、阳陵严本、杜陵屠门少之属，众皆数千人，假号称汉将。

时李松、邓晔以为，京师小小仓尚未可下，何况长安城！当须更始帝大兵到。即引军至华阴，治攻具。而长安旁兵四会城下，闻天水隗氏兵方到，皆争欲先入城，贪立大功卤掠之利。

莽遣使者分赦城中诸狱囚徒，皆授兵，杀豨饮其血，与誓曰："有不为新室者，社鬼记之！"更始将军史谌将度渭桥，皆散走。谌空还。众兵发掘莽妻子父祖冢，烧其棺椁及九庙、明堂、辟雍，火照城中。或谓莽曰："城门卒，东方人，不可信。"莽更发越骑士为卫，门置六百人，各一校尉。

十月戊申朔，兵从宣平城门入，民间所谓都门也。张邯行城门，逢兵见杀。王邑、王林、王巡、䔍恽等分将兵距击北阙下，汉兵贪莽封力战者七百余人。会日暮，官府邸第尽奔亡。二日己酉，城中少年朱弟、张鱼等恐见卤掠，趋谨并和，烧作室门，斧敬法闼，呼曰："反虏王莽，何不出降？"火及掖庭承明，黄皇室主所居也。莽避火宣室前殿，火辄随之。宫人妇女啼呼曰："当奈何！"时莽绀袀服，带玺韨，持虞帝匕首。天文郎桉栻于前，日时加某，莽旋席随斗柄而坐，曰："天生德于予，汉兵其如予何!"莽时不食，少气困矣。

三日庚戌，晨旦明，群臣扶掖莽，自前殿南下椒除，西出白虎门，和新公王揖奉车待门外，莽就车，之渐台，欲阻池水，犹抱持符命、威斗，公、卿、大夫、侍中、黄门郎从官尚千余人随之。王邑昼夜战，罢极，士死伤略尽，驰入宫，间关至渐台，见其子侍中睦解衣冠欲逃，邑叱之令还，父子共守莽。军人入殿中，呼曰："反虏王莽安在?"有美人出房曰："在渐台。"众兵追之，围数百重。台上亦弓弩与相射，稍稍落去。矢尽，无以复射，短兵接。王邑父子、𨚫恽、王巡战死，莽入室。下餔时，众兵上台，王揖、赵博、苗䜣、唐尊、王盛、中常侍王参等皆死台上。商人杜吴杀莽，取其绶。校尉东海公宾就，故大行治礼，见吴问绶主所在。曰："室中西北陬间。"就识，斩莽首。军人分裂莽身，支节肌骨脔分，争相杀者数十人。公宾就持莽首诣王宪。宪自称汉大将军，城中兵数十万皆属焉，舍东宫，妻莽后宫，乘其车服。

六日癸丑，李松、邓晔入长安，将军赵萌、申屠建亦至，以王宪得玺绶不辄上、多挟宫女、建天子鼓旗，收斩之。传莽首诣更始，县宛市，百姓共提击之，或切食其舌。

莽扬州牧李圣、司命孔仁兵败山东，圣格死，仁将其众降，已而叹曰："吾闻食人食者死其事。"拔剑自刺死。及曹部监杜普、陈定大尹沈意、九江连率贾萌皆守郡不降，为汉兵所诛。赏都大尹王钦及郭钦守京师仓，闻莽死，乃降，更始义之，皆封为侯。太师王匡、国将哀章降雒阳，传诣宛，斩之。严尤、陈茂败昆阳下，走至沛郡谯，自称汉将，召会吏民。尤为称说王莽篡位天时所亡、圣汉复兴状，茂伏而涕泣。闻故汉钟武侯刘圣聚众汝南称尊号，尤、茂降之。以尤为大司马，茂为丞相。十余日败，尤、茂并死。郡县皆举城降，天下悉归汉。

初，申屠建尝事崔发为《诗》，建至，发降之。后复称说，建令丞相刘赐斩发以徇。史谌、王延、王林、王吴、赵闳亦降，复见杀。初，诸假号兵人人望封侯。申屠建既斩王宪，又扬言三辅黠共杀其主。吏民惶恐，属县屯聚，建等不能下，驰白更始。

二年二月，更始到长安，下诏大赦，非王莽子，他皆除其罪，故王氏宗族得全。三辅悉平，更始都长安，居长乐宫。府藏完具，独未央宫烧攻莽三日，死则案堵复故。更始至，岁余政教不行，明年夏，赤眉樊崇等众数十万人入关，立刘盆子，称尊号，攻更始，更始降之。赤眉遂烧长安宫室市里，害更始。民饥饿相食，死者数十万，长安为虚，城中无人行。宗庙园陵皆发掘，唯霸陵、杜陵完。六月，世祖即位，然后宗庙社稷复立，天下艾安。

赞曰：王莽始起外戚，折节力行，以要名誉，宗族称孝，师友归仁。及其居位辅政，成、哀之际，勤劳国家，直道而行，动见称述。岂所谓"在家必闻，在国必闻"，"色取仁而行违"者邪？莽既不仁而有佞邪之材，又乘四父历世之权，遭汉中微，国统三绝，而太后寿考为之宗主，故得肆其奸慝，以成篡盗之祸。推是言之，亦天时，非人力之致矣。及其窃位南面，处非所据，颠覆之势险于桀、纣，而莽晏然自以黄、虞复出也。乃始恣睢，奋其威诈，滔天虐民，穷凶极恶，毒流诸夏，乱延蛮貉，犹未足逞其欲焉。是以四海之内，嚣然丧其乐生之心，中外愤怨，远近俱发，城池不守，支体分裂，遂令天下城邑为虚，丘垅发掘，害遍生民，辜及朽骨，自书传所载乱臣贼子无道之人，考其祸败，未有如莽之甚者也。昔秦燔《诗》、《书》以立私议，莽诵《六艺》以文奸言，同归殊途，俱用灭亡，皆炕龙绝气，非命之运，紫色蛙声，余分闰位，圣王之驱除云尔！

汉书卷一百上

叙传第七十上

班氏之先，与楚同姓，令尹子文之后也。子文初生，弃于瞢中，而虎乳之。楚人谓乳“榖”，谓虎“於菟”，故名榖於菟，字子文。楚人谓虎“班”，其子以为号。秦之灭楚，迁晋、代之间，因氏焉。

始皇之末，班壹避地于楼烦，致马、牛、羊数千群。值汉初定，与民无禁，当孝惠、高后时，以财雄边，出入弋猎，旌旗鼓吹，年百余岁，以寿终，故北方多以“壹”为字者。

壹生孺。孺为任侠，州郡歌之。孺生长，官至上谷守。长生回，以茂材为长子令。回生况，举孝廉为郎，积功劳，至上河农都尉，大司农奏课连最，入为左曹越骑校尉。成帝之初，女为婕妤，致仕就第，赀累千金，徙昌陵。昌陵后罢，大臣名家皆占数于长安。

况生三子：伯、斿、稚。伯少受《诗》于师丹。大将军王凤荐伯宜劝学，召见宴昵殿，容貌甚丽，诵说有法，拜为中常侍。时，上方乡学，郑宽中、张禹朝夕入说《尚书》、《论语》于金华殿中，诏伯受焉。既通大义，又讲异同于许商，迁奉车都尉。数年，金华之业绝，出与王、许子弟为群，在于绮襦纨绔之间，非其好也。

家本北边，志节慷慨，数求使匈奴。河平中，单于来朝，上使伯持节迎于塞下。会定襄大姓石、李群辈报怨，杀追捕吏，伯上状，因自请愿试守期月。上遣侍中中郎将王舜驰传代伯护单于，并奉玺书印绶，即拜伯为定襄太守。定襄闻伯素贵，年少，自请治剧，畏其下车作威，吏民竦息。伯至，请问耆老父祖故人有旧恩者，迎延满堂，日为供具，执子孙礼。郡中益弛。诸所宾礼皆名豪，怀恩醉酒，共谏伯宜颇摄录盗贼，具言本谋亡匿处。伯曰："是所望于父师矣。"乃召属县长吏，选精进掾史，分部收捕，及它隐伏，旬日尽得。郡中震栗，咸称神明。岁余，上征伯。伯上书愿过故郡上父祖冢。有诏，太守、都尉以下会。因召宗族，各以亲疏加恩施，散数百金。北州以为荣，长老纪焉。道病中风。既至，以侍中光禄大夫养病，赏赐甚厚，数年未能起。

会许皇后废，班婕妤养东宫，进侍者李平为倢伃，而赵飞燕为皇后，伯遂称笃。久之，上出过临候伯，伯惶恐，起视事。

自大将军薨后，富平、定陵侯张放、淳于长等始爱幸，出为微行，行则同舆执辔；入侍禁中，设宴饮之会，及赵、李诸侍中皆引满举白，谈笑大噱。时乘舆幄坐张画屏风，画纣醉踞妲己作长夜之乐，上以伯新起，数目礼之，因顾指画而问伯："纣为无道，至于是乎？"伯对曰："《书》云'乃用妇人之言'，何有踞肆于朝？所谓众恶归之，不如是之甚者也。"上曰："苟不若此，此图何戒？"伯曰："'沉湎于酒'，微子所以告去也；'式号式呼'，

《大雅》所以流连也。《诗》、《书》淫乱之戒，其原皆在于酒。”上乃喟然叹曰：“吾久不见班生，今日复闻谠言！”放等不怿，稍自引起更衣，因罢出。时，长信庭林表适使来，闻见之。

后上朝东宫，太后泣曰：“帝间颜色瘦黑，班侍中本大将军所举，宜宠异之，益求其比，以辅圣德，宜遣富平侯且就国。”上曰：“诺。”车骑将军王音闻之，以风丞相御史奏富平侯罪过，上乃出放为边都尉。后复征入，太后与上书曰：“前所道尚未效，富平侯反复来，其能默乎？”上谢曰：“请今奉诏。”是时，许商为少府，师丹为光禄勋，上于是引商、丹入为光禄大夫，伯迁水衡都尉，与两师并侍中，皆秩中二千石。每朝东宫，常从；及有大政，俱使谕指于公卿。上亦稍厌游宴，复修经书之业，太后甚悦。丞相方进复奏，富平侯竟就国。会伯病卒，年三十八，朝廷愍惜焉。

斿博学有俊材，左将军史丹举贤良方正，以对策为议郎，迁谏大夫、右曹中郎将，与刘向校秘书。每奏事，斿以选受诏进读群书。上器其能，赐以秘书之副。时书不布，自东平思王以叔父求《太史公》、诸子书，大将军白不许。语在《东平王传》。斿亦早卒，有子曰嗣，显名当世。

稚少为黄门郎中常侍，方直自守，成帝季年，立定陶王为太子，数遣中盾请问近臣，稚独不敢答。哀帝即位，出稚为西河属国都尉，迁广平相。

王莽少与稚兄弟同列友善，兄事斿而弟畜稚。斿之卒也，修缌麻，赙赗甚厚。平帝即位，太后临朝，莽秉政，方欲文致太平，使使者分行风俗，采颂声，而稚无所上。琅邪太守公孙闳言灾害于公府，大司空甄丰遣属驰至两郡讽吏民，而劾闳空造不祥，稚绝嘉应，嫉害圣政，皆不道。太后曰："不宣德美，宜与言灾害者异罚。且后宫贤家，我所哀也。"闳独下狱诛。稚惧，上书陈恩谢罪，愿归相印，入补延陵园郎，太后许焉。食故禄终身。由是班氏不显莽朝，亦不罹咎。

初，成帝性宽，进入直言，是以王音、翟方进等绳法举过，而刘向、杜邺、王章、朱云之徒肆意犯上，故自帝师安昌侯，诸舅大将军兄弟公卿大夫、后宫外属史、许之家有贵宠者，莫不被文伤诋。唯谷永尝言："建始、河平之际，许、班之贵，倾动前朝，熏灼四方，赏赐无量，空虚内臧，女宠至极，不可尚矣；今之后起，天所不飨，什倍于前。"永指以驳讥赵、李，亦无间云。

稚生彪。彪字叔皮，幼与从兄嗣共游学，家有赐书，内足于财，好古之士自远方至，父党扬子云以下莫不造门。

嗣虽修儒学，然贵老、严之术。桓生欲借其书，嗣报曰："若夫严子者，绝圣弃智，修生保真，清虚澹泊，归之自然，独师友造化，而不为世俗所役者也。渔钓于一壑，则万物不奸其志，栖迟于一丘，则天下不易其乐。不絓圣人之罔，不嗅骄君之饵，荡然肆志，谈者不得而名焉，故可贵也。今吾子已贯仁谊之羁绊，系名声之缰锁，伏周、孔之轨躅，驰颜、闵之极挚，既系挛于世教矣，何用大道为自炫耀？昔有学步于邯郸者，曾未得其仿佛，又复失其故步，遂匍匐而归耳！恐似此类，故不进。"嗣之行已持论如此。

叔皮唯圣人之道然后尽心焉。年二十，遭王莽败，世祖即位于冀州。时隗嚣据垄拥众，招辑英俊，而公孙述称帝于蜀汉，天下云扰，大者连州郡，小者据县邑，嚣问彪曰："往者周亡，战国并争，天下分裂，数世然后乃定，其抑者从横之事复起于今乎？将承运迭兴在于一人也？愿先生论之。"对曰："周之废兴与汉异。昔周立爵五等，诸侯从政，本根既微，枝叶强大，故其末流有从横之事，其势然也。汉家承秦之制，并立郡县，主有专己之威，臣无百年之柄。至于成帝，假借外家，哀、平短祚，国嗣三绝，危自上起，伤不及下。故王氏之贵，倾擅朝廷，能窃号位，而不根于民。是以即真之后，天下莫不引领而叹，十余年间，外内骚扰，远近俱发，假号云合，咸称刘氏，不谋而同辞。方今雄桀带州城者，皆无七国世业之资。《诗》云：'皇矣上帝，临下有赫，鉴观四方，求民之莫。'今民皆讴吟思汉，乡仰刘氏，已可知矣。"嚣曰："先生言周、汉之势，可也，至于但见愚民习识刘氏姓号之故，而谓汉家复兴，疏矣！昔秦失其鹿，刘季逐而掎之，时民复知汉乎！"既感嚣言，又愍狂狡之不息，乃著《王命论》以救时难。其辞曰：

昔在帝尧之禅曰："咨尔舜，天之历数在尔躬。"舜亦以命禹。暨于稷、契，咸佐唐、虞，光济四海，奕世载德，至于汤、武，而有天下。虽其遭遇异时，禅代不同，至乎应天顺民，其揆一也。是故刘氏承尧之祚，氏族之世，著乎《春秋》。唐据火德，而汉绍之，始起沛泽，则神母夜号，以章赤帝之符。由是言之，帝王之祚，必有明圣显懿之德，丰功厚利积累之业，然后精诚通于神明，流泽加于生民，故能为鬼神所福飨，天下所归往，未见运世无本，功德不纪，而得屈起在此位者也。世俗见高祖兴于布衣，不达其故，以为适遭暴乱，得奋其剑，游说之士至比天下于逐鹿，幸捷而得之，不知神器有命，不可以智力求也。悲夫！此世所以多乱臣贼子者也。若然者，岂徒暗于天道哉？又不睹之于人事矣！

夫饿馑流隶，饥寒道路，思有裋褐之亵，儋石之畜，所愿不过一金，然终于转死沟壑。何则？贫穷亦有命也。况乎天子之贵，四海之富，神明之祚，可得而妄处哉？故虽遭罹厄会，窃其权柄，勇如信、布，强如梁、籍，成如王莽，然卒润镬伏质，亨醢公裂，又况幺曆，尚不及数子，而欲暗奸天位者乎！是故驽蹇之乘不骋千里之途，燕雀之畴不奋六翮之用，楶棁之材不荷栋梁之任，斗筲之子不秉帝王之重。《易》曰“鼎折足，覆公餗”，不胜其任也。

当秦之末，豪桀共推陈婴而王之，婴母止之曰：“自吾为子家妇，而世贫贱，卒富贵不祥，不如以兵属人，事成少受其利，不成祸有所归。”婴从其言，而陈氏以宁。王陵之母亦见项氏之必亡，而刘氏之将兴也。是时，陵为汉将，而母获于楚，有汉使来，陵母见之，谓曰：“愿告吾子，汉王长者，必得天下，子谨事之，无有二心。”遂对汉使伏剑而死，以固勉陵。其后果定于汉，陵为宰相，封侯。夫以匹妇之明，犹能推事理之致，探祸福之机，而全宗祀于无穷，垂策书于春秋，而况大丈夫之事乎！是故穷达有命，吉凶由人，婴母知废，陵母知兴，审此四者，帝王之分决矣。

盖在高祖，其兴也有五：一曰帝尧之苗裔，二曰体貌多奇异，三曰神武有征应，四曰宽明而仁恕，五曰知人善任使。加之以信诚好谋，达于听受，见善如不及，用人如由已，从谏如顺流，趣时如向赴；当食吐哺，纳子房之策；拔足挥洗，揖郦生之说；寤戍卒之言，断怀土之情；高四皓之名，割肌肤之爱；举韩信于行陈，收陈平于亡命，英雄陈力，群策毕举：此高祖之大略，所以成帝业也。若乃灵瑞符应，又可略闻矣。初刘媪任高祖而梦与神遇，震电晦冥，有龙蛇之怪。及其长而多灵，有异于众，是以王、武感物而折券，吕公睹形而进女；秦皇东游以厌其气，吕后望云而知所处，始受命则白蛇分，西入关则五星聚。故淮阴、留侯谓之天授，非人力也。

历古今之得失，验行事之成败，稽帝王之世运，考五者之所谓，取舍不厌斯位，符瑞不同斯度，而苟昧于权利，越次妄据，外不量力，内不知命，则必丧保家之主，失天年之寿，遇折足之凶，伏铁钺之诛。英雄诚知觉寤，畏若祸戒，超然远览，渊然深识，收陵、婴之明分，绝信、布之觊觎，距逐鹿之瞽说，审神器之有授，毋贪不可几，为二母之所笑，则福祚流于子孙，天禄其永终矣。

知隗嚣终不寤，乃避地于河西。河西大将军窦融嘉其美德，访问焉。举茂材，为徐令，以病去官。后数应三公之召。仕不为禄，所如不合：学不为人，博而不俗；言不为华，述而不作。

有子曰固，弱冠而孤，作《幽通之赋》，以致命遂志。其辞曰：

系高项之玄胄兮，氏中叶之炳灵，繇凯风而蝉蜕兮，雄朔野以飏声。皇十纪而鸿渐兮，有羽仪于上京。巨滔天而泯夏兮，考遘愍以行谣，终保己而贻则兮，里上仁之所庐。懿前烈之纯淑兮，穷与达其必济，咨孤蒙之眇眇兮，将圮绝而罔阶，岂余身之足殉兮？恃世业之可怀。

靖潜处以永思兮，经日月而弥远，匪党人之敢拾兮，庶斯言之不玷。魂茕茕与神交兮，精诚发于宵寐，梦登山而迥眺兮，觌幽人之仿佛，揽葛藟而授余兮，眷峻谷曰勿隧。吻昕寤而仰思兮，心蒙蒙犹未察，黄神邈而靡质兮，仪遗谶以臆对。曰乘高而逻神兮，道遐通而不迷，葛绵绵于樛木兮，咏《南风》以为绥，盖惴惴之临深兮，乃《二雅》之所祇。既谇尔以吉象兮，又申之以炯戒：盍孟晋以迨群兮？辰倏忽其不再。

承灵训其虚徐兮，伫盘桓而且俟，惟天地之无穷兮，鲜生民之脢在。纷屯亶与蹇连兮，何艰多而智寡！上圣寤而后拔兮，岂群黎之所御！昔卫叔之御昆兮，昆为寇而丧予。管弯弧欲毙雠兮，仇作后而成己。变化故而相诡兮，孰云豫其终始！雍造怨而先赏兮，丁繇惠而被戮，栗取吊于攸吉兮，王膺庆于所戚。畔回冗其若兹兮，北叟颇识其倚伏。单治里而外凋兮，张修襮而内逼，聿中和为庶几兮，颜与冉又不得。溺招路以从己兮，谓孔氏犹未可，安慆慆而不葩兮，卒陨身乎世祸。游圣门而靡救兮，顾覆醢其何补？固行行其必凶兮，免盗乱为赖道；形气发于根柢兮，柯叶汇而灵茂。恐网蛃之责景兮，庆未得其云已。

黎淳耀于高辛兮，芈强大于南汜；嬴取威于百仪兮，姜本支乎三止：既仁得其信然兮，印天路而同轨，东邻虐而歼仁兮，王合位乎三五；戎女烈而丧孝兮，伯徂归于龙虎：发还师以成性兮，重醉行而自耦。《震》鳞漦于夏庭兮，匝三正而灭姬；《巽》羽化于宣宫兮，弥五辟而成灾。

道悠长而世短兮，敻冥默而不周，胥仍物而鬼诹兮，乃穷宙而达幽。妫巢姜于孺筮兮，旦算祀于挈龟。宣、曹兴败于下梦兮，鲁、卫名谥于铭谣。妣聆呱而刻石兮，许相理而鞠条。道混成而自然兮，术同原而分流。神先心以定命兮，命随行以消息。斡流迁其不济兮，故遭罹而赢缩。三栾同于一体兮，虽移盈然不忒。洞参差其纷错兮，斯众兆之所惑。周、贾荡而贡愤兮，齐死生与祸福，抗爽言以矫情兮，信畏牺而忌服。

所贵圣人之至论兮，顺天性而断谊。物有欲而不居兮，亦有恶而不避，守孔约而不贰兮，乃輶德而无累。三仁殊而一致兮，夷、惠舛而齐声。木偃息以蕃魏兮，申重茧以存荆。纪焚躬以卫上兮，皓颐志而弗营。侯草木之区别兮，苟能实而必荣。要没世而不朽兮，乃先民之所程。

观天罔之纮覆兮，实棐谌而相顺，谟先圣之大繇兮，亦邻德而助信。虞《韶》美而仪凤兮，孔忘味于千载。素文信而底麟兮，汉宾祚于异代。精通灵而感物兮，神动气而入微。养游睇而猿号兮，李虎发而石开。非精诚其焉通兮，苟无实其孰信！操末技犹必然兮，矧湛躬于道真！

登孔、颢而上下兮，纬群龙之所经，朝贞观而夕化兮，犹喧己而遗形，若胤彭而偕老兮，诉来哲以通情。

乱曰：天造草昧，立性命兮，复心弘道，惟贤圣兮。浑元运物，流不处兮，保身遗名，民之表兮。舍生取谊，亦道用兮，忧伤夭物，忝莫痛兮！昊尔太素，曷渝色兮？尚粤其几，沦神域兮！

永平中为郎，典校秘书，专笃志于博学，以著述为业。或讥以无功，又感东方朔、扬雄自谕以不遭苏、张、范、蔡之时，曾不折之以正道，明君子之所守，故聊复应焉。其辞曰：

宾戏主人曰："盖闻圣人有壹定之论，列士有不易之分，亦云名而已矣。故太上有立德，其次有立功，夫德不得后身而特盛，功不得背时而独章，是以圣哲之治，栖栖皇皇，孔席不暖，墨突不黔。由此言之，取舍者昔人之上务，著作者前列之余事耳。今吾子幸游帝王之世，躬带冕之服，浮英华，湛道德，矕龙虎之文，旧矣。卒不能摅首尾，奋翼鳞，振拔洿涂，跨腾风云，使见之者景骇，闻之者响震。徒乐枕经籍书，纡体衡门，上无所蒂，下无所根。独摅意乎宇宙之外，锐思于豪芒之内，潜神默记，恒以年岁。然而器不贾于当己，用不效于一世，虽驰辩如涛波，摛藻如春华，犹无益于殿最。意者，且运朝夕之策，定合会之计，使存有显号，亡有美谥，不亦优乎？”

主人攸尔而笑曰：“若宾之言，斯所谓见势利之华，暗道德之实，守突奥之荧烛，未仰天庭而睹白日也。曩者王涂芜秽，周失其御，侯伯方轨，战国横骛，于是七雄虓阚，分裂诸夏，龙战而虎争。游说之徒，风扬电激，并起而救之，其余猋飞景附，煜霅其间者，盖不可胜载。当此之时，搦朽摩钝，铅刀皆能壹断，是故鲁连飞一矢而蹶千金，虞卿以顾眄而捐相印也。夫啾发投曲，感耳之声，合之律度，淫蛙而不可听者，非《韶》、《夏》之乐也；因势合变，偶时之会，风移俗易，乖忤而不可通者，非君子之法也。及至从人合之，衡人散之，亡命漂说，羁旅骋辞，商鞅挟三术以钻孝公，李斯奋时务而要始皇，彼皆蹑风云之会，履颠沛之势，据徼乘邪以求一日之富贵，朝为荣华，夕而焦瘁，福不盈眦，祸溢于世，凶人且以自悔，况吉士而是赖乎！且功不可以虚成，名不可以伪立，韩设辩以徼君，吕行诈以贾国。《说难》既酋，其身乃囚；秦货既贵，厥宗亦隧。是故仲尼抗浮云之志，孟轲养浩然之气，彼岂乐为迂阔哉？道不可以贰也。方今大汉洒埽群秽，夷险芟荒，廓帝纮，恢皇纲，基隆于羲、农，规广于黄、唐；其君天下也，炎之如日，威之如神，函之如海，养之如春。是以六合之内，莫不同原共流，沐浴玄德，禀卬太和，枝附叶著，譬犹草木之殖山林，鸟鱼之毓川泽，得气者蕃滋，失时者苓落，参天地而施化，岂云人事之厚薄哉？今子处皇世而论战国，耀所闻而疑所觌，欲从旄敦而度高乎泰山，怀氿滥而测深乎重渊，亦未至也。”

宾曰：“若夫鞅、斯之伦，衰周之凶人，既闻命矣。敢问上古之士，处身行道，辅世成名，可述于后者，默而已乎？”

主人曰：“何为其然也！昔咎繇谟虞，箕子访周，言通帝王，谋合圣神；殷说梦发于傅岩，周望兆动于渭滨，齐甯激声于康衢，汉良受书于邳沂，皆俟命而神交，匪词言之所信，故能建必然之策，展无穷之勋也。近者陆子优繇，《新语》以兴；董生下帷，发藻儒林；刘向司籍，辩章旧闻；扬雄覃思，《法言》、《大玄》：皆及时君之门闱，穷先圣之壶奥，婆娑乎术艺之场，休息乎篇籍之囿，以全其质而发其文，用纳乎圣听，列炳于后人，斯非其亚与！若乃夷抗行于首阳，惠降志于辱仕，颜耽乐于箪瓢，孔终篇于西狩，声盈塞于天渊，真吾徒之师表也。且吾闻之：壹阴壹阳，天地之方；乃文乃质，王道之纲；有同有异，圣哲之常。故曰：“慎修所志，守尔天符，委命共己，味道之腴，神之听之，名其舍诸！宾又不闻和氏之璧韫于荆石，随侯之珠藏于蚌蛤乎？历世莫视，不知其将含景耀，吐英精，旷千载而流夜光也。应龙潜于潢污，鱼鼋媟之，不睹其能奋灵德，合风云，超忽荒，而躨颢苍也。

故夫泥蟠而天飞者，应龙之神也；先贱而后贵者，和、隋之珍也；时暗而久章者，君子之真也。若乃牙、旷清耳于管弦，离娄眇目于豪分；逢蒙绝技于弧矢，班输榷巧于斧斤，良、乐轶能于相驭，乌获抗力于千钧；和、鹊发精于针石，研、桑心计于无垠。仆亦不任厕技于彼列，故密尔自娱于斯文。”

汉书卷一百下

叙传第七十下

固以为唐虞三代，《诗》、《书》所及，世有典籍，故虽尧舜之盛，必有典谟之篇，然后扬名于后世，冠德于百王，故曰："巍巍乎其有成功，焕乎其有文章也！"汉绍尧运，以建帝业，至于六世，史臣乃追述功德，私作本纪，编于百王之末，厕于秦、项之列。太初以后，阙而不录，故探篹前记，缀辑所闻，以述《汉书》，起元高祖，终于孝平、王莽之诛，十有二世，二百三十年，综其行事，旁贯《五经》，上下洽通，为春秋考纪、表、志、传，凡百篇。其叙曰：

皇矣汉祖，纂尧之绪，实天生德，聪明神武。秦人不纲，罔漏于楚，爰兹发迹，断蛇奋旅。神母告符，朱旗乃举，粤蹈秦郊，婴来稽首。革命创制，三章是纪，应天顺民，五星同晷。项氏畔换，黜我巴、汉，西土宅心，战士愤怨。乘衅而运，席卷三秦，割据河山，保此怀民。股肱萧、曹，社稷是经，爪牙信、布，腹心良、平，龚行天罚，赫赫明明。述《高纪》第一。

孝惠短世，高后称制，罔顾天显，吕宗以败。述《惠纪》第二，《高后纪》第三。

太宗穆穆，允恭玄默，化民以躬，帅下以德。农不供贡，罪不收孥，宫不新馆，陵不崇墓。我德如风，民应如草，国富刑清，登我汉道。述《文纪》第四。

孝景莅政，诸侯方命，克伐七国，王室以定。匪怠匪荒，务在农桑，著于甲令，民用宁康。述《景纪》第五。

世宗晔晔，思弘祖业，畴咨熙载，髦俊并作。厥作伊何？百蛮是攘，恢我疆宇，外博四荒。武功既抗，亦迪斯文，宪章六学，统壹圣真。封禅郊祀，登秩百神；协律改正，飨兹永年。述《武纪》第六。

孝昭幼冲，冢宰惟忠。燕盖诪张，实睿实聪，罪人斯得，邦家和同。述《昭纪》第七。

中宗明明，夤用刑名，时举傅纳，听断惟精。柔远能迩，燀耀威灵，龙荒幕朔，莫不来庭。丕显祖烈，尚于有成。述《宣纪》第八。

孝元翼翼，高明柔克，宾礼故老，优繇亮直。外割禁囿，内损御服，离宫不卫，山陵不邑。阉尹之疵，秽我明德。述《元纪》第九。

孝成煌煌，临朝有光，威仪之盛，如圭如璋。壸闱恣赵，朝政在王，炎炎燎火，亦允不阳。述《成纪》第十。

孝哀彬彬，克揽威神，雕落洪支，底剧鼎臣。婉娈董公，惟亮天功，《大过》之困，实桡实凶。述《哀纪》第十一。

孝平不造，新都作宰，不周不伊，丧我四海。述《平纪》第十二。

汉初受命，诸侯并政，制自项氏，十有八姓。述《异姓诸侯王表》第一。

太祖元勋，启立辅臣，支庶藩屏，侯王并尊。述《诸侯王表》第二。

侯王之祉，祚及宗子，公族蕃滋，支叶硕茂。述《王子侯表》第三。

受命之初，赞功剖符，奕世弘业，爵士乃昭。述《高惠高后孝文功臣侯表》第四。

景征吴、楚，武兴师旅，后昆承平，亦有绍土。述《景武昭宣元成哀功臣侯表》第五。

亡德不报，爰存二代，宰相外戚，昭伟见戒。述《外戚恩泽侯表》第六。

汉迪于秦，有革有因，粗举僚职，并列其人。述《百官公卿表》第七。

篇章博举，通于上下，略差名号，九品之叙。述《古今人表》第八。

元元本本，数始于一，产气黄钟，造计秒忽。八音七始，五声六律，度量权衡，历算攸出。官失学微，六家分乖，壹彼壹此，庶研其几。述《律历志》第一。

上天下泽，春雷奋作，先王观象，爰制礼乐。厥后崩坏，郑、卫荒淫，风流民化，湎湎纷纷。略存大纲，以统旧文。述《礼乐志》第二。

雷电皆至，天威震耀，五刑之作，是则是效，威实辅德，刑亦助教。季世不详，背本争末，吴、孙狙诈，申、商酷烈。汉章九法，太宗改作，轻重之差，世有定籍。述《刑法志》第三。

厥初生民，食货惟先。割制庐井，定尔土田，什一供贡，下富上尊，商以足用，茂迁有无，货自龟贝，至此五铢。扬榷古今，监世盈虚。述《食货志》第四。

昔在上圣，昭事百神，类帝禋宗，望秩山川，明德惟馨，永世丰年。季末淫祀，营信巫史，大夫胪岱，侯伯僭畤，放诞之徒，缘间而起。瞻前顾后，正其终始。述《郊祀志》第五。

炫炫上天，縣象著明，日月周辉，星辰垂精。百官立法，宫室混成，降应王政，景以烛形。三季之后，厥事放纷，举其占应，览故考新。述《天文志》第六。

《河图》命庖，《洛书》赐禹，八卦成列，九畴攸叙。世代实宝，光演文、武，《春秋》之占，咎征是举。告往知来，王事之表。述《五行志》第七。

《坤》作地势，高下九则，自昔黄、唐，经略万国，燮定东西，疆理南北。三代损益，降及秦、汉，革刬五等，制立郡县。略表山川，彰其剖判。述《地理志》第八。

夏乘四载，百川是导。唯河为艰，灾及后代。商竭周移，秦决南涯，自兹歫汉，北亡八支，文陻枣野，武作《瓠歌》，成有平年，后遂滂沱。爰及沟渠，利我国家。述《沟洫志》第九。

虑羲画卦，书契后作，虞夏商周，孔纂其业，篹《书》删《诗》，缀《礼》正《乐》，彖系大《易》，因史立法。六学既登，遭世罔弘，群言纷乱，诸子相腾。秦人是灭，汉修其缺，刘向司籍，九流以别。爰著目录，略序洪烈。述《艺文志》第十。

上嫚下暴，惟盗是伐，胜、广熛起，梁、籍扇烈。赫赫炎炎，遂焚咸阳，宰割诸夏，命立侯王，诛婴放怀，诈虐以亡。述《陈胜项籍传》第一。

张、陈之交，斿如父子，携手遁秦，拊翼俱起。据国争权，还为豺虎，耳谋甘公，作汉藩辅。述《张耳陈馀传》第二。

三枿之起，本根既朽，枯杨生华，曷惟其旧！横虽雄材，伏于海坞，沐浴尸乡，北面奉首，旅人慕殉，义过《黄鸟》。述《魏豹田儋韩信传》第三。

信惟饿隶，布实黥徒，越亦狗盗，芮尹江湖。云起龙襄，化为侯王，割有齐、楚，跨制淮、梁。绾自同闬，镇我北疆，德薄位尊，非胙惟殃。吴克忠信，胤嗣乃长。述《韩彭英卢吴传》第四。

贾廑从旅，为镇淮、楚。泽王琅邪，权激诸吕。濞之受吴，疆土逾矩，虽戒东南，终用齐斧。述《荆燕吴传》第五。

太上四子：伯兮早夭，仲氏王代，斿宅于楚。戊实淫缺，平陆乃绍。其在于京，奕世宗正，劬劳王室，用侯阳成。子政博学，三世成名。述《楚元王传》第六。

季氏之诎，辱身毁节，信于上将，议臣震栗。栾公哭梁，田叔殉赵，见危授命，谊动明主。布历燕、齐，叔亦相鲁，民思其政，或金或社。述《季布栾布田叔传》第七。

高祖八子，二帝六王。三赵不辜，淮厉自亡，燕灵绝嗣，齐悼特昌。掩有东土，自岱徂海，支庶分王，前后九子。六国诛毙，適齐亡祀。城阳、济北，后承我国。赳赳景王，匡汉社稷。述《高五王传》第八。

猗与元勋，包汉举信，镇守关中，足食成军，营都立宫，定制修文。平阳玄默，继而弗革，民用作歌，化我淳德。汉之宗臣，是谓相国。述《萧何曹参传》第九。

留侯袭秦，作汉腹心，图折武关，解厄鸿门。推齐销印，驱致越、信；招宾四老，惟宁嗣君。陈公扰攘，归汉乃安，毙范亡项，走狄擒韩，六奇既设，我罔艰难。安国廷争，致仕杜门。绛侯矫矫，诛吕尊文。亚夫守节，吴、楚有勋。述《张陈王周传》第十。

舞阳鼓刀，滕公厩驺，颍阴商贩，曲周庸夫，攀龙附凤，并乘天衢。述《樊郦滕灌傅靳周传》第十一。

北平志古，司秦柱下，定汉章程，律度之绪。建平质直，犯上干色；广阿之廛，食厥旧德。故安执节，责通请错，蹇蹇帝臣，匪躬之故。述《张周赵任申屠传》第十二。

食其监门，长辑汉王，画袭陈留，进收敖仓，塞隘杜津，王基以张。贾作行人，百越来宾，从容风议，博我以文，敬繇役夫，迁京定都，内强关中，外和匈奴。叔孙奉常，与时抑扬，税介免胄，礼义是创。或哲或谋，观国之光。述《郦陆朱娄叔孙传》第十三。

淮南僭狂，二子受殃。安辩而邪，赐顽以荒，敢行称乱，窘世荐亡。述《淮南衡山济北传》第十四。

蒯通一说，三雄是败，覆郦骄韩，田横颠沛。被之拘系，乃成患害。充、躬罔极，交乱弘大。述《蒯伍江息夫传》第十五。

万石温温，幼寤圣君，宜尔子孙，夭夭伸伸，庆社于齐，不言动民。卫、直、周、张，淑慎其身。述《万石卫直周张传》第十六。

孝文三王，代孝二梁，怀折亡嗣，孝乃尊光。内为母弟，外扞吴、楚，怙宠矜功，僭欲失所，思心既霿，牛祸告妖。帝庸亲亲，厥国五分，德不堪宠，四支不传。述《文三王传》第十七。

贾生矫矫，弱冠登朝。遭文睿圣，屡抗其疏，暴秦之戒，三代是据。建设藩屏，以强守圉，吴、楚合从，赖谊之虑。述《贾谊传》第十八。

子丝慷慨，激辞纳说，揽辔正席，显陈成败。错之琐材，智小谋大，祸如发机，先寇受害。述《爰盎晁错传》第十九。

释之典刑，国宪以平。冯公矫魏，增主之明。长孺刚直，义形于色，下折淮南，上正元服。庄之推贤，于兹为德。述《张冯汲郑传》第二十。

荣如辱如，有机有枢，自下摩上，惟德之隅。赖依忠正，君子采诸。述《贾邹枚路传》第二十一。

魏其翩翩，好节慕声，灌夫矜勇，武安骄盈，凶德相挻，祸败用成。安国壮趾，王恢兵首，彼若天命，此近人咎。述《窦田灌韩传》第二十二。

景十三王，承文之庆。鲁恭馆室，江都訬轻；赵敬险诐，中山淫蕾；长沙寂漠，广川亡声；胶东不亮，常山骄盈。四国绝祀，河间贤明，礼乐是修，为汉宗英。述《景十三王传》第二十三。

李广恂恂，实获士心，控弦贯石，威动北邻，躬战七十，遂死于军。敢怨卫青，见讨去病。陵不引决，忝世灭姓。苏武信节，不诎王命。述《李广苏建传》第二十四。

长平桓桓，上将之元，薄伐猃允，恢我朔边，戎车七征，冲辅闲闲，合围单于，北登阗颜。票骑冠军，猋勇纷纭，长驱六举，电击雷震，饮马翰海，封狼居山，西规大河，列郡祁连。述《卫青霍去病传》第二十五。

抑抑仲舒，再相诸侯，身修国治，致仕縣车，下帷覃思，论道属书，谠言访对，为世纯儒。述《董仲舒传》第二十六。

文艳用寡，子虚乌有，寓言淫丽，托风终始，多识博物，有可观采，蔚为辞宗，赋颂之首。述《司马相如传》第二十七。

平津斤斤，晚跻金门，既登爵位，禄赐颐贤，布衾疏食，用俭饬身。卜式耕牧，以求其志，忠寤明君，乃爵乃试。兒生亹亹，束发修学，偕列名臣，从政辅治。述《公孙弘卜式兒宽传》第二十八。

张汤遂达，用事任职，媚兹一人，日旰忘食，既成宠禄，亦罗咎慝。安世温良，塞渊其德，子孙遵业，全祚保国。述《张汤传》第二十九。

杜周治文，唯上浅深，用取世资，幸而免身。延年宽和，列于名臣。钦用材谋，有异厥伦。述《杜周传》第三十。

博望杖节，收功大夏；贰师秉钺，身衅胡社。致死为福，每生作祸。述《张骞李广利传》第三十一。

乌呼史迁，薰胥以刑！幽而发愤，乃思乃精，错综群言，古今是经，勒成一家，大略孔明。述《司马迁传》第三十二。

孝武六子，昭、齐亡嗣，燕剌谋逆，广陵祝诅。昌邑短命，昏贺失据，戾园不幸，宣承天序。述《武五子传》第三十三。

六世耽耽，其欲浟浟，文武方作，是庸四克。助、偃、淮南，数子之德，不忠其身，善谋于国。述《严朱吾丘主父徐严终王贾传》第三十四。

东方赡辞，诙谐倡优，讥苑扞偃，正谏举郎，怀肉污殿，弛张沉浮，述《东方朔传》第三十五。

葛绎内宠，屈氂王子。千秋时发，宜春旧仕。敞、义依霍，庶几云已。弘惟政事，万年容己。咸睡厥诲，孰为不子？述《公孙刘田杨王蔡陈郑传》第三十六。

王孙裸葬，建乃斩将。云廷讦禹，福逾刺凤，是谓狂狷，敞近其衷。述《杨胡朱梅云传》第三十七。

博陆堂堂，受遗武皇，拥毓孝昭，末命导扬。遭家不造，立帝废王，权定社稷，配忠阿衡。怀禄耽宠，渐化不详，阴妻之逆，至子而亡。秺侯狄孥，虔恭忠信，奕世载德，貤于子孙。述《霍光金日磾传》第三十八。

兵家之策，惟在不战。营平皤皤，立功立论，以不济可，上谕其信。武贤父子，虎臣之俊。述《赵充国辛庆忌传》第三十九。

义阳楼兰，长罗昆弥，安远日逐，义成郅支。陈汤诞节，救在三哲；会宗勤事，疆外之桀。述《傅常郑甘陈段传》第四十。

不疑肤敏，应变当理，辞霍不婚，逡遁致仕。疏克有终，散金娱老。定国之祚，于其仁考。广德、当、宣，近于知耻。述《隽疏于薛平彭传》第四十一。

四皓遁秦，古之逸民，不营不拔，严平、郑真。吉困于贺，涅而不缁；禹既黄发，以德来仕。舍惟正身，胜死善道；郭钦、蒋诩，近遁之好。述《王贡两龚鲍传》第四十二。

扶阳济济，闻《诗》闻《礼》。玄成退让，仍世作相。汉之宗庙，叔孙是谟，革自孝元，诸儒变度。国之诞章，博载其路。

述《韦贤传》第四十三。

高平师师，惟辟作威，图黜凶害，天子是毗。博阳不伐，含弘光大，天诱其衷，庆流苗裔。述《魏相丙吉传》第四十四。

占往知来，幽赞神明，苟非其人，道不虚行。学微术昧，或见仿佛，疑殆匪阙，违众迕世，浅为尤悔，深作敦害。述《眭两夏侯京翼李传》第四十五。

广汉尹京，克聪克明；延寿作翊，既和且平。矜能讦上，俱陷极刑。翁归承风，帝扬厥声。敞亦平平，文雅自赞；尊实赳赳，邦家之彦；章死非罪，士民所叹。述《赵尹韩张两王传》第四十六。

宽饶正色，国之司直。丰繄好刚，辅亦慕直。皆陷狂狷，不典不式。崇执言责，隆持官守。宝曲定陵，并有立志。述《盖诸葛刘郑毋将孙何传》第四十七。

长倩悁悁，觌霍不举，遇宣乃拔，傅元作辅，不图不虑，见踬石、许。述《萧望之传》第四十八。

子明光光，发迹西疆，列于御侮，厥子亦良。述《冯奉世传》第四十九。

宣之四子，淮阳聪敏，舅氏蘧蒢，几陷大理。楚孝恶疾，东平失轨，中山凶短，母归戎里。元之二王。孙后大宗，昭而不穆，大命更登。述《宣元六王传》第五十。

乐安褎褎，古之文学，民具尔瞻，困于二司。安倡货殖，朱云作娸，博山惇慎，受莽之疚。述《匡张孔马传》第五十一。

乐昌笃实，不桡不诎，遘闵既多，是用废黜。武阳殷勤，辅导副君，既忠且谋，飨兹旧勋。高武守正，因用济身。述《王商史丹傅喜传》第五十二。

高阳文法，扬乡武略，政事之材，道德惟薄，位过厥任，鲜终其禄。博之翰音，鼓妖先作。述《薛宣朱博传》第五十三。

高陵修儒，任刑养威，用合时宜，器周世资。义得其勇，如虎如貔，进不跬步，宗为鲸鲵。述《翟方进传》第五十四。

统微政缺，灾眚屡发。永陈厥咎，戒在三七。邺指丁、傅，略窥占术。述《谷永杜邺传》第五十五。

哀、平之恤，丁、傅、莽、贤。武、嘉戚之，乃丧厥身。高乐废黜，咸列贞臣。述《何武王嘉师丹传》第五十六。

渊哉若人！实好斯文。初拟相如，献赋黄门，辍而覃思，草《法》篹《玄》，斟酌《六经》，放《易》象《论》，潜于篇籍，以章厥身。述《扬雄传》第五十七。

犷犷亡秦，灭我圣文，汉存其业，六学析分。是综是理，是纲是纪，师徒弥散，著其终始。述《儒林传》第五十八。

谁毁谁誉，誉其有试。泯泯群黎，化成良吏。淑人君子，时同功异。没世遗爱，民有余思。述《循吏传》第五十九。

上替下陵，奸轨不胜，猛政横作，刑罚用兴。曾是强圉，掊克为雄，报虐以威，殃亦凶终。述《酷吏传》第六十。

四民食力，罔有兼业，大不淫侈，细不匮乏，盖均无贫，遵王之法。靡法靡度，民肆其诈，逼上并下，荒殖其货。侯服玉食，败俗伤化。述《货殖传》第六十一。

开国承家，有法有制，家不臧甲，国不专杀。矧乃齐民，作威作惠，如台不匡，礼法是谓！述《游侠传》第六十二。

彼何人斯，窃此富贵！营损高明，作戒后世。述《佞幸传》

第六十三。

于惟帝典，戎夷猾夏；周宣攘之，亦列《风》、《雅》。宗幽既昏，淫于褒女，戎败我骊，遂亡酆鄗。大汉初定，匈奴强盛，围我平城，寇侵边境。至于孝武，爰赫斯怒，王师雷起，霆击朔野。宣承其末，乃施洪德，震我威灵，五世来服。王莽窃命，是倾是覆，备其变理，为世典式。述《匈奴传》第六十四。

西南外夷，种别域殊。南越尉佗，自王番禺。攸攸外寓，闽越、东瓯。爰洎朝鲜，燕之外区。汉兴柔远，与尔剖符。皆恃其岨，乍臣乍骄，孝武行师，诛灭海隅。述《西南夷两越朝鲜传》第六十五。

西戎即序，夏后是表。周穆观兵，荒服不旅。汉武劳神，图远甚勤。王师骅骅，致诛大宛。姼姼公主，乃女乌孙，使命乃通，条支之濒。昭、宣承业，都护是立，总督城郭，三十有六，修奉朝贡，各以其职。述《西域传》第六十六。

诡矣祸福，刑于外戚。高后首命，吕宗颠覆。薄姬碂魏，宗文产德。窦后违意，考盘于代。王氏仄微，世武作嗣。子夫既兴，扇而不终。钩弋忧伤，孝昭以登。上官幼尊，类祃厥宗。史娣、王悼，身遇不祥，及宣飨国，二族后光。恭哀产元，夭而不遂，邛成乘序，履尊三世。飞燕之妖，祸成厥妹。丁、傅僭恣，自求凶害。中山无辜，乃丧冯、卫。惠张、景薄，武陈、宣霍，成许、哀傅，平王之作，事虽歆羡，非天所度。怨咎若兹，如何不恪！述《外戚传》第六十七。

元后娠母，月精见表。遭成之逸，政自诸舅。阳平作威，诛加卿宰。成都煌煌，假我明光。曲阳歊歊，亦朱其堂。新都亢极，作乱以亡。述《元后传》第六十八。

咨尔贼臣，篡汉滔天，行骄夏癸，虐烈商辛。伪稽黄、虞，缪称典文，众怨神怒，恶复诛臻。百王之极，穷其奸昏。述《王莽传》第六十九。

凡《汉书》，叙帝皇，列官司，建侯王。准天地，统阴阳，阐元极，步三光。分州域，物土疆，穷人理，该万方。纬《六经》，缀道纲，总百氏，赞篇章。函雅故，通古今，正文字，惟学林。述《叙传》第七十。